AF385446

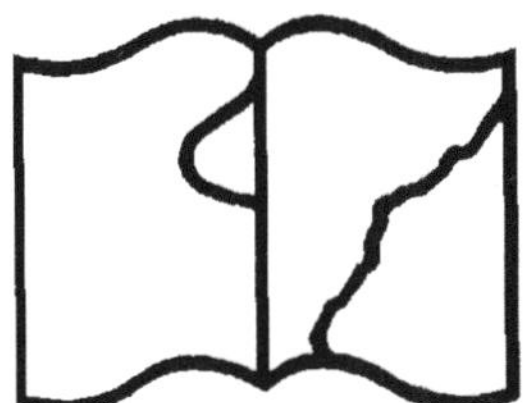

Les tiltres des cartes qu'elles [illegible] les cinq Royaumes

LES ISLES BRITANNIQVES, L'ESPAGNE, LA FRANCE, L'ITALIE, & L'ALLEMAGNE,

Descrites en plusieurs Cartes, & diuers Traictés, suiuant les principales distinctions qui s'y peuuent remarquer chez les Anciens Autheurs, & chez les Modernes.

Par NICOLAS SANSON d'Abbeuille Geographe du Roy.

A PARIS,
Chez PIERRE MARIETTE, ruë sainct Iacques, à l'Esperance.

M. DC. XLIIII.

AVEC PRIVILEGE DV ROY.

LES ISLES BRITANNIQVES ANCIENNES
sont distinguées en cinq Cartes Anciennes, & cinq Modernes.

Les Anciennes sont,

I. La Carte generale des Isles Britanniques.
II. Les Isles Britanniques diuisées en trois grands Peuples.
III. Les Isles Britanniques diuisées en ce qui estoit sujet, & ce qui n'estoit point sujet aux Romains; ce qui estoit sujet subdiuisé en cinq Prouinces.
IIII. Les Isles Britanniques diuisées en Peuples suiuant Ptolemée.
V. Les Isles Britanniques suiuant l'Itineraire Romain d'Antonin.

Les Modernes sont,

I. La Carte generale des Isles Britanniques.
II. Les Isles Britanniques distinguées en plusieurs Royaumes comme ils ont esté apres les Romains: sçauoir sous les Saxos, Anglois, VValles, Pictes, Scots, &c.
III. Les Isles Britanniques en trois Royaumes, sçauoir Angleterre, Escosse, & Irlande.
IIII. L'Angleterre, l'Escosse & l'Irlande distingués par Dioceses ou en Archeueschés & Eueschés.
V. L'Angleterre, l'Escosse & l'Irlande diuisés par Prouinces & Comtés.

LES CARTES DE L'ESPAGNE SONT
cinq de l'Ancienne, & cinq de la Moderne.

Les Anciennes sont,

I. L'Espagne ancienne en general & subdiuisée en deux Parties.
II. L'Espagne en six Prouinces suiuant les Romains.
III. L'Espagne en quatorze Audiences suiuant Pline.
IIII. L'Espagne en plusieurs Peuples suiuant Ptolemée.
V. L'Espagne par l'Itineraire Romain d'Antonin.

Les Modernes sont,

I. L'Espagne moderne en general.
II. L'Espagne en Archeueschés & Eueschés cõme ils ont esté auparauant les Mores.
III. L'Espagne en Archeueschés & Eueschés comme ils sont à present.
IIII. L'Espagne en quatorze Royaumes ou Principautés.
V. L'Espagne en trois Estats ou Royaumes.

LES CARTES DE LA FRANCE SONT
cinq de l'Ancienne sous le nom de Gaule, & cinq de la Moderne.

Les Anciennes sont,

I. La Gaule en general & subdiuisée en deux Parties.
II. La Gaule en quatre Regions.
III. La Gaule en dix-sept Prouinces suiuant les Romains.
IIII. La Gaule en plusieurs Peuples suiuant Ptolemée.
V. La Gaule par les Itineraires Romains d'Antonin, & de la Table Itineraire.

Les Modernes sont,

I. La France en general.
II. La France en douze gouuernemens generaux suiuant l'ordre des Estats generaux.
III. La France par les Dioceses des Archeueschés & Eueschés.
IIII. La France par Parlemens.
V. La France par Generalités.

LES CARTES DE L'ITALIE SONT *cinq de l'Ancienne & cinq de la Moderne.*

Les Anciennes sont,

I. L'Italie en general.
II. L'Italie en deux Parties, ou trois auec les Isles.
III. L'Italie en Regions ou Prouinces.
IIII. L'Italie par Peuples suiuant Ptolemée.
V. L'Italie suiuant les Itineraires Romains.

Les Modernes sont,

I. L'Italie en general.
II. L'Italie en trois principales Parties, ou quatre auec les Isles.
III. L'Italie en Archeueschés & Eueschés.
IIII. L'Italie par ses Estats.
L'Italie par Prouinces.

LES CARTES DE L'ALLEMAGNE SONT *cinq de l'Ancienne sous le nom de Germanie, & cinq de la Moderne.*

Les Anciennes sont,

La Germanie ancienne en general.
La Germanie en quatre grands Peuples.
La Germanie en moyens Peuples.
La Germanie en ses moindres Peuples suiuant Pt[illegible]
La Partie voisine de la Germanie, & qui est au dessous du Danube descrite suiuant Ptolemée, & suiuant les Itineraires Romains.

Les Modernes sont,

L'Allemagne en general.
L'Allemagne par Archeueschés, Eueschés, &c.
L'Allemagne en trois Principales parties.
L'Allemagne par Cercles.
L'Allemagne par ses Estats, Principautés, &c.

DE L'ANGLETERRE, ESCOSSE, IRLANDE, & Isles circonuoisines, alias des Isles Britanniques en general.

A Grande Bretagne, l'Irlande, & les Isles circonuoisines ont esté cognues par les Anciens sous le nom de Isles Britanniques: elles sont au Nor-Ouest du continent de nostre Europe, & s'estendent du Midy au Septentrion entre le Manche & la mer Septentrionale, & de l'Occident en Orient entre le grand Ocean & la mer d'Allemagne: le Manche est cette partie de la mer, qui baigne la France d'vn costé, & la Grande Bretagne de l'autre.

Toutes ces Isles ensemble sont du 50. iusques au delà du 61. degré de latitude, & du 8. iusques au 23. degré de longitude: la Grande Bretagne seule s'estend du 50. iusques pres du 59. degré de latitude, & du 13. iusques pres du 23. de longitude: L'Irlande du 51. degré 30. minutes iusques pres du 56. de latitude, & du 8. iusqu'au 14. de longitude.

Les autres Isles sont fort petites, mais en grand nombre: de celles qui sont au dessus de l'Irlande, & à costé de la Grande Bretagne, & qui s'appellent par les anciens *Hebudes*, par les peuples de la Grande Bretagne VVesterne Isles. Isles d'Occident, & par leurs habitans Inch Gall. Isles Gauloises: il y en a plus de trois cens: de celles qui sont au dessus de la Grande Bretagne, & qui s'appellent par les anciens Orcades, & aujourd'huy communement Isles d'Orknay, il n'y en a guere moins d'vn cent: Plus auant que les Orcades sont les Isles de Schetland, que les Anciens appellent Hemodes au nõbre encor de cent & plus: au Midy de l'Irlande sont les Sorlinges aux anciens Cassiterides au nõbre de plus de cent cinquante Plus pres de la Grande Bretagne sont les Isles de Man, de Mon ou Anglesey, de VVight, & autres en diuers endroits: Plus pres & aux enuirons de l'Irlande sont les Isles d'Arav vers le Nort, d'Aray vers le Sud, & grand nombre d'autres.

La plus grande des Hebudes ne sçauroit auoir que vingt-cinq lieuës de longueur, celle des Orcades dix lieuës, de Schetland encor vingt-cinq lieuës: & leurs largeurs ne sont que d'vne, encor quelquefois de moins, iusques à quatre comme en celle des Orcades, & iusques à huict ou dix lieuës, comme en celle des Hebudes & de Schetland. Celles des Orcades & de Schetland s'appellent neantmoins l'vne & l'autre Mainland. La grande terre parce que les autres qui leur sont voisines n'approchent point de leur grandeur, & semble qu'à leur esgard celles là sont des continens.

Mais la plus grande part de ces Isles sont desertes, il n'y en a qu'vne quarantaine d'habitées dans les Hebudes, vne trentaine dans les Orcades, vne vingtaine dans Schetland, vne dixaine dans les Sorlinges, & quelques vnes des autres: & celles qui sont habitées n'estans rien en consideration de la Grande Bretagne & de l'Irlande, nous nous contenterons de descrire plus particulierement ces deux grandes Isles, nous dirons vn mot des autres là où l'occasion s'en presentera.

La grande Bretagne a esté appellée par les Anciens premierement Albion, puis Britannia Major Grande Bretagne, & aujourd'huy nous la cognoissons sous les noms d'Angleterre & d'Escosse; celle cy tenant la partie de l'Isle la plus Septentrionale, l'autre la plus meridionale. L'Irlande a esté appellée Ivernia ou Ibernia, Ibernie, & puis Britannia minor petite Bretagne, & aujourd'huy Irlande. La Grande Bretagne a plus de deux cens lieuës Françoises de longueur, & de vingt cinq ou trente iusques à cent & quelquefois cent cinquante de largeur: L'Irlande à cent lieuës de longueur, & de soixante à soixante & quinze de largeur La forme de la Grande Bretagne approche d'vn triangle ſcalene, celle de l'Irlande d'vn quarré longuet ou pluſtoſt d'vn trapeze. Le climat de ces Iſles eſt generalement froid & humide, l'Angleterre tient plus de l'humidité, l'Eſcoſſe du froid, & l'Irlande participe de l'vn & de l'autre, celle-cy abonde auſſi plus en paſturages, l'Eſcoſſe en ſauuagines, l'Angleterre en grains.

Mais & l'Angleterre à d'excellentes mines d'eſtain, de plomb, de fer, de charbon de terre, &c. outre ſes grains qu'elle a de toutes ſortes, elle a quantité de beaux fruicts, nourrit de bons bœufs, moutons, cheuaux, & elle manque de vins, d'huilles, & de quelques fruicts, qui ſeruẽt pluſtoſt aux delices des hommes, que pour leur nourriture. Son eſtain qui eſt fort eſtimé, ſon charbon de terre, ſes cuirs, ſes laines, ſes manefactures de laines &c. luy font venir ce qui luy eſt beſoin Elle trafique auſſi non ſeulement par toute l'Europe, mais & dans l'Afrique, dans l'Aſie, & particulierement dans l'Amerique, d'oùelle tire de grands profits. Ses riuieres & ſes ports luy facilitent vne grande commodité pour ſon negoce; Ses principales riuieres ſont la Tamiſe, l'Ombre, & la Sauerne: La Tamiſe prend ſa ſource bien auant dans l'Iſle, paſſe à Londres, & tõbe dans la mer vis à vis des Pays-bas. L'Ombre (alias Ouſe & Youre) n'eſt pas fort en ſon commencement, il paſſe à Yorck au deſſous de laquelle il reçoit tant de riuieres, qu'il eſt contraint de ſe façonner vne grande baye pour les receuoir toutes, & les porter plus facilement dans la mer vis à vis de l'Allemagne. La Sauerne tourne du coſté de l'Irlande, & ſe fait la plus grande baye qu'il y ait en toutes ces Iſles. Elle paſſe en ſon cours au long de Gloceſtre, & reçoit peu apres la riue d'Auon qui a baigné Briſtovv. Londres, Yorck & Briſtovv ſont les plus grandes villes & les plus marchandes du pays: Londres beaucoup plus que les autres elle eſt pour ſa grandeur, pour ſa magnificence, pour ſa richeſſe, & pour ſon peuple vne des premieres de l'Europe, & le Roy de la Grande Bretagne y fait ordinairement ſa reſidence. Yorck eſt la mieux peuplée des trois apres Londres, il y a auſſi Archeueſché & Iuſtice ſouueraine pour les quartiers plus Septentrionnaux de l'Angleterre. Briſtovv eſt fort marchande. Apres ces trois villes on eſtime Cantorbery Archeueſché & Primatiat de l'Angleterre, Norvviche fort peuplée, Lincolne, Cheſter, Southampton, & autres; Oxford & Cambridge Vniuerſitez. Les Ports de mer plus fameux ſont en la mer d'Allemagne, Neuchaſtel ſur la riuiere de Tyne. Houlle ſur l'Ombre, Kingeſlynne ſur Ouſe, Yermuë ſur Yer, Ipſvviere ſur Orvvel, Londres ſur la Tamiſe, & Douure dans le deſtroit qui ſepare la Grande Bretagne de noſtre continent & de la France, d'où la trauerſe iuſques à Calais eſt de ſept lieuës ſuiuant la commune opinion, ou pluſtoſt comme ie crois de neuf ou dix lieuës. Les ports dans la Manche ſont la Rye, Porſmüe, Southautonne vis à vis de l'Iſle de VVight, la Poule, Plermmüe & Falmue. Sur la mer d'Irlande Briſtovv, Milford & Cheſter: Milford eſt le plus grand & le plus aſſeuré havre de toute l'Angleterre. Neufchaſtel & Houlle nous fourniſſent force charbons de terre, Yermüe des harans, Londres des manefactures, Falmue de l'eſtain, Southautonne à ſon principal trafic en Eſpagne, Briſtovv en France, Cheſter en Irlande. L'Angleterre ſeule & deſtachée de l'Eſcoſſe fait vn triangle preſque equilateral. Ie compte de cap en cap & en ligne droicte depuis la pointe de Neſſe qui eſt vis à vis de noſtre Grineſt iuſques à Barrvvic cent cinquãte lieuës, de Neſſe iuſques à la derniere pointe de Cornvvall encore cent cinquante lieuës, & de la derniere pointe de Cornvvall à Barvvick par Carlile cent ſoixante-quinze lieuës.

L'Eſcoſſe eſt moindre que l'Angleterre pour la continence, & encor plus pour la bonté: ſa plus grande longueur du Golfe de Solvvay iuſques à Torfuthy ou Strathy head eſt de quatre-vingts lieuës Françoiſes, & plus: Sa plus grande largeur de la mer des Hebudes iuſques à Bucquhay Neſſe eſt preſque d'autant: mais ce pays eſt generalement froid & aſſez ſterile, toutesfois ce qui approche le plus de l'Angleterre, & qui regarde l'Orient n'eſt pas mauuais, & les hommes y ſont mieux ciuiliſez que ceux qui demeurent vers l'Occident, & le Septentrion; Ceux-cy reſſentans les Hibernois ſauuages, les autres s'eſtans façonnez aux mœurs des Anglois. Il ſe tire de ce pays, comme de l'Angleterre, des laines, manefactures de laines, charbons de terre, cuirs, &c. non toutesfois en ſi grande quantité, ny de pareille bonté que de l'Angleterre; Il s'en tire encor des harancs, ſaumons, & particulierement force peaux, & fourrures, qu'ils ont de leurs ſauuagines, dont ils ont à foiſon, ils manquent de vins, de ſel, de fruicts, & ſouuent encor de grains que la France leur diſtribuë pour le pluſpart.

Les

Les principales villes sont Edinbourg, Sainct André, & Glasquo. Edinbourg est la capitale du Royaume, & n'aguere le siege des Roys d'Escosse, auparauant que l'Escosse & l'Angleterre fussent sous vne mesme main: elle est à la pente d'vne colline, au haut de laquelle est le Chasteau Royal: & la mer ou plustost le Golfe d'Edinbourg n'est esloigné de cette ville que de mille ou douze cens pas, où est le Lith, qui luy sert de Port. Sainct André, & Glascho sont Archeueschez; celuy là Primat & Vniuersité, Aberdane est aussi Vniuersité, & n'y a guere d'autres villes de remarque. Le Tay est la plus belle & agreable riuiere de ce pays, la Tvvede fait en partie la separation de l'Angleterre d'auec l'Escosse. La Clydde tombe dans le Golfe de Donbriton, le Spey & la Nesse dans le Golfe de Muray, la Nesse vient d'vn grand lac qui a tousiours son eau tiede, & qui ne se gele iamais. Ce lac commence bien auant dans les Monts d'Albain, alias de Gransbain, & de l'autre costé le lac Louth (qui descend dans le lac Aber, & dans la mer des Hebudes) en est si proche qu'il reste à peine vne lieuë entiere dans les montages que l'Escosse ne soit icy coupée en deux. Les Monts de Gransbain s'estendent du promontoire de Cautyr iusques à l'extremité de l'Escosse vers les Orcades, & iettent plusieurs branches d'vn & d'autre costé: Il y a du marbre blanc & de l'allebastre dans ces montagnes, chose rare dans vn païs froid, & force sauuagines. Mais la sauuagine les accommode mieux. Le marbre ne leur seruant de rien ne sçachant ce que c'est de delices. Le Port de Cromarty est si bon, qu'on l'appelle par excellence Port de Salut.

L'Irlande vaut mieux que l'Escosse, non pas tant que l'Angleterre: & ses commoditez, ou incommoditez sont presques les mesmes que dans la Grande Bretagne, elle excelle neantmoins en ses pastures & en la pesche des saumõs qu'on y estime les meilleurs de toutes ces Isles. Ses pastures sont si bonnes que les bestiaux ny ayans esté qu'vne certaine partie du iour, ils prennent assez de nourriture, & s'ils y sont laissez trop long temps ils creuent.

Les villes de l'Irlande sont Dublin vers l'Angleterre, Archeuesché, Vniuersité & residence du Viceroy ou Gouuerneur de l'Isle, autrefois de ses Roys. VVarterford vers le Midy est fort marchande, comme Gallauay ou Galliue vers l'Occident. Armach a esté autrefois la capitale de l'Isle, & son Archeuesque le Primat des trois autres Archeueschez qui estoient à Dublin, Castel & Toam. Apres les ports & havres de Dublin, de VVaterford & Gallouan, on fait estat de ceux de VVexford, Droghdagh, Dundalek, Carlingford, Strangford, vers l'Orient & l'Angleterre. De Dungaruan, Youghall, Corcke, Kynsale, Ballatimore vers le Midy. De Dimgle, Dunghall vers le grand Ocean, & d'autres. Shemion ou Senone est la plus grand riuiere, puis Barrovv, Boyne, Band, où il se pesche de si bons saumons, & autres. Entre les lacs ceux de Earne, & Neaug emportent le pris; Neaugh pour ses saumons, qui de ce lac descendent danc la Riui de Band. Earne outre ses saumons à vne si grande quantité de brochets, truittes, & autres poissons, que les Pescheurs se plaignent le plus souuent que leurs rets ne sont point forts assez.

Au reste l'Irlande n'a point de bestes venimeuses, & s'il s'y en apporte d'ailleurs ils meurent, elle n'a point aussi d'animaux nuisibles si ce n'est des loups, des renards & des rats: Mais l'Escosse reçoit de grands dommages de ses loups. Et il y a vn Edict du Parlement, par lequel il est enjoint aux Vicomtes & aux habitans de leurs Iurisdictions de chasser tous les ans trois fois aux loups, & d'en exterminer la race tant qu'il se pourra. L'Angleterre n'en a point du tout. On tient que Luduald, Seigneur de Merloneth estãt tombé en la puissance de Eadgare Roy de Mercie. Sa liberté luy fust donnée à la charge qu'il rapporteroit tous les ans au lieu de rançon trois cens testes de loups, ce qu'il fist les trois premieres années, à la quatriéme il asseura qu'il ne s'en trouuoit plus du tout. Camadens asseure neantmoins qu'il s'y en est trouué encor quelques vns du depuis, ce qui me fait croire que l'Angleterre ayant quantité de Dogues (ce sont chiens aussi puissans & forts que les loups) auec le soin que les habitans du pays y ont apporté, cela di-je me fait croire que cét animal s'est retiré vers l'Escosse depuis long temps & qu'il n'ose plus retourner vers l'Angleterre, où s'il s'y rencontre il n'ose paroistre, y ayant par tout son ennemy en teste. Voila pour ce qui est du general de la Grande Bretagne & de l'Irlande. Venons aux petites Isles puis que nous en auons icy la place.

Nous auons déja dit de ces Isles, que les Hebudes sont au dessus de l'Irlande & à costé de la Grande Bretagne, que les Orcades sont au dessus de la Grande Bretagne, & celles de Schetland encor au dessus des Orcades. Nous auons dit aussi que les Sorlinges sont au dessous de l'Irlande, & que les Isles de Man, de Mon ou Anglesey, de VVight & autres sont d'vn & d'autre costé pres de la Grande Bretagne, & que les Isles d'Aran & autres sont autour de l'Irlande.

De la plusspart de ces Isles qui sont autour de l'Irlande, les Historiens du païs ne nous en content que des fables, ils disent que les vnes ne sont habitées que par les Anges, & les autres que par les Demons; qu'il y en a aussi là où seulement les hommes peuuent viure, non les femmes; d'autres là où les femmes, & non les hommes, d'autres encor où personne ne sçauroit viure, & d'autres où personne ne sçauroit mourir, mais toutes ces Isles à vray dire sont la plus grand part desertes, & ne meritent point qu'on en fasse estat.

Entre les Sorlinges l'Isle de Saincte Marie est la plus grande, ayant vn Chasteau pour sa defense, & il se trouue quantité de mines d'estain dans ces Isles. VVight est au milieu de la coste meridionale de la Grande Bretagne, Neuport sa principale place n'est point fermée, le Chasteau qui est au dessus est passable. Anglesey est presque iointe à la Grande Bretagne, sa principale place est Beaumaris auec vn Chasteau. Man est entre la Grande Bretagne & l'Irlande, Rushim en est estimé la plus forte & meilleure place, Donglas est mieux frequenté des Marchands.

Entre les Hebudes les plus grandes, & les plus fameuses sont Ila, Sura, Mula, Skye, Vist, Eust, Levvys & Colmkill. Dans Ila la bourgade Falangama, qui est dans vne petite Isle & au milieu d'vn lac doux, a esté quelquefois la residence des Roys de ces Isles, la villette Sodore en Sura porte tiltre d'Eueſché, duquel dependent l'Isle de Man vers l'Angleterre, & toutes les Hebudes pres de l'Escosse. Mula abõde en pesche de saumons & harancs, Skye de mesme, & celle cy est longue de cinquante mille pas, n'en ayent que le quart & quelquefois moins en sa largeur. Vist Isle est lõgue de quarãte mille pas, large de huit, le flus de la mer la diuise en trois parties qui se reioignẽt la mer estant basse. Eust est toute chargée de forests, Haray & Levvys ensemble ont de longueur soixante mille pas ou 25. lieuës Françoises, elles ne font vrayemẽt qu'vne Isle, dont la part vers le Midy s'appelle Haray, celle vers le Septentrion Levvys, sans qu'il y ait autre separation que la distinction des deux terroirs. Colmkill. Eglise de Colomb est fort petite, & neantmoins la plus renommée de toutes ces Isles, tant à cause de la bonté de son terroir qu'à cause de deux Monasteres qui y ont esté fort en estime. Dans le Cimetiere du Monastere de S. Colomb il y a trois tombeaux enfermez en trois diuers bastimens, tournez tous vers l'Orient; à l'autre costé ces inscriptions sont sur de belles pierres de tailles, à celuy du milieu, *Tombeau des Roys d'Escosse*, à droite, *Tombeau des Roys d'Irlande*, & à gauche, *Tombeau des Roys de Noruege.* On tient qu'il y a en ces trois tombeaux quarante-huict Roys d'Escosse inhumez, quatre Roys d'Irlande, & huict de Noruege; sans les autres meilleures familles de ces Isles qui y auoient encor leurs tombeaux à part & separez.

Mainland la plus grande des Orcades & la meilleure, est estimée estre la Pomona de Solin: sa principale place est Kirkvval où reside l'Euesque de ces Isles, & il y a deux Chasteaux, l'vn au Roy, l'autre à l'Euesque, & la ville mesme appartient partie au Roy, partie à l'Euesque; l'Eglise Cathedralle est bien bastie pour les lieux, & l'Isle assez habitée ayant douze lieuës: le plomb blanc & noir s'y trouue en diuers endroits, & s'estime le meilleur de toute la Grande Bretagne. Apres Main-land les plus renommées de ces Isles sont Hoy, Flotta, & Sourg Ranals dans le destroit d'entre Main-land & l'Escosse, qu'ils appellent Picht-land Fyrth au dela de Main-land sont celles de Roons, Siapins, VVester, Papa, Heth, Streoms, Seind, & North-Ranals.

Les Isles de Scherland sont cinquante mille pas au delà des Orcades, l'Isle Faire estant entre deux. Mainland à plus de soixante mille pas de longueur, quelquefois vingt de largeur; mais cette Isle ressemble plustost à plusieurs & diuerses Isles qu'à vne seule, tãt elle est souuẽt & de tous costez entrecoupées de la mer, qui luy fait plusieurs isthmes de mille ou deux mille pas & quelquefois encor de moins. En son quartier vers le Nort & dans le lac de Buraland il y a vne Isle au milieu, & sur cette Isle vn bourg qu'ils appellent aussi Burgh: cette place est naturellement forte, comme encor le fort de Svvenbourg sur la derniere pointe de l'Isle vers le Midy. Apres Mainland les plus grandes de ces Isles sont Zell ou Yell longue de vingt mille pas, Vust de dix, leur largeur estant de la moitié de la longueur ou peu plus, Feltar autrement Feodor, & VVals sont moindres: dix ou douze mille pas à l'Ouest de Main-land est Fule longue de cinq mille, large de douze ou quinze cens pas, toute esleuée en montagne, ils la croyent (mais auec peu de raison) estre l'ancienne Thule. Toutes ces Isles sont pauures, leur trafic consiste en draps qu'ils font fort grossiers, en huiles qu'ils tirent de leurs poissons, en beurre qui n'est pas des plus friands, & en leurs pesches de diuers poissons, dont ils en salent vne partie, & sechent l'autre: & cela se distribuë pour la pluspart à ceux de Noruege, de Dannemarc, d'où ils retirent quelque argent, & des petits batteaux qui seruent à faire leur pesche. Dans les Orcades & Schetland, les Hollandois depuis quelques années y font de grandes pesches de harancs, qu'ils vont distribuer en diuers endroits de l'Europe.

Mais c'est trop de ces petites Isles, retournons à la Grande Bretagne & à l'Irlande, & apres y auoir monstré les commencemens de la Religion Chrestienne, & l'ordre qu'il y a aujourd'huy dans l'Eglise, nous ferons voir les plus notables changemens qu'il y a eu dans le gouuernement de ces Isles apres l'Empire des Romains.

RELIGION, ARCHEVESCHEZ, ET EVESCHEZ DE L'ANGLETERRE, Escosse & Irlande, &c.

DANS cette partie de la Grande Bretagne, que nous appellons l'Angleterre, le Christianisme y a eu quelques commencemens dés enuiron le temps des Apostres; mais il n'y a point paru, comme ailleurs, qu'vn long temps apres: certains autheurs mesmes auoient voulu dire que Sainct Pierre prit occasiou d'y aller, & prescher, lors que l'Empereur Claudius conquit partie de cette Isle: d'autres auec plus de vray-semblance escriuent que Ioseph d'Arimathie s'y estoit transporté auec quelques disciples, enuiron l'an soixante-deux apres Iesus Christ né, & que ceux cy les premiers y auoient presché la foy. En effect puis que nous ne trouuons rien dans l'antiquité, qui nous fasse voir que Sainct Pierre ait esté dans cette Isle, & estant à iuger que Sainct Pierre pouuoit faire vn bien plus grand fruit pour l'aduancement de la foy, luy demeurant dans Rome, qu'estans dans ce pays, qui estoit en guerre, & qui ne commençoit que de se reduire en l'obeïssance des Romains; il nous suffira de croire, que Ioseph d'Arimathie y aura esté enuoyé ou par Sainct Pierre ou par quelque autre des Apostres; & que celuy cy, & ses disciples y ont donné les premieres arres de la foy. Que Ioseph d'Arimathie ait icy esté, c'est la commune opinion de l'ancienne Eglise Chrestienne en Angleterre: ils tiennent pour constant que ce Ioseph, & vnze de ses compagnons, apres auoir trauersé le pays, se retirerent en l'Isle d'Aueland non loing de la ville de Vells. Fontames, & que la viuant dans les veilles, ieusnes & oraisons, & preschans la foy Chrestienne; les Princes & Seigneurs du pays admirans leur vertu, & Saincteté; bien qu'ils ne se conuertissent pour lors, leur permirent de viure librement, & prescher au peuple; & leur donnerent des terres, & possessions, pour s'entretenir dans ce sainct exercice. Ioseph doncques bastit pour lors en l'honneur de la Vierge vne petite chapelle, là où a esté du depuis ce fameux & riche Monastere de Glassenbourg, dans le Comté de Somerset. Et c'est pour ce sujet que dans les donations, priuileges, & immunitez, que les anciens Roys d'Angleterre donnent à ce Monastere, ils l'appellent tantost Mere des Saincts, tantost Terre des Saincts; & tantost Tombeau des Saincts.

De ce commencement il s'en est fait sans doute quelque fruict en diuers endroits de la Grande Bretagne: que si nous n'en trouuons rien dans les escrits de nos anciens, nous en voyons paroistre vn grand tesmoignagesous le Roy Lucius. Celuy-cy imbu des commencemens de la foy, & voulant embrasser le Christianisme, enuoya Eduan & Meduan (autres les appellent Eluare & Meduin) au Pape S. Eleuthere, & le pria de luy donner quelques sçauans personnages pour plus particulierement estre instruit & catechisé auec ses subjets : Saincts Fugace & Donatian eurent cette charge, & leurs lettres (dit Guillaume Cambdene) se voyent encor données L. Aur. Commode Auguste, pour la seconde fois, & Vespron Vere estans Consuls, qui feroit l'an de grace cent quatre-vingts & vn. De sorte que Lucius, sa femme, & ses subjets firent publiquement profession de la foy Chrestienne, & il se remarque par quelques vns, que ce Lucius a esté le premier d'entre les Roys, qui se soit donné au Christianisme auec son peuple.

Apres le regne de Lucius, la foy a tousiours augmenté dans la Grande Bretagne ; & bien qu'elle ait souffert de grandes persecutions, & trauerses, sous l'Empire de Diocletian, pendant l'heresie de Pelegius, & du depuis encor lors que les Anglois & Saxons Payens descendirent, & se rendirent maistres du pays; elle n'a laissé d'y paroistre de temps en temps en diuers endroits. Sainct Albans, Sainct Amphibale, & plusieurs autres Martys ; Helene la mere de Constantin le Grand Chrestienne, les Euesques de la Grande Bretagne qui assistent au Concile general de Bardirque, & ailleurs; nous en font de suffisantes preuues. Il est bien vray qu'apres la descente des Anglois & Saxons, il y fut besoin de nouueaux Pasteurs, soit pour conseruer ce qui estoit du Christianisme dans le pays, soit pour conuertir à la foy des nouueaux insulaires tous Payens: & c'est pourquoy S. Gregoire le grand y enuoya S. Augustin, qui a esté depuis Euesque de Cantorbery, & plusieurs autres pour remettre la foy dans tous ces quartiers: & ceux-cy trauaillerent auec tant de bon-heur, que Etelbert Roy de Kent embrassa le Christianisme l'an cinq cens quatre-vingts dix-neuf; Sebert Roy des Saxons Orientaux, l'an six cens quatre: Erpenvval ou Torpvval Roy des Anglois Orientaux, en six cens vingt-quatre : Edvvin Roy de Nortumberland, en six cens vingt-sept : Kengils ou Kengil Roy des Saxons Occidendaux, en six cens trente-cinq : Peada Roy de Mercie, en six cens cinquante: Ethelvvofe Roy des Saxons Meridioneux, en six cens soixante & deux : & la plusspart de leurs subjets en mesme temps. Si bien que nonobstant quelques trauerses, l'Angleterre se trouua entierement Chrestienne auant l'an sept cens : & y a persisté iusques en mil cinq cens trente-quatre: lors que Henry VIII. voulant repudier sa femme, & le Sainct Siege ne le luy voulant permettre, il se declara chef de l'Eglise en Angleterre, luy donna la forme, les ceremonies, &c. telles qu'il voulut : osta aux Eglises, & aux Ecclesiastiques la plusspart de leurs priuileges, de leurs biens, & de leur authorité, & se les appropria. Ses successeurs ont quelquefois augmenté, quelquefois diminué à ce que Henry VIII. auoit fait : Marie mesme reprit l'ancienne Religion Catholique, Apostolique & Romaine: mais Elizabeth la requitta de nouueau. Tout cecy se peut voir dans l'histoire depuis Henry VIII. iusques à present.

L'autre partie de la Grande Bretagne, que nous appellons Escosse, n'a eu la cognoissance de la foy qu'apres l'Angleterre; & l'Irlande encor ne l'a eu qu'apres l'Escosse. Les autheurs Ecclesiastiques trouuent que Donald XXVII. Roy d'Escosse auec sa femme, ses enfans, & sa noblesse, receut & fit profession du Christianisme l'an deux cens trois, & que l'Idolatrie cessa dans toute l'Escosse sous Crakinte ou Crachlinte, & Fincormack peu apres l'an trois cens. Que si le nom des peuples Scotj Escossois, & de Scotia Escosse n'est cogneu dans ces quartiers qu'apres l'an quatre cens, par quelques autheurs du pays ; il faut neantmoins faire estat que ces noms y estoient de long temps auparauant, cela estant facile à verifier par les anciens autheurs mesme. Tellement que quand le Pape Celestin enuoya Palladius en Escosse l'an quatre cens trente, ç'a esté pour en chasser l'heresie Pelagienne, & pour en desraciner diuerses superstitions, & ceremonies Payennes, qui s'y estoient introduites ; & non pour y annoncer la foy tout de nouueau, comme quelques-vns ont voulu dire.

Palladius à peine auoit esté vn an en Escosse, qu'il receut mandement du Sainct Siege de se transporter en l'Irlande, pour conuertir ce peuple qui estoit encor tout Payen : mais Palladius estant bien tost apres preuenu de la mort, la conuersion de cette Isle fut reseruée à Sainct Patrice, à qui le Pape Celestin en donna l'ordre. L'an quatre cens trente-vn, il se remarque que S. Patrice trouua du commencement les Hibernois

fort

fort barbares, & qui se soucierent peu de ses enseignemens : mais il leur donna tant & de si grands miracles, en l'espace de soixante ans qu'il vescut entre eux, qu'à la fin toute l'Isle quitta entierement le Paganisme ; & embrassa si religieusement la foy Chrestienne, que souuent elle est appellée du depuis Isle des Saincts : tant elle a nourry grand nombre de Saincts, & Religieux personnages.

Aujourd'huy l'Escosse, & l'Irlande ont suiuy le bransle de l'Angleterre : l'Escosse du commencement s'attacha d'auantage au Caluinisme, & l'Irlande suiuit la Religion qui s'estoit introduite en Angleterre. Le Roy Iacques n'ayant voulu qu'vne Religion dans ses Estats, a estably en Escosse, la mesme qu'il a voulu auoir en Angleterre.

Mais venons à nostre principal, qui est de monstrer l'ordre de l'Estat Ecclesiastique de l'Angleterre, de l'Escosse, & de l'Irlande, les noms d'Archeueschez & d'Eueschez s'y maintiennent encor, auec le mesme ordre qu'ils auoient auparauant, bien que non auec la mesme dignité & authorité. L'Angleterre à deux Archeueschez, vingt-six Eueschez, en y comprenant les quatre nouueaux qu'a fait Henry VIII. (& Sodore non compris) L'Escosse deux Archeueschez, & vnze Eueschez : L'Irlande quatre Archeueschez, & trente-sept Eueschez. Et ie faits estat qu'en ces trois Royaumes, il y auoit auparauãt le changemẽt de Religion vingt-quatre mille parroisses : Sçauoir, neuf mille deux cens & quatre vingts quatre en Angleterre : sept mille ou enuiron en Escosse ; & huict mille en Irlande, des neuf mille & tant qu'il y auoit en Anglẽterre, les trois mille huict cens quarante-cinq estoient déja incorporées, vnies & annexées à quelques Eueschez, Monasteres, Colleges, ou Hospitaux, qui auoient trop peu de reuenu ; & ce à certaines conditions, & auec l'authorité du Sainct Siege, & le consentement du Roy, & des Euesques Diocezains. Henry VIII. en ruïnant les Monasteres, ruïna aussi la pluspart de ses Parroisses, & leurs reuenus ont esté faits fiefs laicqs, au grand detriment & scandale de l'Eglise, comme dit mesme Cambdene. Et il est à croire qu'il en aura esté fait du depuis de mesme, & en Escosse & en Irlande, ce qui en auroit beaucoup diminué le nombre.

Voicy le denombrement des Archeueschez & Eueschez de l'Angleterre, que nous diuiserons en deux Prouinces : Sçauoir de Canterbury & d'Yorck. Nous donnons en la premiere colonne les Diocezes, dans la seconde les Comtez seculieres qui y sont comprises, dans la troisiéme le nombre total des Parroisses, dans la quatriéme les Parroisses annexées, dans la cinquiéme le reuenu desdits Archeueschez & Eueschez, tel qu'il est à present, suiuant au plus pres l'opinion de François Godvvin & d'autres. Les deux dernieres colonnes ne sont que les noms François, ou communs de la premiere & seconde colonne : c'est à dire respondent aux noms Latins des Diocezes & Comtez. Le reuenu des Archeueschez & Eueschez est aussi reduit à nostre monnoye par liures.

IN PROVINCIA CANTVARIENSI sunt Dioceses viginti quatuor. Archiepiscopatus scelicet vnus, Episcopatus viginti tres.

DANS LA PROVINCE DE CANTORBERY il y a vingt-quatre Diocezes, vn Archeueſché, vingt-trois Eueschez.

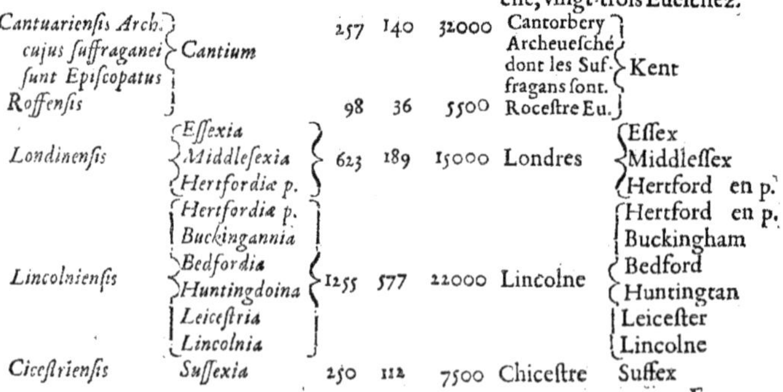

Cantuariensis Arch. cujus suffraganei sunt Episcopatus	*Cantium*	257	140	32000	Cantorbery Archeuesché dont les Suffragans sont.	Kent
Roffensis		98	36	5500	Rocestre Eu.	
Londinensis	*Essexia* *Middlesexia* *Hertfordiæ p.*	623	189	15000	Londres	Essex Middlessex Hertford en p.
Lincolniensis	*Hertfordiæ p.* *Buckingannia* *Bedfordia* *Huntingdoina* *Leicestria* *Lincolnia*	1255	577	22000	Lincolne	Hertford en p. Buckingham Bedford Huntingtan Leicester Lincolne
Cicestriensis	*Sussexia*	250	112	7500	Chicestre	Suffex

VVintonienfis	Southamptoina, Surreia, Vecta, Garufeia, Ierfeia infulà.	362	131	28000	Vinceftre	Southampton, Surrey, vvight, Garnfey, Ierfey Ifles
Salisburienfis	VViltoina, Berceria	248	109	15000	Salifbery'	VVilton, Barck
Exonienfis	Deuonia, Cornubia	604	239	7500	Exceftre	Deuonfter, Cornvvall
Bathonienfis & VVellenfis	Sonier fetia	388	160	7000	Bath & Vells	Somerfet
*Glocefrienfis	Glocefria	267	125	6000	Glocefter	Gloceftre
VVigornienfis	VVorceftria ab Vig., VVaruici p.	241	76	12000	VVorceftre	VVorceftre, Vvarvviek en p.
Lichfeldenfis & Couentrenfis	VVaruici p., Staffordia, Derbia, Salopiæ p.	557	250	7000	Lichfeld, & Couentree	Vvarvviek en p., Stasford, Darby', Shrop. en p.
Herefordienfis	Salopiæ pars, Herefordia	313	166	9000	Hereford	Shrop. en p., Hereford
Elienfis	Eliæ infula, Cantabrigia	141	75	25000	Ely	L'Ifle d'Ely', Cambridge
Norvvicenfis	Norfolcia, Suffolcia	1121	385	12000	Norvviche	Norfolck, Susfolck
Oxonienfis	Oxonia	195	88	5000	Oxford	Oxford
Petriburgenfis	Northamptoina, Rutlaudia	293	91	6000	Pierrebourg	Northampton, Rutland
Briftollienfis	Doretia, Glamorgaina	236	64	5000	Briftovv	Dorcet, Glamorgan
Llandaffenfis	Monumethum, BrecKnockia, Radnoira	177	98	2500	Landaft	Monmouth, Brecknock, Radnor
Meneuenfis	PenbrocKia, Caermaridunum	308	120	6000	S Dauids	Penbrock, Caermarden
Banchorenfis	Caernaruornia, Mona al Anglef. J., Meruinia, Deubighiæ	107	36	2500	Banchor	Caernaruon, Anglefey' I., Merioneth, Denbigh en p.
Afaphenfis	Deubighiæ p., Fliutenfis p.	121	19	2500	S Afaph	Denbigh en p., Flint en p.
Peculares etiam parchiæ in Prouincia Cantuarieufi	—	57	14	—		
		8219.	3300.	240000		

IN PROVINCIA EBORACENSI funt Diocefe, quinque; Archiepifcopatus vnus, Epifcopi quatuor.

EN LA PROVINCE D'YORCK il y a cinq Diocezes, vn Archeu. quatre Euefchez : Sçauoir,

Eboracenfis Archie. cuius fuffraganei funt Epifcopi.	Eboracum, Nottingamia	581	336	20000	Yorck Arc. dont les fuf. font	Yorck, Nottingham
Ceftrienfis	Ceftria, Richmondia Ebor. p., Cumbriæ p., Lancaftria, Fintz p.	256	101	6000	Ceftre	Ceftre d'Yorck, Richmond part, Cũberland en p., Lancaftre, Flint en p.

Carliolensis	*Cumbriæ p.* *VVestmorlandia*	93	18	7500	Carlile	Cũberland en p. Vvestmorland
Dunelmensis	*Dunelmum* *Northumbria*	135	87	24000	Durhan	Durham Northũberland
		1065	542			
Sodorensis in	*Mona Insula vbi 17 par*			2500	Sodore quand à l'Isle de Man	
				60000	depend de la Prou. d'Yorck.	

Tellement que les Parroisses en general montoient au nombre de neuf mille deux cens quatre-vingts quatre, dont il y en auoit trois mille huict cens quarãte-deux (Cambdene en met trois de plus d'annexées à d'autres benefices, & la plus part de celles-cy ont esté ruïnées. Le reuenu des Archeueschez & des Eueschez est encore aujourd'huy d'enuiron trois cens mille liures ayant esté plus grand auparauant. Mais le reuenu des Monasteres & d'autres benefices Reguliers, & qui montoit à beaucoup plus que celuy des Archeueschez & des Eueschez, a esté entierement conuerty à d'autres vsages: partie au fiscq du Roy, partie donné à de la noblesse, & partie autrement. Les Monasteres ayans estez entierement ruïnez. Entre ces Monasteres celuy de Nostre-Dame de Glassenbourg tenoit le premier lieu, non tant à cause de son reuenu, bien qu'il fust de trente-six mil liures, comme à cause de son antiquité, de sa splendeur, & de son authorité. Apres Glassenbourg estoit celuy de Sainct Augustin de Cantorbery' de quinze mille liures. Puis de Sainct Pierre de Vvestminster pres de Londres de quarante mille liures. De Sainct Albans de vingt-cinq mille liures, & autres iusques à vingt cinq ou trente, qui auoient tous les ans ensemble iusques à quatre cens mille liures de reuenu; & tenoient leur seance aux Estats generaux du Royaume apres les Euesques. Et outre ceux cy il y auoit encore plus de six cens autres Abbayes ou Prieurez. Pres de deux mille quatre cens Chapelles simples, &c.

Mais venons à l'Escosse, nous y auons mis deux Archeueschez, & vnze Eueschez: nous n'en donnerons que l'ordre, & les noms sans autres particularité, n'en ayant rien d'auantage.

SANTA' ANDREANVS ARCHIEPISCOPATVS, cuius suffraganei sunt Episcatùs octo:
Dunkeldensis,
Aberdonensis,
Morauiensis, qui Elgino residet
Dumblanensis,
Brechinensis;
Rossensis, qui Canonrico
Cathanensis, qui Dunroduno
Orcadum ins. qui Kirkuensi in Maynland insula.

L'ARCHEVESCHE' DE S. ANDRE' duquel les Eueschez suffragans sont huict : sçauoir de
Dunckell, ou Dunckeld en
Aberdone,
Muray', resident à Elgin
Dunblain,
Brechin,
de Rosse, resident à Chanoury'
de Couthnes, &c. reside à Dornock
des Orcades ou des Isles d'Orcknay res. à Kirkvvall en Maydland.

GLASCVENSIS ARCHIEPISCOPATVS suffraganei, sunt Episcopatus tres
Galloiudiæ, qui Candidæ casæ
Argatheliæ, qui lismoræ
Hebudum ins. qui & Sodorensis residetque in Ins. et Mon. sancti Columbi. aliquando etiam Sodoræ in Ins. sura aliquando Monedæ siue Monaiuæ Ins. quæ etiam ab ipso dependet

L'ARCHEVESCHE DE GLASQVO, dont les Eueschez suffragans sont trois, sçauoir de
Gallovvay, qui est à VVithery
Argile, qui reside à Lismorie
des Hebudes alias de Sodore, qui reside en l'Isle de Colm-Kill & quelque fois à Sodore en l'Isle de Seura, quelquefois en l'Isle de Man, qui depend encor de cét Eueschė.

L'Escosse n'a eu que des Eueschez du commencement tous subjets à l'Archeueschė d'Yorck en l'Angleterre. L'an vnze cens nonante-deux le Pape Celestin III. les exempta de leur Metropolitain & les foubmit immediatement au fainct fiege, le Roy Guillaume le demandant ainfi. Sixte IIII. l'an 1471. erigea en Archeuefchez fainct André & Glafquo ; & fousmit à celuy cy trois Euefchez, & à l'autre qui eft Primat de l'Efcoffe huict, comme nous auons dit.

Refte que nous donnions l'ordre des Archeuefchez, & Euefchez de l'Irlande : nous auons dit qu'il y en a quatre, & trente-fept Euefchez. Les Archeuefchez ont efté inftituez par le Pape Eugene, l'an 1151. ou 1152. & font Armach qui eft Primat de l'Hibernie, Dublin, Caftel & Thoam.

ARMACHANVS ARCHIEPISCOPATVS in Vltonia cuius Epifc. fuff. funt

Dunenfis / *Connerenfis* / *Dromorenfis* { *vniti*
Rapotenfis / *Derrienfis* { *vniti*
Kilmorenfis / *Clogherenfis* { *vniti*
Ardacenfis aut Duncheranenfis
Midenfis alias Cluanarardenfis

L'ARCHEVESCHE' D'ARMAGH en la Prouince d'Vlfter, dont les Euefques fuffragans font de

Dovvne / Conner / Dromore { vnis
Rapore alias Robogh / Derrie { vnis
Kilmore en Cauan / Clogher à Bishops fee { vnis
Ardree ou Drandalke.
Nauan en Meath.

DVBLINIENSIS ARCHIEPISCOPATVS in Lagenia cuius fuffrag. Efpifc.

Glandelacenfis Cacenfis vniti Dubl.
Kil-Kennyenfis alias Offerienfis
Lechlinienfis / *Fernenfis* { *vniti*
Darenfis.

L'ARCHEVESCHE' DE DVBLIN en la Prouince de Leinfter, dont les Euefques fuffragans font

Grandeloure vny' auec Dublin
Kil-Kenny'
Laghlin / Fernes { vnis
Kil-dare

CASSILIENSIS ARCHIEPISCOPATVS in Momonia cuius Epifcopi fuffraganei funt

Corcagienfis / *Clonenfis* / *Yougallenfis* { *vniti*
Kynfalienfis / *Roffenfis* { *vniti*
VVaterfordienfis / *Lifmorenfis* { *vniti*
Limericenfis / *Kilmalocenfis* { *vinti*
Emelienfis / *Clonmelienfis* { *vniti Archiepifcapatui*
Ardefartenfis

L'ARCHEVESCHE' DE CASHEL en la Prouince de Mounfter, dont les fuffragans font

Corke / Cloney' / Youghall { vnis
Kynfale / Roffe { vnis
VVaterford / Lifmore { vnis
Limeriecke / Kil-malock { vnis
Emeley alias Avvn / Clonmell { vnis auec Cashell
Ardat.

TVAMENSIS ARCHIEPISCOPATVS in Connacia cuius fuffraganei

Kyllaloenfis alias Laonenfis
Duacenfis / *Achadenfis alias Alaechdenfis* / *Moy en Clare comitatu* { *vniti cum Toamenfi Areuei*
Kilmacullo / *Clonfertenfis* { *vniti*

ARCHEVESCHE' DE TOAM en la Prouince de Connaugh, dont les fuffragans font

Kyllaloe
Gallovvay' / Auaghdovvne / Moy au comte de Clare { vnis à l'Archeuefché de Toam.
Kilma cullo / Clonefort { vnis

Moyenfis

Moyensis in Mayo comit	Moy au Comté de Mayo
Achonritanus } *vniti*	Achonry } vnis
Olfinensis }	Elphen en Roscomen }
Moriensis } *vniti*	Meore } vnis
Killaliensis }	Killaley } en Tir-Auley

Au reste le Royaume d'Angleterre, puis l'Irlande ont esté tributaires du sainct Siege. Dés l'an sept cens vnze. Ina Roy des VVest Saxons, & incontinent apres Offa Roy de Mercie, & encor du depuis les Roys qui ont possedé toute l'Angleterre, ont payé tous les ans au sainct siege, & par forme de tribut vn sterlin pour feu, & cela s'appelloit en Angleterre Romes cote, à Rome les deniers de Sainct Pierre. Le Roy Iean en l'an douze cens treize fit plus, il se constitua vassal, & aduoüa tenir à foy & hommage du sainct Siege les Royaumes d'Angleterre, & la Seigneurie d'Irlande, du depuis erigée en Royaume; & pour ce se chargea & ses successeurs de payer de cens & rente annuelle & perpetuelle mille marqs sterlins, au iour de Sainct Michel: & ce outre ce qui se payoit par feu cy dessus. Cette soumission a esté continuée iusques en mil cinq cens trente-quatre, que Henry VIII. changeant la Religion reffusa en mesme temps de payer ce droict & de rendre ces soumissions au sainct Siege.

DIVISION DES ISLES BRITANNIQVES EN PLVSIEVRS Royaumes.

APres l'Empire Romain il y a eu de bien grands, & fort notables changemens dans les Isles Britanniques: la partie de la Grande Bretagne, qui auoit esté suiette aux Romains, & que nous auons cogneu long temps apres sous le nom d'Angleterre, fut diuisée en plusieurs Royaumes; sçauoir en trois de ce qui resta à ses anciens habitans, en sept de ce qui fut occupé par les Anglois, & Saxons: L'autre partie de la Grande Bretagne, que nous auons appellé du depuis Escosse, fut diuisée en deux, quelquefois en trois; les Isles circonuoisines faisans souuent vn Royaume à part. L'Irlande en mesme temps estoit aussi diuisée quelque fois en quatre, quelquefois en cinq Royaumes; & l'Isle de Man, qui est entre l'Angleterre, l'Escosse & l'Irlande faisoit encor vn autre Royaume à part: de sorte qu'il y a eu dans ces Isles iusques à dix neuf Royaumes, qui sont aujourd'huy tous heureusement compris dans les Estats du Roy de la Grande Bretagne.

Mais ces distinctions meritent bien que nous en touchions quelque chose de plus particulier. Sur le declin de l'Empire Romain, les Pictes & Scots firent de grandissimes courses & rauages dans cette partie de la Grande Bretagne qui auoit esté sujette aux Romains: Les Bretons insulaires & originaires du pays se trouuans pour lors desnuez de leur milice, & espuisez de leur ieunesse que les Romains auoient tirez hors pour s'en seruir ailleurs, furent cōtrains de mandier du secours de la Grāde Germanie. Idest. Allemagne: leur Roy Vortigerne estant déja allié aux Saxons & Anglois peuples Germains: celuy-cy doncques appella ces peuples pour repousser les Pictes & Scots, & en effect il en fut si puissamment secouru, que ceux là se retirerent dans leurs anciens limites: mais il arriua contre son attente que les Anglois & Saxons ayans de grandes forces, attirez qu'ils furent de la bonté du pays où ils se trouuoient, s'aduiserent de faire paix auec les Pictes, & aussi tost tournerent la guerre cōtre ceux là mesme qui les auoiēt appellé à leur secours, s'emparerent auec le temps de tout ce que nous auons cogneu du depuis sous le nom d'Angleterre; & establirent à mesure qu'ils se trouuoient les plus forts diuers Royaumes. Les Bretons originaires du pays furent contrains ou de souffrir leur domination, où de se retirer dans la Cambrie (qui est à present la Principauté de Galles) où ils se sont maintenus iusques pres de l'an treize cens.

Les Royaumes que les Anglois & Saxons ont establis en la Grande Bretagne, se sont trouuez iusques au nóbre de sept; sçauoir de Kent, de Suffex ou South-Saxons. Id. Saxons Meridionnaux, de VVest-Sex ou VVest-Saxons. Id. Saxons Occidétaux, d'Effex, ou East-Saxons. Id. Saxons Orientaux, de Nort-humberland, d'East-Angles. Id. Anglois Orientaux & de Mercie. Le Royaume de Kent commença dés l'an quatre cens cinquante-cinq, a subsisté trois cens soixante & douze ans, finissant l'an huict cens vingt-sept. Le Royaume de Suffex ou des Saxons Meridionaux n'a duré que cent trente-deux ans, depuis l'an quatre cens quatre-vingts huict iusques en six cens vingt. Celuy des Saxons Occidentaux a commencé en cinq cens dix neuf, a duré iusques en huict cens vingt-vn, que son Roy Egbert, se rendit Maistre de tous les autres Royaumes, ce sont trois cens & deux ans pour ce qui est de son particulier. Celuy des Saxons Orientaux a subsisté de l'an cinq cens vingt-sept iusques à sept cens quarante-sept, qui sont deux cens vingt ans. Celuy de Northumberland de l'an cinq cens quarante-sept iusques en sept cens quatre-vingts quatorze y ayant eu du depuis interregne iusques en huict cens vingt-sept qu'Ebgert s'en fit Roy. Le Royaume des Anglois Orientaux a commencé l'an cinq cens soixante & quinze, & finy en sept cens quatre vingts quatorze, ce sont deux cens dix-neuf ans. Celuy de Mercie en cinq cens quatre-vingts & deux, finy en huict cens soixante & quatorze: mais ses derniers Roys ont esté tributaires & subjets aux VVest-Saxons. Id. Saxons Occidétaux: De sorte que ces Royaumes n'ont point cómencé, n'ont point aussi finy en mesme temps: ils se sont formez, ils se sont aussi ruïnez les vns apres les autres; l'establissement du premier n'a esté qu'en l'an quatre cens cinquante-cinq, & tout s'est reduit sous la domination d'vn seul peu apres l'an huict cens, lors que tous le pays commença de se cognoistre sous le nom d'Angleterre.

Dans chacun de ses Royaumes il y auoit plusieurs regions, dans chaque region certain nombre de hides (la hide est ce qu'vne charruë peut labourer en vn an) mais les noms de ces regions estans fort peu cogneus, pour monstrer la continence de chacun de ces Royaumes, nous serons contrains de nous seruir du nom des Comtez qui y ont esté du depuis establies, & dirons qu'elles, & combien de ces Comtez sont aujourd'huy comprises dans chacun de ces Royaumes.

Le Royaume de Kent ne contenoit que ce qui est aujourd'huy compris sous le seul Comté de Kent. Celuy des Saxons Meridionnaux, ce qui est dans les deux Comtez de Suffex & Surrey. Dans celuy des Saxons Occidentaux sont les Comtez de Southampton, Barck, VVilton, Dorcet, Somerset, Deuonster & Cornvvall: dans celuy des Saxons Orientaux, les Comtez d'Effex, de Middleffex & partie d'Hartford. Les Comtez de Norfolck, Suffolck & Cambridge tiennent ce qui a esté du Royaume des Anglois Orientaux. Les Comtez de Bedford, Buckinham, Oxford, Glocester, Hereford, VVorcester, VVarvvick, Northampton, Huntington, Ruteand, Leicester, Lincolne, Nottingham, Darby, Stafford, Shrovvesbury, & Chester ce qui a esté du Royaume de Mercie, les Comtez de Lancastre, Yorck, Durham, VVestmorland, Cumberland, & Northumberland, ce qui a esté de celuy de Northumberland.

Le Royaume de Kent estoit le plus petit de tous, non le moindre, celuy de Mercie le plus grand non le plus puissant. Celuy des VVest Saxons Id. Saxons Occidentaux subiugua premierement celuy des Saxons Meridionnaux, puis celuy des Anglois Orientaux, & en fin tous les autres, que si dans quelques vns de ces Royaumes il y eust encor des Roys iusques peu apres l'an huict cens ils furét au moins tributaires de celuy des VVest-Saxons. Les Royaumes de Kent, des Saxons, & des Anglois Orientaux, tenoient la coste la plus Orientale de l'Angleterre, ceux des Saxons Meridionnaux & des Occidentaux, la coste la plus Meridionale; celuy de Mercie occupoit tout le milieu du pays, celuy de Northumberland estant entre les deux mers d'Irlande & d'Allemagne, s'aduançoit vers le Nort iusques à l'Escosse.

Les Bretons originaires du pays qui ne peurent souffrir le ioug & la domination des Anglois & Saxons, se defendirent pied à pied, forcez qu'ils furent se retirerent peu à peu, tant qu'ils furent reduits dans ce qu'ils appellerent eux mesme Cambrie, les Anglois VValles & noms Principauté de Galles. Là ils creerent entr'eux des Roys, sous lesquels ils se sont maintenus par l'espace de sept à huict cens ans, nous ne voyons point combien ils eurent de Rois du commencement, si vn seul ou si plusieurs à la fois, il est à croire qu'il y en a eu tantost vn, tantost deux, ou trois. Roderic le grand Roy de toute la Cambrie ayant trois fils repartit son Royaume en trois (comme ie crois qu'il auoit esté quelquefois auparauant) & en donna à chacun le leur. Cette Diuision a esté faite l'an huict cens soixante & dix, On appella Gvvineth ce que les Anglois North-VValles, Povvys, ce que les Anglois Povvys-land, & Deheubarth ce que les Anglois appellent South-VValles: tellement que toute la Cambrie estant entre les riuieres de Seuerne, de Dee, & la mer d'Irlande. Nort-VValles en estoit la partie la plus exposée au Nort, South VValles la plus au Sud, & Povvys land la plus à l'Orient, au long de la riuiere Seuerne, & joignant le Royaume de Mercie.

Chasque Royaume qu'ils appelloient Talaithe estoit diuisé en Regions, ces Regions en Centuries qu'ils appelloient Cantredes, les Centuries en Decuries qu'ils appelloient Coumondes sous Leolin fils de Grustin dernier Roy de Cambrie, il trouua vne distribution du pays qui portoit dás le Royaume de Gvvineth quatre Regions, quinze Centuries & trente neuf Decuries. En celuy de Povvys trois Regiós, quatorze Centuries, & quarãte & vne Decuries. Dans Deheubarth six Regions, vingt-deux Centuries, & soixante & dix-huict Decuries. Qui sont en tout treize Regions, cinquante & vne Centuries, & cent cinquante-huict Decuries. Ie ne sçaurois mieux comparer ces Regions, Centuries & Decuries qu'à nos anciennes Comtez, Baronnies & Chastellenies. Cette distribution m'a semble si gentile & particuliere que i'ay eu déplaisir de ne la point icy donner pour faire voir la continence de chaque Royaume: mais comme i'ay consideré que ce sont tous noms Barbares & fort incognus, i'ay mieux aymé me seruir encor du nom des Comtez qui y ont esté establies du depuis, & qui se trouuent encor dans le païs, afin que la cognoissance en fut plus facile. Les Comtez de Mon ou Anglesey Isle, Caernaruam, Merioneth, & partie de ceux de Denbigh, & Flint estoient dans *Gvvineth* ou North-VValles. Les Comtez de Cardigan, Penbrok, Caermarden, Glamorgan, Brecknock, & Monmoulh dans Deheubarth ou South-VValles. Les Comtez de Montgomery, Radnor partie de ceux de Hereford, Shrovvesbury, Denbigh & Flint en Povvys. Aberfravv en l'Isle de Mon estoit le siege Royal des Roys de North-VValles, Pengvvery ou Shrovvesbury' & du depuis (cette ville estant tombée entre les mains des Roys de Mercie) Mathraual hall du Comté de Montgomery estoit le siege des Roys de Povvys: Caermarden & puis Dineuovvr alias, Deneuez qui est peu plus auant en terre estoient le siege des Roys de Deheubarth ou de South-VValles: mais à la fin les guerres intestines furent cause que toute la Cambrie se soubmit à Edovvard II. fils de Edoüard premier Roy d'Angleterre, & cela enuiron l'an douze cens quatre-vingts quatre, que si du depuis elle a encor quelquefois repris les armes, ce n'a esté que pour maintenir sa liberté. Henry VIII. l'ayant en fin mise dans les mesmes droicts & priuileges que l'Angleterre mesme, elle est demeurée en vn profond repos iusques à present.

Dans l'autre partie de la Grande Bretagne, que nous auons cogneu du depuis sous le nom d'Escosse, nous ne voyons point par l'histoire Romaine s'il y auoit vn ou plusieurs Royaumes de leur temps nous voyons seulement que tout ce quartier s'appelloit en general Caledoine & ses peuples Caledoniens, ces peuples se nommoient aussi quelquefois Britanni Bretós d'vn nom cõmun auec tous les autres peuples de l'Isle puis encor Britanni Pieti, & Picti simplement Bretons, Pictes c'est à dire Peins ou Pictes pour faire difference d'auec les autres qui estoient subjets aux Romains, qui ne se peindoient plus sur le corps; ceux cy s'estans façonnez à vne vie & à des mœurs plus ciuiles, ceux là se ressentans encor de leur premiere fierté & barbarie: Mais presque en mesme temps que le nom de Pictes fut cogneu par les Romains, celuy de Scoti Scots le fust aussi. Et il se peut remarquer que ceux-cy estoient les plus aduancez vers le Septentrion, les autres plus vers le Midy, estans déja contigus à ce que les Romains tenoient dans la Grande Bretagne; & c'est pourquoy il s'en fait plus souuent mention dans leurs escriuains que non des autres. Neantmoins il se peut remarquer par l'histoire du pays qu'il n'y auoit icy qu'vn Royaume du commencement, & que sur le declin de l'Empire Romain il s'y en trouue deux. Le plus ancien, & celuy qui apparemment possedoit le tout auparauant, & apres que les Romains eurent le pied dans la Grande Bretagne a esté celuy des Scots : il a commencé suiuant leur opinion des l'an trois cens trente auant la naissance de Iesus Christ. Fergus, fils de Ferquard Roy de Libernie, en ayant esté le premier Roy. Le Royaume des Pictes ne paroit que long temps apres que les Romains ont esté dans la Grande Bretagne, & ie veux croire que ceux cy ne sont autres qu'vn ramas de Bretons, qui ne pouuans souffrir le ioug de l'Empire Romain, chassez qu'ils furent de leurs terres, se retirerent prés des Scots, à la faueur desquels ils se sont maintenus auec le temps, ont icy estably vn Royaume, qui n'a pas esté vn des moindres de ceux qui ont esté dans la Grande Bretagne. Or les Scots & les Pictes ensemble ont eu fort souuent la guerre contre les Romains, & souuent encor; les Romains estans hors de la Grande Bretagne, contre les Bretons mesme qui auoient esté subjets aux Romains, mais apres l'an cinq à six cens ils s'entrefirent la guerre les vns contre les autres, & la continuerẽt de temps en temps; A la fin Kenneth LIX. Roy des Scots deffit tant de fois les Pictes, & ruïna tellement leurs forces, qu'apres l'an huict cens quarante, ils n'ont plus repris le tiltre de Royaume & leur nom mesme se perdit peu à peu, & se côuertit en celuy des Scots; de sorte que du depuis nous n'auons plus cogneu en ces quartiers que les peuples Scots, que nous appellons Escossois, & qu'vn seul Royaume sous le nom d'Escosse.

De la continence de chacun de ces deux Royaumes, nous n'en pouuons rien tirer que par conjectures ; l'vn & l'autre ayant eu tantost plus, tantost moins ; & du costé de l'Angleterre, & entr'eux : nous pouuons neantmoins dire que l'Escosse depuis long temps estant diuisée en deux grandes parties par la riuiere de Tay, & par les monts Albains ; il semble que cette distinction nous monstre celle-là mesme qui estoit entre les Royaumes des Pictes, & des Scots : en sorte que ce qui est le plus au Midy & au deça de la riuiere de Tay, auroit esté des Pictes ; ce qui est au delà du Tay, & le plus au Nort, auroit esté des Scots: nous en donnerons les parties plus particulierement lors que nous traitterons de l'Escosse.

Les *Isles Hebudes* que nos modernes appellent Hebrides, les Escossois & Anglois VVesterne Isles. Id. Isles d'Occident & ceux du pays Inch Gall. Id. Isles Gauloises ont quelquefois porté titre de Royaume. Elles ont veritablement esté le plus souuent à l'Escosse. Donald Frere de Malcom alias Milcolomb III. Roy d'Escosse les ceda aux Roys de Norvvege à la charge de l'assister à la conqueste & à ce qui se peut maintenir dans le Royaume d'Escosse à l'encontre de ses neueux : les Roys de Norvvege les ont donques possedé en tiltre de Royaume cent soixante ans ou enuiron. Alexandre III. Roy d'Escosse les regagna & les reunit auec l'Escosse : ces insulaires n'ont pas laissé du depuis de tenter à diuerses fois les moyens de se remettre en liberté, ils se sont creés des Roys, ont porté la guerre bien auant dans l'Escosse, & encor à present ils n'obeïssent le plus souuent que côme il leur plaist. Mais venons à l'Irlande.

La commune opinion des historiens de ce païs est, que l'Irlande des vn grandissime temps a esté diuisée en quatre Royaumes, & quelquesfois en cinq ; mais il semble aussi qu'il n'y en a eu quelquefois qu'vn, voire & ie me laisserois facilement persuader qu'il n'y en a eu qu'vn du commencement, & que la diuision en plusieurs ne s'est faite qu'auec le temps & l'occasion. Il est bien vray que quand les Anglois ont eu vne particuliere cognoissance de cette Isle, elle estoit déja repartie en quatre Royaumes, mais il n'est point à croire que cét ordre y ait esté, & qu'il ait subsisté depuis vne si profonde antiquité, comme ces historiens nous le veulent faire croire. Quoy que s'en soit ces Royaumes lors qu'ils sont venus à nostre cognoissance estoient Vltonie, Connacie, Lagenier, & Momonie, que les Anglois appellent aujourd'huy Vlster, Connaugh, Leinster & Mounster, & n'en font plus que des Prouinces : & quãd il y a eu cinq Royaumes la Medie, Meath aux Anglois, qui est de la Prouince Leinster, faisoit le dernier. Certain Roderic Roy de la Connacie ayant dessein de se rendre Roy seul & Monarque de toute l'Isle, & continuant la guerre auec beaucoup de succez contre les autres Roys, ceux cy furent contrains de se ietter en la protection des Roys de l'Angleterre & donnerent par ce moyen l'ouuerture aux Anglois de s'emparer du païs. Les Estats de toute l'Irlande assemblez l'an vnze cens soixante douze, recogneurent pour leur seigneur Henry II. Roy d'Angleterre, tant pour luy que pour ses successeurs ; & les Roys d'Angleterre du depuis s'en sont tousiours conserué le nom iusques à Henry VIII. qui le premier en pris le tiltre de Roy, & ses successeurs apres luy de mesme.

Reste

Reste de dire vn mot touchant l'Isle de Man; elle a eu veritablement long temps ses Roys, mais nous ne voyons point leurs commencemens: Au reste ç'a esté le plus petit Royaume de tous les autres, cette Isle n'est longue que de quinze lieuës Françoises au plus, large de trois ou quatre, ayant seulement cinq Bourgades, deux Chasteaux, dix-sept Parroisses, & quatre à cinq cens familles. Elle est tombée en la puissance des Anglois sous Henry IIII. peu apres l'an quatorze cens.

DESCRIPTION DES ROYAVMES D'ANGLETERRE ET D'ESCOSSE EN LA Grande Bretagne, & de l'Irlande.

LEs sept Royaumes, que les Anglois & Saxons auoient estably dans la Grande Bretagne, se sont donques reünis en vn seul, & ont pris ensemble le nom d'Angleterre peu apres l'an huict cens. La Cambrie, diuisée quelquefois en trois, & quelquefois comprise sous le nom d'vn seul Royaume, s'est aussi reünie entierement à l'Angleterre l'an douze cens quatre-vingts quatre, & cela sous le nom de Principauté de VValles alias de Galles, & pour ne faire plus que partie du Royaume d'Angleterre. D'autre costé les Royaumes des Pictes & des Scots, & celuy des Isles Hebudes sont tombez ensemble en vn sous le nom d'Escosse peu apres l'an huict cens quarante. Et enfin l'Irlande diuisée quelquefois en cinq, & plus communement en quatre Royaumes, s'est vnie sous le nom d'vne seule Seigneurie ou Souueraineté, & soubmise aux Roys d'Angleterre l'an vnze cens soixante & douze, & les Roys d'Angleterre luy ont donné du depuis tiltre de Royaume: de sorte que des auparauant l'an treize cens il n'y auoit plus que trois principaux Royaumes ou Souuerainetez dans les Isles Britanniques, sçauoir l'Angleterre & l'Escosse dans la Grande Bretagne, & l'Irlande dans son Isle particuliere: les autres petites Isles estans comprises sous celuy des trois Royaumes, qui leur estoit le plus voisin. Cette distinction ayant esté iusques à nostre temps, nous donnerons icy les parties de chasque Royaume, & dans chasque partie nous donnerons les principales places, & ce qui nous semblera le plus de remarque, le plus briefuement qu'il se pourra.

L'Angleterre a deux ou trois principales parties. L'Angleterre proprement ainsi dite & la Principauté de Galles: & l'Angleterre se diuise encor quelquefois en la partie au deça de l'Ombre, & la partie au dela. Mais tout le Royaume se repartit plus ordinairement en cinquante-deux Comtez, qu'ils appellent Shires. Id. Seigneuries dont il y en a six au dela de l'Ombre, trente quatre ans au deça, ce sont quarante en Angleterre; & douze en la Principauté de Galles.

Les trente-quatre Comtez au deça de l'Ombre sont de Kent, Soussex, Surrey, Southampton, Dorcet, Deuon, Cornouaille, Somerset, VVilton, Barck, Middlessex, Essex, Hartford, Suffolck, Norfolck, Cambrige, Huntingtan, Bedford, Bouckinhan, Oxford, Glocestre, Moumonth, Herefort, VVorcestre, VVaruick, Northampton, Lincolne, Rutland, Leicestre, Nottingham, Darby, Stafford, Shrop & Chestre.

Le Comté de Kent est pres de la France & des Pays-bas, & il n'y a de Douure à Calais que huict ou dix lieuës de trauerse. Douure est estimé la clef de l'Isle, son port est defédu d'vn vieil Chasteau assez bon, basty sur vne coline: Câterbury Archeuesché & Primatiat de l'Angleterre est la capitale du Côté, ville grande, peuplée, bien bastie, & dont l'Eglise Cathedralle est d'vne tres belle & magnifique structure. Rocestre Euesché est petite, son pont sur la riuiere de Medvvay luy donne vne grande commodité, & la flotte Royale est d'ordinaire sur cette riuiere. Outre ces deux villes il se trouue dans ce Comté encor vingt quatre villes ou bourgs qui ont marché, vingt-sept Chasteaux, huict maisons Royales: & le pays est reparty en cinq Bailliages qu'ils appellent Lathes, soixante & huict Chastellenies qu'ils appellent Hundrides, trois cens nonante-huict Parroisses; & y auoit parauant Henry VIII. vingt-trois Abbayes ou maisons Religieuses; mais nous ne pouuous prendre le temps de donner ces particularitez, nous nous contenterons des principales villes.

Chichestre Euesché est la capitale de Sussex, la petite riuiere Lauant en enferme la plus grande partie : Levves autre ville de ce Comté ne luy cede qu'à peine, si on considere le nombre & la richesse de ses habitans, ou si la beauté de ses bastimens, & la grandeur de la place. Pres de Hastings & à la rade de Peinsey Guillaume Duc de Normandie prit terre l'an mille soixante & six pour aller conquerir l'Angleterre, & quinze iours apres donna vne sanglante bataille contre Harauld, qui s'en estoit fait nommer Roy. Ce Harauld y fut tué, deux de ses freres & soixante-sept mille neuf cens soixante & quatorze Anglois. Le Comté de Surrey n'a que quelques Chasteaux & maisons Royales de marque comme Richemont, Nonsuch, Otlands, & autres.

Vincestre & Southampton sont villes du Compté de Southampton, celle là est plus grande, Euesché, & chef du pays; celle cy a communiqué son nom au Comté, est plus marchande, & trafique fort en Espagne. L'Isle de VVigh vis à vis de cette ville depend aussi de ce Comté. Dorcestre capitale de son quartier ne vaut guere, Sherborne y est mieux cogneuë pour ses manufactures de laines : De Badbury qui a esté le siege des Roys. VVest-Saxons à peine en peut on remarquer les ruïnes. Excestre Euesché, belle ville & frequentée des Estrãgers est la capitale de Deuon-Shire; Launston & Badman de Cornvvaille; Lainestan est pres de la Tamere, Bodmay au milieu des terres : dans Bodmay, Heicston, Trure, Lestuthiell, & S. Germain se marque l'estain qui sort de ce pays pour estre transporté hors du Royaume. En Somerset on fait estat de trois belles villes Bath, VVells, & Bristovv : toutes trois portent tiltre d'Euesché dont les deux premieres sont vnies. Bath tire son nom de la renommée de ses eaux, VVells de ses fontaines, Bristovv les deuance en peuples, richesses, & plus encor à cause de son trafic, qui la rend vne des meilleures villes de toute l'Angleterre. Salesbury est de VVert-Shire Euesché, & dont le temple Cathedral est fort superbe. Pres d'Ambesbury est vn vieil monument d'vne estrange structure, ie le crois estre des anciens Bretons, & fait dés auparauant ou plustost peu apres la descente des Anglois & Saxons en la Grande Bretagne. Ridding & VVallingford sont de Barck-Shire, celle cy plus ancienne, & l'autre chef du Comté. VVinsor y est plus renommée à cause de son Chasteau ou maison Royale; où l'Ordre de la Iarretiere a esté institué par Edouard III. & où les ceremonies s'y continuent tous les ans le iour de S. Georges, vis à vis de VVindsor, & au delà de la Tamise est le fameux College de Æton basty par Henry VI.

Iusques icy nous auons veu toute la coste Meridionale de la Grande Bretagne entre le Manche & la Tamise, le Comte de Kent y tient ce qui a esté du Royaume de Kent, ceux de Sussex & Surrey ce qui a esté des South-Saxons Id. Saxons Meridionaux, & le reste ce qui a esté des VVest-Saxons. Id. Saxons Occidentaux. Passons outre. Londres est la capitale non seulement du Comté de Middlessex, mais & du Royaume d'Angleterre & de tous les Estats du Roy de la Grande Bretagne qui fait icy sa residence. Il y en a qui tiennẽt que cette ville seule fait autant de commerce que le reste de l'Angleterre, toute l'Escosse & l'Irlande ensemble : La ville est si grande, peuplée & magnifique, qu'elle est estimée vne des premieres de l'Europe. On remarque entre ses raretez la Tour de Londres, la Maison de l'Euesque, le Temple de Sainct Pol, & celuy de Sainct Pierre en VVestminster, le Pont sur la Tamise qui a dix-neuf arches, le Palais Royal, &c. Hamptoncourt maison Royale auoit esté commencée par le Cardinal Volsée. Henry VIII. se la confia, & la fist acheuer en tel estat qu'elle est vne des plus belles de l'Angleterre. Le Comte d'Essex retient le nom, & fait la plus grande partie du Royaume des East-Saxons. Id. Saxons Orientaux, sa ville Colcester est sur la riuiere de Colne non loing de la mer, elle a deux mille quatre cens pas de circuit, & ses faux-bourgs ne valent gueres moins que la ville. Hartford du Comté de Hartford est mal habitée, dans ce Comté & pres où a esté l'Abbaye de S. Albans sont les ruines de l'ancienne Verolamium.

Ipsidiche est la capitale de Suffolck, grande ville, riche & fort marchande : la riuiere d'Orvvel l'accommode d'vn bon port. Emondbury auoit vne tres-belle Abbaye, & dans vne agreable assiette. Norvviche, Lynne, & Yermuë sont de Suffolck. Alexãdre Nenuille a estimé Norvviche la plus grande, & la mieux peuplée de l'Angleterre apres Londres : elle cõtient dans son enceinte trẽte Parroisses Lynne estoit aux Euesques de Norvviche, Henry VIII. l'ayant ioint à son domaine, on luy a donné le nom de Kinges-Lynne. Id. Royal Lynne; elle est marchande, & trafique fort depuis peu. Yermue est cogneuë pour la pesche de ses harãcs. Cambrige & Ely sont dans le Comté de Cambrige, Ely Euesché,

& dont l'Eglise Cathedalle est tresbelle, Cambrige Vniuersité fameuse ayant seize Colleges, dont celuy de la Trinité est des plus magnifiques qu'il y ait en la Chrestienté.

Norfolck, Suffolck & Cambrige Comtez, tiennent ce qui a esté du Royaume des Anglois Orientaux alias East-Anglois. Essex, Middlessex & Harrfort pour la plufpart ce qui a esté des East-Saxons. Id. Saxons Orientaux. Toutes les Co[illegible] qui [illegible]ous restent encor au deça de l'Ombre sont du Royaume de Mercie. H

Les villes de Huntington, Redford, & Buckingham capitales chacune de leur Comté sont mal peuplées & non fermées. Oxford clef aussi du lien est toute autre, ayant Euesché & Vniuersité qui est en vogue dés y a long temps. En mil trois cens & vnze il fut decreté dans le Concile de Vienne, que les langues Hebraïques, Grecques, Arabes, & Chaldeennes s'enseigneroient seulement à Paris en France, à Oxford en Angleterre, à Bologne en Italie, & à Salamanque en Espagne. Sous Henry III. [illegible] s'est icy trouué trente mille Escoliers; il y a aujourd'huy dix-sept Colleges & vne riche Biblioteque. Glocestre, Monmouth, Hercford, & VVorcestre sont capitales de leurs Comtez & toutes Eueschez horsmis Monmouth qui n'a rien à comparer auec les autres si ce n'est la beauté de son assiette. Les Eglises Cathedralles de ses Eueschez sont bien basties, mais l'Euesché de Glocestre est nouueau & n'est institué que par Henry VIII. La riuiere Sauerne fait vne Isle au long de Glocestre, là où les Roys Canut, Danois & Edmond, dit costé de fer, Anglo-Saxon se sont battus en duel, pour voir à qui demeureroit le Royaume d'Angleterre. Pres de Hereford sont les ruïnes de l'ancienne Ariconium à ce que dit Camdene, pour moy ie les crois ailleurs. Le mont Marckleu en mil cinq cens soixante & quinze trembla & mugit trois iours continuels, en fin emportant tout ce qu'il rencontra, il se remua d'vne place en vne autre, par l'espace de mille ou douze cens pas. Le Comté de VVaruick est iustement au milieu de toute l'Angleterre, Conuentrée & VVaruick sont ses principales villes; Conuentrée est belle en ses bastimens, forte & bien peuplée auec siege d'Euesché ; on y compte douze portes, & dix-huict fortes tours en son circuit: VVarvvick a communiqué son nom au Comté, & ne cede qu'à peine à Couentrée encor qu'elle n'ait plus de murailles. Northampton & Peterbourg sont du Comté de Northampton, la derniere est petite ville, & non fermée : mais Euesché institué par Henry VIII. & dont l'Eglise Cathedrale est fort belle. Les deux Reynes Catherine, que ce Henry VIII. repudia, & Marie d'Escosse qu'Elizabeth fit mourir y sont inhumées dans le chœur. Nortampton à deux mille cinq cens pas en son circuit, son assiette est si agreable, que l'Vniuersité de Cambudge demandoit en l'an mil deux cens soixante & vn d'y estre transferée. Le Comté de Lincolne est fort grand, contient six cens trente Parroisses, & se diuise en trois principales parties, sçauoir Lindsey où est Lincolne, Kesteuen où est Stanford, & Holland où est Crovvland. Crovvland est bien basty, riche & plaisant, non fermé, estant au milieu des marests inaccessibles. Stanfford est bien fermée & peuplée sur la riuiere de VVellands; on croit qu'il y a eu autrefois Academie: Lincolne est grande ville & ancienne, bien qu'elle n'ait plus que quinze Parroisses dans son enceinte, en ayant eu quelquefois iusques à cinquante : Edoüard III. y donna l'estape des laines, des cuirs, du plomb, &c. son Eglise Cathedrale est d'vne superbe structure, & son Dioceze est le plus grand de toute l'Angleterre, ayant plus de douze cens Parroisses. Leicestre dans le Comté de Leicestre & Orckham dans celuy de Rutland en sont les principales places, celle là a esté Euesché dés l'an six cens quatre-vingts, & sous Ethebred Roy de Mercie, aujourd'huy outre cette dignité qu'elle a perdu de long temps, elle est aussi fort descheuë de sa beauté, & a souffert de grands changemens. Le Baron d'Ockham à droict de prendre les fers aux cheuaux de la Noblesse qui passent par ses terres, s'ils ne le rachetent de certain pris, si ce droict estoit en France il seroit à craindre que le seigneur ne fut contraint de descendre souuent en dueil pour le maintenir. Nottingham, Darby, Stafford, Scrovvesbury, & Chester sont les capitales chacune de leur Comté. Nottingham & Darby ne sont point fermées, Nottingham neantmoins n'est point des moindres de l'Angleterre, Stafford est enfermée de plus de la moitié par la riuiere de Sovve, & le reste par des prairies marescageuses, Lichfrel de ce mesme Comté est plus ancienne; plus grande & mieux cogneuë. Dans l'histoire Beda la nomme Licidfeld. Id. Champ rouge des Cadaures, & ce sont les armes de la ville, à cause du grand nombre des Chrestiens qui y furent martyrisez sous l'Empire de Diocletian : l'Eglise Cathedralle est belle, auec son Cloistre bien fermé : Offa Roy de

Mercie y auoit obtenu du Pape Adrien l'erection d'vn Archeuesché, qui a esté du depuis remis en Euesché & mesme à present vny auec Couentrée; la ville n'est point fermée. Shrovvesbury, & Chester sont grandes villes; Shrovvesbury à plus de deux mille pas de circuit, sans y comprendre ce qui est accreu vers le Chasteau; ses ruës sont nettes, ses maisons bien basties, & ses habitans riches. La riuiere Sauerne enferme toute la ville à deux cens pas pres, qui restent ouuerts vers le Nort, où est le Chasteau. Chester vaut encor mieux, son circuit est de deux mille cinq cens pas, sa forme vn quarré longuet, son assiette vn lieu eminent, la riuiere Dee en enferme vne bonne partie vers l'Orient, le Midy, & l'Occident; Son Eglise Cathedrale bien belle est dans la partie la plus Septentrionale de la ville, le Chasteau dans la plus meridionale, & dans le Coude que la riuiere enferme; son pays est peu au dessus du Chasteau ayant huict arches, & deux portes aux deux extremitez, dont l'vne sert à l'enceinte de la place, & de cette porte il se tire vne grande ruë droite, comme sont presque toutes les autres, iusques à l'autre bout de la ville: la trauerse d'Angleterre en Irlande se prend ordinairement de Chestre à Dublin: & voila ce qui est des Comtez de l'Angleterre au deça de l'Ombre.

Parauant que de passer aux Comtez, qui sont au delà de cette riuiere, voyons encor la Principauté de Galles, elle est entre les riuieres de Sauerne & Dee, en aduançant vers l'Irlande, & se destachant en quelque façon du continent de la Grande Bretagne, & toutesfois elle y est tellemét contiguë vers l'Orient qu'il n'y a rien qui les separe qu'vne ligne imaginaire bien cogneuë à ceux du pays, c'est à dire qu'il n'y a autre separation que les limites & les distinctions qui sont entre les terres de part & d'autre: nous auons dit qu'il y a dans la Principauté de Galles douze Comtez. Les Anglois les diuisent en deux sortes, & mettent les vnes dans la Norh-VValles. Id. Dans la partie de Galles qui est vers le Nort, & les autres dans le Souht-VValles. Id. La partie de Galles vers le Sud: celles cy sont Glamorgan, Breknock, Caermarden, Bendrock, Cardigan, & Radnor; les autres Montgomery, Merioneth, Caernaruam, Anglesey Isle, Denbigh & Flint.

Le Comté de Moumonth a tousiours esté aussi de South-VValles iusques à ce que Henry VIII. le reünit à l'Angleterre, nous y auons déja mis la ville de Moumonth & dit que son assiette estoit fort agreable; Caer-vvent & Caer-leon de ce mesme Comté ont esté cogneuës des Romains, celle cy sous le nom de Isca Silurum, & l'autre de Veuta Silurum: elles sont proches de l'embouscheure de la Sauerne, & n'ont plus rien de merite. En Glamorgan sont Cardiffe, & Llandaste à quinze ou seize cens pas l'vne de l'autre, celle cy Euesché, l'autre la plus grande & mieux peuplée. Brecknock au Comté de Breknock n'a que huict cens pas de circuit, en ouale, assez bien bastie, & auec vn Chasteau: les habitans de ce pays croyent qu'il y a eu quelque ville dans le lac Sauatan, parce que les chemins publics & anciens y conduisent; Cambdene conjecture (& auec raison) que ce pourroit estre le Louentium de Ptolemée, parce que de ce lac le fl. Lleueny en sort dont le nom n'est point esloigné de Louentium. Caermarden chef de son Comté a esté aussi quelquefois le siege des Roys de Deheubarth alias South-VValles il n'y reste presque plus que son Chasteau, & son pont de consideration. Penbrock & S. Dauids au Comté de Penbrock ne sont pas bien habitées, Penbrock toutesfois est chef du Comté assize au fonds de l'vn des Golfes du Havre de Milford, qui est le plus grand & le plus asseuré Havre de la Grand Bretagne. Il y a seize retraites ou les vaisseaux peuuent se mettre à l'abry, cinq bayes ou golfes, & treize Ancrayagtes. S. Dauids Euesché, autrefois Archeuesché n'a plus rien de remarque que son temple Cathedral, & le Palais de l'Euesque, qui sont mesmes en ruines. Cardigan, & Radnor sont capitales chacune de leurs Comtez; Cardigan sur la riuiere Tiuy pres de la mer d'Irlande, Radnor bien auant dans les terres, l'vne & l'autre ville ne valent gueres.

Dans le quartier de North-VValles nous y auons mis les Comtés de Montgomery, Merioneth, Caernaruam, Denbigh, Fluit, & l'Isle d'Anglesey: ces Comtez ont la plus-part leurs noms communs auec le nom de leurs villes capitales. Montgomery ville n'est point à mespriser, ny son Chasteau, Harlegh en Merioneth-Shire n'est plus qu'vne chetifue bourgade, son Chasteau est en vne bonne assiette. Caernaruam regarde l'Isle d'Anglesey au dela du destroit de Menay, son assiette est plaisante, la ville belle, & le Chasteau bon, son faux-bourg dans les terres grand & bien basty, on le tient pour l'ancienne Segoutium. Bangor de ce mesme Comté n'est plus qu'vne ruë bien qu'Euesché, elle a esté neantmoins tant en estime qu'on l'appelloit Bangor vauer. Id.

Bangor

Bangor grād,il y a euChasteau & vne belle Eglise:le Chasteau a esté tellemēt ruïné qu'il n'en reste point seulement de marque, l'Eglise a esté rebastie non telle qu'elle a esté. Denbigh est diuisée en haute & basse ville;la haute auec son Chasteau est la plus forte, la basse mieux peuplée, & la meilleure de toute la North-VValles, bien que non fermée. Flint & S. Asaph dans vn mesme Comté sont presque desertes, Flint à son Chasteau sur la mer, S. Asaph Euesché n'a que son Eglise de remarque. L'Isle de Mon ou Anglesey fait la derniere Prouince de North-VValles: le destroit de Menay la separe des terres, sa ville Beaumaris à vn bon Chasteau, & n'est pas esloignée de Bangor, Aberfravv a esté la demeure des Roys de Nort-VValles, ce n'est plus qu'vn village: de Caer-guby la trauerse se prend souuent pour Dublyn ou Drogdagh en Irlande.

Pour acheuer l'Angleterre il nous reste les Comtez qui sont au dela de l'Ombre, il y en a six, sçauoir de Lancastre, d'Yorck, Durham, VVestmorland, Cumberland & Northumberland, ces deux derniers sont pres de l'Escosse, & les deux premiers pres de ce que nous auons déja donné en l'Angleterre, & que nous auons dit auoir esté du Royaume de Mercie. Ce que nous auons maintenant au dela de l'Ombre est l'ancien Royaume de Northumberland, & dont l'vne des Comtez retient le nom.

Le Comté d'Yorck est le plus grand qu'il y ait en toute l'Angleterre, aussi est-il diuisé en trois parties, qu'ils appellent suiuant la disposition de leur assiette VVest-Ridding, East Ridding, & North Redding: York, sa capitale est au beau milieu & semble participer des trois parties, ville ancienne, bien cogneuë des Romains, & qui ne cede en grandeur, peuple, richesses, bastimens priuez & publics qu'à Londres seule:il y a Archeuesché & Iustice souueraine pour ces quartiers au dela de l'Ombre. Hull est encor de ce Comté estimé à cause de son trafic, puis Richemont à cause de son Chasteau. Lancastre dans le Comté de Lancastre n'est plus fermée, a peu de peuple, & ne luy reste de considerable que son Chasteau, son Temple & son pont. Kendal en VVestmorland n'est point aussi fermée, mais riche & marchande à cause de ses *manefactures* de Laines. Dunhelin ou Durham bien que petite est belle ville, & qui occupe toute vne coline enfermée presque entierement de la riuiere de Veere, son Eglise Cathedrale est magnifique, & ses Euesques ont eu de tres baux priuileges. Carlile en Cumberland a esté ruïnée des Pictes, Scots, & Danois; puis restablie par les Normands, qui y ont fait eriger vn Euesché, elle est en quelque reputation aujourd'huy. Neufchastel & Berrvvik sont en Northumberland, celle-la riche, forte, marchande ; la riuiere de Tine l'accommodant d'vn bon port, elle enuoye de tous costez force charbons de terre. Bervvick est au delà de la Tuuede, & du costé de l'Escosse dont aussi elle a esté quelquefois; & quand il y a eu guerre entre l'Angleterre & l'Escosse, cette place a tousiours repoussé ou receu les premieres secousses des armées; estant tantost entre les mains des vns & tantost entre les mains des autres. Edoüard IIII. la mit en bon estat suiuant son temps, *Elizabeth* en racourcit le circuit, & l'a fortifia à bon escient.

Il est temps de venir à l'Escosse, qui est la partie plus Septentrionale de la Grande Bretagne : nous la diuisons communement en deux grandes parties, par la riuiere du Tay ; & appellons l'vne vers le Nort ou au delà du Tay, l'autre vers le Sud ou au deça du Tay. Dans la partie au dela du Tay on met treize Prouinces, ou plustost Comtez cōme en Angleterre, dans la partie au deça du Tay vingt & vne, ce sont en tout trente-quatre.

Les treize Comtez au dela du Tay sont Strath-Nauery, Caithnes, Sutherland, Rosse (dont Ardmanoth, Assinshire & Skyrassin sont parties) Muray, Bucquhā, Marris Merins, Anguis, Athole Perth, Broad-Alban, & Loqu-habre. Strah-Nauery est la plus Septentrionale de toutes, Caithnes luy est pour la pluspart à l'Orient, Sutherland au Midy : à l'Occident, & au Midy de Sutherland est Rosse, qui touche aux deux mers & des Hebudes & de l'Allemagne:le lac, & la riuiere de Nesse separent Rosse de Muray, Bucquham s'aduance vers l'Orient. Marris, Merins, Anguis vers le Midy, suiuant la coste, & iusques à l'emboucheure du Tay : Perth & Athole reculent dans les terres Broad-Albain est au plus haut des Montagnes, & Loqu-habre continuë iusques à la Mer des Hebudes.

Strath-Nauery n'a rien de considerable que son assiette dās l'extremité de la Grande Bretagne, & à la veuë des Orcades. Caithnes semble auoir son nom commun auec la place de Catnes sizes sur la mer, & à droite d'vne petite Baye, au fonds de laquelle est le Chasteau Girnego residence des Comtes du pays. Dorno en Sutherland est Euesché, Dunrobin Chasteau, & residence des Comtes de Sutherland ; les Montagnes y ont du marbre. Rosse est la plus grande de toutes les Prouinces de l'Escosse, sa coste vers l'Orient à de bons ports, comme Tarbart, & Cromarty, celuy cy par excellence s'appellant port de salut. Chanoury est Euesché, Muray est vne des meilleures Prouinces du Royaume, Elgin y est Euesché, Inuernes petite ville. Bucquhay n'a point de places dont on puisse faire estat, si ce n'est de quelques Chasteaux, le pays y est riche en pasturage, & les riuieres de saumons, hors-mis Ra-tra, où ce poisson n'entre iamais. En Marris sont les deux Aberdane vieille & nouuelle, celle cy fameuse pour son Euesché, & pour son Vniuersité; celle-la pour sa pesche de saumons. Fordon au milieu de Merins petite Villette mais forte. En Anguis Brechin est Euesché. Berth occupe l'vne & l'autre riue du lac & de la riuiere du Tay, qui est estimé le plus agreable fleuue de toute l'Escosse. Sur la riue gauche est Dunkeldan ville Episcopale, sur la droicte Perth ville bien bastie, cogneuë aujourd'huy sous le nom de S. Iohns-tovvne; vis à vis de laquelle est l'ancien & celebre Monastere de Scone, où les Roys d'Escosse estoient couronnez : Athole, & Broad Albain sont dans les montagnes, & n'ont aucune place de merite. Enuerlothea en Loquhaber est forte au milieu de plusieurs lacs, qui ont force poissons.

Au deça du Tay sont les Prouinces de Lorne, & Can-tyr sur la mer qui bagne les Hebudes, Arran & quelques Isles dans le Golfe de Dunbriton; Argile, Lennox & Cuningham au fonds de ce Golfe, encor Kyle, Carrike & Gallovvay sur le mesme Golfe: mais tousiours en approchant l'Irlande. Sur la mer d'Allemagne & au deça du Tay sont Fife Strath-Erne, & Menteith. Strah-Erne sur la riuiere d'Erne, Fife & Menteith sur le Golfe d'Edimbourg; Strlueling & Louthiane sont sur le mesme Golfe du costé du Sud, Cliddesdale dans le milieu des terres; Nythesdale, Auandale, & Liddesdale au long du Golfe de Solvvay, entre Gallouay & l'Angleterre; Eskdale est toute en terre, Thiuedale & les Marches continuent d'icy, & entre Louthiane & l'Angleterre iusques à la mer d'Allemagne.

En Lorne Dunstafage aux Latins Stephanodunum. Id. Estienemont a esté quelquefois la demeure des Roys, Cantyr n'a rien de marque que son promontoire la mule de Cantyr, qui s'aproche à huict ou dix mille pas de l'Irlande, & la forme en presqu'Isle. Dans les Isles du Golfe de Donbritan Rothay en celle de Bulte, porte titre de Duché dont les fils aisnez des Roys d'Escosse auoient le nom. Argile n'a rien en Lennos. Donbriton sur vne double roche est tresforte, & si bien cogneuë qu'elle a donné son nom au Golfe voisin. Le lac Loumond pres de cette ville à vingt-cinq mille pas en longueur, & de quatre iusques à sept & huict de largeur, embrassant vne trentaine d'Isles habitées pour la pluspart. On remarque de ce lac qu'il a des poissons sans aisles, & qui nagent bien neantmoins; qu'il s'y leue quelquefois de grands orages & tempestes, sans qu'on s'apperçoiue qu'il fasse aucun vent qu'entre ses Isles l'vne des plus fertiles en pasturage va tousiours selon, & où le vent la pousse. Cumingham & Kyle ont chacun leur villette. Yruin & Aire sur des riuieres de mesme nom. En Carrible Bargany est estimé le reste de l'ancien Rerigonium. Gallouay est grande Prouince à l'esgard de ses voisins, & tire son nō de Gallies il y a plusieurs places. VVitherne sur l'vn de ses promontoires est Euesché VVighton sur la riuiere de Cree bon port, encor Karkonbrick Seneschaussée sur le Dee.

De l'autre costé il y a de plus belles villes. S. André en Fife est Archeuesché, Primatiat de l'Escosse & Academie. En Strath-Erne qui est sur la riuiere d'Erne, on voit Albernethy autresfois le siege Royal des Pictes, à present bien peu de chose. Dunblain bonne ville & Euesché est au milieu de Menteith. De l'autre costé de la riuiere Fortha est Strlueling, où est la ville & le Chasteau Royal de Sterling, puis Linlithquo autrement Lithquo au pied d'vne colline, dont le sommet est embelly d'vn Chasteau, & l'autre costé de la colline d'vn lac & d'vn parc. Edimbourg en Louthiane est encor à la pente d'vne colline au haut de laquelle est le Chasteau Royal, sejour des derniers Roys d'Escosse. Cette ville est la capitale du Royaume & le terroir circonuoisin plus agreable, & le peuple le mieux ciuilisé de tout le pays. Haddington petite ville est plus auant en terre. Glasquo Archeuesché & Academie, Reynfravv petite ville & Baronnie au Pr. d'Escosse sont en Cliddesdale. Nythesdale, Anendale, Liddesdale, & Eskdale ne sont que vallées qui prennent leur nom des riuieres qui les arrousent; en Nythesdale Sollvvay a donné son nom au Golfe voisin, ce qui me fait croire que la place a esté meilleure qu'elle n'est à present, Annay porte le mesme nom que sa riuiere & que sa vallée, les autres n'ont rien qui merite le dire. Tiuedale alias Terfedale & Tvvedale est vne Prouince composée de plusieurs vallées, & il a plusieurs petites places & Chasteaux, comme Peblic, Selkirch

Roxburg Comtez & autres : la Marche se diuise en haute & basse suiuant leur assiette Iedburg est dans la haute, le Chasteau de Houin alias de Hume dans la basse, celuy cy est Comté à la famille de son nom, & qui sont aussi Comtez de la Marche Coldingham de ce quartier est la Caldana de Bede. Barvvick a aussi esté de cette Prouince, les Anglois la tiennent depuis long temps.

L'Irlande est aujourd'huy diuisée en quatre Prouinces, que nous appellons Vltonie, Connacie, Momonie, & Lagenie ; les Anglois Vlster, Connaugh, Mounster, & Leinster: & ces Prouinces sont reparties en trente-trois Comtez, dont Vltonie en à vnze, Connacie sept, Momonie six, & Lagenie neuf.

Vltonie s'appelle par ses habitans Cui Guilly par les Bretons de la Principauté de Galles Vltvv, par les Anglois Vlster, & par nos Latins modernes Vltonia. La mer la baigne, le grand Ocean à l'Ouest, la mer des Isles Hebudes au Nort, & la mer d'Irlande à l'Est, du costé du Sud, elle est cótiguë aux deux Prouinces de Connacie & Lagenie: ses Cótez sont Dunghall autremét Tyrconnell, Vpper Tyrone & Nether Tyrone. Id. Haut & bas Tyró, Fermanagh, Cauan, Monaghá, Armagh, Cobrane, Antrym, Dovvne & Louth.

Les villes ou places capitales de ces Comtez ont la pluspart leurs noms communs auec les noms de leurs Comtez à la façon de l'Angleterre. Dans le Comté de Dunghall il n'y a de ville que Dunghal auec bon port. Tyr-Connell est vn Chasteau. Raboe & Derry de ce mesme Comté sont Eueschez, mais fort pauures, & les places bien chetifues. Streban Chasteau est dans le haut Tyron, Dungannon petite ville & residence ordinaire des Comtez du pays dans le bas Tyron. En Fermanag Enis Killing Chasteau est dans vne Isle en vn passage d'importance, sur le fameux lac Earne. Au Cóte de Cauan, sont Cauan Chasteau, Kilmore Euesché; en celuy de Monaghan, Monaghan, Chasteau & Clogher à Bishops sée Euesché. Armagh. du Comté d'Armagh est Archeuesché & Primatiat de l'Irlande, belle ville autrefois la premiere de toute l'Isle; Les Hibernois l'ont presque entieremét ruïnée par le feu pendant les guerres, qu'ils ont eu contre les Anglois: les ruïnes de l'ancien Chasteau Ovven Maugh où les Roys d'Vltoine auoient leur residéce, ne sont pas loing de cette ville. Cobran n'est qu'vn Chasteau dans son Comté, dans celuy d'Antrym sont le bourg d'Antrym, & la ville Knockfergus, auec bon port: le Cóté de Dovvne à les Eueschez de Dovvne, Conner, & Dromore qui ne sont que Bourgs, puis la ville de Nevvry. Celuy de Louth a cinq villes, ce qui ne se voit plus dans vne seule de toutes les autres Comtez de l'Isle Louth, Ardée, Carlinford, Dondalke, & Droghdagh. Ardée & Louht sont dans les terres, celle-cy donne son nom au Comté, celle là est le siege d'Euesché. Dundalke est pres de la mer, Carlingfort, & Droghdagh sont encor bien cogneuës, & ont de bons ports : Droghdagh est vne des meilleures, des plus fortes, & des plus marchandes de l'Irlande; aussi dans le pays dit-on cómunement que VVexford auoit esté en vogue, que Dublin y est, & que Droghdahg y sera.

La Connacie a pour limites d'Vltonie vers le Nort la Lagenie vers l'Est, la Momonie vers le Sud, le grand Ocean la baigne entierement à l'Ovvest. Ses habitans l'appellant Conaughty, les Anglois Counaught, & nos Latins Connacia. Elle a sept Comtez, sçauoir de Slego, Mayo, Rosecomen, Letrum, Longfort, Gallouay, & Clare autrement Toumonde. Roscomen, Letrum, Longford sont en terre, le reste sur la mer entre le lac Earne, & l'embouncheure du fl. Shennon. Slego belle & petite ville dans son Comté. Moy Chasteau & Euesché, encore Moore Chasteau & Euesché dans le Comté de Mayo. Roscomen & Alton villes & Elphen Euesché dans le Comté de Rosecomen, Atlon à vn beau pont sur le fl. Shennon, que la Reyne Elizabeth y a fait bastir, voulant faire cette place la residence du Viceroy ou Gouuerneur de l'Isle. Letrum n'est que bourgade, Achoury Euesché dans le Comté de Letrum. Celuy de Longford à les villes de Longford, & Ardragh. Celuy de Gallovvay à la ville de Gallouay marchande, & fort cogneuë & frequentée des Estrangers ; ses habitans l'appellent Galliue, elle dispute de la troisiéme place entre les plus belles villes de l'Isle, a siege d'Euesché & bon port. Dans le mesme Comte sont Kingestovvne petite ville, Kilmacullo, & Clonefort bourgs & Eueschez : le Comté de Clare a les villes & Eueschez de Clare, & Kylaloe. Toam Archeuesché, & encor selon aucuns le Chasteau de Moy Euesché.

La Momonie s'appelle par les Hibernois Movvn ou VVovvn, par les Anglois Mounster, & par nos Latins Momonia. Elle a six Comtez, sçauoir de Lymerick, Kery ou Kiry, Desmond, Cork, VVatterford, & Tupperary. Lymerick chef de son Comté est marchande, & forte; la riuiere Shennon en baigne le circuit, & de l'vn de fes bras la coupe en deux, dont la plus haute & la plus petite partie eft à l'Euefque, la plus baffe & la plus grande au Roy, chaque partie ayans fon Chafteau. Kil-malck dans les montagnes eft ancienne place, & forte d'affiette. Dans le Comté de Kery font Trailey maintenant en ruïnes, autrefois refidences des Comtez de Defmond, & Kery. Ardart Euefché & bourg, Dingle ville & bon port, non loin de laquelle fur vn promontoire eft le havre de Smervvic, autremét S. Marie-VVic, où les Efpagnols ont autre fois fait defcente auec deffein de fe rendre Maiftres de l'Ifle. Le Comté de Defmond ne confifte prefque que de trois langues de terre, qui toutes s'aduancent vers le Sud-Ovveft. Donekyne Bourgade & port eft fur la riuiere de Maire, Corcke & Kynfale font dans le Côté de Corcke, Kynfale fur la mer, mais Corcke bien que plus auant en terre vaux mieux, & pour la force de la place, & pour le nombre de fes habitans, & pour les priuileges qu'elle a. Roffe, Youghall & Cloney font Eueschez, & les deux premieres ont des ports affez bons. VVatterford chef du Comté de VVatterford eft eftimée la mieux peuplée, la plus riche, & la plus marchande de toute l'Irlande apres Dublin. On y remarque neantmoins l'air mal fain, fes ruës eftroites, & fes baftimens incommodes; il n'y a que fon port qui luy donne vne grande commodité. Le Côté de Tippererary s'appelle quelquefois d'Ormond, & quelquefois de Holy-Croffe à caufe du fameux Monaftere de Holy-Croffe. Id. Saincte Croix qui y eft. Cashel Archeuefché, Cloumell Euefché, ne font plus que bourgs; Emeley ou Avuy, Bishops encor Euefché eft tout en ruïne; la ville de Caryck baftie fur le roc dont elle prend fon nom eft le fejour des Comtes d'Ormond: la Momonie eft la partie la plus Meridionale de l'Irlande, elle touche dans les terres aux Prouinces de Lagenie & Connacie, tout le refte eft baigné de la mer.

Lagenie eft entre les embouscheures des fl. Barrovv & Boyne, celuy cy la feparant de l'Vltonie, celuy la de Momonie, la riuiere de Shennoy, & la Connacie luy font à l'Occident, & la mer d'Irlande à l'Orient. Ses habitans l'appellent Leigh-ingh, les Bretons de la Principauté de Galles Lein, les Anglois Leinfter, & nos Latins Lagenia. On y met neuf Comtez, qui font VVexford, Kil-kenny, Caterlagh, Queenes-Countye. Id. Comté de la Reyne, Kinges-Countye. Id. Comté du Roy, Kal-dare, Dublin, VVeft Meath, & Eaft Meath. Quelques vns y adjouftent Fernes & VVicklo. Cette Prouince à caufe de la proximité de l'Angleterre a quantité de villes, & qui ne font à mefprifer. VVexford n'en a pas des moindres, elle communique fon nom au Comté, & à la Baye qui luy eft au deuant. Roffe du mefme Comté a efté belle & grande ville, la difcorde de fes habitans la reduit à peu. Fernes eft fiege d'Euefché. Le Comté de Kil-kenny à la ville de Kil-kenny, que l'on tient pour la plus belle de toutes les villes mediteranées de l'Ifle, elle eft diuifée en deux, les Anglois habitent la plus haute d'affiette & la mieux fortifiée, les Hibernois la baffe. Thomas-Tovvne eft auffi de ce Côté. Au Comté de Catherlagh, font Catherlagh Laghlyn, & Areklo: Laghlyn à tiltre d'Euefché, Areklo bon port, Cathlagh eft chef du Comté. Les Comtes du Roy, & de la Reyne ont chacun leur ville qu'ils appellent auffi Philipftovvne & Mariebourg, à caufe de Philippe d'Efpagne qui auoit efpoufé Marie fille de Henry VIII. Roy d'Angleterre. On appelle à prefent ces deux villes plus communement Kinges-tovvne, & Queenes tovvne. Id. Ville du Roy, & ville de la Reyne. Au Comté de Kildare font Kildare Euefché & ville, Carbre encor ville & Naashbourg affez cogneu. Le Comté de Dublin s'eftend au long de la mer, fa ville Dublin eft capitale non feulement de ce Comté & de la Prouince, mais & de tout le Royaume, & n'y a plus que celle cy qui s'appelle à prefent ville Royale. C'eft la refidence du Viceroy, du Confeil d'Eftat, d'vn Archeuefque, &c. Elle trafique fort, eftant bien cogneue aux eftrangers. VVicklo eft fur la mer, ville & tout ioignant vn Chafteau fur le Rocq, qui commande au port. Glandeloure Euefché n'eft plus rien, il eft dans les terres, au milieu d'vn pays de montagnes, & de bois. Les deux Comtez de VVeft-Meath & Eaft Meaft font enfemble entre les Prouinces de Connacie, Vltonie, & le refte de Lagenie. VVeft-Meath n'a que la ville de Molingar de remarque Eaft Meaft a les villes de Aboy & Tryne, l'Euefché de Nauan, & le bourg de Kelles: ces deux Comtez ont fait quelquefois l'vn des cinq Royaumes de l'Irlâde, bien qu'à l'efgard des autres fort petit.

BRITANNICARVM INSVLARVM DESCRIPTIO ex Ptolemæo.

IVERNIÆ INSVLÆ BRITANNICÆ SITVS.

Septentrionalis lateris descriptio, quod ab Hyperboreo Oceano alluitur:
Boreum promontorium,
Vennicnium prom.
Viduæ fluuij ostia,
Argitæ fluuij ostia
Robogdium promont.
Occidentale latus incolunt
VENNICNII,
Deinde reliquum, & Orientale
ROBOGDII.
Descriptio lateris Occidentalis, cui ad iacet Occidentalis Oceanus:
post Boreum promontorium,
Rhauij fluuij ostia,
Nagnata vrbs insignis,
Liboij flu. ostia, alias Libnij & Limnij,
Ausobæ fl. ostia,
Seni flu ostia,
Dur fl ost.
Jerni fl. ostia
Notum promont.
Post Vennicnios idem habitant latus
ERDINI,
NAGNATÆ,
AVTERI,
GANGANI,
VELIBORI, alias VELLABORI.
Meridionalis lateris descriptio, cui Verginius, alias Vergiuius alias adiacet Oceanus:
post Notium prom.
Dabronæ flu ost.
Birgi fl. ost.
Hieron siue Sacrum prom.
Habitant idem latus post Vellaboros.
VTERNI *alias* IVERNI,
VODIÆ,
& qui Orientalissimi sunt BRIGANTES.
Orientalis lateris descriptio, cui adiacet Oceanus, qui vocatur Hibernicus:
post Sacrum promont.
Modoni flu. ostia,
Manapia vrbs,
Obocæ flu. ostia,

DESCRIPTION DES ISLES BRITANNIQVES tirée de Ptolemée

ASSIETE DE L'IRLANDE ISLE BRITANNIQVE.

Description de la partie Septétrionale qui est bagnée par l'Ocean Septentrional:
Can Enis,
Horre head,
Lough Svvillie, & Dirgh fleuue,
Band fl.
Fayre Forland.
Le costé Occidétal de cette partie est occupé par
DVNGHALL alias TYR-CONNELL. Côté.
L'autre costé, & plus Oriental par
COLRAN, ANTRYM, & DOVVNE Cótez.
Description de la coste Occidentale, au long de laquelle est l'Ocean Occidétal.
apres Can Enis,
Trovvis flu.
Slego bille ou Mayo,
Monena flu.
Baye de Gallevvây,
Shennon fl.
Trayle fl.
Maire fl.
Myssen head.
Apres Tyr. Connel. dans ce costé sont
FERMANAGH, & CAVAM Comtez,
SLEGO, & MAYO Com.
LETRIM, LONGFORD, & ROSCOMEN Co.
CLARE, & GALLVVAY Co.
LIMERIK, & KERY Co.
Description de la partie Meridionale, qui est bagnée par la mer d'étre Cornuuall, & Irlande: apres Myssen head,
More fl.
Barrovv. fl.
Can Karne.
Apres Kery dans cette partie sont
DESMOND Comté,
CORKE Co.
VVATERFORD, & TIPPERARY, Cótez.
Description de la partie Orientale, qui est bagnée de la mer d'Irlande:
apres Can Karne,
Slane fl. & Vvexford haure,
Vvexford,
Vvickloe fl.

Eblana vrbs,	Dublin,
Bubindæ flu ostia,	Reyne fl.
Isamnium prom.	S. Iohns point,
Vinderij flu ostia,	Vvarrey fl.
Logiæ flu ostia.	Logan fl.
post hæc Robogdium prom.	apres quoy Fayre Forland.
Idem accolunt latus post Robogdios	Ceste partie est tenuë apres Antrym par
DARNII, alias DARINI,	DOVVNE Comté,
VOLVNTII,	ARMAGH, MONAGHAM, & Louht Co.
EBLANI, alias BLANII,	DVBLIN, & KILDARE Co.
CAVCI,	EAST MEATH, & VVEST MEATH Co.
MANAPII,	VVEXFORD, & KATERLACH Co.
& CORIONDI *supra Brigantes.*	KILKENNY, KINGES, & Queenes Co.
Ciuitates mediteraneæ sunt hæ	Les Villes dans les terres sont
Regia,	Armagh,
Ræba,	C. Revv,
Laberus,	Glandelovvre,
Macolicum,	Kil malck,
Regia altera,	Gallvvay,
Dunum,	Cashell,
Iuerins.	Donekyne.
Hiberniæ superiacent quinque Insulæ nomine EBVDÆ. *quarum Occidentalior vocatur Ebuda,*	Au dessus de l'Irlande sont cinq Isles sous le nom D'EBVDES, desquelles la plus Occidentale s'appelle Levvys, ou Skye
& quæ ad ortum extenditur similiter Ebuda,	& celle qui s'aduance à l'Orient Eust, & Skye forte
tum Ricina,	puis Ravvglins,
Maleos,	Mula,
Epidium.	Skye ou Ila.
Ad Orientalem Hiberniæ plagam insulæ sunt hæ Monacæda,	A l'Orient d'Irlande sont les Isles Man,
Mona,	Mon ou Anglesey,
Edri, deserta	S. Clare & Patrik,
Limni deserta,	Lambáy.

ALBIONIS INSVLÆ BRITANNICÆ SITVS.	ASSIETE DE LA GRANDE BRETAGNE.
Septentrionalis lateris descriptio, quod alluit Oceanus Ducaledonius:	Description de la partie Septentrionale, qui est bagnée par l'Ocean Deucaledonien.
Nouantum Chersonesus,	la Presqu'Isle de Gallvvay,
& Promontorium,	& Mul of Gallvvay,
Rerigonius sinus,	Lough Ryan,
Vidotara sinus,	Ayr Baye,
Clota æstuarium,	Dunbritaine firth,
Lelaannonius sinus,	Lough Long,
Epidium prom.	Mule of Cantyr,
Longi fl. ostia,	Lo. Lange,
Ilgis flu ostia,	Lo Brune,
Volsas sinus,	pres Durnesse,
Viruedrum prom.	Cap Vvrath als Faro head,
Nauæ flu ost.	Lo Nauer & Far fl.
Taruedum, quod et Orcas prom.	Torfuthy head.
Occidentalis lateris descriptio, quod Ibernicus, ac Vergiuius alluit Oceanus:	Description de la coste Occidentale, que la mer d'Irlande bagne:
post Nouantum Chersonesum,	apres la Presqu'isle de Gallvvay,
Abrauannj fl. ost.	Baye of Glenlus, & Luse flu.

Iena æstuarium,
Deuæ fl. ost.
Nouij fl. ost.
Ituna æstuar.
Moricambe æstuar.
Setantiorum portus,
Belisama æstuar.
Seteia æstuar.
Tisobis flu ost.
Canganorum prom.
Stuciæ flu. ost.
Tuerobis fl. ost.
Octapitarum prom.
Tobij flu ostia,
Ratostathybij fl. ost.
Sabriana æstuar.
Vexalla æstuar.
Herculis prom.
Antiuestæum, quod & Bolcrium prom.
Damnonjum, quod & Ocrinum pro.

Meridionalis lateris descriptio, quod Britannicus Oceanus alluit:
post Ocrinum prom.
Cenionis flu ostia,
Tamarj fl. ost.
Jsacæ flu ostia,
Alaunij fl. ostia,
Magnus portus,
Trisantonis fl. ost.
Nouus portus,
Cantium prom.

Orientalis deinde ac Australis plagæ latera, quæ Germanico alluuntur Oceano, sic describuntur:
post Taruedum, quod et Orcas prom.
Berubium prom.
Jlæ flu ost.
Ripa alta,
Vara æstuarium,
Loxæ flu ost.
Tuæsis æstuar.
Celnij flu ost.
Tæzalum prom.
Diuæ flu ost.
Taua æstuar.
Tinæ flu ost.
Boderia æstuar.
Alauni flu ost.
Vedræ flu ost.
Dunam sinus,
Gabrantui corum sinus,
Ocelum prom.
Abj flu ost.
Metaris æstuar.
Garryenj flu ost.
Extensio,

Cré fl.
Dee fl.
Nyth fl.
Solvvay fyrth & Eden fl.
Baye de Kirkby,
Ye Stanck,
Ribble fl.
Dee fl.
Menaj fl.
Brachypult point,
Istvvyth fl.
Tyvvye fl.
S. Dauids head,
Tovvy fl.
Taue fl.
Seuerne mouth, & Seuerne fl.
ad Parret fl.
Hartland point,
Lands End point,
Lezard point.

Description de la coste Meridionale, qui est Bagnée par l'Ocean Britannicque:
apres Lezard point.
Falmouth, & valle fl.
Tamar fl.
Exmouth, Ex flu.
Ax fl.
La Poule, Poole,
Itching fl. olim Antoin,
Nevv hauen,
North Forland.

Les Costes de la partie Orientale, & qui sont bagnées de l'Ocean Germanicque, ou Mer d'allemagne, se cóportent ainsi:
apres Torfuthy head,
Dungysby head ou Boers,
Vvisfle fl.
Tarbart,
Muray firth,
Lossi fl.
Spey fl.
Clyne fl.
Bucquhay nesse,
Dee fl.
Tay firth.
Tyn fl.
Edenburgh fyrth,
Alne fl.
Vvere fl.
Baye de Tees fl.
vers Seurbye,
Kelnsey,
Humber fl.
The Vvashe,
Yermouth, Yer fl.
Easton nesse,

Idumanij flu oft.
Iamefa æftuar.
Pofteaque; Cantium prom.
Iuxta Septentrionale latus fub Cherfonefo eodem appellatj nomine habitant
NOVANTÆ,
apud quos vrbes hæ
Lucopibia,
Rerigonium.
SELGOVÆ,
apud quos vrbes hæ
Carbantorigum,
Vxelum
Corda,
Trimontium.
His verfus folis ortum, et magis Septentrionales funt

DAMNII.
in quibus vrbes hæ
Colania,
Vanduara,
Coria,
Alauna,
Lindum,
Victoria,
Alata Caftra
tum GADENI.
Magis autem Auftrales funt
OTTADENI,
in quibus vrbes hæ
Curia,
Bremenium.
His omnibus magis Septentrionales funt
EPIDII,
CERONES,
CREONES,
CARNOVACÆ,
CARINI,
vltimiq; CORNABII.
A lælam nonio autem finu ad æftuarium Vavar funt

CALEDONII,
et fupra eos
CALEDONIA *filua:*
tum CANTÆ.
LOGI *contignj Cornabijs,*
et MERTÆ.
Sub Caledonijs autem
VACOMAGI,
apud quos vrbes hæ
Banatia,
Tuefis
TEXALI,

Orvvelt fl.
Thames fl, la Tamife,
& North Forland.
Dans la partie Septentrionale ioignant la Prefqu'Ifle de Galovvay font,
GALLOVVAY, & CARIKE comtes,
ou font les villes
Vvitherij,
Indernessen.
NYTHESDALE, ANNANDALE, & LIDDISDALE Co.
ou font les villes
Carlavvroek,
Solvvay,
Cannock la,
Annam.
Vers le Soleil Leuant & vers le Septentrion font
Les MARCHES, TIVEDALE, TVVEDALE, CLIDESDALE, LOVTHIANE, STRIVELING, FIFE, STRATH-ERNE, & MENTEITH;
où font les villes
Cothingham,
Ayr,
Selkirck,
Alvvay,
Dumblain,
Abernethy,
Edenburg.
puis ARGILE, & LENNOS Comtez.
Plus vers le Midy
Northumberland Co.
où font les villes
Cerbrigde,
Brampton.
à tout cecy font vers le Nort
CANTYR Co.
LORNE,
LOQV'HABEN,
ASSIN SHIRE,
SKYRASSIN,
& en fin STRATH. NAVERN.
Mais entre Lough Loug, & Murày Fyrth font
BROAD ALBAM PERTH, ATHOLE, BAGDE NOTH, & ARDMANOTH. Co.
& au deffus
La foreft CALEDONIENNE:
puis STRATH-CARRON,
SVTHORLAND, & STEATH LOITH pres STRATH-NAVERN, & CAITHNES.
Sous Ardmanoth, Bad gnoth Athole &c.
MVRAY, eft
où font les villes
Boan,
Rothes Caft.
Buequhan,

apud

apud quos vrbes hæ
Deuana,
Tamia.
VENICONTES,
in quibus vrbs
Orrea

Sub Selgonis autem, & Otadenis ad vtrumq; mare habitant

BRIGANTES,
in quibus vrbes hæ
Epiacum,
Vinnouium,
Caturactonium,
Calatum,
Isurium,
Rhigo dunum,
Olicana,
Eboracum,
Camunlodunum.

Apud hos penes sinum portuosum
PARISI,
& vrbs Petuaria.

Sub Brigantibus magis ad occasum tendentes habitant

ORDVICES,
apud quos vrbes
Mediolanium,
Brannogenium.

His magis Orientales sunt
CORNAVII.
in quibus vrbes
Deuna,
Viroconium.

CORITAVI
in quibus vrbes
Lindum,
Râge.

CATYEVCLANI,
in quibus vrbes
Urolanium,
Salenæ.
SIMENI,
apud quos vrbs
Venta.

Et penes Jamesam æstuarium
TRINOANTES,
in quibus vrbes
Camudolanum,
Londinium.

Jterum sub dictis populis maximè Occidentales sunt

---

où sont les villes,
Deuerne,
Rothemay Cast.
MARRIA, MERINA, ANGVS.
où est la ville
Forfair.

Sous Anandale, Liddesdale, & Northumberland sur l'vne & l'autre mer sont,
CVMBERLAND, DVRHAM, VVESTMORLAND, YORCK, & LANCASTER Co.
où sont les villes
Pap Cast.
Binchester,
Katterick,
Killenton,
Auldburg,
Ribblechester,
Ottley,
Yorck,
Almondbury.

Auec ceux-cy pres de Seurbye est
EAST RIDING partie du Co. d'Yorck,
& la ville Pattrington ou hull.

Sous Lancaster &c. Et plus vers l'Occidēt sont,
CARNARVAM, DENBEGH, FLIM, MERIONETH, & MONTGOMERY. Co.
où sont les villes
Mathrauall hall,
Bangor ou Brampton brian.

Plus à l'Orient sont
CHESTER, DARBY, STAFFORD, SHROP. C.
où sont les villes
Chester,
Roxalter.
LINCOLNE, NOTTINGHAM, RVTLAND & LEICESTER,
où sont les villes
Lincolne,
Lecester.
CAMBRIDGE, HVNTINGTON, NORTHAMPTON, BEDFORD, HARTFORT, & BVCKINGHAM,
où sont les villes
S. Albans,
Salndey.
NORFOLCK & SVTFOLCK,
où est la ville
Castor pres Norvvich.

Et pres de Thames Mouth. Bouche de [Tamise
ESSEX, & MIDDELSEX;
où sont les villes
Maldon,
London Londres.

Derechef sous ce que nous auons dit sont le plus vers l'Occident

DEMÆTE,
in quibus vrbes
Luentinum,
Maridunum.
His magis Orientales sunt

SILYRES,
in quibus vrbs
Bullæum.

DOBVNI
& vrbs
Corinium.
ATREBATII
& vrbs
Nalcua alias Calcua
Post quos maxime Orientales sunt
CANTII,
in quibus vrbes
Daruernum,
Rutupiæ.
Atrebatijs, et Cantijs Subjacent
REGNI,
et vrbs
Nœomagus.
Dobuins vero
BELGÆ,
& vrbes eorum
Ischalis,
Aquæ Calidæ,
Venta.
Deinde versus occasum, & Austrum
DVROTRIGES,
in quibus vrbs
Duniam.
et maximè Occidentales
DVMNONII,
in quibus vrbes
Voliba,
Vxela,
Tamare,
Isca.
Insulæ autem adiacent Albioni iuxta Orcada promontorium
Ocetis Ins.
Dumna Ins.
supra quam insulæ sunt
ORCADES *numero xxx circiter.*
& super ipsas
THVLE.
Juxta Trinoantes vero insulæ sunt
Toliapis,
Counos.
& sub magno portu
Vectis.

CARDIGAN, PENBROCK & CAERMARDEN Co.
où sont les villes
sur lleueuy lac,
Caermarden.
& plus vers l'Orient
GLAMORGAN, MONMOVTH, BRECKNOCK & RADNOR Co.
où est la ville
Bealt.
HEREFORD, VVORCESTER, VVARVICK, & GLOCESTER Co.
& la ville
Cirencester.
BARCK & OXFORD Co.
& la ville
VVallingford.
Apres lesquels, & le plus à l'Orient est
KENT Comté,
où sont les villes
Canterbury,
Richborrovv.
Sous Barck, & Kent, sont
SVSSEX, & SVRREY Co.
& la ville
Voodcote.
Sous Glochester sont
HAMPTON, VVILTON & SOMERSET C.
& leurs villes
Ilchester,
Bathe,
VVinchester.
vers l'Occident, & le Midy sont
DORCET,
où est la ville
Dorcester.
& le plus à l'Occident de tous
DEVONSTER, & CORNVVALL Co.
où sont les villes
vers Falmouth,
Lestvvithiel,
Tamerton,
Excester.
Pres de la Grand Bretagne vers le prom. Torfuthy head sont les Isles
Pentland or Pueftland Skerries,
Souna I.
au dessus de laquelle sont enuiron.
les ORCADES ou I. d'Orknay 30. ou
& plus auant dans la Mer
ISLANDE.
pres d'Essex sont encor les Isles
Shepye,
Canue.
& pres de la Poule. Poole
Vicht.

ITER BRITANNIARVM ex Antonino.

AGESSORIACO DE GALLIIS RITVPAS IN PORTVM BRITANNIARVM. Stad. Num. CCCCL.

ALIMITE, id est, A VALLO PRÆTORIVM VSQVE M. P. CLVI.

A Bremeino

Corstopilum	M. P. xx
Vindomoram	M. P. ix
Vinouiam	M. P. xix
Cataractonem	M. P. xxii
Isurium	M. P. xxiv
Eboracum	M. P. xiv
Deruentionem	M. P. vii
Delgouitiam	M. P. xiii
Prætorium.	M. P. xxv

ITER A VALLO AD PORTVM RITVPAS M. P. CCCCLXXXI. *sic,*

A Blatobulgio

Castra exploratorum	M. P. xii
Luguuallum	xii
Voredam	M. P. xiv
Brouonacim	xiii
Verterim	xiii
Lauatrim	M. P. xiv
Cataractonem	xiii
Isurium	xxiv
Eboracum	xvii
Calcariam	M. P. ix
Camulodunum	xx
Mamucium	xviii
Condate	xviii
Deuam	xx
Bouium	M. P. x
Mediolanum	xx
Rutunium	xii
Viroconium	xi
Vxaconam	M. P. xi
Pennocrucium	xii
Etocetum	xii
Manduessedum	M. P. vi
Venonim	xii
Bennauennam	xvii
Lactodorum	xii
Magiouintum	M. P. xvii
Durocobriuim	xii

CHEMIN DE LA GRAND' Bretagne tiré d'Antonin.

DE BOVLONGNE DANS LES GAVLES IVSQVES A RICHBORROVV PORT DE LA GRAND' BRETAGNE. Il y a 450. stades.

DE LA FRONTIERE, c'est à dire, DV RETRANCEMENT IVSQVES A PATTRINGTON. 156. M. P.

De Brampton à

Morpeth	20 M. P.
Neucastle	9 M. P.
Binchester	19 M. P.
Katterick	22
Auldburg	24
Yorck	14
Aldby sur le fl. Dervvent	7
Vvighton	13 M. P.
Pattrington.	25
	153

CHEMIN DV RETRANCHEMENT IVSQVES AV PORT RICHBORROVV. 481. M. P. ainsi,

De Bulnesse à

Dromburgh	12 M. P.
Carlile	12 M. P.
Barren vvood	14
Brougham	13
Burg cast	13
Bovves	14
Katterick	13 M. P.
Auldburg	24
Yorck	17
Tad-Caster	9
Almondbury	20
Manchester	18
Nortvvich	18 M. P.
Chester	20
Bangor	10
Mathrauall hall	20
Rovvton	12
Roxalter	11 M. P.
Oken yate ou vers Veodeote	11 M. P.
Penkridg	12
Vvall pres Lichfeild ou Tamvvork	12
Manchester	6
Claydbrouck	12
Vveddon	17
Stony Stretford	12
Leighton ou Dunstable	17
Dunstable ou Redbourn	12

Verolamium	xii	S. Albans	12 M. P.
Sulloniacim	ix	Sulloniaca	9
Londinium	M. P. xii	London Londres	12
Nouiomagum	x	Voodcote	10
Vagniacim	xviii	Vvrotham	18
Durobriuim	ix	Rochester	9
Duroleuum	M. P. xiii	Lenham ou Ludenham	13
Durouernum	xii	Canterbury'	12
ad Portum Ritupas.	xii	Rickborrovv'.	12
			488

ITER A LONDINIO AD PORTVM DVBRIM. M. P. LXVI. *sic,*		CHEMIN DE LONDRES AV PORT DE DOVVRE 66. M. P. ainsi,	
A Londinio		De Londres	
Durobriuim	M. P. xxvii	à Rochester	27 M. P.
Durouernum	xxv	Canterbury	25
ad Portum Dubris	xiv	Douure	14
			66

ITER A LONDINIO AD PORTVM LEMANIS. M. P. LXVIII. *sic,*		CHEMIN DE LONDRES AV PORT DE LYMNE 68. M. P. ainsi,	
A Londinio		De Londres	
Durobriuium	xxvii	à Rochester	27 M. P.
Durouernum	xxv	Canterbury'	25
ad Portum Lemanis.	xvi	L'ymne.	16
			68

ITER A LONDINIO LVGVVALLVM AD VALLVM. M. P. CCCCXLIII. *sic,*		CHEMIN DE LONDRES A CARLILE SVR LE RETRANCHEMENT 443. M. P. ainsi,	
A Londinio		De Londres	
Cæsaromagum	M. P. xxviii	à Chelmesford	28 M. P
Coloniam	xxiiii	Colchester	24
Villam Faustini	xxxv	Edmondbury	35
Icianos	xviii	Iekingham ou Exninge	18
Camboricum	xxxv	Grancetcr	35
Durolipontem	M. P. xxv	Goodmanchester	25
Durobriuas	xxxv	Dormanchester	35
Causennim	xxx	Fockingham	30
Lindum	xxvi	Lincolne	26
Segelocim	xiv	Littleborrovv	14
Danum	xxi	Doncaster	21
Legeolium	xvi	Casterford	16
Eboracum	xxi	Yorck	21
Isubrigantum	xvii	Auldburg	17
Cataractonem	xxiv	Catterick	24
Lauatrim	xviii	Bovves	18
Verterim	xiii	Burgh	13
Brocauum	xx	Brougham	20
Luguuallum.	xxii	Carlile.	22
			442

ITER A LONDINIO LINDVM. M. P. CLVI. *sic,*		CHEMIN DE LONDRES, A LINCOLNE. 156. M. P. ainsi,	
A Londinio		De Londres	
Verolamum	M. P. xxi	à Sainct Albans	21
Durocobrium	xii	Redbourn ou Dunstable	12
Magiouinium	xii	Dunstable ou Leighton	12
Lactodorum	xvi	Stony Stretford	16
Isannauatia	xii	Veddon	12

Tritmipuon

Tripontium	xii	Rugby	12
Vennonim	ix	Claydbrouck	9
Ratis	xii	Leicester	12
Verometum	xiii	Burrovv	13
Margidunum	xiii	Market Ouerton	13
ad Pontem	vii	Paunton	7
Crococalanum	vii	Ankaster	7
Lindum.	xii	Lincolne.	12
			158

ITER A REGNO LONDINIUM. M. P. XCVI. *sic,*		CHEMIN DE COLCHESTER A LONDRES. 96. M. P. ainsi,	
A Regno		De Colchester	
Clausentum	M. P. xx	pres Southampton	20
Ventam Belgarum	x	Vvinchester	10
Calleuam Atrebatum	xxii	Vvallingford	22
Pontes	xxii	Vvindsor	22
Londinium.	xxii	Londres.	22
			96

ITER AB EBORACO LONDINIOM. M. P. CCXXVII. *sic,*		CHEMIN DE YORCK A LONDRES. 227. M. P. ainsi,	
ab Eboraco		de Yorck	
Lagecium	M. P. xxi	à Caster ford	21 M. P.
Danum	xvi	Doncaster	16
Agelocum	xxi	Littleborrough	21
Lindum	xiv	Lincolne	14
Crococalanum	xiv	Ankaster	14
Margidunum	xiv	Market Ouerton	14
Vernemetum	xii	Burrovv	12
Ratis	xii	Leicester	12
Vennonim	xii	Claydbrouck	12
Bannauantum	xviii	Vveddon	18
Magrouinium	xxviii	Leyghton ou Dunstable	28
Durocobriuim	xii	Dunstable ou Redbourg	12
Verolamum	xii	S. Albans	12
Londinium.	xxi	Londres	21
			227

ITER A VENTA ICENORUM LONDINIUM. M. P. CXXVIII. *sic,*		CHEM. DE CASTOR PRES NORVVICH, IUSQUES A LONDRES. 128. M. P. ainsi,	
A Venta Icenorum		De Castor	
Sitomagum	M. P. xxxii	à Thetford	32 M. P.
Cambretonium	xxii	Bretenham	22
ad Ansam	xv	Coggeshall	15
Camulodunum	vi	Maldon	6
Canouium	ix	Canvvidon	9
Cæsaromagum	xii	Chelmesford	12
Durolitum	xvi	Leiton	16
Londinium.	xv	Londres.	15
			127

ITER A CLANOVENTA MEDIOLANUM. M. P. CL. *sic,*		CHEM. DE GRENCHESTER IUSQUES A MATHRAVALL HALL. 150. M. P. ainsi,	
A Clanouenta		de Grenchester	
Galauam	xviii	à Vvall Tovvn	18
Alodem	ii	Alnebury	2
Galacum	xix	Killenton	19
Bremetonacim	xxvii	Mitton	27
Coccium	xx	Cockley	20
Mancunium	xvii	Manchester	17

Condate xviii
Mediolanum xviii

ITER A SEGONCIO DEVAM. M. P. LXXIV. *ſic*,

A Segoncio

Conouium	P. M. xxiv
Varim	xix
Deuam.	xxxii

ITER A MVRIDVNO VIROCONIVM. M. P. CLXXXVI. *ſic*,

A Muriduno

Leucarum	xv
Nidum	xv
Bomium	xv
Iſcam	xxvii
Burrium	ix
Gobannium	xii
Magnim	xxii
Brauonium	xxiv
Virconium.	xxvii

ITER AB ISCA CALLEVAM. M. P. CIX. *ſic*,

Ab Iſca

Burrium	M. P. ix
Bleſtium	xi
Ariconium	xi
Cleuum	xv
Durocornouium	xiv
Spinas	xv
Calleuam.	xv

ITEM ALIO ITINERE AB ISCA CALLEVAM. M. P. CIII. *ſic*,

ab Iſca

Ventam Silurum	M. P. ix
Abonem	ix
Traiectum	ix
Aquas Solis	vi
Verlucionem	xv
Cunetionem	xx
Spinas	xv
Calleuam.	xv

ITER A CALLEVA ISCADVM NVNIORVM M. P. CXXXVI.

A Calleua

Vindonim	M. P. xv
Ventam Belgarum	xxi
Brige	xi
Sormodunum	viii
Vindocladiam	xii
Durnocouariam	viii
Moridunum	xxxvi
Iſcadum Nuniorum.	xv

Nortvvich 18
Matrauall hal 18

139

CHEMIN DE CAERNARVON A CHESTER. 74. M. P. ainſi,

De Caernaruon

Caier hean	24 M. P.
Potvary'	19
Cheſter	32
	75

CHEMIN DE CAERMARDEN A ROXALTER. 186. M. P. ainſi,

De Caermaerden

à LLoghor	15
Neath	15
VVenny' ſur Euuenny fl.	15
Caerlton	27
Vske	9
Abergeuennevv	12
Hay	22
Brampton Brian	24
Roxalter.	27
	166

CHEMIN DE CAERLEON A VVALLINGFORD. 109. M. P. ainſi,

De Caerleon

à Vske	9
The Old Tovvne ou Monmouth	11
Kencheſter ou Penrycard Caſt.	11
Gloceſter	15
Cireuceſter	14
Spene	15
VVallingford.	15
	90

ENCOR PAR VN AVTRE CHEMIN DE CAERLEON A VVALLINGFORD 103. M. P. ainſi,

de Caerleon

Caier Vvent	9
Auon fl.	9
Briſtoll	9
Bathe	6
The Deuiſes	15
Rauiſbury' ſur Kennet fl.	20
Spene	15
VVallungford.	15
	98

CHEMIN DE VVALLINGFORD IVSQVES A EXCESTER. 136. M. P. ainſi,

De VVallingford

à Silcheſter	15
VVintcheſter	21
Broughton	11
Old Saleſbury	8
Hindon ou Stovvre Eſtouer	12
Stovvre Eſtouer ou Dorcheſter	8
Seaton	36
Exceſter.	15
	126

DESCRIPTION DE L'ESPAGNE EN GENERAL.

SOVS le nom d'Espagne nous entendons aujourd'huy comme anciennement tout ce qui est au dessous des monts Pyrenées, entre le grand Ocean & la mer Mediterranée, iusques au destroit de Gibraltar: c'est la premiere partie de l'Europe, qui se presente en venant du grand Ocean dans nostre continent, faite en presqu'Isle, & qui ne tient qu'à la France, là où les monts Pyrenées separent l'vne & l'autre region par l'espace de cent ou six vingts lieuës Françoises, depuis Fontarabie iusques à Leucate.

Sa longueur est d'enuiron le 35. degré ½ de latitude iusques au 43. ½. qui sont 8. degrez; c'est à dire, deux cens lieuës, & d'enuiron le 9. iusques au 20. & en Catalogne iusques au 24. degré de longitude, qui sont encor deux cens, & quelquefois deux cens cinquante lieuës: son circuit de cap en cap est de neuf cens lieuës ou peu plus.

Sa forme est suiuant les vns quarrée, (faudroit mettre la Catalogne hors) suiuant quelques autres triangulaire (& celle-cy reuient bien moins que l'autre) la plus part la cōparent à vn cuir de bœuf estendu sur terre: mais à vray dire c'est vn Polygone irregulier, la coste vers le Nord aduance dans la mer les caps de Machessac, de Pinas, aliàs de las Penas de Guzan, de Ortiguere, aliàs de Ortegal: vers l'Occident les caps de Fine Terre, de la Rocque de Syntra, de Espichel, & de sainct Vincent; vers le Midy le cap de Trafalgar auec ce qu'elle a sur le destroit, & celuy de Gates; vers l'Orient celuy de Palos, cap Martin, & cap de Creus.

Son assiette monstre que son air doit estre temperé, ou tirant plustost sur le chaud, & le sec, que sur le froid & humide; les chaleurs n'y estans point excessiues, ny les vents trop violents; les terres neantmoins si trouuent bien differentes les vnes des autres, tantost à cause des montagnes, tantost à cause du fonds qui est pierreux ou sablonneux, & tantost faute d'eau: la coste Orientale & celle du Midy sont tresbonnes & fertiles, pource qui est necessaire à la vie humaine, mesme pour les delices; la coste vers l'Occident à peine y peut suffire, & il s'en faut beaucoup que celle qui est vers le Septentrion porte ce qui luy est besoin: dans le milieu du pays il en est encor de mesme, ce qui approche du Midy a le terroir bon pour la plus part, ce qui tire vers l'Occident excelle en pasturages, & ce qui approche de la coste du Nort se sent desia du froid.

Les montagnes qui sont en Espagne causent ceste diuersité en grande partie: outre les Pyrenées les Anciens n'y en ont veritablement cognu que deux principales, sous les noms d'Idubeda, & Orospeda, mais elles trauersent le pays en plusieurs endroits: & bien que les Pyrenées soient partie de la France, partie de l'Espagne, elles ne laissent d'aduancer quantité de branches d'vn & d'autre costé; de sorte que la Biscaye, la Nauarre, l'Arragon, & la Catalogne s'en ressentent beaucoup, voire mesme il semble que tous les autres montagnes d'Espagne en tirent leurs commencements.

Entre la Nauarre & la Biscaye il se destache des Pyrenées vne filiere de montagnes qui fait le mont sainct Adrien, entre les Prouinces d'Alaba & Guipuscoa; puis en continuant elle separe la Biscaye de Castille, les Asturies de Leon, entre en Galice, & s'y disperse en diuers endroits iusques à la mer: de ces montagnes a la source de la Riuiere de l'Ebre, il s'en fait vne autre qui costoye ceste Riuiere iusques à la source de celle de Doüere, d'où elle tire vers Valence, à la veuë de laquelle elle s'abaisse, & se perd insensiblement. Du milieu de ceste montagne il s'en tire encor vne autre, qui diuise la Castille en vieille & nouuelle, ſepare l'Eſtremadure de Leon, & continuë iuſques à la Rocque de Syntra en Portugal. Toutes ces montagnes ont eſté à mon aduis compriſes ſous le nom general d'Idubeda: aujourd'huy elles ont diuers noms, à la ſource de l'Ebre elles s'apellent monts d'Occa, puis les monts des Aſturies, de Galice, &c. vers Calahorre la Sierra d'Vrbion, entre la Caſtille & l'Arragon Moncaio, Sierra Molina, Sierra d'Albarazin, & Sierra Balbanera; entre les deux Caſtilles Sierra d'Atiença, Sierra Guadarame, Monti de Toledo, de Tornas Vaccas; & dans le Portugal Monte Quinto.

Les autres montagnes, que les Anciens ont cogneu ſous le nom d'Oroſpeda, prennent leurs commencements dés les enuirons de la ſource du Tage; remplent le quartier de la Caſtille nouuelle, qu'ils appellent pour ce ſujet la Sierra; & deſcendant vers le Midy paſſent à la ſource des Riuieres Guadiane, & Guadalquiuir; iettent vne branche vers Carthagene, & deux autres à droicte, & à gauche du Guadalquiuir, iuſques au deſtroit de Gibraltar: ces montagnes s'appellent en leurs commencements ſimplement la Sierra, quelques-vns diſent la Sierra d'Oroſpeda, puis Sierra d'Alcaraz, & de Segura; à droicte du Guadalquiuir Sierra Morena, à gauche Siera Neuada, Sierra Vermegia, & en fin Sierra de Ronda iuſques à Gibraltar.

Ces montagnes comme nous auons dit apportent vne grande difference dans les terroirs du pays, bien qu'ils ſoient quelquefois voiſins: il eſt à croire que ce qui leur eſt au deuant vers le Soleil leuant, ou vers le midy, doit eſtre plus agreable, & plus chaud; ce qui leur eſt à dos vers le couchant & le Nort, doit ſe reſſentir plus de l'humidité, & du froid; mais comme ces montagnes ne s'entreſuiuent point par tout d'vne meſme hauteur, & qu'elles s'eſleuent, & s'abaiſſent plus ou moins çà & là, auſſi y cauſent-elles plus ou moins d'effect. Et pour en parler generalement la pluſpart du pays eſtant bon, nous pouuons dire que l'Eſpagne ne laiſſe d'eſtre l'vne des meilleures & des plus agreables region de l'Europe: Elle a du froment, & toutes ſortes de grains, non en quantité, mais les plus beaux qu'il ſe puiſſe voir: abonde en vins; fruicts, huilles, beſtiaux, poiſſons, & en tout ce qui eſt neceſſaire à la vie de l'homme: il n'y a que les grains dont elle manque quelquefois. Ses vins au reſte ſont les plus puiſſans, ſes fruicts les plus delicieux, ſes huilles les plus douces, qu'il y ait dans l'Europe: entre ſes animaux la chair de ceux qui ſe mangent ſont de bon gouſt, & nourriſſantes; les poiſſons friands: entre les animaux de ſeruice les cheuaux emportent le prix, ils ſont les plus genereux qu'il y ait au reſte du monde; & ſi viſtes à la courſe, que les Anciens ont eſtimé que les Cauales y conceuoient ſeulement auec le vent: de ces cheuaux ceux de l'Andalouſie ſe remarquent les plus éveillez & ardants, ceux d'Aſturie les plus forts, & de longue haleine, ceux de Portugal & vers Liſbonne les plus legers, & agiles.

Il y a cependant en Eſpagne force endroits infertiles, mais encor les plus humides ont quelques paſtures, les plus ſecs ont des joncs & geneſts dont il ſe fait des cordages, & ſe calfeutrent les nauires: il y en a auſſi à la verité qui ne peuuent rien porter du tout, mais vn des plus grand deffaut du pays, c'eſt le peu de monde qu'il y a en beaucoup d'endroits: parce que non ſeulement il n'y a point d'habitans où le terroir eſt infructueux, il n'y en a point meſme aſſez ſuffiſamment où le pays eſt bon, & force terres y demeurent en friche.

Vne grande partie de ce qui eſt aujourd'huy le plus infructueux dans l'Eſpagne, eſt cela meſme qui donnoit tant de richeſſes aux Pheniciens, aux Carthaginois, & aux Romains, lors qu'ils ont eu le pied dans ces quartiers; car là où la terre eſt ſi peu fertile il y auoit des mines tres-riches, & l'Eſpagne eſtoit à ceux-là ce que l'Amerique eſt aujourd'huy aux Eſpagnols; les Anciens ont eu dans ce pays quantité de mines d'or, d'argent, de vif argent, de cuiure, de plomb, de fer, &c. celles d'or & d'argent y eſtoient le plus en eſtime: il s'y eſt trouué quelquefois des lingots de pur or peſans demy liure, & la pluſpart des Riuieres de l'Eſpagne auoient de l'or parmy leurs ſable, & les païſans labourans la terre deſcouuroient ſouuent de l'or auec la charruë: entre les mines d'argent il y en auoit vne pres de Carthagene, où quarante mille hommes trauailloient continuellement, & rendoit aux Romains tous les iours vingt-cinq mille drachmes, ce ſont deux mille cinq cents eſcus d'or. La Galice, les Aſturies, & le Portugal, à cauſe de leurs mines, leur rendoient tous les ans vingt mille marcs d'or, ce ſont deux millions deux cents cinquante mille eſcus d'or. Hannibal fiſt ouurir dans les Pyrenées vne mine d'argent qu'ils appelloient Bebelo, elle luy rendoit tous les iours trois cens marcs d'argent. Il eſt à croire que ces mines ont eſté eſpuiſées dés y a long-temps, & s'il s'en trouue encor quelques-vnes, qu'à peine pourroient-elles fournir aux fraiz de ceux qui y trauailleroient: les mines qui restent dans le pays sont celles de vif argent, de cuiure, de plomb, & particulierement de fer, qui y est excellent, encor de sel, de pierres à bastir, &c.

Mais il vaut mieux que nous laissions d'escrire la qualité du pays à ceux qui ont plus de loisir que nous. Venons à ce qui regarde nostre subjet de plus pres: Si l'Espagne est incommodée de ses montagnes, elle reçoit d'ailleurs beaucoup de commoditez par ses Riuieres, & ses Ports qui tombent ou qui sont & sur la mer Mediterranée, & sur le grand Ocean, par le moyen desquels elle peut traffiquer facilement par tout. Ses principales Riuieres sont l'Ebre, le Doüere, le Tage, la Guadiane, & le Guadalquiuir: ils ont tous leurs sources dans la Castille, le premier tombe dans la mer Mediterranée, les autres dans le grand Ocean, & les deux derniers destournent à la fin leur course vers le Midy, les deux autres la continuent tousiours vers l'Occident.

L'Ebre, Iberus aux Latins, Ebro dans le pays, a donné anciennement le nom d'Iberie à l'Espagne, il commence à Fuenlibre .i. fontaine de l'Ebre au dessous des monts d'Occa, & non loing de l'Asturie de Santillane, & du Royaume de Leon, bagne Logrogne, & Calahorre en Castille, Tudele en Nauarre, Saragosse en Arragon, & Tortose en Catalogne; & porte ses eaux encor douces plus de cinquante mille pas dans la mer: son cours va droit du Nort-oüest au Sud-est long de quatre cens cinquante mille pas, & nauigable par l'espace de deux cens soixante mille pas; son eau est bonne, & se transporte mesme au loing, & pour boire, & pour se lauer la face & les mains qu'elle addoucit.

Le Doüere, Douro aux Portugais, Duero aux Castillans, Durius aux Anciens, est le plus grand fleuue de l'Espagne; il est long de cinq cens mille pas, porte de grands vaisseaux, cent mille pas auant en terre, & seroit nauigable bien plus auant si on en vouloit oster les empeschemens: son commencement n'est qu'à dix ou douze lieuës de Tudele, qui est desia au milieu du cours de l'Ebre, & à cinq seulement des ruines de l'ancienne Numance, au long desquelles il passe, & de celle de Cruña del conde, Clunia colonie des Romains, & pres de Valladolid, & au dessous de Simancas entre au Royaume de Leon, où il bagne Toro, & çamora, distingue Leon du Portugal, où il bagne Miranda de Duero, approche de Lamego, & se perd dans la mer au dessous de Porto Cale: ce fleuue est rapide, & neantmoins poissonneux; on fait estat de ses Aloses, Lamproyes, Truittes, &c.

Le Tage prend sa source dans les montagnes d'Albarazin, au milieu de celles de Guadalauiar, Cabriel, & Xucar; celles-cy font des Riuieres qui se perdent en la mer Mediterranée, & le Tage tourne de l'autre costé, enferme de ses eaux presque entierement Tolede, passe sous le pont d'Alcantare, entre en Portugal, qu'il diuise en deux parties, & au dessous de Lisbonne tombe dans la mer entre le cap de Roxent ou Rocca de Sintra, & le cap d'Espichel: les Latins l'appellent Tagus, les Espagnols Tajo, les Portugais Teio; il s'en est fait grand estat par les Anciens, & à cause de la bonté de son eau, & encor plus à cause de son sable, où il se trouuoit souuent de l'or fort pur, il ne s'y en trouue presque plus aujourd'huy. André Resend dit pour raison, qu'il est deffendu aux Harpailleurs de foüiller dans le sable de la Riuiere, parce que les riues en estant fort basses, le fonds estant esmeu il seroit à craindre que cela pourroit causer du detriment aux terres voisines, qui sont fertiles en grains; & neantmoins que les Roys de Portugal n'auoient leur sceptre fait d'autre or que de celuy du Tage, ne s'en pouuant point trouuer de plus pur; marque qu'il y en auoit encor de leur temps: ceste Riuiere abonde en poissons, & particulierement en huistres.

La Guadiane, Anas aux Latins, sort de certains estangs qui sont dans la plaine de Montiel, passe à Calatraue, Metelin, Meride, Badajos; entre en Portugal, & le separe de l'Andalousie, bagne Mertole, & tombe dans la mer entre Cadiz, & le cap sainct Vincent. On tient qu'au dessous de Metelin elle se perd en terre par l'espace de huict ou dix lieuës de pays, & qu'à Villeharte elle ressorte de terre & plus forte, & auec vn canal plus grand, De là ceux du pays prennent occasion de dire, qu'il y a vn pont en Espagne sur lequel plusieurs milliers de troupeaux paissent en mesme temps; tous les poissons de ceste Riuiere ne sont pas bons, si ce ne sont les Anguilles.

Le Guadalquiuir .i. fleuue grand, aliàs fleuue profond, Bætis aux Anciens, reçoit le flux de la mer iusques au dessus de Peña-flor, & les grands vaisseux y entrent iusques à Seuille, les moyens iusques à Peña-flor, & les petits batteaux des Riuieres iusques à Cordoüe: il tire son origine en la Sierra d'Alcaraz, bagne Andujar, Cordouë, & Seuille; & se perd dans la mer au dessous de S. Lucar de Barramede, & presque vis à vis de la ville & de l'Isle de Cadiz: on fait estat de ceste Riuiere, & à cause de sa grandeur, & parce que le pays circom-voisin estant le meilleur de l'Espagne, elle est bien frequentée & bastie de part & d'autre, bien que son entrée soit dangereuse. On peut dire de ces cinq Riuieres que l'Ebre emporte le prix pour le nom, le Tage pour le bruit & la renommée, le Doüere pour la quantité de ses eaux, le Guadalquiuir pour ses richesses, mais que le Guadiane n'ayant dequoy respondre à ceux-cy se veut cacher en terre.

Apres ces Riuieres il y en a encor vn grand nombre d'autres, dont les vnes tombent en celles-là, les autres en la mer. L'Ebre en reçoit beaucoup, dont les plus cogneuës sont; à gauche l'Arragon, qui descendant des Pyrenées en Arragon, passe à Iacque, & parauant que de se perdre dans l'Ebre, emporte l'Atga, qui vient de Pampelone; reçoit à droite le Salon, qui passe à Calatajub; à gauche le Segre, qui vient encor des Pyrenées en Catalogne; & passe à la Seu de Vrgel, à Ilerde, & auparauant que de rendre ses eaux emporte la Cinga, qui a salüé Balbastre, & Monçon. Dans le Doüere descendent à droite la Pisuergue qui est à Valladolid, & qui separe la Castille de Leon, l'Astorgue qui vient d'Astorgue, à gauche le Tormes qui bagne Salamanque; puis Coa, Tamaga, & autres, qui sont d'vn & d'autre costé en Portugal. Le Tage emporte les Riuieres de Tajune, qui a les eaux de Xarame, & le Xarame celles de Henares, qui passe à Alcala de Henares, & de Mançanares qui passe à Madrid; puis celle de Guadarrame, de Lagon qui passe à Coria, de Zezare fort rapide, de Zatas & d'autres; la Guadiane n'en reçoit pas vne seule Riuiere de marque, & le Guadalquiuir n'a que le Xenil, qui vient de Grenade.

Entre les Riuieres qui portent leurs eaux dans la mer, apres les cinq plus grandes que nous auons donné, on peut mettre le Miñ, le Mondegue, & le çadaon sur la grand mer; le Guadalauiar, le Xucar, & quelques autres sur la mer Mediterranée. Le Miñ Miño bagne Luc, Orens, & Toüy; & separe en partie la Galice d'où il est d'auec le Portugal: Le Mondegue est entierement dans le Portugal, & passe à Coimbre d'où il est nauigable; le çadaon en Portugal n'est cogneu qu'à cause de son emboucheure, qui est au deuant de Setuual. De l'autre costé de l'Espagne, le Guadalaiuar descend d'au dessus d'Albarrazin, & passe à Teruel en Arragon, puis à Valence, qui n'est qu'à trois mille pas de la mer, le Xucar vient encor des monts d'Albarrazin, mais du costé de Castille où il passe au dessous de Cuenque entre en Valence, bagne Millares, & tombe dans la mer entre Valence & Denie. On pourroit encor faire estat de Segure qui laue Murcie, du Guadalentin qui void Lorque: encor de Lima, aux Anciens fluuius Lethes; de Queiles, aux Anciens Chalybs, celuy-cy ayant vne excellente trempe pour le fer, & celuy-là ayant esté estimé long-temps auoir ceste proprieté que de donner l'oubliance du passé à ceux qui l'auoient trauersé, ou beu de ses eaux; & d'autres en diuers endroits: mais le temps nous presse, venons aux ports.

L'Espagne ayant pres de huict cens lieuës de coste sur les deux Mers, il ne peut qu'elle n'ait vn grand nombre de Ports, nous n'en pouuons donner que les principaux; Bilbau est en Biscaye, Larede entre la Biscaye & les Asturies, Auiles en Asturie, Riuadios, Ferrol, la Corogne, & autres en Galice: En Portugal les plus cognus sont, Porto Cale, sur le Doüere, Lisbonne sur le Tage, Setuual sur le çadaon, & Lagos pres le cap sainct Vincent: En Andalousie, sainct Lucar de Barramede, à l'emboucheure du Guadalquiuir, le Port de saincte Marie, le Port Royal, Cadiz, &c. En la coste de Grenade, Malgue, & Almerie; En celle de Murcie, Carthagene; En Valence, Alicante, Denie, & Binaros: En Catalogne, Tarragone, Barcelone; l'vn & l'autre ne sont pas bien bons, & neantmoins celuy-cy est fort frequenté: Empurias, Roses, Port Vendres, &c.

Ces Riuieres & ces Ports donnent à l'Espagne force commoditez, car si la Grece & l'Italie ont esté estimées auoir de grands aduantages pour le commerce dans la mer Mediterranée; l'Espagne seule en a les mesmes, & sur la mer Mediterranée, & sur le grand Ocean; de sorte que ce qu'elle reçoit de l'vne & l'autre Inde, elle le communique facilement en Europe, Asie, Afrique, par la mer Mediterranée: & ce qu'elle tire de ces quartiers-là, où ce qu'elle a de trop elle le peut aussi porter facilement dans les Indes & où elle voudra; ce qui seroit le plus à desirer pour la grandeur de l'Espagne, est vn plus grand nombre de ses habitans, faute dequoy ses desseins ne peuuent le plus souuent reüssir. Venons à ce que nous voulons dire de ses deux principaux gouuernemens, c'est à dire de l'Estat Ecclesiastique, & du Politique.

DE LA RELIGION, ET DE L'ESTAT ECCLESIASTIQVE en Espagne, & de son reuenu.

LA Religion Catholique, Apostolique, & Romaine, a commencé en Espagne dés le temps des Apostres, ou immediatement apres. Quelques-vns disent, (& les Espagnols le croyent) que sainct Iacques le Majeur, fils de Zebedée, y en a donné les commencemens; & que sainct Paul mesme y a presché: les autres, au rapport de Baronius, soustiennent que pas vn des Apostres n'y a esté, mais seulement les Disciples des Apostres, y estans enuoyez de Rome par sainct Pierre & sainct Paul.

Quoy que c'en soit auec le temps toute l'Espagne a esté Catholique, iusques à ce que l'an sept cens douze, suiuant l'opinion de Vasce, ou peu apres, suiuant les autres: les Maures Sarrazins sollicitez par Iulian Comte de la Beticque, & qui se vouloit venger de ce que le Roy Roderic auoit violé sa fille, passerent à main armée le destroit de Gibraltar; & deux ans apres deffirent le Roy Roderic, puis se saisirent de la plus grande & meilleure partie de l'Espagne, & y changerent la Religion: les Catholiques qui s'estoient retirez & sauuez dans les pays montagneux des Asturies, de Cantabrie, & de la Galice, n'ont regagné qu'auec vn long-temps ce qu'ils auoient perdu: Ferdinand Roy de Castille acheua de chasser entierement les Maures hors de l'Espagne l'an 1492.

Aujourd'huy dans tout ce que nous estimons sous le nom d'Espagne, le Portugal y compris, il n'y a plus d'autre excercice que de la Religion Catholique, Apostolique, & Romaine: que si quelques particuliers se laissent emporter à d'autres opinions, & qu'ils le fassent paroistre, l'Inquisition s'en saisit aussi-tost, & les punit.

Auec les commencemens de la Religion, les Euesques ont esté instituez dans le pays, & le nombre s'en est augmenté auec le temps: auparauant la descente des Maures il y auoit cinq Metropolitains ou Archeuesques, & soixante sept Euesques: les Maures n'en firent point d'estat, & les ruinerent tant qu'ils peurent: du depuis les Catholiques les ont remis sus pour la pluspart; toutefois l'ordre & les sieges des Metropolitains, ou Archeuesques, & de leurs Euesques Suffragans, a esté beaucoup changé.

Pour contenter les plus curieux nous auons iugé necessaire de donner deux diuers denombremens des Archeueschez & Eueschez de l'Espagne: l'vn tel qu'il a esté auant l'irruption des Maures, l'autre comme il est à present. Voicy le premier & le plus ancien, auec les noms Latins, & modernes des places, affin que leur assiette se trouue plus facilement.

TOLETANVS ARCHIEPISCOPVS *Suffraganeos habuit Episcopos viginti duo, quorum sedes fuêre*	L'ARCHEVESQVE DE TOLEDE a eu vingt-deux Euesques suffragans, dont les sieges ont esté
Complutum,	Madrid,
Oxoma,	Oxme,
Palentia,	Palence,
Valeria,	Villareo, ou Cuenque,
Segontia,	Siguence,
Segouia,	Segobie,
Arcabriga,	Arcos,
Oretum,	Nª Sª del Oreto pres Calatraue,
Valentia,	Valence,
Dianium,	Denie,
Setabis,	Xatiue,

Carthago,	Carthagene,
Basti,	Baçe,
Mentesa,	Montiel, ou Mentexa
Acci,	Guadix,
Beatia,	Baeçe,
Segobriga,	Segorue,
Castulo,	Caslone la veje,
Bigastrum,	
Illicis,	Elche,
Astigi,	vers Palacio del Rey,
Elotona, *Eliocrota.*	Lorcque.

ARCHIEPISCOPVS HISPALENSIS *Suffraganeos habuit Episcopos nouem, quorum sedes*	L'ARCHEVESQVE DE SEVILLE a eu neuf Suffragans, dont les sieges ont esté
Italica,	Siuille la vieje, ou vieille
Elipa,	vers Chillas ou Moron,
Astigis,	Eceje,
Corduba,	Cordoüe,
Egabro,	Cabral,
Eliberis,	Grenade,
Malaca,	Malgue,
Asidonia,	Medine Sidoine,
Tucci.	

ARCHIEPISCOPVS EMERITENSIS *Suffraganeos habuit Episcopes nouem, vbi vrbes*	L'ARCHEVESQVE DE MERIDE a eu pour Suffragans neuf Euesques, où sont les Villes
Auila,	Auile,
Salmantica,	Salamanque,
Elbora,	Talauere,
Cauria,	Corie,
Pax,	Beje ou Bege,
Exonaba,	Istombar,
Olisippo,	Lisbone,
Caliabria,	Setuual,
Numantia.	Rui pres Soria.

BRACCARENSIS ARCHIEPISCOPVS *Suffraganeos habuit Episcopos tredecim, vbi vrbes*	L'ARCHEVESQVE DE BRAGA a eu pour Suffragans treize Euesques, où sont les Villes
Portocale,	Port,
Conimbria,	Condexe veje ou vieille,
Egitania,	Idañe,
Fesseum, alias Viseum,	Viseu,
Lameca,	Lamez,
Vectica, fortè pro Sentica,	.....
Dumium,	Mondoñede,
Auria,	Orense,
Tude,	Tuy,
Luco,	Lug, ou Luc,
Iria,	Compostelle, ou el Padron,
Britonia,	Ouiez,
Asturica.	Astorgue.

TARRACONENSIS ARCHIEPISCOPVS *Suffraganeos habuit Episcopos tredecim, quorum sedes fuêre vbi vrbes*	L'ARCHEVESQVE DE TARRAGONE a eu treize Euesques Suffragans, dont les Sieges ont esté où sont les Villes
Dertusa,	Tortose,
Cæsaraugusta,	Saragoçe,
Turiaso,	Taraçone,
Calagurris,	Calahorre,
Auca,	Ocque, ou burgos.
Pompelona,	Pamplone,
Osca,	Huesque,
Ilerda,	Leride,
Barcino,	Barcelone,
Egara,	Gee de los Caualleros ou des Cheualiers
Ausona,	Vich,
Gerunda,	Girone,
Emporiæ,	Castel d'Empurias,
Vrgella.	Vrgel.

Quelques-vns mettent encor l'Archeuesché de Narbonne & ses Suffragans dans l'Espagne, mais sans raison: encor que les Gots ayent tenu Narbonne en mesme temps qu'ils possedoient l'Espagne, Narbonne ne laissoit pas d'estre dans les Gaules, & non en Espagne.

Voila quel a esté l'ordre de l'estat Ecclesiastique en Espagne sous les Gots, & parauant que les Maures se fussent rendus maistres de la pluspart du pays: aujourd'huy il y a iusques à vnze Archeueschez, & seulement cinquante-six Eueschez, qui ne font en tout que soixante & sept Dioceses, là où il y en a eu auparauant soixante & douze; sçauoir cinq Metropolitains, & soixante-sept Eueschez: Leurs noms aussi, leurs sieges, & leur continence ont esté fort changez. Les vnze Archeueschez sont à present Tolede, Bourgues, Compostelle, Seuille, Grenade, Saragosse, Tarragone, Valence, Brague, Lisbone, & Ebore. Celuy de Tolede a huict Eueschez suffragans, celuy de Bourgues trois, celuy de Compostelle douze, & deux d'exempts; de Seuille deux, & vn dans les Canaries: de Grenade deux, de Saragosse six, de Tarragone huict, de Valence trois, Maillorque y compris; de Brague quatre, de Lisbone quatre en Espagne, & sept au dehors; d'Euore deux, & vn au dehors: Nous en donnerons encor le denombrement en Latin & en François pour la commodité de l'Histoire, & y adjousterons leur reuenu tel qu'il est à present par ducats, suiuant la coustume du pays.

NOTITIA ARCHIEPISCOPATUUM, & Episcopatuum Hispaniæ.

DENOMBREMENT DES Archeueschez, & Eueschez d'Espagne.

ARCHIEPISCOPATVS TOLETANVS *in Castillia noua, Primatus Hispaniæ; cuius Suffraganei sunt Episcopatus hi*	L'ARCHEVESCHÉ DE TOLEDE en la Castille nouuelle & Primatiat de l'Espagne; duquel les Eueschez suffragans sont ceux-cy	300000
Cordubensis,	de Cordoüe,	56000
Segouiensis,	Segouie,	34000
Conquensis,	Cuencque,	56000
Seguntinus,	Siguence,	60000
Carthaginensis,	Carthagene,	24000
Vxamensis,	Osme,	30000
Giennensis,	Iaen,	40000
Vallisoletanus.	Valladolid.	40000
		640000

ARCHIEPISCOPATVS BVRGENSIS *in Castillia veteri, cuius suffraganei sunt Episcopatus*
Pompelonensis,
Calagurritanus,
Palentinus.

L'ARCHEVESCHÉ DE BOVRGVES en la Castille vieille, duquel les Eueschez suffragans sont 45000
de Pamplone, 30000
Calahorre, 26000
Palence. 30000
131000

ARCHIEPISCOPATVS COMPOSTELLANVS *in Gallæcia, cuius suffraganei sunt Episcopatus*
Salmanticensis,
Abulensis,
Placentinus,
Lucensis,
Asturicensis,
Zamorensis,
Auriensis,
Tudensis,
Pacensis,
Mindoniensis,
Cauriensis,
Ciuitatis Roderici, alias Mirobricensis,
exempti sunt
Legionensis,
Ouetensis.

L'ARCHEVESCHÉ DE COMPOSTELLE en Galice, dont les Eueschez suffragans sont 60000
de Salamanque, 34000
Auile, 26000
Plaisance, 50000
Lucque, 22000
Astorgue, 24000
Samore, 30000
Orens, 10000
Touy, 10000
Badajos, 20000
Mondoñede, 16000
Caurie, 32000
Cité de Rodriguez, 15000
& sont exempts ceux de
Leon, 20000
& Ouiez. 30000
389000

ARCHIEPISCOPATVS HISPALENSIS *in Andalusia suffraganeos habet Episcopatus*
Gaditanum,
Malacitanum,
& extra Hispan. Canariensem.

L'ARCHEVESCHÉ DE SEVILLE en Andalousie, a pour suffragans les Eueschez de 100000
Cadiz, 32000
Malgue, 40000
& des Canaries hors l'Espagne. 172000

ARCHIEPISCOPATVS GRANATENSIS *in Regno Granatensi, cuius suffraganei sunt Episcopatus*
Accitanus alias Guadicensis,
Almeriensis.

L'ARCHEVESCHÉ DE GRENADE au Royaume de Grenade, dont les Eueschez suffragans sont 30000
de Guadix, 10000
Almerie. 8000
48000

ARCHIEPISCOPATVS CÆSARAVGVSTANVS *in Arragonia, cuius suffraganei sunt Episcopatus*
Oscensis,
Iaccensis,
Turiasonensis,
Barbastrensis,
Terulensis,
Albaracinensis.

L'ARCHEVESCHÉ DE SARAGOSSE au Royaume d'Arragon dont les Eueschez suffragans sont 60000
de Houesque, 16000
Iacque, 10000
Tarrassone, 12000
Baluastre, 10000
Terouel, 10000
Albarrazin. 8000
126000

ARCHIEPISCOPATVS TARRAGONENSIS *in Catalaunia, cuius suffraganei sunt Episcopatus*
Barcinonensis,
Dertosanus,

L'ARCHEVESCHÉ DE TARRAGONE en Catalogne, dont les Eueschez suffragans sont 25000
de Barcelone, 20000
Tortose, 20000

Ilerdensis,

Ilerdenſis,	Ilerde, ou Lleyde,	16000
Gerundenſis,	Gironde,	11000
Vicenſis,	Vic,	8000
Elenenſis,	Elne,	5000
Vrgelitanus,	la Seu. de Vrgel,	16000
Celſonenſis.	Solſone.	6000
		128000
ARCHIEPISCOPATVS VALENTINVS *in Valentiæ Regno, cuius ſuffraganei ſunt Epiſcopatus*	L'ARCHEVESCHE' DE VALENCE au Royaume de Valence, dont les Eueſchez ſuffragans ſont	70000
Segobricenſis,	de Segorue,	15000
Oriolanus,	Oruele,	11000
Maioricenſis in Inſulis.	Mallorque dans les Iſles.	9000
		106000
ARCHIEPISCOPATVS BRACCARENSIS *in Regno Portugalliæ, cuius ſuffraganei ſunt Epiſcopatus*	L'ARCHEVESCHE' DE BRAGVE au Royaume de Portugal, duquel les Eueſchez ſuffragans ſont	45000
Portuenſis, Portu-Calenſis,	de Port,	11000
Viſeenſis,	Viſeu,	25000
Lamecenſis,	Lamez,	18000
Mirandenſis.	Mirande,	15000
		115000
ARCHIEPISCOPATVS OLISIPPONENSIS *in Portugalliæ regno cuius ſuffraganei ſunt Epiſcopatus*	L'ARCHEVESCHE' DE LISBONE en Portugal, duquel les Eueſchez ſuffragans ſont	65000
Lerienſis,	Leyre,	22000
Conimbricenſis,	Conimbre,	32000
Guardienſis,	Guardie,	24000
Portalegrenſis,	Portalegre,	12000
& extra Hiſpaniam Septenſis in Africa,	& hors l'Eſpagne Ceute en Barbarie,	155000
Funchalenſis in Madera Inſula,	Funchal en l'Iſle de Madere,	
Angrenſis in Tercera Inſula,	Angre en l'Iſle de Tercere,	
Congenſis in Africa,	Congo en Afrique,	
S. Iacobi Inſular. cap Viridis,	S. Iacques des Iſles du cap Verd,	
S. Thomæ in Inſ.	S. Thomas, en l'Iſle S. Thomas,	
Braſilienſis in America.	S. Sauueur au Breſil, en Amerique.	
ARCHIEPISCOPATVS EBORENSIS *in Portugallia, qui ſuffraganeos habet Epiſcopatus*	L'ARCHEVESCHE' D'EBORE en Portugal, qui a pour ſuffragans les Eueſchez de	50000
Siluenſem,	Silues ou le Far,	15000
Albenſem,	Eluas,	25000
Tingitanum in Africa, qui vnitus eſt Ceutenſi.	Tanger en Barbarie, qui eſt vny auec Ceute.	90000

Il y en a qui mettent Albarazin ſous Tolede, Malgue ſous Grenade, Guadix ſous Seuille, Leyre & Guardie ſous Brague; les autres mettent autrement: I'ay ſuiuy l'ordre qui m'a ſemblé le meilleur.

L'Archeueſque de Seuille a eſté autrefois Primat de l'Eſpagne, puis celuy de Tolede, & en fin celuy de Brague; Seuille & Tolede eſtans tombées entre les mains des Maures: à preſent que tout le pays eſt Catholique, celuy de Tolede a recouuert ceſte dignité: il eſt ſi puiſſant & ſi riche, qu'apres le Roy il tient la plus grande authorité dans le pays: il eſt grand Chancelier de Caſtille, Seigneur temporel de dix-ſept bonnes places fermées, & de quantité d'autres moindres: & ſon reuenu approche d'vn million de liures: mais il faut faire eſtat que d'oreſnauant ceſte dignité ſera touſiours entre les mains de quelqu'vn de la maison Royale, ou si quelqu'vn y entre ce ne sera qu'en rendant vne pension telle, & à qui il plaira au Roy.

Apres l'Archeuesque de Tolede, celuy de Seuille est le plus riche, puis Valence, Lisbone, Compostelle, Sarragosse, &c. Iean Boterus rapporte que les vnze Archeueschez de l'Espagne ensemble, emportent tous les ans cinq cens soixante mille ducats de reuenu : & les Eueschez ensemble six cens mille ducats : Ie trouue que les Archeueschez en ont plus de huict cens mille, & les Eueschez plus de douze cens mille.

Boterus dit aussi que les Chapitres & Chanoines ont le double du reuenu des Euesques, & que les autres Beneficiers (il entend les Curez, &c.) en ont encor d'auantage : de plus que le reuenu des Religieux est fort grand. Damian à Goes auoit dit presque le mesme, sçauoir que le Clergé en Espagne (il entend seculier) a le double du reuenu des Euesques, que les Abbayes ont beaucoup plus de reuenu que le Clergé.

Le nombre des Abbayes, & celuy des Conuents est fort grand : & il y en a qui possedent iusques à cinquante mille ducats de reuenu : Entre les Abbayes on remarque celuy *de las Huelgas*, des Welgues pres de Burgos, où il y a cent cinquante filles toutes nobles : leur Abbesse commande a quatorze places qui ne sont a mespriser, & cinquante autres moindres : elle à la nomination de dix-sept Monasteres, de plusieurs autres Benefices, & de douze Commanderies ; donne des Officiers aux places qui luy sont sujettes, &c.

Auec les Ecclesiastiques on peut mettre les Ordres des Cheualiers que les Chrestiens ont particulierement institué en Espagne & en Portugal, lors que les Maures y estoient encor : ces Ordres sont fort riches : l'Espagne en a trois, & le Portugal aussi trois.

Les trois Ordres de Cheualiers en Espagne sont ; de sainct Iacques, d'Alcantare, & de Calatraue : celuy de sainct Iacques à quatre-vingts huict Commanderies en Castille, Leon, &c. celuy d'Alcantare trente-deux, celuy de Calatraue trente-quatre. Les trois Ordres de Cheualiers en Portugal sont, de Iesus-Christ, de S. Iacques, & d'Auis : ceux de S. Iacques & d'Auis, sont les mesmes que de S. Iacques & d'Alcantare en Espagne : celuy de Iesus-Christ a le reuenu des anciens Templiers : Oliueira luy donne quatre cens cinquante-quatre Commanderies ; soixante à celuy de S. Iacques, & à celuy d'Auis quarante trois : mais les autres n'en donnent que cent quarante aux Cheualiers de Iesus-Christ.

Le reuenu de toutes les Commanderies de ces Ordres sont fort grands. En Espagne l'Ordre de sainct Iacques ne porte pas moins de quatre cens mille ducats par an : ceux d'Alcantare & de Calatraue cent ou six vingt mille ducats chacun. En Portugal, celuy de Iesus-Christ à deux cens cinquante mille ducats : celuy de sainct Iacques cent vingt-cinq mille, celuy d'Auis soixante & quinze mille ducats de reuenu.

Tous ces Ordres ont esté fort estimez tant que les Maures ont eu le pied en Espagne, & auoient chacun leurs Grands Maistres : Ferdinand de Castille apres la guerre de Grenade finie, & les Maures chassez de l'Espagne, obtint du Pape Innocent 8. les trois Maistrises des trois Ordres qu'il y auoit dans ses terres, en Castille, Leon, &c. & par ce moyen il eust la pleine & entiere disposition & donation de leurs Commanderies. Emanuel de Portugal obtint du Pape Alexandre le mesme droit pour les trois Ordres qui sont en Portugal : & à present que le Roy d'Espagne possede & la Castille, & le Portugal, il est aussi Maistre de tous ces Ordres, & en dispose à sa volonté : mais on peut dire que ces Commanderies aujourd'huy tombent pour la pluspart à ceux qui suiuent la Cour, & non à ceux qui sont dans le peril de la guerre.

Outre ces Ordres, celuy des Cheualiers de S. Iean de Ierusalem, ou de Malte, a quantité de belles Commanderies, & en Espagne & en Portugal. La Prouince de Leon & Castille a vingt-sept de ces Commanderies, la Prouince du Chasteau d'Empurias vingt neuf, la Catalogne vingt-huict, la Nauarre dix-sept, le Portugal trente-deux, qui sont en tout cent trente & trois. Ceux-cy sont encor en leur splendeur, & sous leur Grand Maistre de Malte, tous nobles, & ne se marient point ; les Cheualiers des autres Ordres se pouuans marier.

Pour finir ce traitté, Hierosme de Ceuallos Espagnol, touchant l'Espagne, & Nicolas Oliueira Portugais, touchant le Portugal, font estat que le Clergé Seculier & Regulier, possede en Espagne & en Portugal, tant en terres, reuenus, qu'autrement ; autant que tout ce qui appartient au Roy, à la Noblesse, & au Tiers Estat mis ensemble.

DIVISION DE L'ESPAGNE EN QVATORZE ROYAVMES, & leur deſcription.

L'ESPAGNE ſe diuiſe aujourd'huy en pluſieurs Prouinces, qu'ils appellent Royaumes: par ce que lors que les Maures ont poſſedé vne partie de ce pays, & les Chreſtiens vne autre; pluſieurs & diuers Princes s'y rendirent Souuerains en meſme temps, qui d'vn coſté, qui de l'autre. Et bien qu'aujourd'huy toute l'Eſpagne ſoit reunie ſous la domination d'vn ſeul, le nom de Royaume eſt neantmoins reſté pour la pluſpart, là où il a eſté pour lors: de ſorte qu'encor à preſent on y compte quatorze Royaumes, bien qu'ils ne ſoient plus à vray dire que Prouinces.

Ces quatorze Royaumes, ou Prouinces, eſtoient deſia compris il y a enuiron deux cens ans, ſous les noms de trois principaux: ſçauoir de Caſtille, d'Arragon, & de Portugal. Sous le nom de Portugal on entendoit les deux Royaumes de Portugal, & d'Algarue: ſous le nom de Caſtille ceux d'Andalouſie, de Grenade, de Murcie, de Caſtille, de Leon, de Galice, des Aſturies, de Biſcaye & de Nauarre: & ſous le nom d'Arragon, ceux d'Arragon, de Catalogne, & Valence; auec les Iſles Maiorque, & Minorque.

Nous pouuons reduire ces quatorze Prouinces ou Royaumes en cinq parties, comme il ſemble que la nature des lieux & leur aſſiette nous les diſpoſent. La partie plus Occidentale de l'Eſpagne tiendra le Portugal, & l'Algarue: en la plus Meridionale ſeront l'Andalouſie, la Grenade, & la Murcie: dans la plus Septentrionale nous aurons la Galice, les Aſturies, la Biſcaye, & la Nauarre: en la plus Orientale nous trouuerons l'Arragon, la Catalogne, & Valence; auſquelles nous adjouſterons les Iſles: la Caſtille vieille & nouuelle, & Leon, feront le milieu de l'Eſpagne.

Le Portugal (l'Algarue y compris, qui eſt fort petit) à ſix vingts lieuës Françoiſes, & plus de longueur, depuis la Galice iuſques au cap de ſainct Vincent: & ſa largeur de vingt-cinq iuſques à cinquante lieuës. Ses confins ſont au Nort, la Galice; à l'Eſt, Leon, Caſtille & Andalouſie; le reſte eſt bagné de l'Ocean: les Riuieres du Tage, & de Doüere, *Tajo*, & *Douro*, l'arrouſent de leurs eaux; celle du Min *Miño*, le ſepare de Galice; & la Guadiane de l'Andalouſie: mais le Tage eſt au milieu du pays, & le coupe en deux parties preſque eſgales: toutefois ce qui eſt entre le Tage & la Galice eſtant mieux peuplé & peu plus grand, on le diuiſe communément en deux autres parties; dont l'vne s'appelle entre Miño & Douro; l'autre entre Douro & Tajo: ainſi ce qui eſt de l'autre coſté, & qui eſt le moins peuplé du Royaume, s'appelle, entre Tajo & Guadiana. N. Oliueira compte ſix Prouinces dans le Portugal: appelle Alentejo .i. outre le Tage (& cela s'entend au regard de Liſbone) ce qui eſt entre le Tage & la Guadiane: appelle Eſtremadura & Beira, ce qui eſt entre le Tage & le Doüere; Beire eſtant la plus aduancée en terre, Eſtremadure le long de la Mer depuis Liſbone iuſques au delà de Conimbre: appelle entre Miño & Douro, & Tra los Montes .i. outre les Monts, ce qui eſt entre les Riuieres du Miñ & de Doüere: Tra los montes eſtant en terre, l'entre Miño & Douro ſur la mer: & ainſi l'Algarue feroit la derniere partie, dont elle eſt auſſi la plus petite, mais non la moins fertile.

On fait eſtat que dans ce Royaume, ainſi pris, il y a dix-huict Citez, plus de quatre cens Villes, deux cens Bourgs, & quatre ou cinq mille Paroiſſes: Entre les Citez Brague, Liſbone, & Ebore, ſont Archiepiſcopales; celles de Mirande, Port, Lamego, Viſeu, Guarde, Conimbre, Lleirie, Portalegre, Eluas en Portugal, & le Far en Algarue, Epiſcopales: les autres ſont Bragance, & Bege, en Portugal; Silues, Tauille, & Lagos, en Algarue; leſquelles comme ſouuent ailleurs en Eſpagne ne laiſſent de porter titre de Citez, bien que non Epiſcopales. Liſbone eſt la capitale du Royaume, ville des plus belles, mieux peuplées & plus riches de la Chreſtienté: elle traffique dans le Breſil, en Affrique, & aux Indes

Orientales. Bragance appartient au Duc de Bragance, qui possede le tiers de tout le domaine du Portugal: entre les Villes Setuual est en estime, à cause de ses Salines; Santarein, à cause de la fertilité de son terroir en bleds, vins, huilles, &c. Tomar, Oliuence, Ourique, Serpe, & autres, sont encor en reputation: les meilleurs Ports de Portugal sont ceux de Lisbone sur le Tage, de Port sur le Doüere, de Lagos pres le cap sainct Vincent, de Setuual, non loin de Lisbone, &c.

L'Andalousie, le Royaume de Grenade, & celuy de Murcie tiennent toute la coste Meridionale de l'Espagne, depuis l'emboucheure de la Guadiane iusques au delà de Cartagene, en la longueur de cent cinquante lieuës Françoises, & de vingt-cinq iusques à cinquante ou peu plus de largeur. L'Andalousie est sur l'vne & l'autre riue de Guadalquiuir, qu'elle occupe presque entierement, iusques tout le destroit de Gibraltar: la Grenade s'estend depuis ce destroit iusques entre Muxacre & Almacaron, le reste est de la Murcie.

L'Andalousie est la plus agreable, & la plus fertile Prouince de l'Espagne; elle contient trois Dioceses entierement, sçauoir de Seuille, qui est Archeuesché; de Cordouë, & de Cadiz, Eueschez; & partie encor de celuy de Iaen: & outre ces quatre Citez on y met cent & huict belles Villes: entre lesquelles sont Ecyje, Ossoune, Xeres de la frontera, Estepe, Marquene, Vbede, Baece, Andujar, S. Lucar de Baramede, Medina Sidonia, Gibraltar & autres. Seuille est la capitale de tout le pays, la plus riche, & la plus agreable de toute l'Espagne: c'est pourquoy ils disent que *Qui non ha visto Seuilla non ha visto marauilla*, qui n'a pas veu Seuille, il n'a pas veu merueille: la riuiere de Guadalquiuir accommode ceste ville d'vn tres-bon port, par le moyen du flus & reflus de la mer; & reçoit souuent les flottes des Indes, & Occidentales, & Orientales, où est son principal traffic. Cordouë, qui a esté sous les Romains plus grande, & toute autre que Seuille, est auiourd'huy bien moindre; & Cadiz qui a esté encor auparauant les Romains plus que & Cordouë, & Seuille, est aujourd'huy la moindre des trois: Ecyie sous les Romains a aussi esté capitale de l'vn des quatre Conuents ou Quartiers de la Bœtique, à present elle est comprise dans le Diocese de Seuille. Ossune est estimée de ses huilles, Xeres de ses vins & fruicts: Estepe de ses grains, Marquene de ses cheuaux, qu'ils appellent Genets, &c.

Le Royaume de Grenade sous les Mores estoit riche & fort peuplé: il y auoit quatorze Citez & pres de cent Villes: il ne s'y trouue plus que quatre Citez, Grenade, Guadix, Malgue, & Almerie; & trente ou quarante Villes: Grenade est belle, composée de quatre parties, qu'ils appellent Grenade, Alhambre, Albaisin, & Antiquerule: Grenade est la principale partie, & tient l'Eglise Archipiscopale. Alhambre tient le Palais des Roys Maures, basty à la Mosaïque, & encor vn autre Palais nouueau & somptueux, que les Roys d'Espagne y ont fait bastir, & où est la Chancellerie ou Parlement du pays: Albaisin est toute en collines & vallons: Antiquerule de mesme, mais plus pres de la plaine. Ses habitans font grand traffic de soyes. Guadix est dans vne plaine enfermée de tous costez de hautes montagnes, qui luy causent du froid. Almerie & Malgue sont sur la mer, Almerie pres du cap de Gates; Malgue en allant vers le destroit de Gibraltar. Almerie a des eaux medicinales, Malgue fait grand profit de ses vins, fruicts secs, huilles, &c. entre les villes Baçe à quatre mille feux, Ronde est sur le haut d'vne montagne enfermée pour la pluspart d'vne riuiere, à laquelle on descend de la ville par quatre cens degrez, que les Maures ont façonné dans le Roc. Almuñecar, & Salobreñe, seruoient aux Maures de forteresses, celuy-cy pour garder leurs thresors, & celuy-là pour y garder leurs enfans & leurs plus proches parens, en temps de guerre.

Le Royaume de Murcie est aux enuirons du cap de Palos, & n'a que Murcie & Cartagene de Citez, & Lorque de Ville, dont on puisse faire estat: Almacaron est aussi passable à cause de son port. Murcie la capitale du pays est scise en vne plaine fort fertile, à trauers de laquelle la riuiere Segura se conduit par diuers canaux. Ce pays produit force Oranges, Citrons, Soyes, &c. & s'appelle le Iardin de l'Espagne: Carthagene est Euesché & bon port, que Philippe II. a fait restablir, la ville estant en ruines. Almacaron fournit force Alun: pres de l'Isle Scombraria il se pesche grand nombre de macquereaux, d'où l'Isle a pris son nom.

Les Royaumes de Castille & de Leon, embrassent tout le milieu de l'Espagne, ayans ensemble du Midy au Nort, six-vingts, & quelquefois pres de sept vingts lieuës de longueur, & de

& de l'Occident en Orient cent, & quelquesfois six-vingts lieuës de largeur. La Castille se diuise en vieille, & nouuelle; la vieille estant la plus exposée au Nort, & la plus froide; la nouuelle plus au Midy, & la plus fertile: auec la nouuelle on comprend l'Estremadure, qui s'estend dés les enuirons de Calatraue iusques au Portugal, & qui a d'excellens pasturages: à l'Occident de la Castille vieille est le Royaume de Leon, fort montagneux, & qui touche aux Asturies, à la Galice, & au Portugal. Burgos est la capitale de Castille vieille, Tolede de la nouuelle, Badajos de l'Estremadure, Leon de Leon: mais il y a encor quantité d'autres Citez: en la Castille vieille sont Siguence, & Osme petites, mais auec Academies; Segouie qui a sept mille feux, Auile trois mille, Valladolid dix à douze mille, ville agreable, bien bastie, & qui retient son air de Cour, qui y a esté autrefois: Iangus est au delà de l'Ebre Riuiere, *S. Domingo de la Calçada*, ou S. Dominic de la Chaussée est à la rencontre de plusieurs grands chemins: Logroñe, & Calahorre sur l'Ebre ont esté quelquefois de la Nauarre. Numance pres de la source de la Riuiere de Douëre a esté cognuë des Romains, non pour sa grandeur, ou pour la force de la Ville; mais pour la resolution de ses habitans à deffendre leur liberté, il n'y a plus que fort peu de ruines.

La Castille nouuelle est composée de trois parties, qu'ils appellent la Sierra, c'est à dire la Montagne; Algarria, c'est à dire la Campagne, & la Mancha. La Cité de Cuencque est capitale du pays de la Montagne, Guadalaiare de la Campagne, & Ciudad Real de Mancha: on met encor en la Castille nouuelle les Citez d'Alcala de Henares Vniuersité, de Tolede Archeuesché, & Primatiat de l'Espagne, de Medina-Celi Duché, de Madrid seiour ordinaire de la Cour, & vne des plus grandes à present de tout le pays, de Villene Marquisat, & autres. Dans l'Estremadure outre Badajos Euesché sont Meride autrefois capitale du pays, ville ancienne, & dont il ne reste que trop de ruines; elle est sur la Guadiane; Alcantare est sur le Tage pres du Portugal, & n'a plus rien de beau que son pont, long de six cens soixante & dix pieds, large de vingt-huict, & haut hors de l'eau deux cens pieds, soustenu de six arches.

Dans le Royaume de Leon, apres Leon on met les citez d'Astorgue, de Samore, de Palence, de Salamanque, & de Ciudad Rodriguez; & quelques-vns encor, Plaisance & Corie, que d'autres mettent en la Castille nouuelle. Leon est belle, & grande Ville, fameuse pour la beauté, & pour les immunitez de son Eglise Cathedrale; grand nombre des Roys d'Espagne y ayans leur sepulture. Astorgue est forte d'assiette, Samore a vn beau pont sur le Doüere; son terroir est fertil, & il y a mine de Turquoises. Salamanque a vne Vniuersité celebre. On fait encor estat de Ledesme, qui a trois cens quatre-vingts villages de ses dependances, Toro qui a d'excellens vins & fruicts; Medine del Campo est cognuë à cause de ses foires, & priuileges: ils creent leurs Magistrats, pouruoyent aux Benefices de la Ville, &c. Le premier Royaume que les Chrestiens formerent en Espagne pour s'opposer à l'inondation des Maures, a esté celuy de Leon, & qui a mesme donné les commencemens à celuy de Castille: mais celuy de Leon estant tombé auec Castille, tous les autres de l'Espagne y sont aussi tombez de temps en temps, les vns d'vne façon, & les autres d'vne autre.

Au dessus du Portugal, de Leon, & de Castille, la coste Septentrionale d'Espagne s'estend du cap de Fine terre iusques en France, & à l'Arragon: là nous auons la Galice, les Asturies, la Biscaye & la Nauarre: la Galice est la plus Occidentale, & la plus grande de toutes; la Nauarre la plus Orientale; la Biscaye & les Asturies sont entre-deux. Tous ces quartiers ont force peuple, mais pauure; le terroir froid, & peu fertil pour la pluspart, à cause des montagnes qui leur sont au midy.

Galice a cinq Citez, Compostelle Archeuesché, Luc, Orens, Touy, & Mondoñede Eueschez. Compostelle n'a pas plus de deux mille feux, & n'est en estime qu'à cause des reliques de sainct Iacques, patron de l'Espagne, que non seulement les Espagnols, mais & les estrangers visitent souuent par pelerinages: Luc, & Orens ont des eaux chaudes & medicinales; celle-cy encor a d'excellens fruicts, & de bons vins; Touy & Mondoñede ont le terroir assez bon. Apres les Citez on met en Galice cinquante sept Villes, qui sont la plus part sur la mer: entre icelles Bayonne pour ses eaux, Ponte-vedre, qui a deux mille cinq cens feux; la Coroñe diuisée en haute & basse Ville, Pontedeaume, Iardin du pays, Riuadeo, & autres, sont en reputation: il s'y compte aussi plus de quarante bons ports, desquels celuy de la Coroñe est le plus grand, & le meilleur de tous, le pays est peuplé, mais pauure.

Asturie se diuise en deux parties, qui tirent leur denomination des deux principales Citez qui y sont: Asturie d'Ouiedo, ou d'Ouiez, & Asturie de Santillane: le nom d'Asturie vient asseurément de la Ville *d'Astorga*, & des anciens peuples *Astures*: ce peuple estoit fort grand, mais sa plus grande & meilleure partie, mesme Astorgue qui en estoit la ville capitale, sont aujourd'huy comprises sous le Royaume de Leon; ce que nous cognoissons à present sous le nom d'Asturie, n'en estant plus que la plus petite, & moindre partie. Ce pays est le plus pauure, & le plus sterile de l'Espagne: Ouiez neantmoins est belle ville, & son Euesque est exempt, c'est à dire, non sujet au Metropolitain: la Cité d'Auiles sur la mer est dans ce quartier: Santillane chef de l'autre quartier des Asturies n'est pas de grande consideration, & la plus part de tous les ports de ceste coste ne sont pas bien asseurez.

La Biscaye a trois Merindades ou parties, qui ne different guere en leurs qualitez: Biscaye proprement ainsi dite, Guipuscoa, & Alaba: elles sont pleines de peuples guerriers, qui jouït de grandes libertez, s'il y en a encor dans l'Espagne; & sont riches en mines de fer. Ordoñe & Bilbao ou Bilbau, sont les capitales de Biscaye, Tolosette de Guipuscoa, & Vitorie d'Alaua: on compte dans le quartier de Biscaye vingt & vne villes, dans Giupuscoa dix-neuf ou vingt, dans Alaba seize ou dix-huict. Bilbau est marchande, tous les ans elle charge seulement de laines plus de cinquante vaisseaux, & nombre d'autres qu'elle charge de fer, &c. de ce quartier sont encor Laredo & S. Ander, que quelques-vns veulent mettre en Castille; Vermejo, Durang, Lequeyce, & autres: Ordogne, est la capitale de toutes, & où reside la Iustice du quartier. Les Filles vont icy teste nuë, & les cheueux tous raz, ne leur estant permis, ny de laisser croistre leurs cheueux, ny de se couurir la teste, que quand elles sont mariées.

Dans Guipuscoa il y a trois Riuieres, qui portent batteaux; & vingt-six autres ruisseaux, qui se rendent dans la Mer, ou qui se perdent dans ces trois Riuieres. Outre Tolosette, qui en est la capitale, on y met les Villes de Plaisance, Motry, Denie, & autres. S. Sebastien & Fontarabie sont fortes, & ont de bons ports. Ce pays tire plus de cinq cens mille liures tous les ans seulement de son fer.

Alaua a des grains, du vin, & des fruicts, plus que ny la Biscaye, ny Guipuscoa: Vitorie ou Victoire sa ville capitale est gentille, & outre ses Marchands nourrit quantité de Noblesse: les autres Villes sont, Saluatierra ou Sauueterre, puis Treuiño ou Treuin, fameux Comté, & autres: le mont S. Adrian est aussi en ce quartier.

La Nauarre comme elle obeyssoit encor à la Maison d'Albret, & parauant que l'Espagnol s'en saisit, estoit diuisée en six Gouuernemens particuliers, qu'ils appelloient Merindades, & leurs Gouuerneurs Merins: Pampelune, Estelle, Tudele, Sanguese, Olite, & S. Iean pied-de-Port, estoient chacune chefs de leurs Merindades: S. Iean pied-de-Port, & tout ce qui en dependoit est resté à la France, les cinq autres parties sont tombées sous la domination de l'Espagne. Il se comptoit n'agueres sous la Merindade de Pampelune vnze Villes, deux cens soixante-dix villages, & quatre-vingts mille sept cens vingt-cinq familles. Sous celle d'Estelle vingt-quatre villes, cent & six villages, & soixante mille deux cens quarante-cinq familles. Sous Tudelle encor vingt-quatre Villes, point de Villages, & quarante mille huict cens cinquante-deux familles. Sous Sanguese vnze Villes, deux cens soixante & huict villages, & soixante mille & vne famille. Sous Olite dix-neuf Villes, vingt-six villages, & trente mille neuf cens soixante & neuf familles. Ce sont outre les cinq principales places, quatre-vingts neuf Villes, six cens soixante & dix villages, & deux cens soixante & douze mille sept cens nonante & deux familles. Dans la Merindade de S. Iean pied-de-Port, qu'ils appellent de *Vltra puertos*, c'est à dire, outre les passages, il y a bien vingt places de quelque consideration, & deux cens Paroisses, & plus de cinquante mille feux. Pampelune a tousiours esté la capitale du Royaume, & porte titre d'Eueschế: les Roys y faisoient leur residence, & y estoient couronnez dans l'Eglise Cathedrale de Nostre Dame, elle est bien fortifiée, auec Citadelle, à cause du voisinage de la France, qui n'en sçauroit oublier ses pretensions.

L'Arragon est quatre fois plus grand que la Nauarre, mais non si bien peuplé. Il y a dix Citez, cent & douze Villes, & en tout enuiron dix-sept cens places peuplées, en y comprenant les Villes, Bourgs, Paroisses & hameaux ; & pres de quatre cens mille feux; la pluspart des Villes n'ayans que quatre ou cinq cens feux : & les villages estans escartez les vns des autres, & auec peu de monde; la disette des eaux, & la malignité du terroir n'y en pouuans souffrir beaucoup. Saragosse capitale du Royaume, Archeuesché & Vniuersité est dans vne grande plaine, assez fertile; & toute à la droite de la Riuiere d'Ebre : ceste Cité est des premieres de l'Espagne; soit pour la grandeur de son enceinte, soit pour la beauté de ses ruës, soit pour la magnificence de ses bastimens sacrez & profanes, & pour son Pont qui trauerse l'Ebre. L'Eglise Archiepiscopale s'appelle la Seo, c'est à dire, le Siege, fort belle ; apres laquelle l'Eglise de Nuestra Señora del Pilar emporte le pris pour son antiquité : on tient que sainct Iacques l'a fait bastir luy-mesme en l'honneur de la Vierge, & pendant qu'elle viuoit encor: les autres neuf Citez de l'Arragon sont Huesque, Iacque, Balbastre, Calatajub, Tarrassone, Borie, Daroque, Teruel & Albarrazin, toutes Eueschez, horsmis Calatajub, Borie, & Daroque; celle-cy estant sous le Diocese de Saragosse, les deux autres sous celuy de Tarrassone : Calatajub est estimée la seconde de tout le Royaume. Apres les Citez on fait estat de la Ville de Monçon où se tiennent les Cours de l'Arragon, de la Catalogne, & de la Valence : encor de Benauarre, & d'Aynze, par ce qu'elles ont esté quelquefois chefs de Royaumes; Benauarre de Ribagorce, & Aynze de Sobrarbe : celuy-cy n'ayant eu que soixante villages, & l'autre trois cens soixante villages, & quelques Villes dans leurs despendances.

La Catalogne est à l'Orient de l'Arragon, voire de toute l'Espagne : sa forme est en triangle, dont l'vn des costez est sur la Mer, l'autre le long des monts Pyrenées, & le troisiesme le long de l'Arragon, & quelque peu ioignant la Valence : on y compte comme en Arragon, dix Citez, plus de cent Villes, dix-huict cens places peuplées, & quatre cens mille familles; dont il y en a cinquante mille originaires Françoises, & plus (& n'y en a pas moins en Arragon.) On y met aussi vne Principauté, deux Duchez, cinq Marquisats, dix-huict Comtez, quatorze Vicomtez, & grand nombre de Baronies, qui ont tous de tres-beaux droits & priuileges. Les Citez sont Tarragone Archeuesché, & Principauté, place aujourdhuy assez mal frequentée, & qui ressent fort son antiquité ; n'ayant plus que six ou huict cens feux : les autres sont Barcelone capitale du pays, Perpignan, Girone, Vrgel, Vich, Leride, Tortose, Elne, & Solsone, toutes Eueschez; mais celuy d'Elne est transferé à Perpignan. Barcelone est des plus belles, des plus marchandes, & des plus riches de l'Espagne; ses ruës estant fort nettes, ses maisons basties de pierres, & ses iardins bien polis, elle fait assez voir à present ce qu'elle peut, ayant secoüé le ioug des Castillans, & attirant presque toute la Catalogne à son party. Perpignan à quatre mille feux, ce qui ne se trouue plus és autres du pays apres Barcelone, qui en a bien huict. Sa Citadelle est forte, & a soustenu en 1543. vn grand siege contre nous: Girone est marchande, Leride à vn bon terroir, & fait barriere du costé de l'Arragon: Tortose approche de l'embouscheure de l'Ebre, & doit faire teste du costé de Valence : Solsone est au milieu du pays, Elne est petite : Perpignan & Elne sont dans le Comté de Roussillon, qui a esté du temps des Romains, & du depuis encor à la France, & qui est aujourd'huy compris dans la Catalogne. Apres les Citez on estime Cardone chef d'vn grand Duché, qui possede vne montagne de Sel pres de la Ville, & dont il se tire vn grand reuenu; Castillo d'Empurias pres de la mer, & autres : le Monastere de Poblet est fameux pour sa richesse, & pour auoir la sepulture de plusieurs Roys d'Arragon; celuy de Montserrat, pour sa saincteté : Salses vers la France, Roses pres Castillo d'Empurias, & Peniscola sus vn roc, & dans vne presque Isle en la mer, sont les meilleures forteresses du pays : la derniere doit estre en Valence.

Le Royaume de Valence s'estend le long de la Mer depuis la Catalogne iusques en Murcie; en la longueur de soixante lieuës Françoises & plus; sa largeur n'estant que de dix, douze, & quelquefois vingt lieuës : c'est vn des plus agreable pays de toute l'Espagne, au moins pres de la mer. Il y a cinq Citez, soixante Villes, mille Villages, cent mille familles, y en ayant eu bien plus sous les Maures : cinq Riuieres nauigables, & trente autres, quatre ports principaux, & vingt-sept Tours le long de la coste pour descouurir les Pyrates sur la mer. Valence est Archeuesché & Vniuersité, contenant douze mille maisons : entre les villes qui portent le nom de Valence dans la Chrestienté, celle-cy est appellée par excellence la grande; mais dans le pays les Espagnols disent que Barcelone est riche, Sarragosse contente, & Valence belle & gracieuse: tout le pays est riche de ses succres, vins, huilles, soyes & vaisselles, qu'ils appellent de Valence: les autres Citez sont Segorbe, Oruele, Eueschez; Alicante & Elche: apres lesquelles on met Xatiue, Denie, Moruedre, c'est a dire, Murs vieux, qui est en la place de l'ancienne Sagunte, &c.

Les Isles Maiorque, & Minorque; Yuisse, & Formentere, sont au Midy de la Catalogne, & à l'Orient de Valence: Maiorque & Minorque, sont les anciennes Baleatides, & retiennent leur ancien nom de *Maior, & Minor*, grande & petite, pour la difference de leur grandeur. Maiorque à quatre-vingts lieuës Françoises de circuit, Minorque quarante, & Yuisse autant: ces trois Isles ont chacune vne ville de leur nom, mais Formentere n'en a point; la ville Maiorque est bien bastie, à vn bon port, contient six mille maisons, & porte titre d'Euesché pour toutes ces Isles: l'Isle abonde en grains, sels, vins, huilles, &c. & n'a besoin de rien pour la vie humaine; au contraire en fournit aux pays circonuoisins: Minorque est montagneuse le long de ses costes, le milieu du pays estant fertil, excellent en ses pastures, & qui nourrit des Mulets, dont on fait beaucoup d'estime: Yuisse est aussi fort fertile, mais encor plus cogneuë pour son sel, qui se transporte en Italie, & ailleurs. Formentere est presque deshabitée à cause des Serpens, & autres animaux venimeux qui s'y trouuent: & cela est de remarque, qu'en Yuisse il n'y en a point du tout: voire mesme la terre qui en est tirée les chasse, ou les fait mourir: là où celle de Formentere les produit, & les nourrit; & ces deux Isles sont fort proches l'vne de l'autre.

HISPANIÆ DESCRIPTIO ex Ptolemæo.

HISPANIÆ SITUS.

Hispaniæ, quæ Græcis Iberia dicitur, tres sunt Regiones; Bætica, Lusitania, & Tarraconensis.

BÆTICÆ *latus, quod versus Occasum, & Septentrionem est, terminatur Lusitania, & Tarraconensi.*

Australe latus terminatur in exteriori mari, Oceano & Herculeo Freto; in interiori autem, Iberico pelago.

Huius lateris descriptio sic se habet

TURDITANORUM

Anæ fluuij os Orientalius,
Onobalisturia,
Bætis fluuij ostium orientale,
Æstuarium iuxta Astan.

TURDULORUM

Menesthei portus,
Promontorium à quo Fretum,
Iunonis Templum,
Bælonis flu. ostia,
Bælon ciuitas.

BASTULORUM, *qui dicuntur* POENI

1. *Menralia,*
* *Transducta,*
3. *Barbesola,*
2. *Carteia,*
Calpe Mons, & columna in int. mari,
In Iberico autem mari,
Barbesolæ fluuij ost.
2. *Suel,*
1. *Saducæ flu. ost.*
Malaca,
Manoba,
Sex,
Selambina,
Abdara,
Portus magnus,
Charidemi promontorium.

Regionis huius pars reliqua versus hyemalem Solis ortum, & penes Balearicum pelagus, à Charidemi promontorio ad communem Bæticæ, & Tarraconensis finem extenditur:

in cuius ora
Baria ciuitas,

DESCRIPTION DE L'ESPAGNE tirée de Ptolemée.

SIT DE L'ESPAGNE.

De l'Espagne, que les Grecs appellent Iberie, il y a trois Regions; Bætique, Lusitanie, & Tarraconoise.

Le costé de la BÆTIQUE (c'est l'Andalousie & Grenade) qui regarde le Couchât, & le Sept. est borné de la Lusitanie, & de la Tarr.

Le costé Meridional se termine vers la grād Mer par l'Oceā, & par le destroit de Gibraltar, & vers la mer Med. par la mer d'Esp.

De ce costé la description en est ainsi:

de L'ANDALOUSIE en partie

Bouche Orientale de Guadiana,
Ruinée dans les Arenas gordas,
Bouche Orientale de Guadalquiuir,
en la Baye de Cadiz.

de L'ANDALOUSIE encor en par. & Grenade,

el Puerto de Sa Maria,
Cap Trafalgar,
. . . . . .
Porto Beger,
Beger.

de la COSTE DE GRENADE,

1. Tariffa,
(celle-cy appartient à l'Affrique)
3. Guadaiana,
2. Gibraltar,
Mont Calpe, ou Gebal, sur la mer Med.
& & sur la mer d'Espagne,
Guadaiana Rio,
2. Fuengirola ou Molina,
1. Marbella fl.
Malaga,
Almuñecar,
Castil de Fierro,
Salobreña,
Adra,
Almeria,
Cabo de Gates.

De la Bætique l'autre costé, qui est au Soleil leuant d'Hyuer, & pres la mer Balearique, s'estend du cap de Gates iusques aux confins de la Tarraconnoise,

dans la coste il y a
Vera.

Supra Bastulos mediterranea versus Tarraconensem incolant

TVRDVLI

in quibus vrbes Mediterraneæ

Setia,
Ilurgis,
Vogia,
Calpurniana,
Cæcila,
Baniana, Bin.
Corduba, metropolis
Vlia,
Obulcum,
Arcilacis,
Detunda, lego Munda
Murgis,
Salduba,
Tucei,
Sala,
Balda,
Ebora,
Onoba,
Illipula magna,
Selia,
Vescus,
Escua, Econa,
Artigis,
Calicula,
Lacibis,
Sacilis,
Lacippo,
Illiberis.

Interiora, & iuxta Lusitaniam tenent

TVRDETANI,

in quibus Vrbes

Canaca,
Seria,
Osca,
Cæriana,
Vrium,
Illipula,
Setida,
Ptucci,
Sala,
Nebrissa,
Vgia,
Asta,
Corticata,
Lælia,
Italica,
Maxilua,
Vcia,
Carissa,
Calduba,
Pæsula,

Au dessus de la coste de Grenade vers la Tarraconnoise sont

partie de l'ANDALOVSIE & de GRENADE,

où sont les villes Mediterranées

pres Venta de Reogal,
vis à vis de Linares,
Andujar,
Calpoio,
pres Venta la nueua,
pres Venta del Alcaire,
Cordoüa,
pres Rambla,
pres Venta de los locos Dames,
Hardales,
pres Ronda,
c'est la mesme qu'Almeria,
Estepona,
Ronda,
au dessus d'Estepona,
Pedrera,
Alcala-real,
Conil,
Peña flor,
Sancta Fé,
Vergix vers Castil Fierro,
pres Cabral ou Van de Yguas,
Alhama,
Coronil,
Torre de la Ceuada,
Isuallos,
la Peca pres Guadix,
Grenade.

Plus en terre, & vers le Portugal est l'ANDALOVSIE pour la pluspart,

où sont les Villes

S.Lucar de Guadiana,
Castilleros,
en las Arenas gordas,
el Cerro,
Veas ou Gibraleon,
Niebla,
Elmadiono,
Quema,
Salcera,
Lebrixa,
Moguer,
Xeros de Frontera,
Cortegana,
Castilleja del Campo,
Seuilla la vieja,
Villalua,
pres las Cabeças,
las Cabeças forte,
Villa Martin,
Settenil,

Saguntia,
Asindum,
Nertobriga,
Contributa,
Regina,
Cursu,
Mirobriga,
Spoletinum,
Læpá magna,
Isspalis Metropolis,
Obucola,
Calicula,
Oleastrum,
Vrbona,
Bæsippo,
Fornacis,
Arsa,
Asyla,
Astygis,
Charmonia.
BÆTICORVM CELTICORVM,
Aruci,
Arunda,
Curgia,
Acinippo,
Vama.
Montes in Bætica nominantur
Marianus mons,
Illipula M.
Adiacet Bæticæ Insula in exteriori mari
Gadira & ciuitas.

Arcos,
Medina Sidonia,
Azarcolla,
Cumbres,
Ellarena,
Cafra,
Villarta,
vers S. Niclas del Puerto,
vers Belalcaçar,
Seuilla,
Fuentes,
Coronil,
Rota pres Puerto de Sancta Maria,
Martos,
Vegel,
Alhama,
Samossa,
entre S. Niclas del puerto & Samossa,
Ecyja,
Carmona.
Partie du PORTVGAL, vers l'Andalousie
Moura,
Mouraon,
Mortigaon,
Noudar,
entre Serpa & Mertola.
les Monts de la Bætique s'appellent
Sierra Morena,
Sierra Neuada.
Dans la grand Mer il y a vne Isle ioignant la Bætique, qui s'appelle
Gadiz, & vne ville.

LVSITANIÆ SITVS.

LVSITANIÆ *latus Australe idem est cum Septentrionali Bæticæ; latus vero Septentrionale coniungitur cum Tarraconensi ad Dorium fluuium: Orientale etiam Tarraconensi, linea inter Anam, & Dorium intercurrente.*

Latus autem Occidentale, & quod Occiduus alluit Oceanus, sic se habet
post Anæ fluuij ostia.
TVRDETANORVM,
Balsa,
Ossonoba,
Sacrum promontorium,
Calipodis fluuij ostia,
Salacia,
Cætobrix.
LVSITANORVM,
Barbarium promont.
Olios Hippon, Oliosipon, Olisippo.
Tagi fluuij ostia,

Situation de LVSITANIE qui est la plus grande partie du Portugal, Algarue, &c.

Le costé Meridional de la LVSITANIE est le mesme que le Septentrional de la Bætique: le costé Septentrional se ioint auec la Tarrac. à la R. de Douëre: le costé Orient. tient encor à la Tarrac. iusqu'à certaine ligne qui est entre le Guadiana, & le Doüere.

Mais le costé Occidental, & que l'Ocean Occidental bagne, voicy comme il est
apres les Emboucheures de Guadiana
l'ALGARVE,
où sont Albufeira ou Faro,
Istombar,
Cabö S. Vincente,
R. Sadaon,
Alcacer do Sal,
Cezimbra.
le PORTVGAL, &c.
C. de Espichel,
Lisbôa,
Tajo R. ou le Tage,

Lunæ montis prom.
Mondæ fluu. ost.
Vaci flu. ostia,
Doriæ fluuij ostia.
Quæ vero sunt circa Sacrum promontorium, occupant
TVRDETANI,
in quibus Vrbes in Lusitania Mediterraneæ
Pax Iulia,
Iulia Myrtilis.
Interiora tenent
CELTICI,
in quibus Vrbes in Lusitania hæ
Lancobriga,
Cæpiana,
Brætolium,
Mirobriga,
Arcobriga,
Meribriga,
Catraleucos,
Turres Albæ,
Arandis.
Quæ supra hæc sunt, tenent
LVSITANI,
in quibus Vrbes hæ Mediterraneæ
Lauara, *lego Lamega,*
* *Aritium,*
Selium,
Elkoboris,
Araducta,
Verurium,
Velladis,
Æminium,
Chretina,
Arabriga,
Scalabisus,
Tacubis,
Concordia,
Talabriga,
Rusticana,
Mendiculea,
Caurium,
Turmogum, *Turmuli Ant.*
Bardua,
Colarnum,
Isalæcus,
Ammæa,
Ebura,
Norba Cæsarea,
Licinniana,
Augusta Emerita,
Euandria,
Geræa,
Cæcilia Gemellinum,

C. de Roca de Sintra,
Mondego R.
Vouga R.
Durio R.
ce qui est pres le Cap S. Vincent, & aux enuirons, est tenu par
l'ALGARVE, & partie du PORTVGAL,
où sont les Villes Mediterranées,
Beja,
Mertola.
plus en dedans est
l'ENTRE TAIO, ET GVADIANA,
où sont les Villes
Lagos, pres le Cap sainct Vincent
Setuual,
Benauente,
S. Iago de Caçem,
Arroyolos,
Ouimeiro,
Cabrela,
Aerra,
o Ridondo.
au dessus de cecy est
l'ENTRE DOVRO ET TAIO, & l'ESTREMADVRE en partie,
où sont les Villes dans les terres
Lamego,
Benauente,
Lliria,
vers Sierra d'Alcoba,
Arouca,
Viseu,
Valhellas,
Coimbra,
Torres Vedras ou Sintra,
Villa franca,
Santaren,
Tancos,
Tomar,
Vouga,
vers Coria,
Montaluaon,
Coria,
Olighera,
Nª Sª de Betoa,
Albuquerque,
Eluas,
Badajos,
Euora,
Alcantara,
Legrusano,
Merida,
entre Merida & Talauera,
Xeros de Badajos,
vers Vta de Vadera,

Capasa.
Maximè Orientales sunt
VETTONES,
in quibus Vrbes hæ
Lancia opidana,
Cottæobriga,
Salmantica,
Augustobriga,
Ocellum,
Capara,
Manliana,
Laconimurgum,
Deobriga,
Obila,
Lama.
Adiacet Lusitaniæ, Insula
Londobris.

HISPANIÆ TARRACONENSIS SITVS.

HISPANIÆ TARRACONENSIS *Occidentale latus, quod occiduus alluit Oceanus, sic se habet:*
post Dorij fluuij ostia,
CALLAICORVM BRÆCARIORVM,
Aui fluuij ostia,
Auarum promont. pro Cauari flu. ostia,
Nebis flu. ostia,
Limij flu. ostia,
Minij flu. ostia.
CALLAICORVM LVCENSIVM,
Ornium prom.
Viæ flu. ost. fortè Vlæ.
Tamaræ flu. ost.
Artabrorum portus,
Nerium promontorium.
Septentrionale latus, supra quod Oceanus Cantabricus est, sic describitur:
post Nerium prom.
Promontorium aliud, in quo
Sextij Aræ,
Vir flu. ostia,
Promontorium aliud,
Flauium Brigantium in magno portu,
Lapatia Coru, alias Trileucum prom.
Metari flu. ostia,
Nabij flu. ostia,
Nauillouionis flu. ostia,
PÆSICORVM,
Flauionauia,
Næli flu. ost.
CANTABRORVM,
Noega Vcesiæ flu. ost.
AVTRIGONVM,
Neruæ flu. ostia,

vers Chiuzen.
plus vers l'Orient sont
LEON en partie, L'ESTREMADVRE, en par.
où sont les Villes
Peña da Francia,
C. Rodrigo,
Salamanca,
Ponte de Arcobisbo,
Giuquelo,
Capara,
Villa franca,
Colmenar,
Placentia,
Oropesa,
Almaraz.
pres du Portugal est l'Isle
Barlenga.

SIT DE L'ESPAGNE TARRACONNOISE.

De L'ESPAGNE TARRACONNOISE, le costé Occidental, qui est sur l'Ocean, se comporte ainsi:
apres l'embouchcure de Douro R. est
L'ENTRE DOVRO ET MIÑO,
R. d'Aue,
. Rio Cauado,
Neiua R.
Lima Rio,
Miño R.
La GALICE,
Cabo de Bayona,
Vlla R.
Tambre R.
Muros,
Cap fine terre.
Le Costé Septentrional, au dessus duquel est la Mer de Biscaye, se trouue ainsi:
apres le Cap de Fine terre
il y a vn autre prom. où est
Camariñas,
Allons R.
pres Sisarga & Malpico,
Betanços au Port de Corogne,
Cap de Ortegal,
Maior R.
R. de Eu ó de Miranda,
......
La COSTE D'ASTVRIE,
Auiles,
......
Part. d'ASTVRIE, de CASTILLE, & BISCAYE,
Rio de S. Vincente,
partie de BISCAYE, & RIOXA, de CASTILLE,
Rio de Laredo,

b

Flauiobriga.
CARISTORVM,
Diuæ flu. ostia.
VARDVLORVM,
Menosca.
VASCONVM,
Menlasci flu. ostia,
Oeaso vrbs,
Oeaso promontorium Pyrenes.
Latus autem æstiui ortus Solis terminum habet Pyrenem, à dicto promont. ad Veneris templum, in interiori mari.
Alia Tarraconensis latera, quæ circa Lusitaniam, & Bæticam, iam dicta sunt.
Reliquum vero, quod ad ortum hibernum, vergit, & quod circa Balearicum pelagus est, talem habet descriptionem:
post Bæticæ terminum,
BASTITANORVM, *est in ora*
Vrce.
CONTETTANORVM,
Lucentum,
Carthago noua,
Scombraria prom.
Terebis flu. ost.
Alonæ,
Sætabis flu. ost.
Illicitanus port.
Sucronis flu. ostia.
EDETANORVM,
Pallantiæ flu. ostia,
Turulis flu. ost.
Dianium.
ILERCAONVM,
Tenebrium prom.
Tenebrius port.
Iberi flu. ostia.
COSETANORVM,
Tarracon.
LÆETANORVM,
Subur,
Barcinon,
Rubricati flu. ost.
Bætulum,
Lunarium promont.
Dilurum,
Blanda.
INDIGETORVM,
Sambrocæ flu. ost.
Emporiæ,
Clodiani flu. ostia,
Rhoda ciuit.
& Veneris templum.
Montes in Tarraconensi insignes sunt
Vindius,

Bilbao.
part. de BISCAYE, & de ALABA,
Deua R.
partie de GVIPVSCOA, & de ALAVA,
Orio.
la NAVARRE, &c.
Orio R.
Oiarçum,
Fontarauia.
Mais vers le Soleil leuant d'Esté, ce costé est borné des Pyrenées, depuis Fontarabie iusqu'au port Védres, en la mer Mediterranée.
Les autres costez de la Tarr. qui touchent & à la Lusitanie & la Bætique sõt desia dites.
Le dernier costé, qui est au leuant d'hyuer, & vers la mer de Mallorque, se descrit ainsi:
apres les confins d'auec la Bætique,
dans partie de la COSTE DE GRENADE est
Muxacra.
dans partie de VALENCE & MVRCIE sont
Alicante,
Cartagena,
C. de Palos,
Segura R.
ad Illot fl.
Rio de Gandia fortè,
Las Saladores ou Puerto de Alicante,
Xucar R.
Partie d'ARRAGON, & VALENCE,
Guadalauiar,
Moruedre R.
Denia.
partie de CATALOGNE, & VALENCE,
Cabo Forbat ou Peniscola,
Viueros,
Ebre R.
lo CAMP DE TARRAGONA en Catalogne,
Tarragona.
COSTE DE BARCELONE en Catalogne,
pres Villanoua, fortè Enueja
Barcelona,
Llobregat Rio,
Badalona,
Capo de Tossa ou de Palafugell,
Mataro,
Blanes.
COSTE d'EMPVRIAS,
Ter Rio,
Castello d'Empurias,
Llobregat R.
Roses,
Puerto Vendres.
Les Montagnes plus cognuës sont
celles d'Asturie,

Edulius,
Idubeda,
Ortospeda.
Tenent autem circa Nerium prom.

ARTABRI,

in quibus Ciuitates
Claudiomerium,
Nouium.
CALLAICI LVCENSII,
in quibus Ciuitates
Burum,
Olina,
Vœca,
Libunca,
Pintia,
Caronium,
Turuptiana,
Glandomirum,
Ocelum,
Turriga, Turgina.
CAPORORVM, *Iria flauia,*
& Lucus Augusti.
CILINORVM, *Aquæ Calidæ,*
LEMAVORVM, *Dactonium,*
BÆDIORVM, *Flauia lambris,*
SEVRORVM, *Talamina,*
& Aquæ Quintinæ.
his vero ab ortu adiacet
ASTVRIA,
& in ea Vrbes
Lucus Asturum,
Laberris,
Interamnium,
Argenteola.
LANCIATORVM, *Lanciatum,*
Maliaca,
Gigia,
Bergidum Flauium,
Interamnium Flauium,
Germanica legio septima,
BRIGÆCINORVM, *Brigæcium,*
BEDVNESIORVM, *Bedunia,*
ORNIACORVM, *Intercatia,*
LVNGONVM, *Pelontium,*
SÆLINORVM, *Nardinium,*
SVPERATIORVM, *Petauonium,*
AMACORVM, *Asturica Augusta,*
TIBVRORVM, *Nemetobriga,*
EGVRRORVM, *Forum Egurrorum,*
Quæ ad mare protenduntur intet fluuios Minium, & Durium, tenent

CAILLAICI BRÆCARII,

in quibus Ciuitates hæ sunt

le Montserrat,
Monts d'Occa, d'Vrbion, Albarazin, &c.
Monts de la Sierra en Cast. d'Alcaraz, &c.
Les Peuples, ou Pays pres du Cap de Fine-terre sont
Terre de NOMANÇOS en Gallice,
où sont les Villes
Brandomil,
Neyua.
La GALLICE,
où sont les Villes
Ferrol,
S. Marta,
Viuero,
Riuadeo,
Castro Verde,
entre Betanços & Lugo,
Padron,
Altamira,
Mondoñedo,
Castro de Rey,
.... Compostella,
Lugo,
.... Bayona,
.... Monforte de Lemos,
.... Riuadauia,
.... Tria Castella,
Sarria.
au Leuant de Gallice est
L'ASTVRIE,
& en icelle les Villes
Ouiedo,
S. Saluador,
Venta del Condé,
entre Ouiedo & S. Saluador,
.... Mansilla pres Leon,
Peñaflor,
....
Villa Franca,
Ponferrada,
Leon,
.... Bragança,
.... Puebla de Sanabria,
.... Tracossos,
.... Villa viciosa,
.... Villa veja pres Viana,
.... entre Viana & Astorga,
.... Astorga,
.... Torbeo,
.... Monte Furado.
Ce qui est à la mer, entre les Riuieres Miño & Douro, est tenu par le quartier de Portugal, qu'ils appellent
ENTRE DOVRO ET MIÑO,
où sont les Villes

Bracar-Auguſta,
Caladunum,
Pinetus,
Complutica,
Tuntobriga,
Araduca.
TVRODORVM, *Aquæ Leæ,*
NEMETATORVM, *Volobria,*
COELERINORVM, *Cœliobriga,*
BIBALORVM, *Forum Bibalorum,*
LIMICORVM, *Forum Limicorum,*
GRVIORVM, *Tudæ,*
LVANCORVM, *Merua,*
CVACERNORVM, *Aquæ Cuacernorum,*
LVBÆNORVM, *Cambætum,*
NARBASORVM, *Forum Narbaſorum.*
horum interiora tenent
VACCÆI,
in quibus Vrbes
Bargiacis,
Intercatia,
Viminacium,
Porta Auguſta,
Antraca,
Lacobriga, Meoriga,
Auia, Aluia,
Sepontia Paramica, pro Segon.
Gella,
Albocella,
Rauda,
Segiſama Iulia,
Palantia,
Eldana,
Cougium,
Cauca,
Octodurum,
Pintia,
Sentica,
Sarabris.
Orientalia Aſturicæ tenent
CANTABRI,
in quibus Ciuitates
Concana,
Octauiolca,
Argenomeſcum,
Vadinia,
Vellica,
Camarica,
Iuliobriga,
Moræca.
ſub iis MVRBOGI,
in quibus Ciuitates
Brauum, Braunum,
Siſaraca,
Deobrigula,

Braga,
Mirandela,
Peneda,
. . . . .
Barca de Regoa,
Guimaraes,
. . . . Chaues,
. . . . Caſtro Loboreiro,
. . . . Porto,
. . . . Celme,
. . . . Puente de Lima,
. . . . Tuy,
. . . . Lobies,
. . . . Orenſe,
. . . . Miranda,
. . . . Tor. de Mencoruo,
plus auant que cecy eſt
partie de LEON,
où ſont les Villes
Sagiago,
T . . . .
entre Palencia & Burgos,
. . . . .
Quotanes,
. . . . .
Villalon,
Hermoſello,
Paradela,
Toro,
Roa,
Medina del Campo,
Palencia,
Aldealcano,
Olmedo,
Coca,
Areualo,
Valladolid,
Alua de Tormes,
Fuente Sahurro.
au leuant de l'Aſturie ſont
partie de BISCAYE, & de CASTILLE,
où ſont les Villes
Santillana,
Eſpinoſa,
Venta de Verco,
Auiles,
Venta del Pomar,
Fuenlibre,
Val de Vieſſe,
Melgar.
le QVARTIER DE BVRGOS,
où ſont les Villes
Burgos,
Salduendo,
Villa Vieſſa,

Ambiſna,

Ambisna,
Setisacum.
Orientaliores autem Cantabris sunt

AVTRIGONES,

in quibus Ciuitates
Vxamabarca,
Segisamonculum,
Burnesca, Virues,
Antecuia,
Deobriga,
Vendelia,
Salionca.
sub Murbogis sunt
PELENDONES,
in quibus Ciuitates
Visontium,
Augustobriga,
Sauia.
BERONES,
in quibus Ciuitates
Tritium metallum,
Oliba,
Variæ.
sub iis AREVACÆ,
in quibus Ciuitates
Confloenta,
Clunia colonia,
Termes,
Vxama Argellæ,
Setortia lacta,
Veluca,
Tucris,
Numantia,
Segubia,
Noudaugusta.
Vaccæis, & Areuacis Australiores sunt
CARPETANI,
in quibus Vrbes
Ilurbida,
Etelesta,
Ilarcuris,
Varada,
Thermeda,
Tituacia,
Mantua,
Toletum,
Complutum,
Caracca,
Libora,
Ispinum,
Mentercosa,
Barnacis,
Alternia,
Paterniana,

Mendrigaleio,
Saltos.
au leuant de ce que nous auons dit de la Biscaye, est vne autre partie
de BISCAYE, & de RIOXA,
où sont les Villes
Laredo,
Villa veja,
Birbiesca,
Azeuio,
Miranda de Ebro,
Pancoruo,
Orduña.
sous le quartier de Burgos est
partie de CASTILLE, vers Sierra de Vrbion,
où sont les Villes
Arcedillo,
Agreda,
Aquilar.
partie de RIOXA, en Castille,
où sont les Villes
S. Domingo de la Calçada,
entre Birbiesca & S. Domingo,
Logroño.
partie de CASTILLE VIEILLE,
où sont les Villes
. . . . . .
Cruña del Conde,
Lerma,
Oxma,
Siguença, ou Villa veja pres de Sig.
Berlenga,
Almazen,
pres Soria ruinée,
Segobia,
Couarruuias.
encor plus au Midy est
le QVARTIER DE TOLEDE, en Cast. nouu.
où sont les Villes
Escalona,
Lescurial,
Buitrago,
Vzeda,
Guermedes,
Illescas,
Guadalajara,
Toledo,
Madrid,
Alcala de Henares,
Talauera la reyna,
Hiepes,
Tecañes,
Ocaña,
Huertas,
Yuernes,

Riguſa,
Laminium.
Iis magis Orientales ſunt
CELTIBERI,
in quibus Ciuitates
Belſinum,
Turiaſo,
Nertobriga,
Bilbis, *Bilbilis,*
Arcobriga,
Cæſada,
Mediolum,
Attacum,
Ergauica,
Segobriga,
Condabora,
Burſada,
Laxta,
Valeria,
Iſtonium,
Alaba,
Libana,
Vrceſa.
Iis, & Carpetanis auſtraliores ſunt
ORETANI,
& Ciuitates eorum
Salaria,
Siſapona,
Oretum Germanum,
Æmiliana,
Merobriga,
Salica,
Libiſoca,
Caſtulo,
Lupparia,
Mentiſa,
Ceruaria,
Biatia,
Lacuris,
Tiua.
Celtiberis Orientales ſunt

LOBETANI,
& eorum Ciuitas
Lobetum.
ſub iis, & iuxta Oretanos ſunt

BASTITANI,
in quibus Vrbes Mediterraneæ
Pucialia,
Salaria,
Turbula,
Saltiga,
Bigerra,
Abula,

Villa Robledo,
Minaia.
Plus à l'Orient ſont
part. de l'ARRAGON, & CAST. NOUVELLE,
où ſont les Villes
Boria,
Taraçona,
Ricla,
Baubula pres Calatajub,
Arcos,
Hita,
Molina,
Daroca,
Montejicar,
Segorue en Valence,
Conſuegra,
Bronchales, pres Origuela,
Tragazete,
Cuenca,
Hiſto,
Albalat de los Nogales,
Buenache,
Honruiua.
plus au Midy eſt
le QVART. DE CALATRAVA ET ALMAGRE,
où ſont les Villes
non loing de Nª Sª del Oreto,
vers Villareal ſur le Guadiana,
Nª Sª del Oreto,
Mondoual del Campo,
Villarta,
Canal veches,
Cauañette,
Caſlona la veja,
. . . . .
Montiel,
. . . . .
Bacia,
Villareal,
. . . . .
Au leuant d'vne partie de la Caſtille que nous auons dit, eſt
le DIOCESE D'ALBARAZIN, en Arragon,
& la Ville
Albarazin.
plus au Midy, & pres le quart. de Calatr. eſt
partie de la SIERRA, en Caſtille, partie Murcie & de Valence,
où ſont les Villes Mediterranées
Saluacañete,
Requeña,
Teruel,
vers Villora,
Peſquera,
Albacete,

Asso,
Bergula,
Carca,
Ilunum,
Arcilacis,
Segisa,
Orcelis,
Vergilia,
Acci.
posthos versus mare habitant
CONTESTANI,
in quibus Ciuitates Mediterraneæ
Menralia, *Menlaria,*
Valentia,
Sætabis,
Sætabicula,
Ilicias,
Iaspis.
Iis, & Bastitanis, & Celtiberis magis Orientales sunt
HEDETANI,
quorum Ciuitates Mediterraneæ
Cæsarea Augusta,
Bernama, Bernaua,
Ebora,
Belia,
Arsi,
Damania,
Leonica,
Osicerda,
Etobema,
Laßira,
Hedeta, quæ & Leria,
Saguntum.
Iis etiam magis Orientales sunt
ILERCAONES,
& Ciuitates Mediterraneæ
Carthago vetus,
Biscargis,
Theaua, *Theana,*
Adeba,
Tiariulia,
Sigarra,
Dertosa.
Inter Iberum autem, & Pyrenem Autrigonibus ad Solis ortum adiacent
CARISTI,
& eorum Ciuitates Mediterraneæ
Suestasium,
Tullica,
Velia,
Iis etiam magis Orientales sunt
VARDVLI,
& Ciuitates eorum Mediterraneæ

Chinchilla,
Bouillo,
Villa nueua de Alcaraz, ou Carauacca,
Villena,
Xarasuel,
Castel Segura,
Oriuhella,
Murcia, ou Lebrilla,
Guadix.
approchant de la Mer est
vne partie de VALENCE,
où sont les Villes en terre ferme
Millares,
Valencia,
Xatiua ou Gandia,
Xabea pres Denia,
Elche,
Aspe pres Elche.
Au Nort, & à l'Orient de ce que dessus est
partie de l'ARRAGON, & VALENCE,
où sont les Villes
çaragoça, Sarragosse,
pres Villa nueua de la Guerua,
Fuentes,
Belchite,
Ixar,
la Peña del Cid pres Montaluan,
Alcañiz,
Villaroya,
Buñol,
Xerica, au dessus de Segorue,
Liria,
Moruedre.
plus au leuant encor est
partie de CATALOGNE, & VALENCE,
& les Villes en terre ferme
Mequinença,
Ribaroja,
Batea,
Aldouer,
Trayguero,
Sierra en Valence,
Tortosa.
Entre la Riu. Ebro, & les monts Pyrenées à l'Orient de ce que nous auons dit de la Biscaye, est encor
autre part. de la BISCAYE, & d'ALAVA,
où sont les Villes
entre Treuiño & Vitoria,
Messana,
Treuiño.
encor plus à l'Orient est
GVIPVSCOA, & partie d'ALAVA,
où sont les Villes

Gebala,
Gebalæca,
Tulonium,
Alba,
Segontia Paramica,
Tritium Tuboricum,
Thabuca.
Vardulis Orientales sunt
VASCONES,
& Ciuitates eorum Mediterraneæ
Iturisa,
Pompelo,
Bituris,
Audelus,
Nemanturista,
Curnonium,
Iacca,
Gracuris,
Calagorina,
Bascontum, *Cascantum,*
Ergauia,
Tarraga,
Muscaria,
Setia,
Alauona.
post Vascones sunt
ILERGETES,
in quibus Ciuitates
Bergusia,
Celsa,
Bergidum,
Erga,
Succosa,
Osca,
Burtina,
Gallica Flauia,
Orgia, *Orcia*
Ilerda.
CERROETANI,
& eorum Ciuitas
Iulia Libyca.

AVTHETANI,
& Ciuitates eorum
Aquæ Calidæ,
Ausa,
Bæcula,
Gerunda.
CASTELLANI,
quorum Ciuitates
Sebendunum,
Basi,
Egosa,
Bessida, *Beseda.*
Iis magis Occidentales sunt

Elgoibar,
Aspecia,
Vitoria,
Saluatierra,
Segame,
Tolosета,
Iancugo.
à l'Orient de Guipuscoa, & d'Alaua, est
LA NAVARRE,
& ses Villes en terre ferme
Larrasoayn, la Rissonne,
Pamplona,
Vrroz,
Sanguesa,
Olite,
Estella,
Iaca,
la Caguria ou Carcar,
Calahorra,
Cascante,
Arguedas,
Larraga,
Carcastillo,
Exea,
Alagon.
apres la Nauarre est
partie de l'ARRAGON, & CATALOGNE,
où sont les Villes
Balaguer,
Xelsa sur Ebro,
Balbastro,
Vallaries,
Ainsa,
Huesca,
Almudeuar,
çuera,
Benauarre,
Lleyda.
le COMTÉ DE CERDAÑA,
& la Ville
Guils ou Torre de Cerdaña.
le quartier d'OSONA, & GIRONA, en Catalogne,
& les Villes
Bañoles,
Vich,
Rhoda pres Vich,
Girona.
autre partie de la CATALOGNE,
où sont les Villes de
Campredon,
S. Iu° ses Badesses,
Aulot,
Besalu.
plus auant vers le Couchant est

IACCETANI,

IACCETANI,
in quibus Ciuitates
Lissa, Lesa,
Vdura,
Ascerris,
Setelsis, Selensis,
Telobis,
Ceressus,
Bacasis,
Iespus, Iepus,
Anabis,
Cinna.
sunt & ENDIGETVM,
Ciuitates Mediterraneæ
Deciana,
Iuncaria.
LÆETANORVM,
Ciuitates Mediterraneæ
Rubricata.
Insulæ autem adiacent Tarraconensi in Cantabrico Oceano tres, quæ nominantur Trileuci Scopuli.
In Occidentali Oceano decem, dictæ
CASSITERIDES,
tum Deorum Insulæ duæ
In Balearico pelago Insulæ duæ, nomine
PITYVSÆ,
quarum minor, Ophiusa,
maior autem Ebyssus dicta,
ciuitatem habet Ebyssum.
Et BALEARIDES *duæ quæ Græcis appellantur* GYMNESIÆ, *in quarum maiori ciuitates sunt duæ*
Palma,
Pollentia.
in minori duæ etiam Ciuitates
Iamna,
Mago.

vne autre partie de la CATALOGNE,
où sont les Villes
vers Ferreyra,
Andorra,
Gerri,
Vrgel,
Agramunt,
Solsona,
Baga,
Belpucci,
Ygualada,
Peroleda.
dans le quart. d'AMPVRDA en Catalogne,
sont les Villes
Albaña,
Ionquera.
dans le quartier de BARCELONE, en Catal.
sont les Villes en terre ferme
Molin del Reig.
Pres de l'Espagne Tarraconnoise il y a en la mer de Biscaye trois Isles, sçauoir les Isles de Ortegal, ou de S. Cibrian.
Dans le gr. Ocean occidental encor dix, sç. les SORLINGES, *elles sont vers l'Angleterre.* puis les Isles de Bayana en Gallice.
Dans la mer Balearique encor les deux
PITYVSSES,
dont la plus petite est Formentera,
& la plus grande Yuiça,
où est la Ville Yuiça.
puis MAIORQVE, & MINORQVE, appellées des Grecs GYMNESIENNES, en la plus grãde desquelles il y a deux villes
Maiorque,
Alcudia.
en la plus petite encor deux Villes
Citadelli,
Minorque ou Porto Maon.

HISPANIA
EX ANTONINI Itinerario.

A NARBONE AD LEGIONEM SEPTIMAM GEMINAM. sic,

A Narbone		
Salsusas,	*Mille passus.*	XXX.
ad Stabulum,		XLVIII.
ad Pyrenæum.		XVI
HISPANIA TARRACONENSIS.		
Iuncariam,		XVI
Gerundam,		XXVII
Barcinonem,		L. XVI
Stabulum nouum,		L. I
Tarraconem,		XXIV
Ilerdam,		LXII
Toloum,		XXXII
Pertusam,		XVIII
Oscam,		XIX
Cæsar-Augustam,		XLVI
Cascantum,		L
Calagurrim,		XXIX
Variam,		XVIII
Tritium,		XVIII
Olbiam,		XVIII
Segisamunclum,		VII
Virouesca,		XI
Segesamonem,		XLVII
Lacobriga,		XXX
Camala,		XXIV
Lancia,		XXIX
ad Legionem VII. *Geminam.*		IX

ITER A NARBONE TARRACONEM, MP. CCLXXXIV
inde CARTHAGINEM SPARTARIAM, MP. CCLX
inde CASTVLONEM. MP. CCCIII
sic

A Narbone		
ad Vigesimum,	MP.	XX
Combustam,		XIV
Ruscinonem,	MP.	VI
ad Centuriones,		XX
Summum Pyrenæum.		V
HISPANIA TARRAC.		
Iuncariam,		XVI
Cinnianam,		XV
Aquas Voconias,		XXIV
Secerras,		XV

L'ESPAGNE
TIREE DE L'ITINERAIRE d'Antonin.

DE NARBONE IVSQVES A LEON. ainsi,

De Narbone		
à Salses,	Mil pas.	30
Perpiñan,		48
Aspres.		16
ESPAGNE TARRAGONNOISE,		
Ionquera,		16
Girona,		27
Barcelona,		56
Villanoua,		51
Tarragona,		24
Lerida,		62
Monçon,		32
Pertusas,		18
Huesca,		19
çaragoça,		46
Cascante,		50
Calahorra,		29
Logroño,		18
S. Domingo de la Calçada,		18
. . . . . .		18
Villa veja,		7
Birbiesca,		11
Samed pres Burgos,		47
. . . . . .		30
Carion de Conde,		24
Mansilla,		29
Leon.		9

CHEMIN DE NARBONE IVSQVES A TARAGONA, MP. 284
de la à CARTAGENA, MP. 360
de la à CASLONA LA VIEIA, MP. 303
ainsi,

De Narbone	
à Leucate,	20
Torelles,	14
Tor Rosello,	6
Ceruera,	20
S. Quirch.	5
ESPAGNE TARRAGONNOISE,	
Iunquera,	16
Albaña,	15
Bañoles,	24
S. Pere Sercada,	15

Pretorium,	XV	Granoles,	15
Barcinonem,	XVII	Barcelona,	17
Fines,	XX	Martorel,	20
Antistianam,	XVII	Torrelles,	17
Pulfurianam,	XIII	Villa Redona,	13
Tarraconem.	XVII	Taragona.	17
			234
Oleastrum,	XXI	Miramar,	21
Traia Capita,	XXIV	Fullola,	24
Dertosam,	XVII	Tortosa,	17
Intibili,	XXVII	Trayguero,	27
Ildum,	XXIV	Villanoua,	24
Sepelacim,	XXIV	Villa Real,	24
Saguntum,	XXII	Moruedro,	22
Valentiam,	XVI	Valencia,	16
Sucronem,	XX	Succa, sus Xucar fl.	20
ad Statuas,	XXII	Xatiua,	22
ad Turres,	IX	Moxent,	9
Adellum,	XXIV	Elda,	24
Aspida,	XXIV	Aspe,	24
Ilicim,	XXIV	Elche,	24
Thiar,	XXVII	S. Gines,	27
Carthaginem Spartariam,	XXV	Cartagena.	25
			350
Eliocrocam,	XLIV	Lorca,	44
ad Morum,	XXIV	Velez el Rubio,	24
Basti,	XXVI	Basa,	26
Acci,	XXVI	Guadix,	26
Acatucci,	XXVIII	Cazorla,	28
Vineolas,	XXVIII	Venta de los Santos,	28
Mentesam Bastiam,	XX	Montiel,	20
Castulonem.	XXV	Caslona la veja.	25
			221

ITER A CORDVBA CASTVLONEM, MP. XCVIII. *sic*		CHEMIN DE CORDOVA A CASLONA LA VEIA. 98. MP. ainsi,	
BÆT. *A Corduba*		De Cordoua	
Calpurnianam,	MP. XXV	à Carpio,	25
Vrgaonem,	XX	Vis à vis de S. Iulian,	20
Iliturgi,	XXXIV	Vis à vis d'entre Linares & Megibar,	34
TAR. *Castulonem.*	XX	Caslona la veia.	20
			99
ALIO ITINERE A CORDVBA CASTVLONEM, MP. LXXVIII. *sic*		DE CORDOVE A CASLONA LA VEIA PAR VN AVTRE CHEMIN. 78. MP. ainsi,	
BÆT. *A Corduba*		De Cordoua	
Eporam,	MP. XXVII	à plus bas que S. Iulian,	27
Vciense,	XVIII	Andujar el veio,	18
TAR. *Castulonem.*	XXXII	Caslona la veia.	32
			77
ITER A CASTVLONE MALACAM, MP. CCXCI. *sic*		CHEMIN DE CASLONA LA VEIA A MALAGA, 271. MP. ainsi,	
TAR. *A Castulone*		De Caslona la veia	
Tugiam,	MP. XXXV	à Vbeda,	35
Fraxinum,	XVI	Puente de Vbeda,	16
Hactaram,	XXIV	Monteijcar ou Guarda hortuna,	24

	Acci,	XXXII	Guadix,	32
	Albam,	XXXII	Abla ou Albolodui,	32
	Vrci,	XXIV	Maxacra,	24
	Turanianam,	XVI	. . . . . .	16
BÆT.	*Murgi,*	XII	Almeria,	12
	Sexitanum,	XXXVIII	Adra,	38
	Cauiclum,	XVI	Belisana,	16
	Menobam,	XXXIV	Almuñecar,	34
	Malacam.	XII	Malaga.	12
				291

ITER A MALACA GADIS. M.P.M. CXLV. *sic*		CHEMIN DE MALAGA A GADIZ. 145. MP. ainsi,	
A Malaca		De Malaga,	
Siuel,	XXI	à Fuengirola,	21
Cilnianam,	XXIV	Marbella,	24
Barbarianam,	XXXIV	Castro du Duçena,	34
Calpe Carteiam,	X	Gibraltar,	10
Portum Album,	VI	Algeriza,	6
Mellariam,	XII	Tariffa,	12
Belonem Claudiam,	VI	entre Tariffa & Vegel forte Beger	6
Bæsipponem,	XII	Velez,	12
Mergablum,	VI	Venta del Marquis,	6
ad Herculem,	XII	Terre de Hercole ou I. S.Pedro,	12
Gadis.	XII	Cadiz.	12
			155

ITER A GADIBVS CORDVBAM. M.P.M. CCXCV. *sic*		CHEMIN DE GADIZ A CORDOVA. 295. MP. ainsi,	
A Gadibus,		Ce Gadix	
ad Pontem,	XII	à Puente de Souaco,	12
Portum Gaditanum,	XIV	Puerto Real,	14
Astam,	XVI	Xeres de la Frontera,	16
Vgiam,	XXVII	Vers las Cabeças,	27
Oripponem,	XXIV	. . . . . .	24
Hispalim,	IX	Seuilla,	9
Basilipponem,	XXI	los Palacios,	21
Carulam,	XXIV	Coronil,	24
Ilipam,	XVIII	Moron,	18
Ostiponem,	XIV	Estepa,	14
Barbam,	XX	Hardales,	20
Antiquariam,	XXIV	Antequera,	24
Angellas,	XXIII	Oliueira,	23
Ipagrum,	XX	. . . . . .	20
Vliam,	X	. . . . . .	10
Cordubam.	XVIII	Cordoua.	18
			294

ITER AB HISPALI CORDVBAM. M.P.M. XCIII. *sic*		CHEMIN DE SEVILLA A CORDOVA. 93. MP. ainsi,	
Ab Hispali		De Seuilla	
Obuculam,	XLII	à Fuentes,	42
Astigi,	XVI	Ecya,	16
ad Aras,	XVI	Guadalcacer,	16
Cordubam.	XXIV	Cordoua.	24
			98
Ab Hispali Italicam.	VI	De Seuilla à Seuilla la veia,	6. M.

ITER

ITER AB OLISIPONE EMERITAM. M.P.M. CXLV. *sic*,

Ab Olisipone

Aritium Prætorium,	XXXVIII
Abelterim,	XXVIII
Matusaronem,	XXIV
ad septem Aras,	VIII
Buduam,	XII
Plagiariam,	XII
Emeritam.	XXX

CHEMIN DE LISBONA IVSQVES A MERIDA. 145 MP. ainsi,

De Lisbona

à Benauente,	38
Aerra,	28
Monforte,	24
Aroche,	8
Nª Sª de Betoa,	12
......	12
Merida.	30
	152

ITEM ALIO ITINERE AB OLISIPONE EMERITAM. M.P.M. CCXX. *sic*,

Ab Olisipone

Hierabrigam,	XXX
Scalabin,	XXXII
Tubucci,	XXXII
Fraxinum,	XXXII
Mundobrigam,	XXX
ad septem Aras,	XIV
Plagiariam,	XX
Emeritam.	XXX

ENCOR DE LISBONA A MERIDA PAR VN AVTRE CHEMIN. 220 MP. ainsi,

De Lisbona

à Villa franca,	30
Santarein,	32
Tancos,	32
Beluer,	32
vers Portalegre,	30
Aroche,	14
......	20
Merida.	30
	220

ITER AB OLISIPONE BRACARAM AVGVSTAM. M.P.M. CCXLIV. *sic*,

Ab Olisipone

	Hierabrigam,	XXX
	Scalabim,	XXXII
	Sellium,	XXXII
	Conembricam,	XXXIV
	Æminium,	X
	Talabrigam,	XL
	Langobrigam,	XVIII
TAR.	*Callem*,	XIII
	Bracaram.	XXXV

CHEMIN DE LISBONA A BRAGA. 244 MP. ainsi,

De Lisbona

à Villa Franca,	30
Santarein,	32
Leiria,	32
Condeixa,	34
Coimbra.	10
Aueiro,	40
Afeira,	18
Porto,	13
Braga.	35
	244

ITER A BRACARA ASTVRICAM. M.P.M. CCXLVII. *sic*,

A Bracara

Salaciam,	XX
Præsidium,	XXVI
Caladunum,	XXVI
ad Aquas,	XVIII
Pinetum,	XX
Roboretum,	XXXVI
Compleuticam,	XXIX
Veniatam,	XXV
Petauonium,	XXVIII
Argentiolum,	XV
Asturicam.	XIV

CHEMIN DE BRAGA A ASTORGA. 247 MP. ainsi,

De Braga

à Amarante,	20
Villa Real,	26
Mirandela,	26
Chiaues,	18
Peneda,	20
Monterey,	36
......	29
Viana,	25
......	28
......	15
Astorga.	14
	257

ITER PER LOCA MARITIMA A BRACARA ASTVRICAM. M.P.M. CCVII *sic*,

A Bracara

Aquas Celenias, *stad.* CLXV

CHEMIN DE BRAGA A ASTORGA PAR LES PLACES MARITIMES. 207 MP. ainsi,

De Braga,

à Bayona, stad. 165. ou 20 ½ MP.

Vicum Spacorum,	*ſtad.* CXCV	Vigo,	ſtad. 195 ou $24\frac{3}{8}$ MP.
ad Duos Pontes,	*ſtad.* CL	Ponte Vedra ou Vreda,	ſtad. 150. $18\frac{3}{4}$
Grandimirum,	*ſtad.* CLXXX	Brandomil,	ſtad. 180 ou $22\frac{1}{2}$
Trigundum,	MP. XXII	Vergantinos,	MP. 22
Brigantium,	XXX	Betanços,	30
Caranicum.	XVIII	pres Villalua,	18
Lucum Auguſti,	XIV	Lugo,	14
Timalinum,	XXII	Puente de Neyra,	22
Pontem Neuiæ,	XII	Tria Caſtella,	12
Vttarim,	XXII	Valcaçar,	22
Bergidum,	XVI	Villa Franca,	16
Aſturicam.	L	Aſtorga.	50
			$292\frac{1}{4}$

ITER A ESTRI PACEM IVLIAM. M.P.M. CCLXIV. *ſic,*

CHEMIN DE ESTOI PRES FARO A BEIA. 264. MP. ainſi,

LVS. *Ab Eſtri,*		De Eſtoi	
Balſam,	XXIV	Albufeira,	24
Oſſonobam,	XIII	Iſtombar pres Sylues,	13
Arannim,	LX	Ourique ou Garuaon,	60
Rarapiam,	XXXII	Ferreira,	32
Eboram,	XLIV	Euora,	44
Serpam,	XIII	Serpa,	13
Fines,	XX	Paimogo,	20
Arucci,	XXII	Aroche,	22
Pacem Iuliam.	XXX	Beia.	30
			258

ITEM ALIO ITINERE A BRACARA ASTVRICAM, M.P.M. CCXII. *ſic,*

DE BRAGA IVSQVES A ASTORGA PAR VN AVTRE CHEMIN. 212. MP. ainſi,

TAR. *A Bracara,*		De Braga	
Salanianam,	XXI	à Soaio,	21
Aquas Origines,	XXVIII	vers Puente de los Maderos,	28
Aquas Querquennas,	XIV	Orenſe,	14
Geminas,	XIII	Puente Belezar,	13
Salientes,	XVIII	T. de Agiuar,	18
Præſidium,	VIII	Caſtro de Caldelas,	8
Nemetobrigam,	XIII	Torbeo,	13
Forum,	XIX	Monte Furado,	19
Gemeſtarium,	XVIII	Saluaterra,	18
Bergidum,	X	Villa Franca,	10
Interamnium Flauium,	XX	Ponferrada,	20
Aſturicam.	XXX	Aſtorga.	30
			212

ITER A BRACARA ASTVRICAM, M.P.M. CCCXCIX. *ſic,*

CHEMIN DE BRAGA A ASTORGA, 399. MP. ainſi,

A Bracara,		De Braga,	
Limiam,	XIX	à Ponte de Lima,	19
1. *Tudem,*	XXIV	1. Tuy,	24
3. *Burbidam,*	XVI	2. Bayona,	16
4. *Turoquam,*	XVI	3. Ponte Vedra,	16
2. *Aquas Celenias,*	XXIV	4. Padron,	24
5. *Priam, Iriam,*	XII	5. Compoſtella,	12
Aſſeroniam,	XXIII	Arzua,	23
Breuim,	XII	Pambre,	12
Martias,	XX	Porto Marin,	20

	Lucum Augusti,	XVI	Lugo,	16
	Bergidum,	LXX	Villa Franca,	70
	Asturicam.	L	Astorga.	50
				302
	ITER AB ESVRI PACEM IVLIAM.		CHEMIN DE ESTOI A BEIA.	
	M.P.M. LXXVI. *sic,*		76. MP. ainsi,	
LVS.	*Ab Esuri,*		De Estoi,	
	Myrtilim,	XL	Mertola,	40
	Pacem Iuliam.	XXXVI	Beia.	36
				76
	ITER AB OSTIO FLVMINIS ANÆ EMERITAM VSQVE.		CHEMIN DE L'EMBOVCHEVRE DV FL. GVADIANA IVSQVES A MERIDA.	
	M.P.M. CCCXIII. *sic,*		313 MP. ainsi,	
BÆT.	*Ab Ostio fluminis Anæ*		De l'Emboucheure de Guadiana	
	Præsidium,	XXIII	à Lepe,	23
	ad Rubras,	XXVII	Guelue,	27
	Onobam,	XXVIII	......	28
	Ilipam,	XXX	......	30
	Tucci,	XXII	......	22
	Italicam,	XVIII	Seuilla la veia,	18
	Montem Ariorum,	XLVI	Castro de las Guardas,	46
	Curicam,	XLIX	Herrera,	49
	Contributam,	XXIV	los Cumbres,	24
LVS.	*Perceianam,*	XX	......	20
	Emeritam.	XXIV	Merida.	24
				311
	ITER AB EMERITA CÆSARAVGVSTAM.		CHEMIN DE MERIDA A ÇARAGOÇA.	
	M.P.M. DCXXXII. *sic,*		632 MP. ainsi,	
	Ab Emerita,		De Merida,	
	ad Sorores,	XXVI	pres Venta de las Herrerias,	26
	Castra Cæcilia,	XX	Caceres,	20
	Turmulos,	XX	Olighera,	20
	Rusticianam,	XXII	Carcabasso,	22
	Capparam,	XXII	Capara,	22
	Cæcilionem,	XXII	la Calçada,	22
	ad Lippos,	XII	la Muela,	12
	Senticem,	XII	Alua de Tormes,	12
	Salmanticam,	XXIV	Salamanca,	24
TAR.	*Sibariam,*	XXI	Fuente Saburo,	21
	Ocellum Duri,	XXI	çamora,	21
	Albucellam,	XXII	Toro,	22
	Amallobrigam,	XXVII	Tordezillas,	27
	Septimancam,	XXIV	Simanços,	24
	Niuariam,	XXII	Peña de Fiel,	22
	Caucam,	XXII	Coca,	22
	Segouiam,	XXIX	Segouia,	29
	Miacum,	XXIV	Colmenar,	24
	Complutum,	XXX	Madrid,	30
	Arriacam,	XXII	Alcala de Henares,	22
	Cesatam,	XXIV	Hita,	24
	Segontiam,	XXVI	Siguença,	26
	Arcobrigam,	XXIII	Arcos,	23
	Aquas Bilbilitanorum,	XVI. XXVI	Ariza,	16. ou 26
	Bilbilim,	XXIV	Baubola pres Calatajub,	24

Nertobrigam,	XXI
Segontiam,	XIV
Cæsaraugustam.	XVI

Ricla,	21
Plasentia,	14
çaragoça.	16
	618

ALIO ITINERE AB EMERITA CÆSARAVGVSTAM. M.P.M. CCCLIX. *sic,*

LVS.	*Ab Emerita*	
	Lacipeam,	XX
TAR.	*Leucianam,*	XXIV
	Augustobrigam,	XII
	Toletum,	LV
	Titulciam,	XXIV
	Complutum,	XXX
	Cæsaraugustam.	CXCVI

DE MERIDA A ÇARAGOÇA PAR VN AVTRE CHEMIN. 359 MP. ainsi,

de Merida	
à Leginsano,	20
Sª Mª de Guadaluppe,	24
Puente de Arcobisbo,	12
Toledo,	55
Illiescas,	24
Madrid,	30
çaragoça.	196
	361

ITER AB ASTVRICA CÆSARAVGVSTAM. M.P.M. CCCCXCVII. *sic,*

Ab Asturica	
Betuniam,	XX
Brigecum,	XX
Vicum Aquarium,	XXXII
Ocellum Duri,	XII
Cæsaraugustam.	CCCCIX

CHEMIN D'ASTORGA A ÇARAGOCE. 497 MP. ainsi,

De Astorga	
. . . . . .	20
Brigança,	20
Sagiago,	32
Camora,	12
çaragoça.	409
	493

ITER AB ASTVRICA *per Cantabriam* CÆSARAVGVSTAM. M.P.M. CCCI.

Ab Asturica	
Brigecum,	XL
Intercatiam,	XX
Telam,	XXII
Pintiam,	XXIV
Raudam,	....
Cluniam,	XXVI
Vxamam,	XXIV
Volucem,	XXV
Numantiam,	XXV
Augustobrigam,	XXIII
Turiasonem,	XVII
Caraui,	XVIII
Cæsaraugustam.	XXXVII

CHEMIN DE ASTORGA par la vieille Castille A ÇARAGOÇA. 301 MP. ainsi,

De Astorga	
Bragança,	40
Tracossos,	20
Paradela,	22
Valladolid,	24
Roa,	....
Cruña del Condé,	26
Osma,	24
pres Berlenga,	25
pres Soria,	25
Agreda,	23
Taraçona,	17
Cortes,	18
çaragoça.	37
	301

ITER A TVRIASONE CÆSARAVGVSTAM. M.P.M. LVI. *sic,*

A Turiasone	
Balsionem,	XX
Allobonem,	XX
Cæsaraugustam.	XVI

CHEMIN DE TARRAÇONA A ÇARAGOÇA. 56 MP. ainsi,

de Taraçona	
Boria ou Malagon,	20
Alagon,	20
çaragoça.	16
	56

ITER AB EMERITA CÆSARAVGVSTAM. M.P.M. CCCCLVIII. *sic,*

LVS.	*Ab Emerita*	
	Contosoliam,	XII
TAR.	*Mirobrigam,*	XXXVI

CHEMIN DE MERIDA A ÇARAGOÇA. 458 MP. ainsi,

de Merida	
vers Campilho,	12
Villarta,	36

Sisaponem,

Sisaponem,	VIII	. . . . . .	8
Larcurim,	XX	Villareal,	20
ad Turres,	XXVI	Calatraua,	26
Mariana,	XXIV	Almagro,	24
Laminium,	XXX	Minaia,	30
Alces,	XL	Sahelices,	40
Vicum Cuminarium,	XXIV	Colmenar,	24
Titulciam,	XVIII	Illescas,	18
Cæsaraugustam.	CCXV	çaragoça.	215
			453

ITER A LAMINIO TOLETVM. M.P.M. XCV. *sic,*		CHEMIN DE MINAIA A TOLEDO. 95 MP. ainsi,	
A Laminio		de Minaia	
Murum,	XXVII	las Mesas,	27
Consabrum,	XXVIII	Consuegra,	28
Toletum.	XL	Toledo.	40
			95

ITER A LAMINIO ALIO ITINERE CÆSARAVGVSTAM. M.P.M. CCXLIX. *sic,*		DE MINAIA PAR VN AVTRE CHEMIN À ÇARAGOÇA. 249 MP. ainsi,	
A Laminio		de Minaia	
Caput flu. Anæ,	VII	à la source de Guadiana,	7
Libisosam,	XIV	vers Cañauate,	14
Parietinas,	XXII	Campillo,	22
Saltici,	XV	Villora,	15
ad Puteal,	XXXII	pres Saluacañete,	32
Valepongam,	XL	Villa-franca,	40
Vrbiacam,	XX	Calamocha,	20
Albonicam,	XXV	Romanos,	25
Agiriam,	VI	Villareal,	6
Caras,	XX	Longares,	20
Sermonem,	IX	la Romera,	9
Cæsaraugustam.	XIX	çaragoça.	19
			229

ITER AB ASTVRICA TARRACONEM, M.P.M. CCCCLXXXVI. *sic,*		CHEMIN D'ASTORGA A TARAGONA. 486 MP. ainsi,	
Ab Asturica		de Astorga	
Vallatam,	XVI	à Benauente,	16
Interamnium,	XIII	Medina de Rio secco,	13
Palantiam,	XIV	Palencia,	14
Viminacium,	XXXI	. . . . . .	31
Lacobrigam,	XV	. . . . . .	15
Deobrigam,	XV	. . . . . .	15
Segisamonem,	XV	Samed pres Burgos,	15
Deobriculam,	XV	Villa viessa,	15
Tritium,	XXI	S. Domingo de la Calçada, fortè	21
Virouescam,	XI	Birbiesca,	11
Atiliana,	XXX	. . . . . .	30
Barbariana,	XXXII	. . . . . .	32
Gracurrim,	XXXII	Carcar,	32
Balsionem,	XXVIII	Boria ou Malagon,	28
Cæsaraugustam,	XXXVI	çaragoça,	36
Gallicum,	XV	çuera,	15
Bortinam,	XVIII	Almudeuar,	18
Oscam,	XII	Huesca,	12

Caum,	XIX	Villaries,	19
Mendiculeiam,	XIX	Alcolea,	19
Ilerdam,	XXII	Lerida,	22
ad Nouas,	XVIII	Miralcamp,	18
ad Septimum decimum,	XIII	Monblancq,	13
Tarraconem.	XVII	Taragona.	17
			477

ITER A CÆSARAVGVSTA BENEHARNVM. M.P.M. CXII. *ſic,*		CHEMIN DE ÇARAGOÇA A LESCAR. 112 MP. ainſi,	
A Cæſarauguſta		de çaragoça	
Forum Gallorum,	XXX	Luna,	30
Ebellinum,	XXII	Biel,	22
AQVITANIA,		GVASCOGNE,	
Summum Pyrenæum,	XXIV	S. Chriſtina de Summo portu,	24
Forum Ligneum,	V	Vrdos,	5
Aſpalucam,	VII	Bedous val d'Aſpe,	7
Iluronem,	XII	Oleron,	12
Beneharnum.	XII	Leſcar.	12
			112

ITER AB ASTVRICA BVRDIGALAM. M.P.M. CCCCXXI. *ſic,*		CHEMIN D'ASTORGA A BORDEAVX. 421 MP. ainſi,	
TAR. *Ab Aſturica*		de Aſtorga	
Palantiam,	XLIII	Palancia,	43
Lacobrigam,	XLVI	. . . . . .	46
Segiſamonem,	XV	Samed pres Burgos,	15
Viroueſcam,	XLVII	Virbieſca,	47
Vendeleiam,	XII	Pancoruo,	12
Deobrigam,	XIV	Miranda de Ebro,	14
Beleiam,	XV	Treuiño,	15
Suiſſatium,	VII	. . . . . .	7
Tullonium,	VII	Vitoria,	7
Albam,	XII	Saluatierra,	12
Aracælim,	XXI	Huarte Araquil,	21
Alautonem,	XVI	Añoz,	16
Pompelonem,	VIII	Pamplona,	8
Turiſſam,	XXII	la Riſſone Larraſoayn,	22
AQVITANIA,		GVASCOGNE,	
Summum Pyrenæum,	XVIII	le Bourguet,	18
Imum Pyrenæum,	V	Val Carlos,	5
Caraſam,	XII	S. Iean Pied de Port,	12
Aquas Tarbellicas,	XXXIX	Bayonne,	39
Burdigalam.	LXIII	Bordeaux.	63
			422

FIN.

DESCRIPTION DE LA FRANCE.

LA France est aujourd'huy à la Chrestienté, ce que la Chrestienté à l'Europe, & ce que l'Europe au reste de toute la terre; le plus beau, le plus puissant, & le plus florissant Royaume de l'vniuers: non à cause de son estenduë, en quoy d'autres le pourroient esgaller, & surpasser; mais à cause de la Iustice, & bon-heur de son Roy; du courage, & de la dexterité de sa Noblesse & du grand nõbre & de la richesse de ses peuples. Son estenduë de Calais à Leucate est de deux cens vingt-cinq lieuës, en ligne droite, & si nous ne prenons que vingt-cinq lieuës pour degré; & du Conquet à Gex, encor deux ces vingt cinq lieuës. Ses confins sont au Nort, au delà de la Mer, l'Angleterre, à terre ferme, les Pays-bas: & à l'Est, l'Allemagne, & l'Italie; au Sud la Mer Mediteranée; & les Royaumes de Catalogne, d'Arragon, & de Nauarre en Espagne: à l'Ouest il n'y a que le grand Ocean qui la baigne. Sa forme ne sçauroit estre precisemẽt donnée, quelques vns l'estiment estre quarrée, autres en lozange, l'vne, & l'autre figure y seroit irreguliere, & tout le Boulenois, & Pays reconquis s'aduanceroient fort en dehors, vers le Nort, & la basse Bretagne, vers l'Ouest; ce qui peut estre ne seroit à autre dessein, que pour diuiser, d'vn costé l'Allemagne, & les Pays-bas, de l'Angleterre; & de l'autre costé, l'Angleterre & l'Irlande, de l'Espagne. Mais l'assiette de ce Royaume est remarquable, entre les quarante-deux, & cinquante-vniéme degrez de Latitude, qui est le milieu de la Zone Temperée; De plus au milieu du plus beau de la Chrestienté: Ie veux dire entre l'Angleterre, l'Allemagne, l'Espagne & l'Italie: outre ce entre le grand Ocean & la Mer Mediteranée, & à l'ouuerture de la Mer Septentrionnale, nous y pouuons adiouster que ce qui la separe de l'Italie, ce sont les Alpes; de l'Espagne, les Monts Pyrenées; de l'Angleterre, la Mer qu'ils appellent la Manche; de l'Allemagne, beaucoup de petites Souuerainetés; lesquelles ressentent en partie la France où y sont tellement alliées, qu'elles ne s'en peuuent retirer qu'à leur desaduantage: Voire mesme comme elles ont esté parties de l'ancienne Gaule, & du depuis encor parties de la Frãce. Il semble que tout ce qui est au deça du Rhin vueille se remettre auec ce Royaume, ou du moins ne se pourra maintenir que dessous sa protection. Cette assiette n'est encor rien au pris de son gouuernement. Les Estats de ce Royaume consistent de trois Ordres, du Clergé, de la Noblesse, & du Tiers Estat. Le Clergé manie ce qui est du Spirituel; la Noblesse, ce qui est de la Guerre; le Tiers Estat ce qui est de la Police, de la Iustice & du trafic Et chacun de ces trois Ordres, ou Estats ont entr'eux certain ordre particulier: le Clergé est reparty en Archeueschés, Eueschés, Archidiaconnés, Doyennés, Cures. Il se trouuera sous la France seize Archeueschés, Auignon y compris, cent & huict Eueschés, trois à quatre cens Archidiaconnés, mille ou douze cens Doyennés, quarante ou cinquante mille Cures, & vn nombre infiny de Prieurez, Secours, Chapelles qui seruent la plusspart au lieu de Cures & autres. De plus il y a douze ou quinze Abbayes, ou Prieurés Conuentuels chefs d'Ordre; des Abbayes, & Prieurés qui sont sous ces chefs d'Ordre, ou sous ceux qui sont hors de la France, il s'en trouuera mille ou douze cens, seulement à la nomination du Roy. Des Chanoinies, Prebendes & autres benefices à la mesme nomination, encor plus: de Commanderies, monasteres de Religieux, & Religieuses, d'Hostels-Dieu, & autres maisons qui regardent l'Eglise, il y en a vn si grand nombre, qu'il n'y a point de Royaume dans la Chrestienté, qui en approche. Pour ce qui est de la Noblesse, on sçait assez, & chacun le confesse qu'il n'y en a point de pareille dans tout le reste du monde.

Leur Ordre particulier confifte en Principautés, Duchés, Comtés, Marquifats, Baronnies, Chaftellenies, Seigneuries, &c. Ie trouue quinze ou vingt Principautés, foixante ou quatre-vingts Duchés, plus de deux cens Comtés, il n'y a point tant de Marquifats, mais pour les Baronnies, Chaftellenies, & autres Seigneuries, il y en a tant que ie n'en ay peu voir le nombre. Encor faut-il remarquer dans cét Ordre, qu'il y a quelques Duchés, & Comtés, qui font plus que certaines Principautés; quelques Marquifats & Baronnies, qui font plus que certains Comtés; & ainfi du refte. Il fe remarque entre cette Nobleffe trois ou quatre mille anciennes familles, & pres de cent mille fiefs & arriere fiefs.

Le Tiers Eftat à diuerfes fortes de Gouuernemens fuiuant la diuerfité des affaires. La Iuftice y eft diftribuée en Parlements, qui font les Sieges Souuerains: fous les Parlemens font comprifes les Iuftices des Senefchauffées, Prefidialités, Bailliages, Preuoftés, & comme ils les veulent appeller: deffous les Senefchauffées, Bailliages, &c. font les Iuftices, Royales Subalternes, qu'ils nomment encor quelquefois Bailliages & Preuoftés, quelquefois Vicomtés, Vigueries, &c. De ces Parlemens ou Iuftices Souueraines, nous en auons à prefent dix en France, des Senefchauffées, Bailliages, &c. qui font immediatement fous les Parlemens enuiron cent cinquante; & des Iuftices fubalternes huict ou neuf cens. En ce qui eft de la Guerre il y a douze Gouuernemens generaux, & pres de trois cens Gouuernemens particuliers; Et pour la recepte des deniers Royaux il y a vingt-trois Generalitez, & enuiron deux cens cinquante Elections, ou Receptes particulieres qui tiennent lieu d'Elections. Mais il n'eft point à propos de donner icy les particularitez de tous ces Ordres, & de leurs diuers Gouuernements, nous prendrons temps de ce faire quand l'occafion s'en prefentera, & nous contenterons de dire icy brieuement quelque chofe de toutes les parties de la France, & fuiurons à peu pres l'Ordre & les Gouuernemens generaux du Royaume, comme ils fe font trouués aux Eftats generaux tenus à Paris en mil fix cens quatorze; & remarquerons en leurs lieux ce qui fe prefentera le plus de merite. L'Ordre & le rang de ces Gouuernemens fuft donné premierement à l'Ifle de France, puis au Duché & Gouuernement de Bourgongne, au Duché & Gouuernement de Normandie, Duché & Gouuernement de Guyenne, Duché & Gouuernement de Bretagne, Comté & Gouuernement de Champagne, Comté de Thoulouze, & Gouuernement du Languedoc, Gouuernement de Picardie, Gouuernement de Dauphiné, Gouuernement de Prouence, Gouuernement de Lyonnois, & Gouuernement d'Orleanois, qui fõt en tout douze Gouuernemés generaux: aufquels nous adjoufterõs pour treiziéme le Duché de Lorraine, qui eft aujourd'huy la plufpart à la France. Et parce que fuiuant le rang de ces Gouuernemens, il nous faudroit le plus fouuent fauter d'vne extremité de la France à l'autre, il nous a femblé plus à propos de les defcrire en commençant par la Picardie, & toûjours en defcendant du Septentrion au Midy, & en allant d'Occident en Orient: de forte que apres la Picardie, nous aurons la Normandie, puis Ifle de France, la Champagne, la Lorraine, puis la Bretagne, le Gouuernement d'Orleanois, la Bourgongne, le Gouuernement de Lyonnois, la Guyenne & Gafcogne, le Languedoc, le Dauphiné & la Prouence.

La Picardie touche à la Mer, qui nous fepare de l'Angleterre, & à terre ferme, nous borne à l'encontre de la Flandre, de l'Artois, du Cambrefis, & du Haynault, Prouinces des Pays bas; la Normandie, l'Ifle de France, & la Champagne luy font auffi voifines. C'eft le plus petit Gouuernement des douze ou treize autres, non le moindre ayant toûjours à démefler auec fes voifins. On y compte dix-huict Gouuernemens particuliers, qui font de Calais, Ardres, Boulogne, Monftrueil, Rue, Abbeuille, Dourlens, Amiens, Corbie, Peronne, Mondidier, Roye, Ham, la Fere, le Catelet, S. Quentin, Guife, & la Cappelle. Quelques-vns y en mettent d'aduantage, mais les autres ne meritent point d'eftre conferé auec ceux cy. La ville de Calais, bien que petite, eft des plus renommée de l'Europe, tant à caufe de fon trafic & de fa force, comme à caufe de l'affiette de la place, qui eft d'vne grandiffime confequence; elle n'eft qu'à fept ou huict lieuës de Douure en Angleterre, fuiuant la commune opinion; & fon Gouuernement touche & à la Flandre, & à l'Artois. Le deftroit qui la bagne eft entre la Manche, qui eft vne partie du grand Ocean Occidental, & la Mer d'Allema-gne, qui eft partie de la Mer Septentrionale. Son Gouuernement s'appelle Comté de Guifnes, & Pays reconquis, Guifnes en ayant efté autresfois la principale ville, aujourd'huy reduite en vn grand bourg, Les parties duquel s'appellent encor la haute ville, qui a efté la plus forte, la baffe ville & le port. Ardres capitale de la fouueraineté d'Ardres, eft entre Calais, Boulogne, & S. Omer, cette derniere place eftant en Artois. La haute ville d'Ardres eft forte: fon Gouuernement eft le plus petit de tous les autres de la Picardie, eftimé neantmoins à caufe du voifinage de l'Artois. Boulogne tient vn beau Gouuernement, la ville fe diuife en haute & baffe; celle-cy eftant la plus marchande, celle là la plus forte, & où il y a Euefché. Elle eft entre Calais & Monftreuil à fept & huict lieuës de l'vne & de l'autre. Son port regarde l'Angleterre Monftreuil eft fur la riuiere de Cáche non loin de la Mer, elle à encor haute & baffe ville. Rue eft petite, mais forte entre Monftreuil & Abbeuille. Abbeuille eft gráde, forte, & riche; & la riuiere de Somme paffant au trauers luy donne vne grande commodité pour le trafic, elle n'eft diftante de la Mer que de cinq lieuës, de Monftreuil & d'Amiens que de dix. Dourlens eft toute frontiere, & prefque enfermée dans les Pays bas, à fept ou huict lieuës & d'Abbeuille & d'Amiens. Amiens Euefché & Generalité eft la Capitale de toute la Prouince, fon circuit n'eft pas plus grand que celuy d'Abbeuille, elle eft plus riche, mieux peuplée, plus marchande, & mieux baftie. La riuiere de Some la trauerfe en diuers endroits, nauigable en defcendant d'icy à la Mer, & le feroit auffi en remontant iufques à Peronne, fi on y vouloit mettre la main. Corbie eft à la rencontre de la riuiere d'Encre dans la Some, à trois lieuës d'Amiens, fept ou huict de Peronne. Peronne eft en eftime de bonne place des'y a long temps, Mondidier & Roye ne valent guere pour la force. Ham n'eft pas mauuaife, la Fere vaut mieux, mais S. Quentin eft grande ville, belle & bien forte, à fept lieuës de Peronne, cinq de Guife, & non éloignée de la fource de la Some. Guife eft fur la riuiere d'Oyfe ayant haute & baffe ville, auec vn ancien & fort Chafteau. Le Caftelet & la Capelle ne font que deux grands forts baftis fur la frontiere; celuy-cy ioignant le Haynaut, celuy-là ioignant le Cambrefis: Les villes de Veruins, Marle, Aubenton, &c. font du Gouuernement de la Capelle. Amiens, Calais, Dourlens, Montreuil, la Fere ont de fortes Citadelles, celle d'Amiens eft eftimée vne des meilleures de toute la France.

La Normandie eft vn Gouuernement grand, riche & fort peuplé; on y compte plus de cent villes & deux cens cinquante bourgs. Ses limites font, à l'Eft la Picardie, & l'Ifle de France; au Sud le Perche, & le Mans, parties du Gouuernement d'Orleanois; au Nort & à l'Oueft elle eft baignée de la Mer, qui nous fepare de l'Angleterre: entre l'Oueft & le Sud elle touche à la Bretagne. Roüen ville Capitale de la Normandie tient le trois ou quatriéme lieu entre les plus fameufes de toute la France; il y a Archeuefché, Parlement, & Chambre des Comptes. Sous le Diocefe feul de cét Archeuefché, ie trouue pres de quatorze cens Parroiffes; Et tous les Euefchez de la Normandie luy font Suffragans, fçauoir de Bayeux, Lifieux, Evreux, Coutances, Avranches, & Seez. De forte que dans la Prouince de cét Archeuefché, il fe compte vingt-cinq ou trente Archidiaconnés, plus de cent Doyennés, & quatre mille trois ou quatre cens Parroiffes. Au Parlement reffortiffent les Bailliages de Roüen, de Caën, de Caux, de Coutantin, d'Evreux, de Gifors, & d'Alençon. Sous ces Bailliages font cinquante & tant de Iuftices Royales qu'ils appellent pour la plufpart Vicomtés, & fous les Vicomtés font pres de deux cens cinquante Sergenteries ou Chaftellenies, chacune contenant dix, vingt, trente & quelquefois plus de cinquante Parroiffes. La Chambre des Comptes comprend les Generalité de Roüen, de Caën & Alençon; fous lefquelles font trente Elections, fçauoir Roüen, Pont de Larche, Ponteau de Mer, Caudebec, Montiuilliers, Arques, Neuchaftel, Gifors, Lions, Chaumont, Andely, Evreux, Conches, fous la Generalité de Roüen, Alençon, Lifieux, Bernay, Falaize, Argenten, Domfront, Vernueil & Mortaigne fous la Generalité d'Alençon. Et Caën, Bayeux, Vire, Coutáces, Carenten, Valognes, Avranches & Mortain fous la Generalité de Caen, chacune Election ayant plus ou moins de Parroiffes. Apres Roüen, Caën eft eftimée la plus grande, & la plus riche ville de Normandie, puis les villes où font les Euefchés, les

Bailliages & les Elections, aufquelles encor Diepe, le Havre de Grace, Cherbourg, S. Lo, Honfleur, Fefcamp, Granville, & autres ne veulent point ceder. Le Havre de Grace auec fa Citadelle eft auiourd'huy en tel eftat, que ie ne fçay fi dans l'Europe il y a quelque place mieux fortifiée. Diepe, Cherbourg, Pont-Orfon font encor bien fortes, Granville eft fur vne langue de terre en vn lieu aduantageux, Sainct Michel eft fur vn roch dans la Mer.

L'Ifle de France eft entre la Picardie, la Normandie, la Champagne, & le Gouuernement d'Orleanois. Le pays y eft le plus agreable & le plus riche de tout le Royaume: & il y a grand nombre de belles villes, entre lefquelles Beauuais & Clermont en Beauuoifis font vers la Picardie: Chaumont en Vexin, & Maigny, vers la Normandie, Mante & Meulan fur la Seine en defcendant de Paris à Roüen. Dreux, Montfort Lamaury, Dourdan & Nemours, coftoient le Gouuernement d'Orleannois. Melun auoifine la Brie. Senlis, Crefpy en Valois, Compiegne, Soiffons, Noyon, & Laon font entre la Picardie & la Champagne, mais toutes ces villes ne font rien à l'efgard de Paris, Capitale du Royaume, la plus belle, la plus riche, & la mieux peuplée de toute la Chreftienté. Elle eft diuifée en trois parties, qu'ils appellent Ville, Cité & Vniuerfité. La riuiere de Seine embraffe la Cité, l'Vniuerfité eft vers le Midy, la Ville vers le Septentrion. La Cité eft la plus petite partie, la Ville la plus grande, dans la Cité font l'Eglife Cathedrale de Noftre-Dame, grand & fuperbe edifice, & le Palais, ancienne maifon de nos Roys, & aujourd'huy le fiege du Parlement. Dans l'Vniuerfité il y a vne cinquantaine de Colleges pour les Eftudians. Dans la Ville eft le Louure, Chafteau Royal & demeure ordinaire des Roys à prefent mais il faudroit vn volume entier pour dire les fingularités de cette ville: on y cõpte fans les Colleges, cent cinquante Eglifes, Chappelles, ou Hofpitaux. Vingt cinq ou trente mille maifons, dont il y en a la plufpart où il fe trouuera quatre, cinq & fix diuerfes familles, quelquefois beaucoup plus. On y compte auffi pres de fix cens ruës toutes bien pauées. Les baftimens publics & priués y font les plus magnifiques, les plus releués, & les plus fuperbes qu'il y ait dans l'Europe. L'ornement & la magnificence de cette grande ville ne prouient que de la Cour de nos Roys, lefquels y ayans choifi leur ordinaire demeure depuis long temps, & les plus beaux efprits, & les plus riches familles du Royaume, eftans fouuent à leur fuitte, il fe trouue toûjours fujet d'y augmenter & baftir de nouueau. De forte qu'il y a mefme des faux bourgs fi grands, & fi bien baftis, qu'à peine les plus belles villes du Royaume fi pourroient comparer. Et aux enuirons de cette grande ville il y a tant de maifons Royales, & autres maifons qui font aux Princes, Seigneurs, & aux principaux Officiers de la Couronne, qu'il n'y a rien dans le refte du monde de pareil. Dans Paris il y a Archeuefché, Parlement, Chambre des Comptes, Vniuerfité, &c. L'Archeuefché a efté erigé de noftre temps, & ne comprend que les Euefchés de Chartres, Orleans & Meaux. Le Parlement eft le premier, le plus ancien & le plus grand de tous les autres, prefque la moitié de tout le Royaume y ayant fon reffort par appel. La Chambre des Comptes a auffi fous foy les generalitez de Paris, d'Amiens, Soiffons, Chaalons, Tours, Orleans, Bourges, Moulins, Poictiers, Limoges, Rion ou Montferrand, Lyon & Bordeaux. L'Vniuerfité eft la plus celebre qu'il y ait dans la Chreftienté.

Le Comté & Gouuernement de Champagne auoifine les Pays bas vers le Nort; la Picardie, l'Ifle de France, & le Gouuernement d'Orleans, à l'Oueft; la Bourgogne Duché, au Sud; la Bourgogne Comté, & pour la plufpart la Lorraine à l'Eft. De ce Gouuernement aux Eftats generaux ie ne vois comparoiftre que huict Bailliages, fçauoir de Troyes, de Chaumont en Baffigny, de Sens, de Vitry en Pertois, qui font particulierement en Champagne, puis de Meaux, de Chafteau Thierry, de Prouins & de Sezanne qui font en la Brie: mais il y a encor quantité de belles, grandes & fortes villes telles que Rheims, Chaalons fur Marne, Langres. Puis Rhetel, Saincte Menehoult, Sainct Dizier, Efpernay, & d'autres qui ne leur cedent. Rheims & Sens font Archeuefchez. Rheims eft la plus grande, Sens dans vn meilleur terroir, Chaalons, Troyes, Langres & Meaux font Euefchez. Chaalons à vne Generalité. Troyes ne laiffe d'eftre la Capitale de la Prouince, ayant toûjours efté chef du Comté de Champagne. Langres eft

eft à la fource de la riuiere de Marne fur l'eminence d'vne haute colline, & n'eft guere éloignée de la Lorraine, de la Franche Comté, & de la Bourgogne Duché. Meaux n'eft qu'à dix lieuës de Paris encor fur Marne ; comme auffi Chaumont en Baffigny, Vitry en Pertois ou le François, Chafteau Thierry, Sainct Dizier & Efpernay. Prouins & Sezanne font dans les terres arriere des riuieres de Seine, & de Marne. Saincte Menehoult, & Rhetel font fur la riuiere d'Aifne. Les plus fortes de ces villes font Vitry, Chaumont, Saincte Menehoud, Sainct Dizier. La frontiere eft auffi garnie d'autres places bien fortes, comme de Rocroy, de Maubert Fontaine, de Mezieres, de Mouzon, de Villefranche, de Monteclair & autres. Sedan & Charleuille font deux Principautés Souueraines fur la Meufe, & dans cette mefme frontiere : Charleuille eft au Duc de Neuers, à prefent Duc de Mantouë : Sedan au Duc de Boüillon, l'vne & l'autre place font fortes, particulierement Sedan & font aujourd'huy en la garde & protection de la France. Le Duché de Lorraine & tout ce que poffedoit le Duc de Lorraine font auffi à prefent entre les mains de la France : on diftingue toutes ces terres en trois principales parties, qui font le Barrois, la Lorraine, & la Lorraine Vauge; celle-cy s'appellant quelquefois à caufe de fon affiette haute Lorraine, comme l'autre baffe Lorraine, & Sainct Mihel eftoit le Parlement du Barrois, Vaudreuange de la baffe, & Nancy de la haute Lorraine : & le Duc faifoit fa refidence ordinaire dans Nancy où il y a vieille & nouuelle ville, le Palais du Duc eftant dans la vieille. L'vne & l'autre font tres-bien fortifiees, Vaudreuange approche les terres de Treues, Sainct Mihel celle de Champagne. Mais les villes de Mets, Toul & Verdun font les plus anciennes, & feules qui portent titre d'Euefché en Lorraine. Metz eft la plus grande ville de toutes, où mefmes quelques vns de nos Roys ont autrefois fait leur refidence, fa Citadelle eft bonne, celle de Verdun faite de nouueau vaut encor mieux. Les villes de Bar le Duc & Ligny font du Barrois. Clermont pres de la Champagne eft fus vne haute coline en forme de triangle, & bien fortifiée. Stenay, Iamets, font encor fortes. Danvillers qui eftoit des dependances du Luxembourg, mais enclaué dans la Lorraine, eft auffi entre les mains du Roy ; entre Metz & Nancy eft Pont à Mouffon Vniuerfité : entre la Champagne, & la Franche Comté eft le Chafteau de la Motte, confiderable à caufe de fon affiette fur le Roc vif: Au delà de Mets & Nancy, font Vic, Moyenvic, Marfal, Alberftrof, Sainct Auo, Ramberuillers, & autres de l'Euefché de Mets. Nous n'auons pas affez de temps pour toucher aux autres places de la Lorraine, ny mefme à diuerfes Principautés qui font vers l'Allemagne comme de Phalfbourg, de Salme, de Savverden. Il y a aujourd huy vn feul Parlement en Lorraine eftably à Mets.

Le Duché de Bretagne eft vne prefqu'Ifle enfermée pour la plufpart de la Mer, à l'Eft elle eft bornée par le Maine, & l'Anjou parties du Gouuernement d'Orleanois ; entre l'Eft & le Nort elle touche la Normandie ; entre l'Eft & le Sud, le Poictou : la grand Mer Oceane la bagne au Nort, à l'Oueft, & au Sud. Cette Prouince eft plus eftimée pour la bonté & commodité de fes ports, que pour la fertilité de fon terroir, la Mer luy fourniffant commodement ce que la terre ne luy peut produire. Ses deux principales villes font Rennes, & Nantes Rennes eft Parlement duquel reffortiffent les Prefidiaux de Rennes, Nantes, Vennes, & Quimpercorentin, fous lefquels font plus de cinquante Iuftices Royales. Nantes eft Generalité & Chambre des Comptes. Les receptes particulieres qui en dependent font Rennes, Fougeres, Vitré, Nantes, Vennes, Cornoüaille ou Quimpercorentin, Leon, Treguier ou Lantigiuer, Sainct Brieu, Sainct Malo, & Dol, & toutes ces villes font les plus grãdes & les meilleures de la Bretagne, & hors mis Fougere & Vitré, portent titre d'Euefchés dependans de l'Archeuefché de Tours ; aux Eftats du pays il y a vn grand nombre de villes qui comparoiffent : & des y a plufieurs centaines d'années, ie trouue auoir eu feance en ces Eftats les villes de Rennes, Nantes, Dol, Sainct Malo, Vennes, Sainct Brieu, Leon, Treguier, Cornoüaille, Dinan, Redon, Fougeres, Ploermel, Lamballe, Moncontour, Hennebont, Morlaix, Guerrande, Guingamp, Quimperlé, Vitray, Monfort, Maleftroit, Ioffelin, & Quintin. Outre lefquelles ie trouue à prefent, dans le pays enuiron cinquante autres villes, dont fans doute vne bonne partie à feance aujourd'huy dans les Eftats. Nantes & Sainct Malo font les plus

Marchandes, le Havre de Morbihan, sur lequel sont Vennes & Auray ; & celuy de Brest sont les meilleurs du pays. La Rade du Conquet est fort cogneuë par les Mariniers, presque tous les vaisseaux qui passent au long de la France, s'y arrestans. Les plus fortes places sont Nantes, Sainct Malo, Blauet ou Port Louys, Concquerneau, Brest & autres.

Sous le Gouuernement d'Orleanois sont comprises plusieurs & diuerses Prouinces & pays ; cóme le Maine, le Perche, la Beauce, le Gastinois, le Blaisois, la Touraine, l'Anjou le Poictou, le pays d'Aulnis, l'Angoumois, le Berry & le Niuernois. Ce Gouuernement ainsi pris est le plus grand de tous les autres, occupe presque le milieu du Royaume, & n'en touche point les extremités, si ce n'est par le bas Poictou, & le pays d'Aunis qui sont sur la Mer. Ses confins sont au Septentrion, les Gouuernemens de la Normandie, & de l'Isle de France, à l'Orient ceux de la Champagne, & de la Bourgogne Duché ; au Midy ceux du Lyonnois, & de Guyenne, à l'Occident celuy de Bretagne le borne entre le Poictou, & la Normandie. Du Maine la principale ville est le Mans Euesché, Seneschaussée, &c. Puis Mayenne la Iuhel, Laual, Chasteau du Loir, la Ferté Besnard, Domfront & autres. Dans le Perche sont Nogent le Rotrou, Bellesme, Mortaigne, & Chasteauneuf en Thimerais. Mortagne auoisine la Normandie, Nogent le Rotrou n'est point fermé & ne s'estime qu'vn bourg, mais le plus beau, le plus grand, le plus riche, & le mieux basty qu'il y ait au reste de la France. Dans la Beauce sont Chartres Euesché, Estampes, Iainuille, Vendosme, Chasteau-Dun & autres. Montargis est dans le Gastinois. Orleans qui donne le nom à ce grand gouuernement, est vne des plus belles & agreable ville de la France, assize sur la Loire, ayant Euesché, Generalité, Vniuersité & porte titre de Duché, qui est l'appanage de son Altesse Royale. Blois est entre Orleans & Tours, encor sur la riuiere de la Loire auec vn tres-beau Chasteau Royal. Tours est entre les Riuieres de la Loire, & du Cher, belle & grande ville, & des plus riches de tout le Royaume : il y a Archeuesché, Generalité, & le Parlement de Paris y fut transferé pendant la Ligue. De l'Archeuesché dependent les Eueschés d'Angers, du Mans, & les neuf Eueschés que nous auons donné en Bretagne. De la Generalité dependent seize Elections qui sont dans la Touraine, l'Anjou, le Maine, & quelques vnes dans le Poictou. Les manefactures de soye rendent assez cette belle ville cogneuë, & dans la France & dans les païs estrangers. Apres Tours Amboise est en quelque estime, à cause de son Chasteau, puis Loches, Chinon & autres. L'Anjou est vn tres-agreable païs & riche, porte titre de Duché, & appanage de Monseigneur le Duc d'Anjou frere vnique du Roy. Angers est la Capitale ville du païs Euesché, Vniuersité, apres laquelle sont Saumur, Baugé, Beaufort, Chasteau Gontier & autres. Le Poictou est vn grãd païs ; Poictiers sa principale ville Euesché & Vniuersité est fort grande de circuit, mais non peuplée à la volume, il y a aussi Seneschaussée. Les autres villes du Poictou sont Chastelleraut, Loudun, Fontenay le Comte, Niort, puis Maillezais, & Luçon Eueschés. Thoüars, Moncontour, Mirebeau, & autres. Le pays d'Aunis est fort petit. La Rochelle sa ville Capitale l'a fait cognoistre, pour auoir souuent troublé l'Estat, mais elle a esté heureusement remise en son deuoir des y a quelques années, & en ruinant ses fortificatiós on lui a osté le moyen de se plus reuolter, ny de faire reuolter les autres. Angoulesme est Capitale de l'Angoumois, Euesché & Seneschaussée, assise sur la croupe d'vne montagne au dessus de la Charente. Dans le Berry il y a cinq Bailliages Royaux, sçauoir de Bourges, d'Yssoudun, de Mehun sur Yeure, de Concressault, & de Dun le Roy, & il y a outre celles-cy vn grand nombre d'autres belles villes, Bourges estant la Capitalle du pays, y ayant aussi Archeuesché, Generalité, Vniuersité. Au de là de la Loire sont encor, Gien, qui deuroit estre estimé de l'Orleanois, puis Neuers chef de son Duché, dont la plusgrande partie est encor du Gouuernement d'Orleans, Chasteau-Chinon ; & autres.

La Bourgogne premier Duché & Pairrie de France a sa ville Capitalle Dijon ; où sont le Parlement, la Chambre des Comptes, & la Generalité du pays. Au Parlement ressortissent les Bailliages de Dijon, d'Authun, de Challon, de l'Auxois & de la Montagne : Semur & Aualon sont en Auxois, Chastillon sur Seine dans le Bailliage de la Montagne, & n'y a point d'Elections sous la Generalité de Dijon, la recepte des deniers

Royaux fe faifant par Bailliages. Aux cinq Bailliages cy deffus dans les Eftats generaux eftoient adjoints les Bailliages d'Auxerre, de Mafcon, de Bar fur Seine, de Charolles: puis toute la Breffe & pays adjacens, que nous auons eu en efchange du Marquifat de Saluce. Et en ce pays font le Bailliage de la Breffe, où eft la ville de Bourg en Breffe; Bailliage de Baugé & Valromey, où eft la ville & Euefché de Belley; Bailliage de Gex, où eft la ville de Gex. Apres Dijon, la plus grande & renommée ville de Bourgongne eft Authun Euefché, & qui porte plus de marques d'antiquité qu'aucune autre ville de toutes les Gaules. Challon & Mafcon font auffi Euefches, puis Auxerre, les plus fortes villes vers la frontiere de la Bourgongne Comté fous Challon fur Saone, Auxonne, Sainct Iean de Laune, Sevre dit Bellegarde, & autres. Beaune eft encor vne des plus belles villes de Bourgongne; elle eft entre Dijon, Authun & Challon fur Saone. Bourg en Breffe a eu vne des meilleures & plus fortes Citadelles de la France. On l'a fait entierement defmolir il y a quelques années. Belley eft proche de la Sauoye, & Gex de Geneue. Les limites de ce Gouuernement font au Septentrion la Champagne, à l'Orient la Franche Comté de Bourgongne, puis les Suiffes vers le Bailliage de Gex, & la Sauoye vers la Breffe. Les Gouuernemens d'Orleans, du Lyonnois & du Dauphiné ferment le refte.

Sous le Gouuernement general du Lyonnois, nous comprenons le Lyonnois, Beaujolois, Forez, Bourbonnois, partie du Niuernois, les haute & baffe Marche, & les haute & baffe Auuergne. Il eft pour la plufpart au milieu de la France, & les Gouuernemens d'Orleans & de la Bourgogne, du Dauphiné, du Languedoc & de la Guyenne l'enferment de tous coftés. Lyon eft la Capitale, & du Lyonnois & de tout le Gouuernement: ville grande, riche, & fort cogneuë par toute l'Europe; tant à caufe de fes manefactures de foye, comme à caufe de fes Foires, par le moyen defquelles elle a correfpondance auec les pays les plus efloignés. Il y a fiege d'Archeuefché, qui eft Primat des Gaules, Generalité à laquelle refpondent le Lyonnois, Forez & Beaujolois; mefmes la Souuerainеté de Dombes, dont la Capitale ville eft Treuoulz, à fon petit Parlemét dans Lion, bien que ce ne foit que côme en terre empruntée. Villefranche eft Capitale de Beaujolois. Monbriffon, Sainct Eftienne de Furens, Feurs, Sainct Germain Laual, Roanne, & autres font les principales de Forez. Molins de Bourbonnois belle ville, auec de grands & fpacieux faux-bourgs. Bourbon l'Archambaut femble auoir donné le nom au pays, & Bourbon Lancy vers la Bourgogne femble auffi auoir efté de ce pays, bien qu'il n'en foit plus à prefent. Sainct Pierre le Mouftier du Niuernois eft encor compris dans ce Gouuernement general. Puis Gueret fiege du Bailliage de la haute Marche, & Belac fiege du Bailliage de la baffe Marche. L'vne & l'autre Marche eftans entre le Limofin, le Berry, le Bourbonnois & l'Auuergne. L'Auuergne eft diuifée en haute & baffe, dans la baffe nous y auons Clermont Euefché, Montferrand, Riom Generalité & autres. Clermont & Montferrand font fi proches l'vne de l'autre, que le Marquis Deffiat auoit deffein de les mettre fous vne mefme enceinte, & n'en faire qu'vne ville, qui fe fut nommée Clermonferrand, & la Generalité de Ryom y eftoit transferée. Dans la haute Auuergne font Orillac, & fainct Flour, celle-cy eftant Euefché, celle-là Senefchauffée.

Le Gouuernement de Guyenne & Gafcogne comme il eft pris aux Eftats generaux eft fort grand, & comprend en deça de la Garonne la Saintonge, le Perigord, le haut & bas Limofin, le Quercy, le Roüergue, & fur la Garonne l'Agenois, & la Guyenne; au delà le Bazadois, la Senefchauffée d'Albret, la Senefchauffée du Condomois, Senefchauffée des Lanes, Sen. d'Armagnac, pays de Riuiere Verdun, pays de Comminges & Conferans, le Bigorre, le Bearn, le pays de Bafque & autres. Ses limites font la grand Mer à l'Oueft, l'Efpagne au Midy, de laquelle elle eft feparée par les Monts Pyrenées: le refte eft enfermé des Gouuernemens d'Orleans, de Lyonnois, & du Languedoc. Saintes Euefché eft Capitale de la Saintonge, puis Sainct Iean d'Angely, Royan, Barbefieux, Aubeterre, Perigueux du Perigord, où font auffi Bergerac, & Sarlat, Limoges du bas Limofin; Tulles, Briues, & Vferches du haut Limofin: Cahors du Quercy, puis Figeac, Soullac, Moiffac, & autres: Rhodez, Villefranche, Vabres, Millaud du Rouergue: Agen de l'Agenois, & Bordeaux eft Capitale non feulement de la Senefchauſſée de Guyenne, mais & de tout le Gouuernement en general. Il y a dans cette ville Archeueſché, Parlement & Generalité; de l'Archeueſché dependent les Eueſchés d'Agen, Condom, Perigueux, Sarlat, Saintes, Angouleſme, Poictiers, Maillezais & Luçon. Du Parlement dependent la Guyenne où eſt Bordeaux, la Saintonge, le Perigord, le Bazadois, l'Agenois, les Lannes, l'Armagnac, &c. de la Generalité dependent dix-huict Elections qui ſont Perigord, Cahors, Figeac, Montauban, Bourdelois, Bazadois & Condomois, Agenois, Comté de Rhodez, haut Rouergue, bas Rouergue, Armagnac, Lomagne, Riuiere Verdun, Eſtrac, Cominge, Bigorre, les Lannes & le Bordelois. Mais les païs plus cognus au delà de la Garonne ſont le Bazadois où eſt Bazas, le Duché d'Albret où eſt Nerac, l'Armagnac où ſont Aux Archeueſché, & Leitoure Eueſche: Couminges où eſt Sainct Bertrand, le Couſerans où eſt S. Lezer, Riuiere-Verdun où eſt Verdun, les Lannes où ſont Dax & Sainct Seuer, la Gaſcogne où eſt Aire, le Bigorre où eſt Tarbe, le Baſque, où eſt Bayonne, auquel païs nous pouuons adjouſter le Bearn, & la baſſe Nauarre: en Bearn Pau en eſt le Parlement · Leſcar & Oleron, les Eueſchés, Nauarreins la plus forte ville. Sainct Palais eſt dans la baſſe Nauarre, & Sainct Iean Pied de Port dans le paſſage des Montagnes vers l'Eſpagne.

Le Languedoc s'eſtend depuis la Garonne au long des Monts Pyrenées, & de la Mer Mediteranée iuſques au Rhoſne; il y a dans cette Prouince ou Gouuernement deux Archeueſchés, Thoulouſe & Narbonne, celui-cy eſtant le plus ancien. Deux Generalités Thoulouſe & Montpellier, & vne Chambre des Comptes à Montpellier. Les Generalités ont chacune vnze Dioceſes, ſuiuant leſquelles ſe reçoiuent les deniers Royaux, Thoulouſe, la Vaur, Alby, Caſtres, S. Papoul, Rieux, Aleth, & Limouth, Carcaſſonne, Pamiers, Mirepoix, Couminge en partie, & le bas Montauban ſont de la Generalité de Thoulouſe: Narbonne, Sainct Pons de Tomieres, Beziers, Agde, Lodeue, Monpellier, Niſmes, Vzes, Viuiers, Mende, & le Puy ſont ſous la Generalité de Monpellier. Lors que lon vouloit eſtablir des Elections dans tous ces Dioceſes, il n'y auoit preſque point de changement, ſi ce n'eſt que Caſtelnau d'Arry eſtoit choiſi au lieu de Sainct Papoul, le Cominges eſtoit ioint auec Rieux, Faignaux eſtoit au lieu de Mirepoix, & Caſtel Sarrazin pour le bas Montauban: ainſi dans la Generalité de Monpellier on auoit choiſi Pezenas au lieu d'Agde, Clermont, au lieu de Lodeue, & le Viuarais eſtant diuiſé en deux, Villeneuue le Bercq eſtoit pour le bas Viuarais, Annonay pour le haut. Au reſte le Puy eſt capitale du Velay, comme Mende du Giuaudan, Viuiers du Viuarais, Alby de l'Albigeois, Caſtelnau d'Arry de l'Auragais, Pamiers & Mirepoix de la Comté de Foix, &c. ainſi Thoulouſe de la Comté de Thoulouze: Cette ville eſt eſtimée en grandeur, magnificence & richeſſe, la ſeconde de la France. Mais nous n'en pouuons icy rien dire, le temps nous preſſant de paſſer aux autres Prouinces ou Gouuernemens. Le Fort de Leucate a ſouſtenu ces années paſſés vn grand ſiege contre les Eſpagnols.

Le Dauphiné eſt au delà du Rhoſne qui le borne, partie vers le Nort, & entierement à l'Oueſt: Les Eſtats du Duc de Sauoye en enferment la plus grande part dans les Alpes; la Prouence & le Comtat d'Auignon bornent le reſte. Grenoble eſt la Capitale du païs & ſiege du Parlement, de la Generalité & Chambre des Comptes. Du Parlement dependent les Bailliages de Griſiuaudan, qui ſe tient à Grenoble, puis de Vienne, Romans & Sainct Marcellin ioins, Valence, Montelimart, Die, Gap, Embrun, & Briançon, auſquels faut adiouſter les Baronnies, dont la ville Capitale eſt le Buyz. La recepte des deniers Royaux ſe fait auſſi ſuiuant ces Bailliages, Vienne & Embrun ſont Archeueſchés. De Vienne dependent les Eueſchés de Grenoble, Valence & Die dans le Dauphiné, de Viuiers dans le Viuarais partie du Languedoc, & encor de Geneue vers les Suiſſes, & de Sainct Iean de Maurienne en Sauoye. De l'Archeueſché d'Embrun dependent les Eueſchés de Digne, Senez, Glandeue, Graſſe, Vence, qui ſont en Prouence, & de Nice qui eſt au Duc de Sauoye. Les fils aiſnés de France portent tiltre de Dauphins, depuis que le dernier Dauphin de Viennois ou Seigneur de Dauphiné en euſt cedé ſes droicts au Roys de France à cette condition. Le Marquiſat de Saluces a eſté autrefois du Dauphiné: mais les Ducs de Sauoye nous ont quitté la Breſſe en eſchange, & ces années dernieres ils nous ont encor quitté de là les Monts Pignerol,

Briqueras

Briqueras & quelques autres vallées ou Bailliages. Pignerol est fortifiée à bon escient autant qu'autre place qu'il y ait en l'Europe.

La Prouence est vn des plus beaux, & des plus agreables païs de la France & de toute la Chrestienté. Le Dauphiné luy est au Nort, le Languedoc à l'Ouest, le Comté de Nice (qui est des Estats de Sauoye à present, & qui a esté autrefois de la Prouence) à l'Est, la Mer Mediteranée au Sud. Ses principales villes sont Aix, Arles, & Marseille: Aix est le siege du Parlement, Arles a esté siege Royal de la Bourgongne, Marseille est fort cogneuë dans les Mers de Leuant, à cause de son trafic. Apres ces trois villes on met Salon pour estre habitée de beaucoup de Noblesse, les autres villes sont Draguignan, Hieres, Digne, Forcalquier, Tarascon, Sainct Maxemin, Brignole, Tholon, Grace & autres. Aix & Arles sont Archeueschés, sous celuy d'Aix sont les Eueschés de Apt, Riez, Frejus, Cisteron en Prouence & Gap en Dauphiné. Sous celuy d'Arles sont Marseille & Tholon en Prouence, sainct Paul Treastin en Dauphiné & Orange Principauté dans le Comtat d'Auignon. La Coste de Prouence a de bons Ports entre lesquels sont estimés ceux de Marseille, de Tholon, & d'Antibe: & ces villes sont bien fortifiées, comme encor quantité d'autres places & Chasteaux sur la Mer.

Le Comtat d'Auignon qui appartient au Sainct Siege, est tellement enfermé entre le Dauphiné, la Prouence & le Languedoc, que nous ne sçaurions acheuer nostre course par toute la France, sans en toucher vn mot. A peine peut-il égaler la dix ou douziéme partie de la Prouence, & neantmoins il contient Auignon Archeueśché, belle & grande ville, Carpentras, Cauaillon, & Vaison Eueschés; & outre ce que Villes que Bourgs fermés ou Chasteaux, plus de quatre-vingts places. La Principauté d'Orange au milieu de ce Comtat, contient aussi cinq villes & vne douzaine d'autres petites places fermées, mais nous n'aurons iamais fait si nous voulons dire le nombre & les noms des villes qu'il y a en France.

Les principales riuieres de ce Royaume sont la Loire, le Rhosne, la Garonne, & la Seine: dans la Loire tombent celles d'Allier, du Cher, de Vienne & de Mayenne: dans le Rhosne celles de Saone, de l'Isere, & de la Durance: Dans la Garone celles du Tarn, du Lot & de la Dordonne: Dans la Seine, celles de Marne & Oyse, outre les autres qui tombent dans la Mer, nous pouuons faire estat de l'Adour, de la Charente, de la Villaine, de l'Orne, & de la Some. Nous auons aussi à present parties de la Meuse, de la Moselle, & du Rhin.

Outre les Alpes qui nous separent de l'Italie & les Pyrenées de l'Espagne, nous auons encor les Monts Seuenes qui sont la pluspart dans le Languedoc; Le Mont de Vogge qui nous separe de la Lorraine, de la Franche Comté, & de l'Alsace.

Venons aux autres distinctions les plus remarquables de la France, qui seront celles des Archeueschés & Eueschés: puis des Parlemens & Iustices du Royaume; des Generalités & Elections, afin que lon puisse voir la grandeur & l'estenduë des vnes à l'égard des autres, cela fera voir aussi comme leurs dependances sont bien differentes les vnes des autres.

ARCHIEP. ET Epif. Patroni.	ENVMERATIO ARCHIEPISCOPAT. & EPISCOPATVVM FRANCIÆ.	DENOMBREMENT DES ARCHEVESCHES & EVESCHES DE LA FRANCE.	PATRONS DES Archeuefchés & Euefchés.	Paroiffes.	Abbayes.
Sti Stephanus P M. & Ioannes Bapt.	LVGDVNENSIS ARCHIEPISCOPATVS cuius Suffraganei funt Epifcopatus.	L'ARCHEVESCHE' DE LYON, duquel les Euefques fuffragans font	S. Eftienne & S. Iean Baptifte.	750	16
Sanctus Lazarus.	*Auguftodunenfis alias Æduenfis*	Autun	S. Lazare	600	12
Sti. Ioan. Euang. & Mammertus.	*Lingonenfis*	Langres	S. Iean l'Euang. & S Mammett	600	32
S Vincentius Cæfar Auguftanus.	*Matifconenfis*	Mafcon	S. Vincent de Saragoffe.	266	2
	Cabillonenfis	Challon fur Saone		240	6
Virgo Maria.	RHOTOMAGENS. ARCHIEPISCOPATVS cuius Suffraganei funt Epifcopatus.	L'ARCHEVESCHE' DE ROVEN, duquel les Euefchés Suffragans font	Noftre-Dame	1378	29
Virgo Maria.	*Baiocenfis*	Bayeux	Noftre-Dame	700	14
	Ebroicenfis	Eureux		480	11
S. Andreas Ap.	*Abrincenfis*	Auranches	S. André	180	4
Sti Geruafius & Protafius.	*Sagienfis*	Seez	S. Getuais & S. Protais.	507	7
Virgo Maria.	*Lexouienfis*	Lifieux	Noftre-Dame.	590	8
	Conftantienfis	Coutances		550	10
Sti. Mauritius M. & Gatianus Epif.	TVRONENSIS ARCHIEPISCOPATVS cui fubfunt Epifcopatus.	L'ARCHEVESCHE' DE TOVRS, duquel dependent les Euefchés de	S. Morice & S. Gatian	297	17
S. Iulianus.	*Cenomanenfis*	Le Mans	S. Iulien	734	22
S. Petrus Ap.	*Redonenfis*	Rennes	S. Pierre	263	5
S. Mauritius M.	*Andegauenfis*	Angers	S. Morice	668	19
S. Petrus.	*Namnetenfis*	Nantes	S. Pierre	355	9
	Venetenfis	Vennes		160	4
S. Corentinus.	*Corifopitenfis*	Quimpercorẽtin alias Cornoüaille	S. Corentin	200	6
S. Stephanus P. M.	*Briocenfis*	S. Brieu	S. Eftienne	119	3
S. Tubalus.	*Trieorienfis*	Lãtriguet al. Treguier	S. Tubal	70	2
S. Vincentius Cæfar-Auguftanus.	*Maclouienfis alias Aletenfis*	S. Malo	S. Vincent de Saragoffe	72	11
S. Paulus.	*Leonenfis*	S. Pol de Leon	S. Pol	80	3
S. Samfon.	*Dolenfis.*	Dol.	S. Samfon	80	3
S. Stephanus P. M.	SENONENSIS ARCHIEPISCOPATVS cuius Suffraganei funt Epifcopatus.	L'ARCHEVESCHE' DE SENS, dont les Euefchés Suffragans font de	S. Eftienne	674	27
S. Petrus.	*Trecẽfis alias Tricaffenfis*	Troyes	S. Pierre	509	20
S. Stephanus P. M.	*Altiffiodorenfis*	Auxerre	S. Eftienne.	225	10
S. Cyricus.	*Niuernenfis alias Neuir.*	Neuers	Cir	270	3

Virgo Maria	PARISIENSIS ARCHIEPISCOPATVS cuius Suffraganei sunt Episcopatus	*L'ARCHEVESCHE'* DE PARIS, *duquel les Eueschés Suffragans sont*	Nostre-Dame	439	28
Virgo Maria Assumpta	*Carnotensis*	Chartres	Assumption Nostre-Dame	925	30
Sancta Crux	*Aurelianensis*	Orleans	Saincte Croix	300	8
S. Stephanus P. M.	*Meldensis*	Meaux.	S. Estienne	210	9
S. Petrus	TREVIRENSIS ARCHIEPISCOPATVS cuius Suffraganei sunt Episcopatus	*L'ARCHEVESCHE'* DE TREVES, *duquel les Eueschés Suffragans sont*	S. Pierre	...	11
S. Stephanus P. M.	*Metensis*	Metz	S. Estienne	623	14
S. Stephanus P. M.	*Tullensis*	Toul	S. Estienne	...	11
Virgo Maria	*Virdunensis*	Verdun	Nostre-Dame	...	5
Maria Virgo	REMENSIS ARCHIEPISCOPATVS cuius Episcopi Suffraganei sunt	*L'ARCHEVESCHE'* DE REIMS, *dont les Eueschés Suffragans sont*	Nostre-Dame	470	19
Sti. Geruasius & Protasius	*Suessionensis*	Soissons	S. Geruais S. Protais	380	27
S. Stephanus	*Catalaunensis*	Chaalons	S. Estienne	360	16
Maria Virgo	*Laudunensis*	Laon	Nostre-Dame	300	20
Maria Virgo	*Siluanectensis*	Senlis	Nostre-Dame	72	3
S. Petrus	*Bellouacensis*	Beauuais	S. Pierre	592	14
Maria Virgo	*Ambianensis*	Amiens	Nostre-Dame	498	25
	Nouiomensis	Noyon		404	17
	Boloniēsis al. Teruanēsis	Bologne en France		164	4
S. Stephanus	BITVRICENSIS ARCHIEPISCOPATVS cuius Episcopatus Suffraganei sunt	*L'ARCHEVESCHE'* DE BOVRGES, *dont les Eueschés Suffragans sont*	S. Estienne	800	37
S. Stephanus	*Aruernensis alias Claromontanus*	Clermōt en Auuergne	S. Estienne	850	24
S. Martinus	*Floriensis alias S*[ti] *Flori*	S. Flour	S. Martin	279	4
S. Stephanus	*Rutenensis*	Rodez	S. Estienne	500	9
	Vabrensis	Vabres		150	3
S. Stephanus	*Cadurcensis*	Cahors		422	10
	Lemouicensis	Limoges		600	26
S. Martinus	*Tutelensis*	Tulles	S. Martin	70	1
S. Priuatus	*Mimatensis*	Mende en Giuandan	S. Priuat	209	[illegible]
S. Stephanus	*Aniciensis*	Le Puy en Velay	S. Estienne	138	8
Sancta Cecilia	*Albigensis*	Alby	Saincte Cecile	225	3
S. Benedictus	*Castrensis*	Castres.	S. Benoist	100	3
S. Andreas	BVRDEGALENSIS ARCHIEPISCOPATVS cuius Suffraganei sunt Episcopi	*L'ARCHEVESCHE'* DE BORDEAVX, *dont les Eueschés Suffragans sont*	S. André	400	13
S. Stephanus	*Agenensis Aginnens*	Agen	S. Estienne	400	5
S. Petrus	*Condomensis*	Condom	S. Pierre	144	3
	Engolismensis	Angoulesme		200	10
	Santonensis	Saintes		291	19
S. Stephanus	*Petrocoriensis*	Perigueux	S. Estienne	400	13

S. Sacerdos	*Sarlatenſis*	Sarlat	S. Sardoc	250	4
S. Petrus	*Pictauienſis*	Poictiers	S. Pierre	709	29
S. Remigerus	*Malleacenſis*	Maillezais	S. Remezi	400	6
Virgo Maria	*Lucionenſis*	Luçon	Noſtre-Dame	223	12
Virgo Maria	AVXITANVS alias AVSCENSIS ARCHIEPISC. cui Suffragantur Epiſcopi	*L'ARCHEVESCHE' DE* AVX, *auquel ſont Suffragans les Eueſchés de*	Noſtre-Dame	200	8
Virgo Maria	*Aquenſis melius Daciēſis*	Dax non d'Ax	Noſtre-Dame	135	6
S. Ioannes Bapt.	*Adurenſis alias Atur*	Aire	S. Iean Baptiſte	300	8
S. Ioannes Bapt.	*Vaſatenſis*	Bazas	S. Iean Baptiſte	250	5
S. Geruaſius & Protaſius	*Lectorenſis Lactur*	Lectoure	S. Geruais & S. Protais	100	. .
Maria Virgo	*Baionenſis*	Bayonne	Noſtre-Dame	30	4
	Eloronenſis Oleronenſ.	Oleron	Noſtre-Dame	400	. .
Maria Virgo	*Laſcarienſis*	Leſcar	Noſtre-Dame		2
	Tarbenſis	Tarbe	Noſtre-Dame	240	9
S. Bertrandus	*Conuenenenſis*	S. Bertrād de Coming.	S. Bertrand	200	6
Maria Virgo	*Conſorannenſis*	S. Leger de Conſerans	Noſtre-Dame	80	1
S. Mauritius	VIENNENSIS ARCHIEPISCOPATVS cuius Suffraganei ſunt Epiſcopatus	*L'ARCHEVESCHE' DE* VIENNE, *dont les Eueſchés Suffragans ſont*	S. Moiſre	800	8
S. Petrus	*Geneuenſis*	Geneue	S. Pierre	. . .	9
Maria Virgo	*Gratianopolitanus*	Grenoble	Noſtre-Dame	312	7
S. Vincentius	*Viuarienſis*	Viuiers	S. Vincent	200	3
Maria Virgo	*Dienſis*	Die	Noſtre-Dame	117	. .
S. Apollinarius	*Valentinus*	Valence	S. Apollinaire	210	9
S. Ioannes	*Maurianenſis*	S. Iean de Morienne en Sauoye	S. Iean	. . .	. .
S. Trophimus.	ARELATENSIS ARCHIEPISCOPATVS cuius Suffraganei ſunt Epiſcopatus	*L'ARCHEVESCHE' D'*ARLES, *dont les Eueſchés Suffragans ſont*	S. Trophime	311	3
Maria Maior	*Maſſilienſis*	Marſeille	N. D. la majeure	80	1
S. Paulus	*Tricaſtinenſis*	S. Pol Tricaſtin	S. Paul	60	. .
S. Stephanus	*Tolonenſis*	Tolon	S. Eſtienne	59	1
	Arauſionenſis	Orange		. . .	. .
Maria de Donis	AVENIONENSIS ARCHIEPISCOPATVS cuius Suffraganei Epiſcopi	*L'ARCHEVESCHE' D'*AVIGNON, *auquel ſont Suffragans les Eueſchés de*	N. D. des Dons		
S. Soffredus	*Carpentoractenſis*	Carpentras	S. Souffred		
S. Veranus	*Cabellicenſis Cauallic.*	Cauaillon	S. Veran		
Maria Virgo	*Vaſionenſis*	Vaiſon	Noſtre-Dame		
S. Iuſtus Epiſc. & M.	NARBONENSIS ARCHIEPISCOPATVS cuius Suffraganei ſunt Epiſcopatus	*L'ARCHEVESCHE' DE* NARBONNE, *duquel les Eueſchés Suffragans ſont*	S. Iuſt Eueſque & Martyr	250	6
S. Nazarius	*Biterrenſis*	Beziers	S. Nazare	306	7
S. Andreas	*Agatenſis*	Agde	S. André	77	3

S. Nazarius

S. Nazarius	*Carcassionensis*	Carcassone	S. Nazare	96	4
Maria Virgo	*Nemausensis*	Nismes	Nostre-Dame	200	7
S. Fulcranus	*Luteuensis Lodeu.*	Lodesue	S. Foulcran	46	4
S. Petrus	*Magalonensis hodie Montis pessulanus*	Maguelone aujourd'huy à Montpellier	S. Pierre	120	5
S. Pontius	*S^ti Pontij Tomeriarum*	S. Pons de Tomieres	S. Pons	40	3
	Alectensis	Alet		80	1
S. Theoderius M.	*Vceticensis*	Vzez.	S. Thierry M.	186	2
S. Stephanus	TOLOSANVS ARCHIEPISCOPATVS cuius Suffraganei sunt Episcopatus	*L'ARCHEVESCHE' DE TOVLOVSE, dont les Eueschés Suffragans sont*	S. Estienne	250	6
Maria Virgo.	*Apamiensis*	Pamies	Nostre-Dame	100	3
S. Mauritius	*Mirapicensis*	Mirepoix	S. Morice	62	8
S. Martinus	*Montalbanensis*	Montauban	S. Martin	90	3
S. Alanus	*Vaurensis*	La Vaur	S. Alan	59	1
Maria Virgo	*Lomberiensis*	Lombez	Nostre-Dame	81	. .
S. Papulus	*Sancti Papuli*	S. Papoul	S. Papoul	36	1
Maria Virgo	*Riuensis*	Rieux	Nostre-Dame	100	7
S. Saluator transfiguratus	AQVENSIS ARCHIEPISCOPATVS cui Suffragantur Episcopatus	*L'ARCHEVESCHE' D'AIX, auquel sont Suffragans les Eueschés de*	S. Sauueur transfiguré	120	. .
Sancta Anna	*Aptensis*	Apt	S. Anne	36	2
S. Maximus	*Reiensis*	Riez	S. Mesme	50	1
Maria Maior	*Foroiuliensis*	Frejulz	Nostre-Dame la Majeure	62	1
	Vapincensis	Gap		204	4
	Sistaricensis	Sisteron		200	2
Maria Virgo	ERBODVNENSIS ARCHIEPISCOPAT. cui Suffragantur Episcopatus	*L'ARCHEVESCHE' D'EMBRVN, auquel sont Suffragans les Eueschés de*	Nostre-Dame	211	1
M. V. & S. Domnus	*Diniensis*	Digne	Nostre-Dame & S. Donin	26	. .
Maria Virgo.	*Graßensis*	Grace	Nostre-Dame	16	1
S. Lambertus	*Ventiensis*	Vence	S. Lambert	16	. .
S. Iustus	*Glandeuensis*	Glandeue	S. Iust	24	. .
S. Augustinus	*Senetensis*	Senez	S. Augustin	. . .	2
M. V. reparata	*Niciensis*	Nice	N. D. la Reparade	. . .	1

Tous ces Archeueschés & Eueschés sont dans le Royaume de France; fors & excepté l'Archeuesché de Treves estimé en Allemagne. L'Euesché de Geneue qui est partie en Suisse, partie en Sauoye, & partie en France. L'Euesché de Morienne en Sauoye, l'Euesché d'Orange dans la Principauté d'Orange, & au milieu du Comtat d'Auignon: encor les Archeueschés d'Auignon & Eueschés de Carpentras, Cauaillon & Vaison dans ce Comtat qui appartient au Sainct Siege: & l'Euesché de Nice, qui est aujourd'huy dans les Estats de Sauoye.

Aux Archeueschés & Eueschés de France nous y pouuós aussi adjouster l'Archeuesché de Besançon & ses Suffragans les Eueschés de Basle, de Lausanne & du Bellay. Celuy-cy est dans la Bresse, terre de France & à la nomination du Roy de France, comme sont tous les Archeueschés & Eueschés de ce Royaume; les autres se disent Princes d'Empire: Besançon est dans la Franche Comté, terre au Roy d'Espagne, mais qui est à present fort engagée dans la France: les Eueschés de Basle & Lausanne sont dans les

Suiffes, la refidence de celuy-cy eft à Fribourg en Suiffe, canton Catholique, de celuy là à Porentruy ville capitale de la Temporalité de fon Euefché, Bafle & Laufanne leurs villes Epifcopales eftans en la poffeffion des Religionnaires.

Les Archeuefques & Euefques de la France font tous Catholiques, le zele & la pieté de nos Roys n'en ayans iamais nommé ny foufferts d'autres, comme encor és Abbayés & autres Benefices qui font à leur nomination. Et à vray dire tout le peuple de la France eft de la Religion Catholique, Apoftolique & Romaine. Si quelques particuliers & quelques communautés de villes fe font laiffés emporter à de nouuelles opinions, c'eft peu de chofe à l'efgard du refte, & fi la liberté de confcience leur a efté permife, ce n'a toûjours efté qu'auec efperance de les ramener vn iour à la vraye foy. Il eft bien vray que ces Religionnaires ou pretendus Reformés, comme nous les appellons, ont quelquefois creu eftre affez puiffans, & ont tenté a diuerfes fois pour fe former vn nouuel eftat dans la France, ils s'affemblerent encor en 1621. dans la Rochelle, partagerent & diuiferent le Royaume en fept ou huict Synodes ou Cercles, eftablirent vn chef general en chacun d'iceux, & donnerent à ces chefs telle charge & pouuoir qu'ils eftimerent neceffaire pour leurs affaires, creérent mefme vn efpece de Generaliffime, drefferent quelques ordonnances pour leur milice, arrefterent les deniers Royaux, & les reuenus des biens Ecclefiaftiques, nommerent des Treforiers entre les mains defquels ces deniers & reuenus deuoient eftre portés, fortifierent leurs places de feureté & autres dont ils fe faifirent: Bref trancherent du Souuerain, mais ces deffeins n'eftans qu'au mefpris de l'authorité du Roy, & à la ruïne de l'Eftat, nous les auons veu eftouffés dans peu d'années apres.

Dans le fouflement & rebellion des Religionnaires ie remarque deux chofes. Les Eftats dont ils vouloient compofer leur corps & Republique, & les forces fur lefquelles eftoit leur appuy. Leur corps fe formoit des trois Eftats à l'imitation des trois Eftats du Royaume: mais la Nobleffe en eftoit le premier, les Miniftres le fecond, & la Communauté des villes le dernier: L'Affemblée generale defdits trois Eftats, & où les villes pouuoient le plus, fe referuant la pleine & entiere difpofition des gouuernemens generaux & particuliers: des Principaux Offices militaires, &c. Ils difoient auffi auoir entre leurs mains plus de cent villes de feureté ou mariages, outre celles dont ils s'eftoient rendus maiftres, &c. comptoient plus de fix cens de leurs Eglifes (ce font comme parroiffes (& fe vantoient d'eftre en tout cinq à fix cens mille hommes portans armes. Et quand cela euft efté vray ils ne faifoient pas la vingtiéme partie (peut eftre encor bien moins) de tout le Royaume. Auffi peu apres la Rochelle prife, noftre Roy diffipa heureufement leurs mauuais deffeins, & les rangea en leur deuoir.

Retournons donques a noftre fujet & difons que l'ordre ou eftat Ecclefiaftique en France fait le premier des trois Eftats du Royaume, & que cét ordre confifte en Archeuefchés, Euefchés, Archidiaconnés, Doyennés, Cures, &c. encor en Abbayes, Prieurés Conuentuels, Colleges de Chanoines, Monafteres, Commanderies, &c. Dans le denombrement que nous auons donné des Archeuefchés & Euefchés, il fe trouue, i'entends dans le Royaume feulement & à la nomination du Roy, quinze Archeuefchés, cent & deux Euefchés, dans lefquels font trois ou quatre cens Archidiaconnés, mille ou douze cens Doyennés, quarante & tant de mille Cures ou Vicaireries perpetuelles, & vn grandiffime nombre de Prieurés Seculiers, Patronats, Secours, Chapelles, &c. De plus on compte douze ou quinze Abbayes ou Prieurés Conuentuels, Chefs d'Ordre, mille ou douze cens Abbayes & Prieurés Conuentuels feulement à la nomination du Roy; & de Chanoineries, Prebendes, & autres benefices à la mefme nomination beaucoup plus, fans comprendre celles qui font à la nomination de diuers particuliers, &c. des Commanderies, Monafteres de Religieux & de Religieufes, d'Hoftels Dieu & autres Benefices & Maifons, qui regardent l'Eglife il y en a vn fi grãd nombre, qu'il n'y a point de Royaume dans toute la Chreftienté qui en approche.

Les Abbayes & Prieurés Conuentuels, Chefs d'Ordre, ou de Congregation font Clugny, Grandmont, Cifteaux, la Grand Chartreufe, le Val des Choux, Premonftré, Cerfroid, le Val des Efcolliers, Font-Eurauld, S. Antoine en Viennois S. Ruff, Chezau-Benoift, Feuillans, &c. d'icelles dependent vn grandiffime nombre d'autre. L'Ordre de Clugny se repartit en dix Prouinces, dont les six sont en France & les quatre autres en Italie, Espagne, Alemagne & Angleterre. Dans les six Prouinces de France, ie troue enuiron cent soixante-quinze Abbayes ou Prieurés Conuentuels dependans immediatement de Cluny. Dans les Prouinces hors de la France cent vingt-cinq. Des cent soixante-quinze premieres Abbayes ou Prieurés qu'il y a en France dependent encor mille ou douze cens autres moindres, ainsi d'ailleurs. De l'Ordre de Grand-Mont on compte quarante principaux Prieurés en France, & quantité de moindres distingués en neuf Prouinces. Sous l'Ordre de Cisteaux on met les Abbayes de la Ferté sur Grosne, Pontigny, & Cleruaux, qu'on appelle les trois filles de Cisteaux. On ne compte que trente Prieurés sous la premiere, enuiron cent sous la seconde: mais sous Cleruaux on y a troué quelquefois huict cens Monasteres dont vne bonne partie sont en France. Les Chartreux ont cent quatre-vingts dix maisons en dix Prouinces. Premonstré tant en France, Espagne, qu'ailleurs en a mille trois cens de Religieux & plus de quatre cens de Religieuses, ainsi les autres plus ou moins. Les Cheualiers de Malte ont plus de trois cens Commanderies en France distinguées en six Prouinces, qu'ils appellent Prieurés, ce qu'ils ont au reste de la Chrestienté, n'estant que trois cens cinquante Commanderies & quatorze autres Prieurés. Mais il faudroit vn volume entier si nous voulions donner le nombre & les noms des maisons qui appartiennent à l'Eglise. Venons aux autres distinctions de la France.

PARLEMENTS;

SENESCHAVSSEES, BAILLIAGES, Preuostés, &c. de la France.

APRES l'ordre qu'il y a dans l'Estat Ecclesiastique, nous donnerons celuy de la Iustice. Autrefois nos Roys assistés de leur Conseil la rendoient eux mesmes à leurs subjets: par succession de temps, la quantité & la diuersité des affaires leur donnant trop de fatigue, ils se sont contentez de se reseruer ce qui concerne l'interest de l'Estat en general; & ont enuoyé, ou commis des Officiers les plus capables d'entre leurs subjets, pour rendre la Iustice aux particuliers: & comme encor il y a mille sortes d'incidens dans les affaires, soit au Ciuil, soit au Criminel; & que cela peut arriuer par tout, il s'est formé à la fin vn grand nombre de Iurisdictions, & qui sont mesmes differentes les vnes des autres. Nous ne feront estat que des plus ordinaires.

Les premieres, en commençant par les moindres, & que nous pouuons appeller Iustices Royales, inferieures & subalternes; sous quelque nom que ce soit, cognoissent de toutes sortes de causes, actions & matieres, de quelque nature & qualité qu'elles soient és lieux & ressorts où elles sont establies, pourueu que les personnes ne soient point nobles ou priuilegiées. De ces Iustices inferieures & subalternes les appellations vont aux superieures, qui s'appellent plus communement Seneschaussées, ou Bailliages: celles cy cognoissent les affaires des Nobles & Priuilegiés en premiere instance, puis reçoiuent les appellations des autres Iustices inferieures: & enfin des Seneschaussées & Bailliages superieurs, les appellations vont aux Parlemens: Ce sont les Tribunaux du Prince & qui iugent absolument, ou suiuant les loix, ou en moderant la rigueur des loix; selon le temps, la matiere, & la qualité des personnes, qui y sont en instance.

Le Parlement doncques n'estoit autre au commencement que le Conseil qui suiuoit par tout la personne du Roy: & du depuis les Roys ayans voulu se descharger de la Iustice: & les parties mesmes ayans trop de peine à suiure les Roys qui estoient souuent cōtrains de se trouuer d'vne extremité à l'autre du Royaume. Ce Conseil ou Parlement a esté rendu sedentaire, Premierement à Paris & à Thoulouze; puis en d'autres places, suiuant les occasions qui s'en sont presentées.

Nous auons aujourd'huy dix Parlemens en France: sçauoir Paris, Thoulouse, Grenoble, Dijon, Bordeaux, Roüen, Aix, Rennes, Pau & Mets. Les Parlemens de Paris & de Thoulouse ont esté erigés par Philippe le Bel, dés l'an mil trois cens deux. Celuy de Thoulouse auoit le Languedoc, auec la Guyenne & Gascogne; Paris le reste de la France, & celuy de Thoulouse encor ne pouuoit trauailler qu'en certaines saisons de l'année; Charles VII. le fit tenir sans discontinuation dés mille quatre cens quarante-trois. Le Parlement de Grenoble en Dauphiné a commencé sous Louïs XI. l'an mil quatre cens cinquante-trois, au lieu du Conseil que Humbert Dauphin de Viennois y auoit estably dés l'an mil trois cens quarante. Dijon pour la Bourgogne encor sous Louïs XI. l'an mil quatre cens cinquante-six, au lieu des grands Iours ou du Conseil des Ducs de Bourgongne. Bourdeaux pour la Guyenne & Gascogne estably par Charles VII. l'an mil quatre cens soixante-vn, & Louis XI. mil quatre cens soixante-deux. Roüen pour la Normandie par Louys XII. l'an mil quatre cens quatre-vingts dix-neuf, au lieu des Eschiquiers establis par Philippes le Bel, où au lieu des Assises generales des Ducs de Normandie. Aix pour la Prouence par Louys XII. l'an mil cinq cens vn ou mil cinq cens deux, au lieu du Conseil des Comtes de Prouence. Rennes pour la Bretagne par Henry II. en mil cinq cens cinquante-trois, Parlement semestre au commencement rendu sedentaire à Rennes l'an mil cinq cens soixante par Charles IX. Le Conseil de Pau pour le Bearn, fut estably par Henry premier, Roy de Nauarre, ayeul maternel de Henry IIII. en l'an mil cinq cens dix-neuf. Puis la Chancellerie de la basse Nauarre, estant vnie à ce Conseil le nom du Parlement luy a esté donné en mil six cens vingt par Louys XIII. Mets pour la Lorraine en mil six cens trente-trois a encore esté erigé par Louys XIII.

Voila ce qui est de l'establissement des Parlemens, apres lesquels les Seneschaux ou Baillifs sont les Iuges superieurs & ordinaires dans les Prouinces, leur nom & pouuoir estans fort anciens. Ils estoient enuoyés de la maison de nos premiers Roys dans les Prouinces pour y administrer la Iustice, & pour conuoquer le ban & arriere ban quand besoin estoit; & n'y auoit point d'appel de leurs Iugemens & sentences. L'institution des Parlemens les a rendu subalternes, ce qui a fait que l'ancienne Noblesse à la fin a mesprisé ces charges, où s'ils les possedent encor, ils ont des Lieutenans qui font leurs charges. Ces Seneschaux & Baillifs ou leurs Lieutenans cognoissent en premiere instance des causes des Nobles & priuilegés, & encor par appel de ce qui s'est iugé par les Iuges ordinaires & inferieurs. Toutes les Seneschaussées & Bailliages ont leurs ressorts plus ou moins grands suiuant la rencontre; & dans leurs ressorts sont comprises les Iustices Royales, inferieures & subalternes, qui reçoiuent diuers noms en diuerses Prouinces. Elles s'apellent Vicomtés en Normandie. Vigueries (quasi Vicariatus) en Languedoc, Prouence, &c. Chastellenies en Poictou; Dans le milieu de la France Preuostés, Bailliages, Chastellenies, &c. En Picardie ce sont Preuostés sous le Bailliage d'Amiens, Bailliages sous le Seneschal de Ponthieu dans Abbeuille, &c. De ces Parlemens, Seneschaussées ou Bailliages superieurs, & Bailliages, Preuostés, Vicomtés, Vigueries, ou autres Iustices inferieures: En voicy le denombrement tel que ie l'ay peu recueillir autrefois, non pas tel que ie l'eusse desiré, & qu'il deuroit estre, les memoires que lon m'en auoit promis ayans manqué.

PARLEMENT DE PARIS,
& les Iustices Royales qui en dependent.

PARIS Preuosté où sont douze Sieges Royaux.
- Paris Chastelet.
- Poissy
- Mont-lehery.
- Trie
- S. Germain en Laye.
- Corbeil.

Torcy

Torcy.
Chaſteau-Fort.
Gonneſſe.
Tornan en Brie.
Brie Comte Robert.
La Ferté Alais.

MELVN Bailliage où ſont ſix Sieges Royaux.
Melun.
Moret.
Nemours.
Chaſteau Landon.
La Chappelle la Reyne.
Milly.

MEAVX.
Meaux.
Crecy en Brie.
Colomiers en Brie.
Ferté Gaucher.

REIMS.
Reims.
Chaalons.
Eſpernay.
Fiſmes.
Vertus.
Saudron.

PROVINS.
Prouins.
Sezane.
Montereau faut Yonne.
Bray ſur Seine.
Ioüy le Chaſtel.

SENLIS.
Senlis.
Compiegne.
Creil.
Pont-Oyſe.
Beaumont ſur Oyſe.
Creſpy en Valois.
La Ferté Milon.
Pierrefons.
Chambly le Hauberger.

BEAVVAIS.
Beauuais.
Clermont en Beauuoiſis.
Angy.

SENS.
Sens.
Villeneuue le Roy.
Tonnerre.

TROYES.
Troyes
Bar ſur Seine.
Muſſy l'Eueſque.
Ferté ſur Aube.
Nogent ſur Seine.
Pont ſur Seine.
Eruy le Chaſtel.
S. Florentin.
Ioigny.

VITRY en Pertois.
Vitry.
Saincte Menehout.
Sainct Diſier.
Rouvray.
Paſſauant.

AMIENS Bailliage à huict Preuoſtés ſçauoir,
Amiens.
Beauqueſne.
Doulens.
Fouilloy.
Monſtreuil.
S. Riquier.
Oyſemont.
Grand-Villers.

ABBEVILLE Seneſchauſſée de Ponthieu a cinq Bailliages,
Abbeuille.
Airaines & Argüel.
Rue.
Creſſy.
VVaben.

PERONE.
. . . . . .

MONDIDIER.
. . . . . .

ROYE.
. . . . . .

CALAIS & PAYS RECONQVIS.
. . . . . .

BOVLOGNE Seneſchauſſée où ſont huict Bailliages Royaux.
Boulogne.

E

Eſtaples.
Des Vrene.
VVıſſan.
Bellefontaine.
Outreau.
Londefort.
Le Choquet.

CHASTEAV THIERRY.
Chaſteau-Thierry.
Chaſtillon ſur Marne.
Treſſons.
Ouchy le Chaſtel.
Milly Sainct Front.

CHAVMONT en Baſſigny.
Chaumont.
Bar ſur Aube.
......
......

LANGRES.
...... ()

AVXERRE.
......

SOISSONS.
......

LAON.
Laon.
Sainct Quentin. ()
Ribemont.
Noyon.
Coucy.
Chauny.
Guiſe.

CHAALONS ſur Marne.
......

ORLEANS.
Orleans.
Lorris.
Ienuille.
Beaugency.
Chaſteau-Regnard.
Bois-Commun.
Yeure le Chaſtel.
Chaſteau Neuf.
Vitry.
Neuuile aux Loges.
Mehun ſur Loire.
Gien.
Montargis.

CHARTRES.
Chartres.
Chaſteau-neuf en Thimerais.
Belleſme }
Mortaigne } au Perche.
La Perriere }
Nogent le Retrou }
...... Perche Goüet.
Eſtampes.
Dourdan.
Nogent le Roy.
Bonneual.
La Tour Griſe de Verneuil ou Terre Françoiſe.

BLOIS.
Blois.
Remorentin.
Millangé.
Chaſteau-Dun.
......

TOVRS.
Tours.
Chinon.
Loudun.
Langeſt.
Amboiſe.
Loches.
Chaſtillon ſur Indre.
Montrichard.

ANGERS.
Angers.
Saumur.
Baugé.
Beaufort.
Craon.
Chaſteau-Gontier.
......

LA FLECHE.
......

LE MANS.
Le Mans.
Chaſteau du Loir.
Laual.
Beaumont.
Saincte Suzanne.
Chaſteau Gontier.
Sainct Cales.
Mayenne la Iuhel.
Sablé.
La Ferté Beſnard.

POICTIERS.
Poictiers.
Lusignan.
Chastelleraud.
Montmorillon.
Basse marche ou Belat.
Le Dorat.
Fontenay le Comte
Niort.
Siuray.
Sainct Maixent.
. . . . . .

LA ROCHELLE.
. . . . . .

BOVRGES.
Bourges.
Issoudun.
Dun le Roy.
Meun sur Yeure.
Concressaut.
. . . . . .

MOLINS.
Molins.
. . . . . .

S. PIERRE LE MONSTIER.
Sainct Pierre le Monstier.
Donzyois.
Sanconis.
Cusset.
Le bourg S. Estienne de Neuers.
. . . . . .
. . . . . .

LA MARCHE ou GVERET.
Gueret.
Feletin.
Aubusson.
Ahun.
Chenerailles.
Iarnages.

RIOM.
Riom.
Montferrand.
Combraille.
Montaigu.
Aigueperse.
Clermont.
Monpensier.

ORILHAC.
Orilhac.
Sainct Flour.
Carlat.
Murat.

LYON.
Lyon.
Mascon.
Beaujolois.
Monbrison.
Bourg Argentac.
Chauffour.
Sainct Feruol.
Roannes.

MONFORT L'AMAVRY.
Monfort L'Amaury.
Houdan.

MANTE.
Mante.
Meulan.

Apres toutes ces Iustices, il y en a encor bon nombre d'autres, dont les appellations vont droit au Parlement de Paris. Ainsi celles des Pairs de France, & des terres tenuës en Pairries, ainsi diuers autres terres des Princes, Prelats, Communautés de Villes, &c. qui ayans eu ce priuilege dés y a long temps, s'y sont maintenus du depuis, nous n'en feront point icy d'estat, non plus que des Presidiaux, qui sont pour la pluspart meslés, & dans les mesmes sieges que les Seneschaussées & Bailliages superieurs. Venons aux autres Parlemens.

SOVS LE PARLEMENT DE THOVLOVSE sont trois anciennes & trois nouuelles Seneschaussées en Languedoc; & diuerses autres Iustices en Gascogne.

Les trois anciennes Seneschaussées & de plus grand ressort sont celles de THOVLOVSE, de CARCASSONE, & de BEAVCAIRE & NISMES; les nouuelles Seneschaussées, & de moindre estenduë sont celles de LAVRAGVAIS, seante à CASTEL NAV DARRY, de MONPELLIER & du PVY EN VELAY.

Au Seneſchal de THOVLOVSE reſſortiſſent les Viguiers & Iuges de

Thoulouſe.
Rieux.
Albigeois.
Villelongne.
Riuiere-Verdun.
Comminge & autres en Guyenne & Gaſcogne.

Au Seneſchal de CARCASSONNE & BESIERS ayans chacun leur ſiege.

Les preuoſts de { Carcaſſone Cité. / Realmont en Albigeois.

Les Viguiers de { Beſiers. / Gignac. / Carcaſſonne. / Limouth. / Caudies en Fenouilhede / Narbonne. / Alby. / L'autrec. / Mirepoix.

Les Chaſtellains de { Montreal. / Cabrieres. / Ceſſenon. / Pezenas.

Les Bailes de { Montagnac. / Sainct Hubery. / Seruian. / Caux, &c.

Le Iuge de Terre-Baſſe.
Le Seneſchal Comtal de Caſtres.

Au Seneſchal de BEAVCAIRE & NISMES reſſortiſſent

Les Viguiers de { Niſmes. / Beaucaire. / Vſez. / Le Vigan.

les Baillifs de { Annonay pour le haut Viuarais. / Villeneu. le Berg pour le bas Viu. / Mende & Meruejols } en Geuaudan.

Au Seneſchal de LAVRAGVAIS reſſortiſſent,

Le Viguier de Lauraguais à Caſtelnau d'Arry.
Le Iuge d'Hauteribe, &c.

Au Seneſchal & Gouuerneur de MONPELLIER les

Vigueries de { Monpellier annexé au Conſulat. / Lunel. / Sommieres. / Aigueſmortes. / Sauue.

Les Iuges des Barónies de Monpellier & de Gaillargues.

Sous le Seneſchal du PVY EN VELAY eſt le Baillif du Velay.

Outre les trois anciennes & les nouuelles Seneſchauſſées du Languedoc, il y a encor ſous le Parlement de Thoulouſe pluſieurs ſieges de Iuſtice du coſté de la Gaſcogne, entre autres.

La Seneſchauſſée D'RAMAGNAC ſceãte à LECTOVRE d'où deſpendent

La ſeigneurie de Lectoure, où eſt Lectoure.
Le Comte de Fezenſac, où ſont Vic Fezenſac. Iegun.
Le Vicomté de Fezensaguet où eſt Mauueſin.
Le Bas Comté d'Armaignac, où eſt Nogaro.
Riuiere Baſſe d'où dependent Caſtelnau. La Deueze. Mauburguet.
Païs d'Euſan, où eſt Euſe.
Le Comté de Pardiac, où eſt Monlezun.
Le Bailliage de Bruillois, où ſont La Plume. Caudecoſtes.
Vicomté de Lomagne, où eſt Vic de Lomagne.
Seneſchauſſée de l'Iſle Iourdain l'Iſle Iourdain.
Seneſchauſſée des Vallées de Aure. Barouſſe. Magnoac. Neſtez, &c.

Dans la meſme Gaſcogne ſont encor ſous le Parlement de Thouloufe & qui reſſortiſſent au Seneſchal de Thoulouze.

Les Comtés de Gaure & d'Eſtarac; les Iudicatures de Verdun, & de Riuiere, & peut eſtre encor quelques autres.

Dans le Comté de Gaure ſont Florence, S. Puy, la Sauuetat.
Dans le Comté d'Aſtarac ſont Mirande, Maſſioube & autres.
Dans la Iudicature de Verdun, Verdun, le Mas de Verdun. Grenade, Beaumont. Gimont & Cologne.

Dans

Dans la Iudicature de Riuiere ſont
Marſiac, Beaumarché,
Trie, Bologne,
Saincte Foy, Galan.
Monreal, &c.

PARLEMENT DE GRENOBLE,

Sous le PARLEMENT DE GRENOBLE eſt compris tout le DAVPHINE'; dans lequel les vns ny mettent que huict Bailliages & vne Seneſchauſſée, ſçauoir

AMBRVN,
BRIANCON,
GAP,
LE BVYS,
GRISIVAVDAN,
S. MARCELIN.
VIENNE, &
S. POL trois Chaſteaux, Bailliages.
CREST Seneſchauſſée.

d'autres y adjouſtent,
VALENCE,
MONTELIMAR,
NYONS,
DIE, &
CHABEVIL encor Bailliages,
Et il y a ſous chacun Bailliage nombre de Iuſtices inferieures, dont nous n'auons pas encor cognoiſſance.

PARLEMENT DE DIION,

Sous le PARLEMENT DE DIION eſt la Bourgongne Duché; & s'y ſont adjouſtés du depuis les Pays de Breſſe, de Beugey, de Veromey, & le Bailliage de Gex, qui nous ont eſté donnés en eſchange du Marquiſat de Saluces.

La Bourgongne eſt diuiſée en ſept Bailliages qui ſont
DIION ſous lequel il y a quatre Bailliages inferieurs.
Nuys.
Auxonne.
Beauce.
S. Iean de Laune.
AVTVN ſous lequel eſt
Moncenis.
BOVRBON LANCY.
CHALLON ſur Saone.
SEMVR en Auxois ſous lequel ſont
Auallon.
Arnay le Duc.
CHASTILLON ſur Seine ou Bailliage de la Montagne.
SEMVR en Briennois.
Il n'y a point de Preſidiaux dans le Duché de Bourgogne.
La BRESSE a vn Preſidial où reſſortiſſent les Bailliages de
BOVRG en Breſſe.
BELLEY &
GEX.

PARLEMENT DE BORDEAVX,

Sous le PARLEMENT DE BORDEAVX ſont compriſes pluſieurs Seneſchauſſées, tant deçà que delà la Garonne, & toutes dans la Guyenne & Gaſcogne.

Sous la Seneſchauſſée de GVYENNE à BORDEAVX reſſortiſſent les Iuſtices Royales de
Bordeaux.
Blaye.
Bourg.
Barſac.
Libourne.
S. Emylion.
Ryons.
Vitreſay.

Sous la Seneſchauſſée de PERIGORT ſont les Iuſtices Royales de
Perigueux.
Bergerac
Sarlat.
Domme.

Beaumont.
La Linde.
Villefranche.
Molieres.
Monpaſſier.

Sous la Seneſchauſſée d'AGENOIS ſont
Agen.
Saincte Foy.
Marmande.
Villeneuue d'Agenois.
Pennat.
Monflanquin.
Puymerol.
Tournon.
Saincte Baſeille.
Le Mas d'Agenois.
Port Saincte Marie.

Sous la Seneſchauſſée de BAZAS ſont
Bazas.
La Reole.
Cauderot.
Sauueterre.

Sous la Seneſchauſſée de DAX ſont
Dax.
S. Seuer.
Bayonne.
Pouillon.
Sordes.
Haſtingues.
Le Vicomté d'Ourt.
Marennes.
Coſſe & Seignans.
Cap Breton.
Labour.

Sous la Seneſchauſſée de CONDOM que lon appelle Seneſch. de GASCOGNE ſont

Sous la Seneſchauſſée de BRIVE.

Sous celle de TVLLE.

Sous la Seneſchauſſée de Sainct IEAN d'ANGELY.

Sous celle d'VZERCHE.

Sous celle de SAINTES.

Sous LIMOGES.

Sous la Seneſchauſſée de NERAC ſont
Nerac.
Tartas.
Caſtel Geloux.
Caſtel Moron.

Sous la Seneſchauſſée de MONT DE MARSAN ſont
Le Marſan.
Le Gauardan.

Dans le Marſan ſont
Le Mont de Marſan.
Roquefort ſur la Douze.
Grenade.
Cazeres.
Renung.

Dans le Gauardan eſt
Gabarret, &c.

LE PARLEMENT DE ROVEN,

Sous le Parlement de ROVEN eſt compriſe toute la NORMANDIE, là où la Iuſtice ſe rendoit auparauant par les Vicomtes, & Baillifs; & en dernier reſſort, & en cas d'abus par l'Eſchiquier : qui eſtoit vn Parlement ambulatoire, & qui ſe tenoit deux fois l'an, tantoſt à Roüen, puis à Caën; & le plus ſouuent à Falaiſe. Et meſme le Duché de Normandie eſtant reüny à la Couronne de France, cette forme de Iuſtice a continué iuſques à Louïs XII. qui en l'an 1499. au lieu de l'Eſchiquier, erigea vne Cour de Parlement à Roüen; compoſée premierement de quatre Preſidens, vingt-huict Conſeillers; Aduocat & Procureur Generaux du Roy; Greffiers Ciuil & Criminel, &c. Auſquels François premier adjouſta quinze Conſeillers, Henry II. ſix, Henry le Grand deux Preſidens; & du depuis encor, cela s'eſt augmenté d'vn grand nombre d'Officiers.

Sous cette Cour de Parlement reſſortiſſent les ſept Bailliages de

ROVEN, CAVX, GISORS, EVREVX, CAEN, COVTANTIN, & ALENÇON.

Sous chaque Bailliage il y a pluſieurs Vicomtés ou Chaſtellenies Subalternes; & encor ſous chaque Vicomtés & Chaſtellenies pluſieurs Parroiſſes, dans les vnes plus, dans les autres moins. En voicy le denombrement.

Sous le Bailliage de ROVEN ſont les

Vicomtés.	*Sergenteries.*	*Paroiſſes.*
Roüen	Roüen Ville, &c.	51
	S. Victor en Caux	43
	Cailly	54
	S. Iore	30
	Pont S. Pierre	44
	Pauilly	28
	Couronne	9
		259
Pont de l'Arche	Pont de l'Arche	3
	Freneuſe	10
	Bethomas	16
	Craſville	10
	Touruille la Chãpagne & Lery	7
	Louuiers	4
	Elbeuf	4
	Quatre Mares	5
	Vaudreuil & Vauray	12
	Aquigny	9
	Heudebouuille	3
	La Haye Malherbe	1
		84

Vicomtés.	*Sergenteries.*	*Paroiſſes.*
Ponteau de Mer	Ponteau de Mer	...
	Cormeilles	3
	Touſſainct le Bas ou le Meſnil	18
	Beuzeuille	9
	Epaigne	4
	Preaux	11
	Quillebeuf	14
	La Londe	49
	Montfort	32
	Roumois	19
		159
Pont l'Eueſque	Pont l'Eueſque	14
	Diue & Beaumont	34
	Beuueron	18
	Touques	18
	Cambrenier	36
	Honnefleur	15
		135

Le Bailliage de CAVX à les

Vicomtés.	*Sergenteries.*	*Paroiſſes.*
Caudebec	Caudebec	19
	Bollebec	52
	Cauuille	19
	Les Bans	25
	Canny	33
	Grandville	47
		143
Montiuiller	Montiuiller	3
	Chef de Caux	26
	Harfleur	28
	S. Romain	43
	Godaruille	62
		162
Arques	Longueuille D.	9
	Longueuille Serg.	13
	Brachy	33
	Bellencontre	23
	Baſqueuille	27
	Auffrey	5
	Arques	1

Vicomtés.	*Sergenteries.*	*Paroiſſes.*
	Enuremeux	51
	Offrainuille	12
	Val de Dun	15
		189
Eu	Eu	32
	Blangis	47
	Meſnieres	1
		80
Neufchaſtel	Neufchaſtel	17
	S. Senne	3
	Mortemer	32
	Gaillefontaine	23
	Terre de Chapitre	6
	Aumale	43
	Terre de Pleuille	4
		128
Gournay	Gournay	32
	Buchy	30
		62

Le Bailliage de GISORS à les

Vicomtés.	*Sergenteries.*	*Paroiſſes.*	*Vicomtés.*	*Sergenteries.*	*Paroiſſes.*
Giſors	Quitry	24		Heugleuille	29
	Eſtrepagny	25		Richeuille	11
Vernay qui contient		28		Toney	6
Chaumont Preuoſté		66	Lyons qui contient		31
Magny Accroiſſement		42			278
	Andely	16			

Le Bailliage D'EVREVX à les

Vicomtés.	*Sergenteries.*	*Paroiſſes.*	*Vicomtés.*	*Sergenteries.*	*Paroiſſes.*
Eureux	Eureux	9		Danuille	17
	Aurilly	35		Condé	10
	La Bonneuille	25		Lyre	19
	Nonancourt	7		Glos	22
	Garencieres	8			130
	Maubuiſſon	4	Beaumont le Roger	Beaumont le Roger	15
	Croſville	8		Neubourg	24
	Pacy	17		Harcourt	8
	Villiers en Deſeuure	15		Villers	9
	Illiers	12		Vieilles	2
	Iuery	16		Ouche	25
	S. André	14			93
	Oiſey	2	Orbec	Orbec	45
		174		Liſieux & Banlieuë	7
Conches & Breteuil	Conches	2		Bernay	34
	Cinq Paroiſſes	5		Les Moyaux	17
	Guignon	13		Folleuille	16
	Grand Ru	11		Sap	31
	La Ferriere	14		Chambrois	22
	Breteuil	17			172

Le Bailliage de CAEN à les

Vicomtés.	*Sergenteries.*	*Paroiſſes.*	*Vicomtés.*	*Sergenteries.*	*Paroiſſes.*
Caën	Caën	12	Bayeux	Ceriſy	22
	La Banlieuë	9		Torigny	50
	Eſtrehan	15		S. Claire	6
	Bernieres	21		Grands	23
	Creuilly	18		Les Vez	22
	Villiers	26		Iſſigny	14
	Cheux & Aurey	34		Briſqueſart	34
	Preaux	19			223
	Argences	22	Falaiſe	Falaiſe	40
	Trouart	17		Tury	36
	Varauille	14		Aubry	8
	S. Siluain	3		Breteuille	5
	Breteuille	18		Tournebus	19
	Tournebus	3		S. Pierre ſur Diue	36
	Breteuil	1		Iunipel	26
	Croiſilles	2		La Foreſt	28
	Le Verrier & la Compagnie	12		Du Homme	16
		246		Brecouſe	9
				La Ferté Macé	11
	Bayeux	31			234
	Le Tour	21			

Vire

Vicomtés	Sergenteries	Paroiſſes	Vicomtés	Sergenteries	Paroiſſes
Vire & Condé	Vire	5		Pontfarcy	21
	Le Tourneur	22		S. Seuer	16
	Vaſſy	19		Condé	15
	S. Iean le Blanq	25			123

Le Bailliage du COVTANTIN à les

Vicomtés.	Sergenteries.	Paroiſſes.	Vicomtés	Sergenteries	Paroiſſes.
Coutances	La Hague	33		La Haye du Puys	11
	Maufras	13		Leſſey ou la Ferté	13
	Couroye	9		S. Lo	7
	S. Pair	18			118
	Gaurey	2	Valognes	Valognes	35
	Drouart	3		Pont Laboy ou Labbé	27
	Chaſlon	11		Beaumont	38
	Petace	2		Le Val de Serre	29
	Moyon	25		Tolleuaſt	53
	Pierres	12			182
	S. Gilles	10	Auranches	Auranches	1
	Blauſle	3		Pigace	17
	Au Gaſcon	7		Le Val de See au Vacherie	10
	Duruille	7		Pont	6
	La Haye Paiſnel	5		Benoiſt	9
	Sabot	4		Heraut	21
		164		Pont Orſon	17
Carentan	Carentan	18		S. Iame	18
	Sergny	12			99
	Varembec	6	Mortain	Hailley	12
	Sainƈte Marie du Mont	9		Courbelin	28
	S. Mereglise	12		Rouxel	18
	La Comté	3		Martin	2
	Periez	4		Oueſſey	12
	Comaye	4		Tinchebray	10
	Aubigny	4			82
	Le hommet	15			

Le Bailliage D'ALENCON à les

Vicomtés.	Sergenteries.	Paroiſſes.	Vicomtés.	Sergenteries.	Paroiſſes.
Alençon	Alençon	44		Hablouille	5
	Eſſey	26			142
	Bonſmoulins	19	Domfront	Domfront	1
	Almeneſche	15		Le Bois	11
	L'Eſcolaſte	13		Barenton	14
	Iean du Chernay	7		La Ferriere	13
		124		Lonley	5
Argenten	Boiſey	3			44
	Donge	7	Bernay & Montreuil	Bernay	4
	Eſcouchey	16		Montreuil	9
	Aubreton & Fontaines	17			13
	Trun	20	Verneuil & Chauneuf	Vernueil	19
	Hieſmes	10		Laigle	33
	Meſnil	13		Senonches	9
	Montaigu	18		Chauneuf	40
	Aubruton	13		Brezolles	20
	Les Bruns ou Gans	9		La Ferté	17
	Montpinçon	11			138

Ce memoire des Vicomtés, Sergenteries & Paroiffes de la Normandie eft tirée de l'Hiftoire generale de Normandie faite depuis quelques années par M.Gabriel du Moulin Curé de Maneual. Et cette Hiftoire n'eftant venuë à ma cognoiffance, que le mefme iour que ce trauail eftoit fous la preffe, à peine ay-je eu le temps de conferer les noms des places auec le memoire que i'ay à la main des Generalités, Elections, Sergenteries & paroiffes de la Normandie. Quoy que s'en foit, il feroit à defirer d'en pouuoir faire autant de tous les autres parlemens. Or ie trouue fous le Bailliage de Roüen,

4. Vicomtés 38. Sergenteries 637. par.

Sous le Bailliage de Caux

6. Vicomtés 33. Sergenteries 816. par.

Sous le Bailliage de Gifors

6. Vicomtés, &c. 10. Sergent. 278 par.

Sous le Bailliage d'Eureux

4. Vicomtés 36. Sergenteries 569. par.

Sous le Bailliage de Caën

4. Vicomtés 47. Sergenteries 826. par.

Sous le Bailliage de Coutantin

5. Vicomtés 48. Sergenteries 645. par.

Sous le Bailliage d'Alençon

4. Vicomtés 31. Sergenteries 461. par.

---

33. Vicomtés 243. Sergent. 4232. par.

Ainfi toute la Normandie fous le Parlement de Roüen comprend fept Bailliages, trente-trois Vicomtez, enuiron deux cens quarante-trois Sergenteries, & quatre mil deux cens trente-deux paroiffes. Il y en a qui mettent quelques Sergenteries & quelques Paroiffes de plus.

LE PARLEMENT D'AIX,

Eft pour toute la PROVENCE, dans laquelle quelques vns ne mettent qu'vn grand Senefchal qui feroit.

AIX duquel releuent les Iuftices Royales de
- Aix.
- Arles.
- Marfeille.
- Brignolle.
- Hieres.
- Grace.
- Draguignan.
- Forcalquier.
- Digne.

Mais dans l'Affouagement de la PROVENCE, ie trouue les Vigueries d
- Aix.
- Tarafcon.

Les Bailliages de
- S. Maxemin.
- Barioux.
- Aups.
- Brignolle.
- Tholon.

Les Vigueries d
- Hieres.
- Lorgues.
- Draguignan.
- Grace.

Les Bailliages de
- S. Pol.
- Sifteron.

La Viguerie de
- Forcalquier.

Les Bailliages d'
- Apt.
- Digne.
- Mouftiers.
- Caftellane.
- Guilleumes.
- Seyne.
- Colmars.
- Val de Bareme.

Puis les Terres Adjacétes entre lefquelles
- Arles.
- Les Baux.
- Salon.
- Grignan & autres.
- Marfeille, &c.

LE PARLEMENT DE RENNES,

Est pour le Duché de BRETAGNE où sont quatre Seneschaussées ou sieges Presidiaux sous lesquels se trouuent plusieurs Iustices inferieures comme

Sous RENNES se trouue
Rennes.
Dinan.
Iugon.
Lannion.
Hedé.
Fougeres.
Bazoches en Antraim.
S. Aubin du Cormier.
Antraim.
Bazoges.
Huelgouet.
Chasteau-Neuf.
Du Fou.
Lendeleau.
Goüele à S. Brieu.
S. Malo.
Lanmur.

Sous NANTES sont
Nantes.
Touffou & Lanuaux.
Le Gaure.
Phelgourt.
Guerrande &c.

Sous VENNES sont
Vennes.
Ploermel,
Ruyz.
Mezillac.
Auray.
Hennebont.
Quimperlay & Carnourt.
Rochebernard.
Rohan.

Sous QVIMPERCORENTIN ou CORNOVAILLE sont
Quimpercorentin.
Conq.
Foesnant.
Rosperdan.
Pont l'Abbé.
Lesneuen.
Brest.
S. Renen.
Morlais.
Lantreguier.
Carhez.
Chaulin en Cornouaille.
Gourin, &c.

LE PARLEMENT DE PAV,

à sous soy le BEARN & la basse Nauarre.

Le Bearn est reparty en cinq sieges Royaux qui sont à
Morlas.
Pau.
Ortez.
Oleron.
Sauueterre.

La Basse Nauarre est diuisée en plusieurs contrées & Iurisdictions, sçauoir
Cize.
Mixe.
Ostabarez.
Arberone.
Baygorri.
Orsez.
Armendarits.

Et les appellations de tous ces quartiers alloient cy-deuant à la Chancellerie de la Basse Nauarre à S. PALAIS, aujourd'huy cette Chancellerie estant vnie au Parlement de Pau, les appellations de ces Iustices vont au Parlement de Pau.

LE PARLEMENT DE METZ,

Sous ce Parlement sont non seulement les terres des Eueschés de Mets, Toul & Verdun; & des Villes de Mets Toul & Verdun (car ces Eueschés & ces villes ont leurs Estats & leurs domaines distincts les vns des autres) mais aussi toutes les terres, Estats & Seigneuries, qui obeïssoient cy-deuant aux Ducs de Lorraine. Et les principaux Bailliage de la Lorraine sont les

Bailliage François à Nancy.
Bailliage Allemand à Vaudreuange.
Bailliage de Vauge à Mirecourt.

outre lesquels il y en a d'autres moindres.

Voila ce que nous auons peu recueillir touchant les dependances des Parlemens.

GENERALITE'S, ESLECTIONS & autres receptes de France.

Pour la recepte & pour le maniment des Finances, Aydes & toutes autres sortes de deniers Royaux, il y a diuers Offices & Bureaux establis par toute la France, & qui ont chacun leur ressort bien different de celuy qui est dans l'Eglise, & encor de celuy qui est dans la Iustice. L'Ordre plus cogneu dans ces Finances est celuy qui se trouue par Generalités & par les Eslections ou autres receptes establies dans les Prouinces. En voicy ce que i'ay peu recueillir.

Nous auons à present en France vingt-trois Generalitez qui sont Paris, Amiens, Soissons, Chaalons, Orleans, Tours, Poictiers, Limoges, Bourges, Moulins, Riom, Lyon, Bordeaux, Montauban, Roüen, Caën, Alençon, & ces dix-sept Generalités sont estimées les plus grandes, par ce qu'elles portent plus que ne font les autres. Les six autres sçauoir Dijon pour la Bourgogne, Thoulouze & Monpellier pour le Languedoc; le Dauphiné, la Prouence & la Bretagne estans aussi estimées & appellées les petites Generalités, non pour auoir moins d'estenduë que les autres, mais parce qu'elles portent moins; & cela vient de ce que les vnes ont esté données à la Courōne de France par leurs Seigneurs, d'autres s'y sont ioints d'elles mesmes, & cela auec certaines conditions, qui les rend encor considerables, auec ce qu'elles sont pour la pluspart frontieres. Voyons le denombrement des dix-sept premieres Generalités auec leurs Elections & le nombre des Paroisses de chacune Election, puis nous viendrons aux six dernieres.

Sous la Generalité de PARIS sont 20. Elections & 1971. Paroisses, Sçauoir

L'Election de Paris à paroisses	430	Melun	102
Beauuais	154	Montfort l'Amaury	58
Colomiers en Brie	36	Prouins	57
Compiegne	36	Nemours	48
Dreux	70	Nogent sur Seine	123
Estampes	41	Rosoy	63
S. Florentin	35	Senlis	80
Ioigny	88	Sens	122
Mante	96	Tonnerre	127
Meaux	147	Vezelay	58
			1971

Generalité d'AMIENS où sont 6. Elections 1271. Paroisses.

Amiens	294	Perone	213
Abbeuille	207	Mondidier	226
Doulens	240	S. Quentin	91
			1271

Generalité

Generalité de SOISSONS où font 7. Elections 1275. paroiſſes dont

Soiſſons en a	225	Laon	495
Clermont en Beauuaiſis	113	Noyon	147
Creſpy en Valois	91	Guyſe	78
Chaſteau-Thierry	126		1275

Generalité de CHAALONS en Champagne 10. Elections 2407. Paroiſſes.

Chaalons	246	Bar ſur Aube	153
Reims	438	Sezane	71
Troyes	343	Retel	272
Langres	339	Eſpernay	80
Chaumont en Baſſigny	269	Vitry	196
			2407

Generalité d'ORLEANS où font 12. Elections 1407. paroiſſes.

Orleans	147	Chartres & Logny	206
Beaugency	58	Dourdan	65
Pithuiers	81	Montargis	90
Remorentin	76	Chaſteau-Dun	357
Gien	97	Blois	72
Clamecy	64	Vendoſme	94
			1407

Generalité de TOVRS où font 15. Elections 1641. paroiſſes.

Tours	87	Chaſteau-Gontier	47
Amboiſe	46	Angers	254
Loches	76	La Fleche	100
Chinon	69	Baugé	100
Loudun	58	Le Mans	481
Monſtreuil Bellay	47	Laual	65
Saumur	76	Chaſteau du Loir	78
Mirebeau	47		1641

Generalité de POICTIERS où font 9. Elections 1182. Paroiſſes.

Poictiers	358	Monmorillon	73
S. Maixent	61	Touars	104
Niort	185	Chaſtelleraud	56
Fontenay le Comte	162	La Rochelle	87
Sables d'Olone	96		1182

Generalité de LIMOGES où font 7. ou 8. Elections 1187. Paroiſſes.

Limoges	304	Angouleſme	222
Tulle	177	S. Iean d'Angely	198
Briue	83	quelques vns y adjouſtent	
Blanc en Berry	43	Belac	46
Bourganeuf	114		1187

Generalité de BOVRGES ſous laquelle font 4. Elections 574. Paroiſſes.

Bourges	268	Chaſteau Roux	103
La Chaſtre	87	S. Amand	116
			574

Generalité de MOVLINS ſous laquelle font 9. Elections 1281. Paroiſſes.

Moulins	232	Monluçon	155
Neuers	274	Gannat	234

Gueret pour la Marche	259	Francaleu	50
Combraille	56	Chasteau Chinon	41
			1281

Generalité de RION où sont 5. Elections 910. Paroisses.

Rion	303	Issoire	133
S. Flour	236	Brioude	143
Orilhac	95		910

Generalité de LYON sous laquelle sont 5. Elections 837. Paroisses.

Lyon	190	Roanne	139
Monbrison	260	S. Chamont ou S. Estienne	125
Beaujolois	123		837

Generalité de BORDEAVX où sont 7. Elections 1857. Parroisses.

Bordeaux	456	Condommois	60
Perigueux	421	Saintes	141
Agen	346	Montlieu	160
Les Lanes	273		1857

Generalité de MONTAVBAN où sont 11. Elections 2165. Paroisses.

Montauban	86	Cahors	288
Armagnac	322	Figeac	121
Loumagne	155	Riuiere Verdun	133
Haut Rouergue	212	Cuminges }	590
Bas Rouergue	212	Estarac }	
Rodez	86		2165

Generalité de ROVEN où sont 13. Elections 1800. Paroisses.

Roüen	202	Conches & Breteuil	164
Ponteau de Mer	169	Gisors	73
Pont de l'Arche	67	Lihons	48
Caudebec	148	Chaumont & Magny	102
Montiuiller	165	Andelys	121
Arques	248	Eureux	170
Neuchastel	123		1800

Generalité de CAEN où sont 8. Elections 987. Paroisses.

Caën	32	Carentan	122
Bayeux	221	Valognes	176
Vire & Condé	124	Auranches	75
Coutances	164	Mortain	73
			987

Generalité d'ALENCON sous laquelle sont 9. Elections 1328. Paroisses.

Alençon	129	Pont l'Euesque	150
Argentan	194	Bernay	129
Domfront	45	Lisieux	140
Verneuil	145	Falaise	236
Mortaigne	160		1328

Ie trouue en ces dix-sept premieres Generalités cent cinquante-six Elections, sous lesquelles sont vingt quatre mille soixante & dix-huict Paroisses ou enuiron, mais il faut remarquer qu'vne mesme Paroisse tombe quelque fois sous deux Elections, & d'autre costé qu'il y a plusieurs villes priuilegiées, &c. & beaucoup de Paroisses exemptes & de Tailles & de Gabelles, & consequemment non subjettes ou comprises dans les Elections, ce qui pourroit bien remplacer le nombre qu'il eut fallu diminuer de celles qui se trouuent deux fois. Voyons les six autres Generalités, Sçauoir Dijon, pour la Bourgongne, Thoulouze & Monpellier pour le Languedoc ; Grenoble pour le Dauphiné, Aix pour la Prouence, & Nantes pour la Bretagne.

La Generalité de DIION pour le Duché de BOVRGOGNE n'a point de receptes particulieres. Ie dis pour le Duché de BOVRGOGNE : car il y en a dans les pays adjacens à la Bourgogne, sçauoir dans la Bresse, Beugey, Veromey & Bailliage de Gex, que nous auons eu en eschange du Marquisat de Saluces. Il y a aussi des Elections de

Mascon	168	Auxerre	53
Bar sur Seine	28		

La Generalité de THOVLOVSE est pour le HAVT LANGVEDOC & à sous soy vnze Dioceses ou receptes particulieres

Thoulouse	198	Alet & Limouth	146
Rieux	36	Carcassonne	107
Alby	111	Mirepoix	141
Bas Montauban	41	La Vaur	80
Castres	77	Comminges	12
S. Papoul	45		1051

La Generalité de MONPELLIER pour le BAS LANGVEDOC & les SEVENES & comprend aussi vnze receptes particulieres ou Dioceses sçauoir

Monpellier	89	Lodeue	50
Nismes	180	Agde	20
Vzés	212	Beziers	98
Viuiers	303	S. Pons	38
Le Puy en Velay	183	Narbonne	139
Mende	182		1494

Les deux Generalitez de Toulouse & Monpellier du Languedoc mises ensemble, comprennent deux mille cinq cens quarante-cinq Villes places ou paroisses qui ont leurs Consulats.

La Generalité de GRENOBLE pour le Dauphiné a eu cy-deuant huict receptes particulieres qui estoient la mesme où sont ses huict Bailliages. Du depuis il y a eu creation de dix sieges ou Bureaux d'Elections, sçauoir à

Grenoble	Die
Vienne	Montelimar
Romans	Ambrun
Valence	Briançon
Crest	Gap

Puis lon a reuny Crest & Die auec Montelimar : & Ambrun & Briançon auec Gap.

La Generalité D'AIX pour la Prouence n'a point de receptes particulieres.

La Generalité de NANTES pour la Bretagne à neuf receptes particulieres qui sont suiuant les neuf Eueschés de la Bretagne, sçauoir

Rennes, Dol, S. Malo	en la haute Bretagne	Nantes, Vannes, S. Brieu	en la moyenne Bretagne

Lantriguet ou Treguier	Quimpercorentin ou Cornoüaille
Leondoul ou S. Pol de Leon.	en la basse Bretagne

Les deniers se leuent en Bretagne & en Prouence par feux ; & cela s'appelle affouagement.

Telles sont les Generalités de France & leurs dependances, à quoy il faut adjouster que les quatorze premieres Generalités, sçauoir Paris, Amiens, Soissons, Chaalons, Orleans, Tours, Poictiers, Limoges, Bourges, Moulins, Rion, Lyon, Bordeaux, & Montauban, comptent en la Chambre des Comptes à Paris. Celles de Roüen, de Caën & d'Alençon en la Chambre des Comptes de Roüen. Celle de Dijon en la Châbre des Comptes & Cour des Aydes de Dijon: Celles de Thoulouse & Monpellier en la Chambre des Comptes de Monpellier. Celles de Grenoble, d'Aix en Prouence & de Nantes comptent dans les Chambres des Comptes establies dans les mesmes villes. Et presque par tout où il y a Chambre des Comptes il y a aussi Cour des Aydes, & qui sont quelquefois vnies auec les Chambres des Comptes. Mais que cecy suffise à present de la France, & des principales distinctions qui s'y peuuent remarquer.

GALLIÆ, siue CELTOGALATIÆ DESCRIPTIO ex Ptolemæo.

CELTOGALATIA in quatuor diuisa est Regiones; Aquitaniam, Lugdunensem, Belgicam & Narbonensem.

AQVITANIA

Fines habet ab Occidente Aquitanicum Oceanum, et ad litus descriptionem hanc: post Oeasum Pyrenes promontorium,

Aturij fl. ostia,
Sigmani fl. ostia,
Curianum prom.
1 Garunæ fl. ost.
3 Santonum portus.
2 Santonum prom.
Canenteli fl. ostia,
Pectonium prom.
Secor portus,
Ligeris fl. ostia.

A Septentrione autem terminatur Lugdunensi Regione iuxta Ligerim:

Ab Oriente iterum Lugdunensi, tum & Narbonensi, vsque ad Pyrenem:

A Meridie Pyrene monte, et aliqua ex parte ab occasu eodem etiam Pyrene, vsque ad Oeasum promontorium.

Aquitaniam autem tenent populi ad mare et penes Ligerim.

PECTONES,
quorum ciuitates
Limonum,
Ratiastum.
Sub ijs SANTONES,
quorum ciuitas
Mediolanium.
BITVRIGES VIBISCI,
quarum ciuitates
Nouiomagus,
Burdigala.
& ad Pyrenem vsque montem
TARBELLI,
[q]uorum ciuitas.

DESCRIPTION DE LA GAVLE ou de LA FRANCE, ET PAYS CIRCONVOISINS tirée de Ptolemée.

LA GAVLE se diuise en quatre Regions; Aquitaine, Lyonnoise, Belgicque, & Narbonnoise.

L'AQVITAINE

Est bornée vers l'Occident par la Mer d'Aquitaine, & la description de la coste est telle: apres le Cap de Fontarabie

L'Adour Riuiere,
Leyra Riuiere,
Cap Horret,
1 La Garonne Riuiere,
3 La Rochelle,
2 Pointe d'Aruert,
La Charente Riuiere,
Pointe de l'Æguillon,
R. de Ceure, ou Seure
La Loire Riuiere.

Vers le Septétrion, l'Aquitaine est bornée par la Gaule Lyonnoise pres de la Loire:

Vers l'Orient par la G. Lyónoise, & encor par la Narbónoise iusques aux Pyrenées.

Vers le Midy iusques au Mo. Pyrenées, & en partie à l'Occidét encor des Pyrenées iusqu'au Cap Figuier pres de Fótarabie.

Les Peuples ou pays qui tiennent l'Aquitaine sont vers la Loyre.

Le POICTOV & ANGOVMOIS
où sont les villes
Poictiers,
Angoulesme.
La SAINTONGE,
où est la ville
Saintes.
La GVIENNE, & BOVRDELOIS,
où sont les villes
Bourg ou Soulac,
Bourdeaux.
& iusques aux Monts Pyrenées
Le BASQVE, BEARN, & BIGORRE
où est la ville

Aquæ Augustæ.
In mediterraneis sunt
LIMVICI, *alias* LEMOVICI,
quorum ciuitas
Augustoritum.
CADVRCI,
et ciuitas
Dueona,
PETROCORII,
& ciuitas
Vesunna.
BITVRIGES CVBI
et ciuitas
Auaricum.
NITIOBRIGES,
& ciuitas
Aginnum.
VASARII, *lege* VASATII
& ciuitas
Cossium alias Cossio.
GABALI.
& ciuitas
Anderidum.
DATII,
& ciuitas
Tasta,
AVSCII,
& ciuitas
Augusta.
ARVERNI,
et ciuitas
Augustonemetnm.
VELAVNI,
& ciuitas
Ruesium.
RVTANI,
et ciuitas.
Segodunum.
Contigui autem Pyreneo monti sunt
CVCVENI, *leg.* CONVENI.
& ciuitas
Lugdunum.

Bayonne.
Plus auãt en terre sõt les peuples ou païs
Le LIMOSIN,
où est la ville
Limoges.
Le QVERCY,
où est la ville
Cahors.
Le PERIGORD,
où est la ville
Perigueux.
Le BERRY,
où est la ville
Bourges.
L'AGENOIS & CONDOMOIS,
où est la ville
Agen.
Le BASADOIS,
& la ville
Basas.
Le GEVAVDAN,
& la ville
Mende ou Iauoulx
Les LANES & GASCOGNE,
& la ville
Dax.
L'ARMAGNAC,
& la ville
Aux.
L'AVVERGNE,
& la ville
Clermont ou au dessus
Le VELAY,
& la ville
Le Puy, ou S. Paulhan
Le ROVERGVE & ALBIGEOIS,
& la ville
Rodez.
& ioignant les Mont Pyrenées sont
Le COMMINGE & COVSERANS,
où est la ville
S. Bertrand. ou proche

GALLIA LVGDVNENSIS.

Latera GALLIÆ LVGDVNENSIS, *quæ contigua sunt Aquitaniæ, dicta sunt : Ex reliquis id, quod ad occasum spectat, et Oceano alluitur, sic describitur :*

post Ligeris fluuij ostia,
Briuates portus,
Herij flu. ost.
Vindana portus,
Gobæum prom.

LA GAVLE LYONNOISE.

Les costés de la GAVLE LYONNOISE, qui sont contigus à l'Aquitaine, sont donnés: des autres costés, celuy, qui est au couchant, & qui est bagné de l'Ocean, se descrit ainsi

apres la R. de la Loire,
Le Port de Brest,
La Vilaine Riu. ou l'Oder, où Elle
Morbihan port, ou Hannebont
Le Conquest ou S. Mahe fine terre.

Latus autem, quod Septentriones aspicit iuxta Britannicum Oceanum sic se habet:	Le costé qui regarde le Septentrion, & la Mer Britannique se comporte ainsi:
post Gobæum prom.	apres S. Mahe fine terre,
Staliocanus portus,	Roscou port, pres S. Pol de Leon
Teti flu. ost.	Le Trieu Riu.
Argenis flu. ost.	Arguenon Riu.
Crociatonum portus,	Carentan port,
Olinæ flu. ost.	Orne Riu.
Sequanæ flu. ostia.	La Seine Riuiere.
Orientale latus coniunctum est Belgicæ:	Le costé Oriẽtal est contigu à la Belgique
Meridionale Narbonensi vsque ad Aquitaniæ terminum in montibus Cemmenis.	Le Meridional à la Narbonoise iusqu'aux confins de l'Aquitaine dãs les M. Seuen.
Latus vero littorale à Sequana tenent	Mais la coste vers la Seine est ocupée par
CALETÆ,	Les peuples ou pays de CAVX,
quorum vrbs	où est la ville
Juliobona melius Lulliobona.	Lillebonne.
LIXVBII, LEX	La NORMANDIE, ou terre de LISIEVX,
quorum vrbs	où est la ville
Nœomagus.	Lisieux.
VENELI,	Le COVTANTIN,
quorum portus	où est le port de
Crociatonum.	Carenten.
BIDVCENSES	Le BESSIN,
deest vrbs	la ville manque
ex Antonino, Iuliobona.	& par Antonin ie trouue Bayeux.
et vltimi ad Gobæum promontorium	& les derni. iusques à S. Mahé fine terre.
OSISMII,	Basse BRETAGNE,
quorum ciuitas	où est la ville
Vorganium.	Cozqueoudet ruynée.
Occidentale autem litus post Osismios tenẽt	La coste Occidentale apres la basse Bret.
VENETI,	VANNETAIS,
quorum ciuitas	où est la ville
Dariorigum.	Vennes.
et ad ligerim SAMNITÆ, *lege* NAMNETÆ	Le NANTOIS,
quorum vrbs	où est la ville
Condiuincum.	Nantes.
In mediterraneis sunt	Dans les terres sont
AVLIRCII DIAVLITÆ,	Le PERCHE,
quorum ciuitas	où est la ville
Nœodunum.	Nogent le Retrou.
ARVII, *lego* SESSVII	L'AVGE, &c.
et ciuitas	où est la ville
Vagoritum.	Seez.
VENELIOCASSII,	Le VEXIN & ROVENNOIS,
quorum ciuitas	où est la ville
Rotomagus	Roüen.
ONDICAVÆ, *lege* ANDICAVI	L'ANIOV,
& eorum ciuitas	& la ville
Juliomagus.	Angers.
AVLIRCII CENOMANI,	Le MAINE,
quorum ciuitas	& la ville
Vindinum.	Le Mans,
ABRINCATVI,	L'AVRANCHIN,
quorum ciuitas	& la ville
Ingena.	Auranches.

Avlircii Ebvraici,
quorum ciuitas
Mediolanium.
Redones,
quorum ciuitas
Condate
Senones,
quorum ciuitas
Agedicum.
Carnvtæ,
quorum ciuitates
Autricum,
Cenabum.
Parisii
quorum ciuitas
Lucotecia.
Tricassii,
et eorum ciuitas
Augustobana.
Tvrvpii, *lego* Tvroni
& eorum ciuitas
Cæsarodunum.
Segvsiani *in Cemmenis mont.*
& ciuitates eorum
Rodumna,
Forum Segusianorum.
Meldæ,
et eorum ciuitas
Iatinum.
Vadicasii,
et eorum ciuitas
Nœomagus.
& ad Rhodani vsque diuertigium
Ædvorvm *gens,*
quorum ciuitates
Augustodunum,
Caballinum,
Lugdunum.

Le terroir d'Evrevx en Normandie,
& la ville
Eureux
Le Redonois,
& la ville
Rennes.
Le Senonois,
& la ville
Sens.
La Beavce,
& les villes
Chartres,
Orleans.
L'Isle de France
& la ville
Paris.
La Champagne,
& la ville
Troyes.
La Tovraine,
& la ville
Tours.
Le Forez,
& les villes
Roanne,
S. Estienne de Furens.
La Brie,
& la ville
Meaux.
Le Nivernois,
& la ville
Neuers.
& iusques au detours du Rhosne
La Bovrgongne Duché, Lyonnois, [&c.
où sont les villes
Autun,
Challon sur Saone,
Lyon.

GALLIA BELGICA.

Occidentale latus Galliæ Belgicæ, *& quidquid Lugdunensem attingit, dictum est: eius Septentrionalia, & quæ ad Britannicum spectant Oceanum, sic se habent:*
post Sequanæ flu ostia,
Phrudis fl. ost.
2 *Itium promontorium,*
1 *Gesoriacum nauale Morinorum:*
Tabudæ fl. ost. Scaldis leg.
Mosæ fl. ost.
Rheni fl. Occidentale ost.
Rheni fl. medium ost.
Orientale Rheni ost.
Latus, quod ad Solis ortum spectat à Rheno

LA GAVLE BELGIQVE.

La partie Occidentale de la Gavle Belgiqve, & ce qui touche la Lyonnoise, est dit: Ce qui regarde le Nort, & la Mer Britannique se comporte ainsi:
apres la Seine R.
Bresle Riu.
2 Le Blannés Cap.
1 Boulongne,
L'Escauld Riu.
La Meuse Riu.
C'est le mesme que de la Meuse:
Le Rin vers Catvvick op Zee,
T' Vlie entre Texel & Vlieland.
La partie, qui regarde le Soleil Leuant est

fluuio terminatur iuxta Magnam Germaniam; tum & Adula monte in Alpibus.	bornée par le Rhin à l'encontre de l'Allemagne, & encor par le Mont Adula dans les Alpes.
Latus vero Meridionale conjungitur cũ parte Galliæ Narbonensis vsque ad communem Alpium, et Adulæ montis finem.	Mais la partie Meridionale touche à la Gaule Narbõnoise iusques à la rencõtre des Alpes, & du Mont Adula.
Belgicam tenent populi	La Belgicque est tenuë des peuples
ATREBATII	ou pays D'ARTOIS,
quorum ciuitas [*Nemetacum Origiacum legunt alij Metacum alias*	où est la ville Orchies ou Arras.
BELLOVACI,	BEAVVAISIS,
quorum ciuitas	où est la ville
Cæsaromagus.	Beauuais.
AMBIANI,	PICARDIE ou AMIENOIS,
quorum ciuitas	où est la ville
Samorobriua.	Amiens.
MORINI,	La FLANDRE & BOVLENOIS,
quorum ciuitas (,')	où est la ville
Taruanna.	Terouenne.
TONGRI	LYEGE,
quorum ciuitas	où est la ville
Atuacutum.	Tongres.
MENAPII,	BRABANT,
quorum ciuitas	où est la ville
Castellum. ',')	Horn.
BATAVI	HOLLANDE,
quorum ciuitas	où est la ville (,')
Lugodinum.	Leyden.
NERVII,	HAYNAVT,
quorum ciuitas	où est la ville
Baganum. leg. Bagacum.	Bauay.
SVMANECTI, *leg.* SYLVANECTI	VALOIS, ou SENLISIS,
quorum ciuitas	où est la ville
Ratomagus. leg. Augustomagus.	Senlis.
ROMANDVES, *lege* VEROMANDVI,	VERMANDOIS,
quorum ciuitas	où est la ville
Augusta Veromanduorum.	Vermand ou S. Quentin.
SVESSONES,	SOISSONNOIS,
quorum ciuitas	où est la ville
Augusta Suessonum.	Soissons.
REMI,	REMOIS, RETELOIS, &c.
& eorum ciuitas	où est la ville
Durocottorum.	Reims.
TREVIRI, (',)	TREVEROIS,
quorum ciuitas	où est la ville
Augusta Treuirorum.	Treues.
MEDIOMATRICES,	Basse LORRAINE,
et eorum ciuitas	où est la ville
Diuodurum.	Mets.
LEVCI,	Haute LORRAINE, ou Lorr. Vauge,
& eorum ciuitates	où est la ville
Tullum,	Toul,
Nasium.	Nancey pres Ligny en Barrois.
Pars vero regionis, quæ circa Rhenum flu. est à mari ad Obringam alias Obrineum flu.	La partie de la Ga. Belgicque, qui est le long du Rhin & qui s'estend de la Mer

B

INFERIOR GERMANIA *appellatur, in qua ciuitates hæ sunt*
Batauodurum,
Vetera ciuitas,
Legio xxx. Vlpia Trajana,
Agrippinensis,
Bonna.
Quæ ab Obringa flu. ad meridiem extenditur regio, ea GERMANIA SVPERIOR *appellatur, in qua populi sunt*
VANGIONES,
quorum vrbes
Mocontiacum,
Borbetomagus.
NEMETES,
quorum vrbes
Noeomagus.
TRIBOCCI,
quorum vrbes
Argentoratum,
Rufiana,
Breucomagus,
Elcebus,
Argentuaria.
RAVRICI,
quorum vrbs
Augusta Rauricorum.
LONGONES,
quarum ciuitas
Andomatunum.
et post montem Iurassum ad Rhenum
HELVETII,
quorum ciuitates
Ganodurum, lego Salodurum
Forum Tiberij,
Equestris,
Auenticum.
SEQVANI,
quorum ciuitates.
Didattium,
Visontium.

iusques à la R. Aar, s'appelle GERMANIE INFERIEVRE, en laquelle sont les villes
Battenbourg,
Santen,
Kellen pres Cleues,
Cologne,
Bonne.
Ce qui s'estend depuis la R. Aar vers le Midy s'apelle GERMANIE SVPERIEVRE en laquelle sont les Peuples ou pays,
Le PALATINAT du Rhin, &c.
où sont les villes
Mayence,
VVorms. [Pons, &c.
Le PALATINAT encor, Duché des deux
où est la ville
Spire.
L'ALSACE,
où sont les villes
Strasbourg,
Ruffach,
Brumpt,
Schlestat,
Colmar.
BASLE, &c.
où est la ville
Augst ruïnée.
LANGROIS,
où est la ville
Langres.
& au delà du mót Iura iusques au Rhin
Les SVISSES,
où sont les villes
Soleurn,
Keiserstul,
Nyon,
Auenches,
La BOVRGOGNE Comté,
ou sont les villes
Dole,
Besançon.

NARBONENSIS GALLIA.

NARBONENSIS GALLIÆ *latera, quæ iuncta sunt tribus alijs regionibus, iam dicta sunt: ex alijs id, quod ad Arctum spectat tangit Adulam montem, & Alpes ad vsque Vari flu ostia.*
Latus autem meridianum Pyrenei montes, et mare Gallicum terminant, à Veneris templo Varum vsque: cuius situs sic describitur
Post Veneris templum,
Illeris fluuij ostia,
Ruscionis flu. ostia,

LA GAVLE NARBONNOISE.

Les costes de la GAVLE NARBONNOISE, qui se ioignent aux trois autres parties, sont déja dites: des autres costés, celuy, qui est à l'Est touche le Mont Adula, & les Alpes iusques à la Riuiere du Var.
Mais les Monts Pyrenées, & la mer Mediteranée bornent le costé meridional, depuis Port Vendres iusques au Var, ainsi;
apres Port Vendres,
Riu de Collioure,
Later R.

Atagis flu. oſt.
Orobij flu. oſt.
Araurij flu. oſtia,
Agathopolis,
Setius Mons,
Rhodani Occidentale oſtium,
Rhodani Orientale oſtium,
Foſſæ Marianæ.
Rhodanus per Lemanum lacum fluit, recipitque fluuios
Ararim : Araris ipſe
Dubim,
Iterum Rhodanus recipit
Iſaram,
& Druentiam.
Poſt Rhodanum autem mari iterum adiacent
ANATILI,
& eorum ciuitas
Maritima colonia.
tum Cæni fluuij oſtia.
COMMONI,
et eorum ciuitates
Maſſilia,
Tauroentum,
Citariſtes promont.
Olbia ciuit.
Argentij flu. oſtia,
Forum Iulium col.
DECIATII,
quorum vrbs
Antipolis,
Et Vari flu. oſt
Tenent autem Occidentalia Galliæ Narbonenſis VOLCÆ TECTOSAGES,
quorum ciuitates
Illiberis,
Ruſcino,
Toloſa colonia
Ceſſero,
Carcaſo,
Bætiræ,
Narbo colonia.
poſt hos vſque ad Rhodanum flu. ſunt
VOLCÆ ARECOMII,
quorum vrbes mediterraneæ
Vindomagus,
Nemauſus colonia.
A parte Orientali Rhodani fluuij Septentrionales ſunt ſub Medulis.
ALLOBRYGES,
quorum ciuitates
Vienna,
Acuſio colonia. lego Cularo col.
Subijs SEGALAVNI,
quorum ciuitas

Aude Riu.
Orbe Riu.
Erault R.
Agde,
Cap de Seute,
Gras de Peccais,
Gras de Paſſon,
vers Foz
Le Rhoſne coule au trauers du Lac de Geneue, & reçoit les Riuieres
de Saone : La Saone reçoit
Le Doux.
encor le Rhoſne reçoit
L'Iſere,
& la Durance.
apres le Rhoſne ſuiuant la mer ſont
La CRAV,
& la ville
Martegue.
puis Veaune Riu.
La coſte de MARSEILLE,
& les villes
Marſeille,
Tolon,
Cap de Siſiat,
Hieres,
Argens Riu.
Freiuls.
Le Terroir de GRACE,
où eſt la ville
Antibe,
& le Var Riu.
Ce qui eſt le plus à l'Occidẽt de la Gaule Narbon. eſt tenu par les THOLOSAINS & haut Langued. deſquels les Cités ſont
Collioure,
Tour Rouſſillon, prés Perpignan
Thoulouſe,
S. Hubery,
Carcaſſonne,
Beziers,
Narbonne.
apres leſquels iuſques au Rhoſne eſt
Le bas LANGVEDOC,
où ſont les villes Mediteranées
Anduze,
Niſmes.
à l'Orient du Rhoſne, & vers le Nort ſont au deſſous de la Morienne [en partie,
Les ALLOBROGES ou SAVOYE & DAVF.
où ſont les villes
Vienne
Grenoble.
Le VALENTINOIS en DAVFINÉ
où eſt la ville

Valentia.	Valence.
TRICASTENI,	partie encore du DAVFINE,
quorum ciuitas	où est la ville
Nœomagus.	S. Pol Ticastrin.
CAVARI,	Le Comtat d'AVIGNON, & ORANGE,
quorum ciuitates	où sont les villes
Auenio colonia,	Auignon,
Arusio,	Orange,
Cabellio colonia.	Cauaillon.
SALICES, *lege* SALYES	Partie de la PROVENCE,
quorum ciuitates	où sont les villes
Taruscum,	Tarascon,
Glanum,	S. Remy,
Arelatum col.	Arles,
Aquæ Sextiæ col.	Aix,
Ernarginum.	S. Gabriel.
MIMENI,	Partie de PROVENCE,
quorum ciuitas	où est la ville
Forum Neronis.	Forcalquier. [PROV.
VSCONDII, *lege* VOCONTII,	Les VOCONTIENS partie en DAVF. part.
quorum ciuitas	où est la ville
Vasio.	Vaison.
ELICOCI, *lege* HELVII,	Le VIVARAIS,
& eorum ciuitas	& la ville
Albaugusta.	Viuiers.
SENTII,	Le Terrois de DIGNE en PROVENCE,
quorum ciuitas	& la ville
Dinia.	Digne. [Isles
Insulæ subiacent Narbonensi Galliæ.	Pres de la Gaule Narbonnoise sont les
Agatha,	de Maguelone,
Cum ciuitate eiusdem nominis.	auec vne ville de mesme nom.
Blasco Ins.	Brescou.
& penes Citharisten promont.	& pres le Cap Sitiat
STOECADES *numero quinque.*	Les Isles D'OR ou D'HIERES.
et sub Varo fluu.	& prés la Riuiere du Var
Lerone insula.	Les Isles de Lerins.

GALLIA ex ITINERARIIS ROMANIS DESVMPTA.

LA FRANCE ET PAYS CIRCONuoisins, tirée des Itineraires Romains : Sçauoir d'Antonin, & de la Carte Itineraire.

Ex Antonino. *Ex Itineraria Tabula.*

A POMPELONE AQVAS TABELLICAS, & BVRDIGALAM. CCCCXXI. M.P. *sic.*

DE PAMPELVNE A BAYONE *et* BOVRDEAVX. [ainsi,

Ex Antonino	M. P.	Ex Itineraria Tabula	
A Pompelone	M. P. xxii.		de Pampelune
Turissam	M. P. xviii.		à Larassoain ou Larissone
Snmmum Pyrenæum	v.		le Bourguet ou Ronceuaux
Imum Pyrenæum	xii.	( )	ValCarlos ou S.I. pied de P.
Carasam	xxxix.		S. I. pied de Port ou Orcez
Aquas Tarbellicas	xvi.		Bayonne
Mosconium	xii.	( )	Mayesc
Segosam	xii.		Mesos
Losam	vii.		Luz
Boios	xvi.		Moios ou Cap de Buch
Burdigalam.		*Burdegalo.*	Bourdeaux.

AB AQVIS TABELLICIS BVRDIGALAM alio ITINERE. *sic*

*DE BAYONE A BOVR*DEAVX par autre ch. ainsi,

Ex Antonino	M. P.	Ex Itineraria Tabula	
Ab Aquis Tarbellicis	xvi.		de Bayone
Cæquosam	xviii.		à Dax
Tellonum	xii.		Mont de Marsan
* *Sallomacum*	xviii.		Sos
Burdigalam		*Burdegalo.*	Bourdeaux.

A CÆSARAVGVSTA BENEARNVM, indeque TOLOSAM. *sic*

DE SARRAGOSSE A LESCAR, *et* THOVLOVSE. [ainsi,

Ex Antonino	M. P.	Ex Itineraria Tabula	
A Cæsaraugusta	M.P. xxx.		De Sarragosse
Forum Gallorum	xxii.		à Luna
Ebellinum	xxiv.		Biel
Summum Pyrenæum	v.		S. Christina de Sũmo Portu
Forum Ligneum	vii.	( )	Vrdos
Aspalucam	xii.		Bedous en la vallée d'Aspe
Iluronem	xii.		Oleron
Beneharnum	xviii.		Lescar
Oppidum nouum	viii.		Tarbe
Aquas Conuenarum	xvi.	*Aquis*	N. D. de Garroçon
Lugdunum	xxvi.	( )	pres S. Bertrand
Calagorgim	xvi.		S. Girons ou S. Lezier
Aquas siccas	xv.		Cazeres
Vernosolem	xv.		Vernauset
Tolosam.		*Tolosa.*	Toulouse.

AB ELVSA CLIMBERRIM, & TOLOSAM, *sic,*

DE EAVSE à AVX, et TOVLOVSE. ainsi,

Ex Antonino		Ex Itineraria Tabula		
. . . . . .	. . .	*Clusa*	10	de Eause
. . . . . .	. . .	*Besino*	13	Lislette sur Baise fl.

Climbertum	...	*Cliberre*	15	Aux
......	...	*Casinomago*	18	Gimont ou Casterat
Tolosam		*Tolosa.*		Toulouse.

A LVGDVNO CONVENARVM CLIMBERRIM & AGINNVM. *sic.* — *DE S. BERTRAND DE COMINGES à AVX et de S. Bertrand [AGEN. ainsi,*

A Lugduno.	xxiv.	......	...	de S. Bertrand [AGEN. ainsi,
Belsinum	xv.	......	...	Lombes
Climbertum	xv.	*Cliberre*		Aux
Lacturam	xv.	*Lactora*	...	Lectoure
Aginnum.		*Aginnum.*		Agen.

A BARCINONE NARBONEM. *sic,* — *DE BARCELONE à NARBONNE ainsi,*

A Barcinone	xlvii.	......		de Barcelone
Aquas Voconias	xxiv.	*Voconi*	12	à Bañoles
		Gerunda	12	Girona
		Cemuana	15	Albaña
Juncariam	xvi.	*Iuncaria*	4	Ionquera
		Declana	4	S. Clement
ad Summun Pyrenæum	v.	*in summo Pyreneo*	5	S. Quirch
ad Centuriones	xx.	*ad Centenarium*	12	Ceruera
		Illibere	7	Collioure
Ruscinonem	vi.	*Ruscione*	6	Tour Rossilon
Combusta	xiv.			Torelles
ad Vicensimum	xx.			Leucate
Narbonem.		*Narbone.*		Nabonne.

A BARCINONE NARBONEM ALIO itinere, *sic.* — *DE BARCELONE à NARBONNE par autre chemin,*

A Barcinone	LV ... vi.			de Barcelone
Gerundam	xxvii.	*Gerunda*	27	à Girone
Juncariam	xvi.	*Juncaria*	8	Ionquere
ad Pyrenæum	xvi.	*in summo Pyrenæo*	...	Aspres
ad Stabula	xlviii.	......	...	Perpiñan
Salsulas	xxx	......	...	Salses
Narbonem.		*Narbone.*		Narbonne.

A NARBONE TOLOSAM, AGINNVM, BVRDIGALAM. *sic,* — *DE NARBONE à TOVLOVSE, AGEN, & BOVRDEAVX,*

à Narbone	...	*Narbone*	16	de Narbone
......	...	*Usuerua*	11	à Lesignan
......	...	*Liuiana*	12	Barbayran
......	...	*Carcassione*	14	Carcassone
......	...	*Eburomagi*	...	Laurol
......	...	*Fines*	19	Mazeres
......	...	*Badera*	15	la Barte
Tolosam	...	*Tolosa*	20	Toulouse
......	...	*Sartali*	16	Castel Sarrazin
Lacturam	xv.	*Lactora*	...	Lectoure
Aginnum	xii.	*Aginnum*	15	Agen [nois
Fines	xxiv.	*Fines*	20	Toneins ou le Mas d'Age-
Ussubium	xx.	*Vesubio*	20	la Reole ou ...
Sirionem	xv.	*Serione*	10	Rion ou le Siron
Burdigala.		*Burdegalo.*		Bourdeaux.

A BVRDEGALA MEDIOLANVM SANTONVM, LEMVNVM PICTONVM, & CÆSARODVNVM TVRONVM. *sic*,

DE BORDEAVX à SAINTES, POICTIERS & TOVRS. ainsi,

à Burdigala	xviii.	*Burdegalo*	9	de Bordeaux
Blautum	xvi.	*Blauia*	22	à Blaye
Tamnum	xii.	*Lamnum*	13	Mirembeau
Nouioregum	xv.	. . . . . .	. . .	Pons
Mediolano Santonum	xvi.	*Mediolano Santon.*	. . .	Saintes
Aunedonacum	xx.	*Auedonaco*	8	Aulnay
		Brigiosum	12	Briou
Raraunum	xxi	*Rarauna*	6	Rom
Limonum	. . .	*Lemuno*	42	Poictiers
. . . . . .	. . .	*Cæsaroduno.*		Tours.

A BVRDEGALA VESVNNAM PETROCORIORVM, AVGVSTORITVM LEMOVICVM, & AVARICVM BITVRIGVM CVBORVM. *sic*,

DE BOVRDEAVX à PERIGVEVX, LIMOGES, BOVRGES. ainsi,

A Burdigala	. . .	*Burdegalo*	. . .	de Bourdeaux
. . . . . .	. . .	*Varadeto*	18	à Port de S. Perdous ou Vaires
. . . . . .	. . .	*Cotereate*	. . .	Coutras
. . . . . .	. . .	*Ca . . . o*	10	Motpons
. . . . . .	. . .	. . . . . .		Mucidan
Vesuna	xxi.	*Vesonna*	14	Perigueux
Fines	xxviii.	*Fines*	14	Corbosin
Augustoritum	xxi.	*Ausrito*	. . .	Limoges
. . .		. . . . . .	. . .	. . . .
Argentomagum	xxvii.	*Argantomago*	14	Argenton
		Alerea	28	Chau. Roux ou Lourouer
Ernodorum	xiii			Issoudun ou S. Ambroix sur Arnon
Auaricum.		*Auaricum.*		Bourges.

A TOLOSA LVGVDNVM SEGVSIANORVM. *sic*,

DE TOVLOVSE à LYON. ainsi,

à Tolosa	. . .	*Tolosa*	28	de Toulouse
. . . . . .	. . .	*Fines*	7	à Montauban
. . . . . .	. . .	*Cosa*	20	Coz
. . . . . .	. . .	*Bibona*	15	Caylus de Bonnette
. . . . . .	. . .	*Varadeto*	11	Ville franche
. . . . . .	. . .	*Carantomago*	15	Regnac
. . . . . .	. . .	*Segodum*	24	Rhodez
. . . . . .	. . .	*ad Silanum*	18	S. Saturnin de Lene ou Albrac
. . . . . .	. . .	*Anderitum*	22	Mende ou Iauouz
. . . . . .	. . .	*Condate*	12	Monistrol d'Allier
. . . . . .	. . .	*Reuessione*	14	Le Puy ou S. Paulhan
. . . . . .	. . .	*Icidmago*	17	Issignaux
. . . . . .	. . .	*Aquis Segete*	9	S. Didier en Velay
. . . . . .	. . .	*Foro Segustauarum*	16	S. Estienne de Furens
Lugdunum.		*Lugduno.*		Lyon.

A NARBONE NEMAVSVM, ARELATE. *sic*,

DE NARBONE à NISMES, & ARLES. ainsi,

à Narbone xii. *alias*	xvi.	*Narbone*	21	de Narbone
Beterras	xii.	*Beteris*	12	à Beziers
Arauram siue Cesserone	xviii.	*Cesse Rone*	18	S. Hubery
Forum Domitij	xvi.	*Foro Domitij*	15	Frontignan ou Montasin

Sextationem	xv.	*Serratione*	20	Monpellier aut prope
Ambrussum	xxiv.	*Ambrusum*	15	Lunel aut circiter
Nemausum	xix.	*Nemuso*	15	Nismes
. . .. ..	. . .	*Ugerno*	8	Beaucaire
Arelatem.		*Arelate.*		Arles.

A MEDIOLANO SANTONVM, VESVNNAM PETROCORIORVM, SEGODVNVM RVTENORVM, NARBONEM. *sic,* — *DE SAINTES à PERIGVEVX*, RHODEZ, NARBONE. ainsi,

à Mediolano Santonum	. . .	*Mediolano Santon.*	. . .	de Saintes
. . . . . .	. . .	*Condate*	10	à Coignac
. . . . . .	. . .	*Sarrum*	20	Barbesieux
Vesuna	xviii	*Vesonna*	. . .	Perigueux
Traiectum	. . .	*Diolindum*	24	Cahors
. . . . . .	. . .	*Bibona*	41	Caylus de Bonnette
. . . . . .	. . .	*Segodum*	30	Rhodez
. . . . . .	. . .	*Condatomogo*	23	Milaud
. . . . . .	. . .	*Loteua*	28	Lodeue
Cesseronem	xxviii	*Cosse Rone*	31	S Hubery
Narbonem.		*Narbone.*		Narbone.

AB AGINNO DIOLINDVM, *alias* TRAIECTVM. *sic,* — *D'AGEN à CAHORS.* ainsi,

ab Aginno	13	*Aginno*	13	d'Agen
Excisum	xxi	*Excisum*	21	à Lauserte
Traiectum.		*Diolindum*		Cahors.

A MEDIOLANO SANTONVM AVGVSTORITVM LEMOVICVM, & AVGVSTONEMETVM ARVERNORVM. *sic,* — *DE SAINTES à LIMOGES*, & CLERMONT EN AVVERGNE. ainsi,

à Mediolano Santonum	xvi	*Mediolano Santon.*	. . .	de Saintes
Aunedomacum	. . .	*Auedonaco*	. . .	à Aunay
. . . . . .	. . .	*Sermanicomago*	13	Montignac ou Mansle
. . . . . .	. . .	*Cassinomago*	17	Chasseneuil & Chassenou
Augustoritum		*Ausrito*	14	Limoges
. . . . . .	. . .	*Prætorio*	19	Pontorion
. . . . . .	. . .	*Acitodunum*	20	Aubusson ou Feletin
. . . . . .	. . .	*Fines*	10	Montet de Gelat
. . . . . .	. . .	*Vb . . . um*	9	Pont Gibault
. . . . . .	. . .	*Aug. Nemeto.*		Clermont.

A LEMVNO PICTONVM AVGVSTONEMETVM ARVERNORVM. *sic,* — *DE POICTIERS à CLERMONT* EN AVVERGNE. ainsi

à Limono	xxi	*Lemuno*	20	de Poictiers
Fines	xxi.	*Fines.*	. . .	à Blancq en Berry
Argantomagum	. . .	*Argantomago*	28	Argenton
. . . . . .	. . .	*Mediolano*	12	Chasteau Meillant aut potius pres Boussac
. . . . . .	. . .	*Aquis Neri*	15	Neris
. . . . . .	. . .	*Cantilia*	24	Chantelle
. . . . . .	. . .	*Aug. Nemeto.*		Clermont.

A CÆSAVRVDVNO TVRONVM, AVARICVM BITVR. CVBORVM, & AVGVSTONEMETVM ARVERNORVM. *sic,* — *DE TOVRS à BOVRGES*, & CLERMONT EN AVVERGNE. ainsi,

. . . .	. . .	*Cæsaroduno*	. . .	de Tours

. . . . . .

......	...	*Taſciaca*	24	à S. Aignan ou Tezée
......	...	*Gabris*	...	Chabris
Auaricum	xx	*Auaricum*	24	Bourges
Tinconcium	xxii	*Tincollo*	20	Xancoins
Decetiam	...	*Degena*	33	Decize
......	...	*Aquæ Bormonis*	30	Bourbon Larchambault
......	...	*Sitillia*	16	Teillis ou le Teil
......	...	*Pocrinio*	...	S. Porçain
......	...	*Cantilia*	24	Chantelle
....	...	*Aug. Nemeto.*		Clermont.

AB AVGVSTONEMETO ARVERNORVM LVGDVNVM SEGVSIANORVM. *ſic,* — *DE CLERMONT à* LYON. ainſi,

......	...	*Aug Nemeto*	...	de Clermont
......	...	*Aquis Calidis*	8	à Ayguepersé
......	...	*Vorogio*	14	Brughat
......	...	*Ariolica*	12	S. Prieſt en Orgerolles
......	...	*Roidonna*	22	Rohanne
......	...	*Mediolano*	14	Montbriſſon
......	...	*Foro Seguſtauarum*	16	S. Eſtienne de Furens
Lugdunum.		*Lugduno.*		Lyon.

A GESOBRIVATE CÆSARODVNVM TVRONVM, AVGVSTODVNVM ÆDVORVM, LVGDVNVM SEGVSIANORVM & ARELATE. *ſic,* — *DE BREST à TOVRS,* AVTVN, LYON, *et* ARLES. ainſi

......	...	*Geſocribate*	45	de Breſt
......	...	*Vorgium*	24	à Cozqueoudet
......	...	*Sulim*	20	Salles
......	...	*Dartoritum*	20	Vannes
......	...	*Durette*	29	Rieux
......	...	*Portunamuetu*	18	Nantes [riuiere
......	...	*Segora*	33	Breſſuyre ou Seurę Nãtoiſe
Limonum		*Lemuno*	42	Poictiers
......	...	*Cæſaroduno.*		Tours.
......	...	*aut Portunanmetu*	...	Nantes
......	...	*Iuliomago*	17	Angers
......	...	*Robrica*	29	Saumur ou Bourgueil
......	...	*Cæſaroduno.*	51	Tours.
Cenabum	xxii	*Cenabo*	22	Orleans
Belcam	xv	*Belca*	15	Sully
Briuodurum	xvi	*Briuoduro*	16	Briare
Condate	xxiv			Coſne
		Maſſaua	16	la Charité.
Neuirnum	xvi	*Ebirno*	16	Neuers
Decetiam	xxiv ou xiv	*Degena*	14	Decize
Aliſincum	xxii	*Aquis Niſineij*	22	Bourbon Lancy
		Boxum	8	Poix pres la Roche Millet
Auguſtodunum	xxii xxxiii	*Auguſtodunum*	21	Autun
Cabellionem	xiv xxi	*Cabillione*	12	Challon
Tinurcium	xiii xix	*Tenurcio*	12	Tornus
Matiſconem	x xv	*Matiſcone*	14	Maſcon
Lunnam	x xv	*Ludnam*	16	Belleuille
Aſſam Paulini	x xv			Anſe

Lugdunum	xxiii	*Lugduno*	16	Lyon
Viennam	xxvi	*Vigenna*	17	Vienne
		Figlinis	16	S. Rambert
Vrsolim	xxii			S. Vallier
		Tegna	13	Thain
Valentiam	...	*Valentia*	19	Valence [sur Bay
......	...	*Batiana*	12	la Begude, vis à vis de Bais
......	...	*Acunum*	18	Ancoune
......	...	*Senomago*	15	S. Pol Tricastin
......	...	*Arusione*	15	Orange
......	...	*Auennione*	15	Auignon
Ernaginum	7	*Ernagina*	6	S. Gabriel
Arelate.		*Arelato.*		Arles.

AB ARELATE MASSILIAM, FORVM IVLIVM, ANTIPOLIM, NICÆAM, ALBINTEMELIVM, & GENVAM. *sic,*

D'ARLES à MARSEILLE, FREIVLS, ANTIBE, NICE, ALBENGVE & GENES. ainsi,

Ab Arelate	xxxiii	*Arelato*	33	d'Arles
Fossas Marianas	xxxiv	*Fossis Marianis*	33	à Foz
Calcariam	xiv	*Calcaria*	33	Berre
Massiliam	xv	*Massilia Grecorum*	15	Marseille
Tegulatam	xvi	*Teguluta*	16	Tres
ad Turrem	xiv.	*ad Turrem*	17	Tourues
Matauonium	xii	*Matauone*	22	Montfort
Forum Voconi	xii	*Foro Voconi*	17	Draguignan
Forum Iulij	xviii	*Foro Iulij*	17	Frejuls
ad Horrea	xii	*ad Horrea*	12	Entre Canes & Napole
Antipolim	x	*Antipoli*	10	Antibe
Varum fluuium	vi	*Varum*	6	le Var fl.
Cemeneleum	ix	*Gemenello*	9	au dessus de Nice
Alpem summam	vi	*in Alpe Maritima*	9	Torbia
Lumonem	x	......	...	Montone
Albentimilium	xLvii	*Albentimillo*	47	Vintimiglia
Albingaunum	xx	*Albingauno*	29	Albenga
Vadata Sabatia		*Vadis Sabates*	78	Vai pres Sauona
Genuam.		*Genua.*		Genoa. Genes.

AB ARELATE AQVAS SEXTIAS, FORVM IVLIVM. *sic,*

D'ARLES à AIX & FREIVLS. ainsi,

ab Arelate	vii	*Arelato*	6	d'Arles à
Ernaginum	xii	*Ernagina*	8	S. Gabriel
Glanum	...	*Clano*	11	S. Remy
......	...	*Tericias*	18	le Torrete
......	...	*Pisauis*	18	Pelissane
Aquas Sextias		*Aquis Sestis*	44	Aix
......	...	*Reis Apolinaris*	32	Riez
......	...	*Anteis*	19	Fayence
Forum Voconi	xii	*Foro Voconi*	17	Draguignan
Forum Iulij		*Foro Iulij*		Frejuls.

AB ARELATE EBRODVNVM, BRIGANTIONEM, AVGVSTAM TAVRINORVM, & MEDIOLANVM. *sic,*

D'ARLES à EMBRVN, BRIANÇON, TVRIN & MILAN. ainsi,

ab Arelate	vii	*Arelato*	6	d'Arles
Ernaginum	xii	*Ernagina*	8	à S. Gabriel

Glanum	xvi	*Clano*	12	S.Remy
Cabellionem	xii	*Caballine*	12	Cauaillon
Fines	xvi	*ad Fines*	12	Baumettes
Aptam Juliam	xv	*Apta Iulia*	12	Apt
Catolucam	xvi	*Catuiaca*	16	Val Saincte
Alaunum	xxiv	*Alaunio*	14	Forcalquier
Segusteronem	xvi	*Segusterone*	16	Sisteron
Alabontem	xviii	*Alarante*	16	Ventauon
......		*Alarante*	18	Tallard
Vapincum	xii	*Vapincum*	...	Gap
		Ictodurum	6	Bastienoue
Caturigas	xvi	*Catorigomagus*	7	Chorges
Ebrodunum	xviii	*Eburuno*	17	Embrun
Rame	xviii	*Rama*	19	Rame
Brigantionem	xxiv	*Brigantione*	6	Briançon
		in Alpe Cottia	5	Mont Geneure
		Gadaone	8	Sezane
ad Martis	xvi	*Martis*	17	Oulx
Segusionem	xxxiii	*Segusione*	22	Suze
Fines	xviii	*Finibus*	18	Veillane
Taurinos	xxiii	*Augusta Taurinorum*	...	Turin
Quadratas	xvi	......	...	Salugia
Rigomagum	xii	......	...	Trin
Carbantiam	xii	......	...	vers Carizana ou la Grãgia
Cottias	xxiii	*Cutias*	12	Cozzo
Laumellum	xxii	*Laumellum*	21	Lumello
Ticinum	xxii	*Ticinio*	..	Pauia
Mediolanum.		*Mediolanum.*		Milan.

A VALENTIA LVCVM AVGVSTI, & EBRORDVNVM. *sic,* — *DE VALENCE à LVC,* & EMBRVN. ainsi,

à Valentia	xxii	*Valentia*	22	de Valence
Augustum	xxiii	*Augustum*	13	à Autun
Deam Vocontiorum	xii	*ad Deam Bocontiorum*	12	Die
Lucum	xxvi	*Luco*	...	Luc
Montem Seleucum	xxiv	......	...	Mont de la Cluse
Vapincum	xii	*Vapincum*	...	Gap
Caturigas	xvi	*Caturigomagus*	7	Chorges
Ebrodunum.		*Eburuno*		Embrun.

A LVCO AVGVSTI AD ALPEM COTTIAM. *sic,* — *DE LVC au MONT* GENEVRE. ainsi,

à Luco -	...	*Luco*	18	de Luc
......	...	*Geminas*	14	à Mens
......	...	*Gerainas*	14	Lesdiguieres
......	...	*in*		......
......	...	*in Alpe Cottia*		Mont Geneure.

A VIENNA CVLARONEM, & IN ALPE COTTIA. *sic,* — *DE VIENNE au MONT* GENEVRE. ainsi,

à Vienna	...	*Vigenna*	15	de Vienne
......	...	*Turecionico*	14	Champier
......	...	*Morginno*	14	Moyran
......	...	*Culabone*	12	Grenoble
......	...	*Catorissium*	5	Bourg d'Oysan
......	...	*Mellosedo*	10	Mont du Lens

. . . . . .	. . .	*Durotinco*	7	Villars Darene
. . . . . .	. . .	*Stabatione*	8	Monſtier
. . . . . .	. . .	*in Alpe Cottia.*		Mont Geneure

A VIENNA TARANTASIAM & AVGVSTAM PRÆTORIAM. *ſic,* — *DE VIENNE à TARANTAISE, & AOSTE. ainſi,*

A Vienna	xx	*Vigenna*	21	de Vienne
Berguſium	xvi	*Berguſium*	12	à Bourgoin
Auguſtum	xiv	*Auguſtum*	14	Hoſte
Labiſconem	xiv	*Lauiſcone*	14	Les Eſchelles
Lemincum	xvi	*Leminco*	16	Lumbin
Mantauam	xvi	*Mantala*	16	Montmelian
ad Publicanos	iii	*ad Publicanos*	3	Conflans
Oblinium	xiii	*Obilonna*	13	la Tour ou la Baſtie
Tarantaſiam	xix	*Darantaſia*	10	Mouſtiers en Tarentaiſe
		Axunam	9	S. Iaqu'Eſme ou Iaquemõt
Bergintrum	xxiv	*Bergintrum*	12	Bourg S. Morice
		in Alpe Graja	6	Petit S. Bernard
		Ariolica	16	la Tuille
Arebrigium	xxv	*Arebrigium*	25	Darbie
Auguſtam Prætoriam.		*Auguſta Pretoria.*		Aoſta

A GENEVA TARANTASIAM. *ſic,* — *DE GENEVE à MOVSTIERS EN TARENTAISE. ainſi,*

à Cenabo	xviii	*Gennaua*	. . .	de Geneue
Bautas	xxiv	. . . . . .	. . .	la Bonne ville
Caſuariam	xviii	. . . . . .	. . .	S. Geruais de Gourze
Tarantaſiam.		*Darantaſia.*		Tarentaiſe.

A VIENNA GENEVAM, OCTODVRVM, AVGVSTAM PRÆTORIAM, *et* MEDIOLANVM. *ſic,* — *DE VIENNE à GENEVE, MARTINACH, AOSTA & MILAN. ainſi,*

à Vienna	xx	*Vigenna*	21	de Vienne
Berguſium	xvi	*Berguſium*	12	à Bourgoin
Auguſtum	. . .	*Auguſtum*	12	Hoſte
. . . . . .	. . .	*Etanna*	21	Yenne
. . . . . .	. . .	*Condate*	30	Seiſſel
Cenabum	xxv	*Gennaua*	12	Geneue
Equeſtris	xvii	*Colonia Equeſtris*	12	Nyon
Lacum Loſonium	. . .	*Lacum Loſonne*	13	Loſanne
Vbiſco	ix	*Viuiſco*	9	Veuey
Pennelocos	xiii	*Penno lucos*	14	Nouille
Tarnadas	xii	*Ternacias*	12	S. Morice
Octodurum	. . .	*Octoduro*	25	Martinach
Summum Penninum	xxv	*in ſummo Pennino*	13	Grand S. Bernard
		Eudracinum	25	Bourg Sirome
Auguſtam Prætoriam	xxv	*Auguſta Prætoria*	28	Aoſte
Vitricium	xxi	*Vtricio*	21	Vereze
Eporediam	xxxiii	*Eporedia*	33	Yuree
Vercellas	xvi	*Vergellis*	. . .	Verceil
Nouariam	xxxiv	. . . . . .	. . .	Nouarre
Mediolanum.		*Mediolanum.*		Milan.

A REGINEA CONDATE REDONVM, *et* IVLIOMAGVM ANDEGAVORVM. *ſic,* — *DE ROHAN à RENNES, et* ANGERS. *ainſi,*

. . . . . .	. . .	*Reginea*	14	de Rohan

..:....	...	*Fano Martis*	25	à Medrignac
Condate	...	*Condate*	16	Rennes
......	...	*Sipia*	16	Spean
......	...	*Combaristum*	16	Combrée
......	...	*Juliomago.*		Angers

A CORIALLO, aut ALAVNA CONDATE REDONVM. *sic,*

DE CHERBOVRG ou de VALOGNE *à* RENNES.

		Coriallo	29	de Cherbourg
ab Alauna	xx			à Valogne
Cosedias	xxxii	*Cosedia*	19	Coutances
		Legedia	49	Auranches
Fanum Martis	xxvii			Mortain
ad Fines	xxix			Pont Orson
Condate.		*Condate.*		Rennes.

AB ALAVNA NOVIODVNVM DIABLINTVM & CÆSARODVNVM TVRONVM. *sic,*

*DE VALOGNE à NO*GENT LE RETROV & à TOVRS. ainsi,

ab Alauno		*Alauna*	7	de Valogne
......	...	*Crouciaconum*	21	à Carentan
......	...	*Augustoduro*	23	Torigny
......	...	...... *[goritum*		......
......	...	*Aræ Genuæ fortè pro Va-*		Argenten ou Seez
......	...	*Nudionum*		Nogent le Rotrou
......	...	*Subdinnum*	16	le Mans
......	...	*Fines*		Chasteau du Loir
......	...	*Cæsaroduno.*		Tours.

A IVLIOBONA BIDVCASSIVM LVTETIAM PARISIORVM. *sic,*

DE BAYEVX à PARIS. ainsi

à Juliobona	xvii	......	...	de Bayeux
Breuiodurum	xvii	......	...	à Caen
Noviomagum	xxiv	......	...	Lisieux,
Condate	x	*Condate*	10	Condé
Durocasses	xxii	*Durocassio*		Dreux
Diodurum	xv			Villepreux
Lutetiam.		*Luteci.*		Paris.

A CARACOTINO aliás GRAVINO LVLIOBONAM CALETORVM, ROTOMAGVM VELOCASSIVM, & LVTETIAM PARISIORVM. *sic,*

DV HAVRE DE GRACE ou GRAVILLE *à* ROVEN, & PARIS. ainsi,

à Caracotino	x	*Grauino*	10	du Haure de Grace ou Gra- [uille
Iuliobonam	vi	*Luliobona*	10	à Lillebonne
Lotum	xiii			Louuetot
		Breuioduro	20	le Trait ou Caudebecq
Latomagum	ix	*Rattumagus*	8	Roüen
Rotomagum	xvi	*Ritumagus*	12	Ratepont
Petromantalium	xiv	*Petrum viaco*	...	Maigny ou Monjauoux
Briuam Isaram	xv	*Briuisura*	15	Pont-Oyse
Lutetiam.		*Luteci*		Paris.

A ROTOMAGO VELOCASSIVM AVTRICVM CARNVTVM. *sic,*

DE ROVEN à CHARTRES ainsi,

à Rotomago	ix	*Rattumagus*	...	de Roüen

Uggade	xiv		. . .	à Pont de l'Arche ou Elbeuf
Mediolanum Aulercorũ	xvii	*Mediolano Autercorũ*	12	Eureux
		Condate	10	Condé
Durocaßes	. . .	*Durocaſſio*	13	Dreux
. . . . . .	. . .	*Muricum pro Autricum*		Chartres

A GENABO LVTETIAM PARISIORVM. *ſic*,				D'ORLEANS *à* PARIS.
à Cenabo	xxiv	*Cenabo*	47	d'Orleans
Saliocl̃itam	xxiv			à Sacla
Lutetiam.		*Luteci.*		Paris

A GENABO AGEDINCVM SENONVM, AVGVSTOBONAM TRICASSIVM,				D'ORLEANS *à* SENS, *et* TROYES. ainſi,
A Cenabo	. . .	*Cenabo*	15	d'Orleans
. . . . . .	. . .	*Fines*	22	à Vitry aux loges ou enuirõ
. . . . . .	. . .	*Aquis Segeſte*	22	Montargis
Agedincum	xvi	*Agetincum*	25	Sens
Anguſtobonam.		*Aug. Bona*	. . .	Troyes
. . . . . .	. . .	. . . . . .	. . .	

AB AVGVSTODVNO ANDEMANTVNVM LINGONVM. *ſic*,				DE AVTVN *à* LANGRES.
. . . . . .	. . .	*Aug. Dunum*	21	d'Autun
Cabellionem	. . .	*Cabillione*	20	Challon
. . . . . .	. . .	*Vidubia*	19	Ciſteaux
. . . . . .	. . .	*Filem*	28	Is ſur Til ou Til le Chaũ.
Andemantunum.		*Andemantuno.*		Langres.

AB AVGVSTODVNO VESONTIONEM, & AVGVSTAM RAVRACORVM. *ſic*,				D'AVTVN *à* BESANÇON *et* AVGST.
ab Auguſtoduno	xxii xxiii	*Aug. Dunum*	21	d'Autun
Cabellionem	. . .	*Cabilione*	14	à Challon
. . . . . .	. . .	*Ponte Dubris*	19	Chauſſin ou Pontoux.
. . . . . .	. . .	*Cruſinie*	15	Criſſey pres Dole
Veſontionem	xxii	*Veſontine*	13	Beſançon
. . . . . .	. . .	*Lopoſagio*	18	Bos la Ville
Velatadurum	xc			Vaillan
Epomanduorum	xix	*Epomanduo*	16	Mandeure
Grauiatum	xxv			Grauuille
Largam	xviii	*Large*	12	Larg
Vruncim	xv xxii			Mulhauſen
Cambetem	. . .	*Cambete*	7	Kems
Arialbinum	xii	*Arialbinum*	7	Baſle
Auguſtam Rauracum.		*Auguſta Ruracum.*		Augſt

A LVGDVNO SEGVSIANORVM AVENTICVM HELVETICORVM, & AVGVSTAM RAVRACORVM. *ſic*,				DE LYON *à* AVENCHES, & AVGST. ainſi,
A Lugduno	xxiii	*Lugduno*	17	de Lyon
Viennam	xx	*Vigenna*	21	à Vienne
Berguſium	xvi	*Berguſium*	12	Bourgoin
Auguſtum		*Auguſtum*	12	Hoſte
. . . . . .	. . .	*Etanna*	21	Yenne
. . . . . .	. . .	*Condate*	30	Seiſſel

Cenabum	xxv	*Gennaua*	12	Geneue
Equestris	xvii	*Colonia Equestris*	12	Nyon
Lacum Losonium	. . .	*Lacum Losonne*	13	Lausanne
Vbiscum	vi	*Viuisco*	9	Viuey
		Viromagus	6	Bro
Minnodunum	xiii	*Minodum*	18	Mouldon
Auenticum	xiii	*Auenticum Heluetiorum*	14	VVislispurg ou Auenches
Petiniscam	x	*Petenisca*	10	Biel
Salodurum	xxii	*Salodurum*	22	Solcurne
Augustam Rauracum.		*Augusta Ruracum.*		Augst.

A LVTETIA PARISIORVM AGEDINCVM SENONVM, & AVGVSTODVNVM ÆDVORVM. *sic*,

DE PARIS à SENS, et AVTVN. ainsi,

A Lutetia	xviii	*Luteci*	17	de Paris
Methetum	xii	*Meteglo*	15	à Meaux
Condate	xiii	*Condate*	15	Colommiers en Brie
		Riobe	26	Prouins
Agedincum		*Agetincum*	25	Sens
. . . . . .	. . .	*Bandritum*	8	Espogny
Antessiodurum xxii	xxxiii	*Autessio Duro*	22	Auxerre
Aballonem xvi	xxiv	*Aballo*	16	Aualon
Sidoloncum xviii	xxvii	*Sidotoco*	18	Saulieu
Augustodunum.		*Aug. Dunum.*		Autun

A LVTETIA PARISIORVM CÆSAROMAGVM BELLOVACORVM, & SAMAROBRIVAM AMBIANORVM. *sic*,

DE PARIS à BEAVVAIS, et AMYENS. ainsi,

à Lutetia	xv	*Luteci*	15	de Paris
Briuam Isaram	xiv	*Briuisura*		à Pont-Oyse
Petromantalium	xvii	*Petrum Viaco*	15	Maigny ou Montjauoux
Cæsaromagum	xiii	*Casaromago*		Beauuais
Curmiliacam	xii			Croicy
Samarobriuam al. Ambianos.		*Sammarobriua.*		Amiens.

A CÆSAROMAGO BELLOVACORVM AVGVSTOMAGVM SILVANECTVM, AVGVSTAM SVESSIONVM, & DVROCORTORVM REMORVM. *sic*,

DE BEAVVAIS à SENLIS, SOISSONS, *et* RHEIMS. ainsi,

à Cæsaromago	xviii	*Casaromago*	22	de Beauuais
Litanobrigam	iiii			à Creil
Augustomagum	xx	*Aug. Magus*	21	Senlis
AugustamSuessionum xiii	xix	*Aug. Suessor*	. . .	Soissons
Fines xii	xviii	. . . . . .	. . .	Fismes
Durocortorum.		*Durocortoro.*		Rheims.

AB AVGVSTOMAGO SILVANECTVM DVROCORTORVM REMORVM, alio Itinere. *sic*,

DE SENLIS à RHEIMS par autre chemin. ainsi,

ab Augustomago	. . .	*Aug. Magus*	16	de Senlis
. . . . . .	. . .	*Fixtuinum*	12	Acy ou Estaingny
. . . . . .	. . .	*Calagium*	31	Gandelu
. . . . . .	. . .	*Bibe*	22	Fere en Tartenois ou Fismes
Durocortorum.		*Durocortoro.*		Rheims.

AB AVGVSTOMAGO SILVANECTVM AVGVSTOBONAM TRICASSIVM. *sic*,

DE SENLIS à TROYES, ainsi,

ab Augustomago	. . .	*Aug. Magus*	16	de Senlis

......	...	*Fixtuinum*	12	à Acy ou Eſtauigny
......	...	*Calagum*	...	Gandelu
......	...	*Riobe*	...	Prouins
Auguſtobonam		*Aug. Bona.*		Troyes.

AB AVTESSIODVRO AVGVSTOBONAM TRICASSIVM, *et* DVROCORTORVM REMORVM. *ſic*,

D'AVXERRE à TROYES, & RHEIMS. ainſi,

ab Auteſſiodoro	xii xviii	*Auteſſio Duro*	...	d'Auxerre
Eburobrincam	xxii xxxiii	*Eburobriga*	...	à S. Florentin
Auguſtobonam	xii xviii	*Aug. Bona*	18	Troyes
Artiacam	xxii xxxiii	......	...	Arcys
Durocatelaunos	xviii xxvii	......	...	Chaalons
Durocortorum.		*Durocortoro.*		Rheims.

AB ANDEMANTVNO LINGONVM TVLLVM LEVCORVM, DIVODVRVM MEDIOMATRICORVM, *et* AVGVSTAM TREVERORVM. *ſic*,

DE LANGRES à TOVL, METZ, & TREVES. ainſi,

ab Andemantuno	xii	*Andemantuno*	11	de Langres
Moſam	xvi	*Moſe*	9	à Meuſe
Solimariacum	xv			La Mothe ou &c.
		Nomomagus	7	Neu Chaſtel ſur Meuſe
Tullum	x	*Tullio*	10	Toul
Scarponam	xii	*Scarponna*	14	Serpaigne
Diuodurum	xxxiv	Diuo *Durimedio Matric*	42	Metz
		Caranuſca	10	Homberg ou Chanre fl.
		Ricciaco	10	Sirick pres Sarbourg
Treuiros.		*Aug. Treuirorum.*		Treues.

A GESORIACO SAMAROBRIVAM AMBIANORVM, AVGVSTAM SVESSIONVM, DVROCORTORVM REMORVM, ANDEMANTVNVM LINGONVM, VESONTIONEM, AVENTICVM HELVETIORVM, *et* AVGVSTAM PRÆTORIAM SALLASSORVM. *ſic*,

DE BOVLOGNE à AMYENS, SOISSONS, RHEIMS, LANGRES, BESANÇON, AVENCHES, *et* ALAVGST. ainſi,

a Geſſoriaco	xxv ou xxxix	*Geſogiaco quod nũc Bononia*	13	de Boulogne
		Luttomagi	7	vers Monſtreuil f. Brimeu
		ad Lullia	11	Argoules ou Douriers
Pontes	xxiv xxxvi			Ponches
		Duroico Regum	14	Donqueurre
Samarobriuam al. Ambianos		*Sammarobriua*	10	Amiens
	[xxiii ou xxxiv	*Setucis*	10	Moreuil aut circiter
		Rodium	9	Roye
Nouiomagum	xviii ou xxvii			Noyon
		Lura al. Jura pro Iſura	16	Pont-Oyſe
Auguſtam Sueſſonum	xiii xix	*Aug. ſueſſor*	21	Soiſſons
Fines	xii ou xxiii	......	...	Fiſmes
Durocortorum	xviii xxvii	*Durocortoro*	...	Rheims
Durocatelaunos	xxii xxxiii	......		Chaalons
......	...	*Corobilium*	21	Vitry le bruſlé
......	...	*Segeſſera*	21	Sirey le Chaſteau
Audemantunum	xvi	*Andemantuno*	10	Langres
Varciam	xxiv	*Varcia*	6	vers Fon Vens le Chaſteau
		Segobadium	18	Seueux ou Sauoyeux
Veſontionem	xxiv	*Veſontine*	15	Beſançon

		Filo Musiaco	14	vers Chastel d'Vsié
Ariorica	. . .	*Abiolica*	6	Le Bullet
. . . . . .	. . .	*Eburoduno*	17	Yuerdon
Auenticum	. . .	*Auenticum Heletiorum*	33	Auenches
Vbiscum.		*Viuisco*		Viuey
aut sic Ariorica	xviii	*aut sic Abiolica*		Le Bullet
Vrbam	xx	. . . . . .	16	Orbe
Lacum Losonium	. . .	*Lacum Losonne*	13	Losanne
Vbiscum	ix	*Viuisco*	9	Viuey
Pennelocos	xiii	*Penno lucos*	14	Neuuille
Tarnadas	xii	*Tarnajas*	12	S. Morits
Octodurum	. . .	*Octoduro*	25	Martinach
Summum Penninum	xxv	*in Summo Pennino*	13	Grand S. Bernard
A.		*Eudracinum*	25	Bourg Sirome
Augustam Prætoriam.		*Augusta Pretoria.*		Aosta.

A DVROCORTORO REMORVM TVLLVM LEVCORVM, *sic* — *DE RHEIMS à TOVL. ainsi,*

à Durocortoro	xiv	*Durocortoro*	19	de Rheims
Fanum Mineruæ	xvi	*Tanomia*	25	à Dompierre au Temple
Ariola	ix			Riaucourt
Caturiagas	ix	*Caturices*	9	Bar le Duc
Nasium	xvi	*Nasie*	14	Nancey
		ad Fines	5	Fou
Tullum.		*Tullo.*		Toul.

A DVROCORTORO REMORVM DIVODVRVM MEDIOMATRICORVM, & ARGENTORATVM TRIBOCCORVM. *sic*, — *DE RHEIMS à METS,* & STRASBOVRG. *ainsi,*

à Durocortoro	x	. . . . . .	. . .	de Rheims
Basiliam	xii	. . . . . .	. . .	vers VVadelaincourt
Axuenuam	xvii	. . . . . .	. . .	Vienne sur Aisne
Virodunum	viii	. . . . . .	. . .	Verdun
Fines	vi	. . . . . .	. . .	Estain
Ibliodurum	viii	. . . .	. . .	Conflans
Diuodurum	xx	*Diuo Durimedio Matric.*	12	Metz
		ad Duodecimum	12	Delme
Decem pagos	xx	*ad Decem pagos*	10	Dieuze
		Ponte Saraui	12	Kaufmans Sarbruck
Tabernas	xiv	*Tabernis*	. . .	Zabern
Argentoratum.		*Argentorate.*		Strasbourg.
alias à Diuoduro	xxiv	*Diuo Duromedio Mat.*		de Metz
Pontem Sarnix	xxii	*Ponte Saraui*	. . .	à Kaufmans Sarburg
Argentoratum.		*Argentorate.*		Strasbourg.

A DVROCORTORO REMORVM AVGVSTAM TREVERORVM *et*, MOGVNTIACVM I. *sic*, — *DE RHEIMS a TREVES et* MAYENCE, *ainsi,*

à Durocortoro	xxii xxxiii	*Durocortoro*	12	de Rheims
		Nouiomagus	25	à Neuuille en Tournafeu
Vungum	xxii ou xxxiii			Attigny
		Mose	8	Villefranche ou Mouza
Sepoissum	xx ou xxx			Yuois
		Meduanto	. . .	Montmedy

F

Orolaunum	xv ou xxiii			Arlon
		Minerica	6	Greuen Macheren
Andethannale	xv ou xxiii			Echternach, Echeter
Treueros	xiii	*non Agrippinã sed Augustam Treuir. petit hoc iter*	8	Treues
Nouiomagum	xxxvii	*Nouiomago*	10	Numagen
Belgicam		*Belginum*	9	Baldenau
		Dumno	16	Taune
Bingium	xii	*Bingum*	12	Bingen
Moguntiacum.		*Mogontiaco.*		Ments, Mayence.

AB AVGVSTA TREVERORVM COLONIAM AGRIPPINAM. *sic,* — *DE TREVE à COLOGNE*

A Treueris	xii ou xviii	*Aug Treuirorum*	12	de Treues à
Bedam	xii ou xviii	*Beda*	12	Bitburg
Ausauam	xii ou xviii	*Ausaua*	12	Schoineken
Egorigium	vii ou xii	*Icorigium*	8	Gerrestein
Marcomagum	viii ou xii	*Marcomagus*	10	Marmagen
Belgicam	x xv	*abundat*		
Tolbiacum	xvi ou xxiv	......	6	Zulpich
Coloniam *Agrippinam.*		*Agripina.*		Cologne.

A DVROCORTORO REMORVM BAGACVM NERVIORVM, *sic.* — *DE RHEIMS à BAVAY*

à Durocortoro	x	*Durocortoro*	10	de Rheims
Muennam	xviii	*Auxenna*	9	à Neuchastel sur Aysne
Minaticum	vii	*Ninttcaci*	13	Nisi le Comte
Catusiacum	vi			Chaous dessous Moncornet
Verbinum	x	*Vironum*	10	Veruins
Duronum	xii	*Duronum*	11	Doren
Bagacum.		*Baca coneruio.*		Bauay.

AB AVGVSTA SVESSIONVM AVGVSTAM VEROMANDOVRVM & BAGACVM NERVIORVM. — *DE SOISSONS à VERMAND* et BAVAY

ab Augusta Suessonum	xiii	*Aug. Suessor*	25	de Soissons
Contraginnum	xiii			à Condran
Augustã Veromanduorũ	xviii	*Aug. viro Mudum*		Vermand ou S. Quentin
Camaracum	xviii	*Camaraco*	40	Cambray
		Hermoniaco	8	Herbigne
Bagacum.		*Baca conervio.*		Bauay.

A SAMAROBRIVA AMBIANORVM NEMETACVM ATREBATVM, et BAGACVM NERVIORVM. *sic,* — *D'AMIENS à ARRAS* et BAVAY

à Samarobriua	xvi	*Sammorabriua*	12	d'Amiens
		Teucera	13	à Tiesvre
Nemetacum	xiv	*Nemetaco*	14	Arras
Camaracum	xviii	*Camaraco*	40	Cambray
		Hermoniaco	8	Herbigne
Bagacum.		*Baca conervio.*		Bauay.

A Nemetaco	xviii	*Nemetaco*	...	d'Arras
Turnacum.		*Turnaco.*		à Tournay.

à Nemetaco	xxii	*Nemetaco*	12	d'Arras

Taruennam.		*Teruannam.*		à Terouenne.
a Nemetaco	xviii	*Nemetaco*	...	d'Arras
Minariacum	xi	......	...	à Meruille
Caſtellum.		*Caſtello Menapiorum pro Minariacum quod ante*		à Caſſel.
a Minariaco	xxvii	......	...	de Meruille
Turnacum.		*Turnaco.*		à Tournay.
A GESORIACO TERVANNAM MORINORVM, BAGACVM NERVIORVM, ADVATVCAM TVNGRORVM, & COLONIAM AGRIPPINAM. *ſic,*				*DE BOVLOGNE à* TEROVENNE, BAVAY, TONGRES, *et* COLOGNE. ainſi,
1 *a Geſſoriaco*	xviii	1 *Geſogiaco quod nūc Bonon.*		de Boulogne
2 *Taruennam*	ix	3 *Caſtello*	24	à Terouenne
3 *Caſtellum*	xvi	2 *Teruannam*	12	Caſſel
4 *Virouiacum*	xvi	*Verouino*	...	VVeruic
Turnacum	xii	*Turnaco*	11	Tournay
Pontem Scaldis	xii	*Pontes caldis*	10	Eſcaupont
Bagacum	xii	*Baca conervio*	12	Bauay
Vodgoriacum	x	*Vogo Dorgiaco*	16	Vauldret
Geminiacum	xxii	*Geminico vico*	43	Gemblours
Peruiciaco	xiv	*Pernaco*	16	Pervves
Aduacam Tungrorum	xvi	*Atuaca*	16	Tongres
Coriouallum	xviii	*Cortouallio*	12	Fauquemont
Juliacum	viii	*Juliaco*	18	Iuliers
Tiberiacum	x	......		Berck
Coloniam Agrippinam.		*Agripina.*		Cologne
AB ADVACA *aut* ADVATVCA TVNGRORVM, NOVIOMAGVM BATAVORVM.				*DE TONGRES à NIEVMEGVE.* ainſi,
ab Aduaca Tungrorum	xvi	*Atuaco*	16	de Tongres
Corioualium	vii	*Cortouallio*	...	à Fauquemont
Teudurum	ix	......	...	Tudder
Mederiacum	x	......	...	en Ammeren
Sablones	viii	......	...	Int Zant
Mediolanum	viii	......	...	Moyllant
Coloniam Traianam	v	*Colon Traiana*	5	Kellen
Burginatium	...	*Burginatio*	...	Millingen
Nouiomagum.		*Nouiomagi*		Nieumegue.
AB ADVATVCA TVNG. NOVIOMAGVM BAT. alio Itinere. *ſic,*				*DE TONGRES à NIEVMEGVE.*
ab Aduaca Tungrorum		*Atuaca*	16	de Tongres
......	...	*Fereſne*	14	à Breey
......	...	*Catualium*	12	Horn
......	...	*Blariaco*	22	Bleerick
......	...	*Ceuelum*	3	Cuick
......	...	*Nouiomagi.*		Nieumegue.
A NOVIOMAGO BATAVORVM LVGDVNVM BATAVORVM. *ſic,*				
......	...	1 *Nouiomagi*	8	de Nieumegue 1
......	...	4 *Caſtra Herculis*	13	à Graue 2

Caruonem	...	2 *Caruone*	8	Loeuenſtein	3
......	...	3 *Leueſano*	...	Keſſel pres S. André	4
......	...	5 *Tablis*	18	Alblas	5
......	...	6 *Flenio*	12	Vlaerdingen	6
......	...	*Foro Adriani*	...	VVoorburg	
Lugdunum Bat.		*Lugduno*		Leyden	
A Caruone	xxii			de Graue	
Mannaritium	xxv			à Manrick	
Traiectum.				Vtrecht	

A LVGDVNO BATAVORVM. NOVIOMAGVM BAT. COLONIAM TRAIANAM, COLONIAM AGRIPPINAM, MOGVNTIACVM, NOVIOMAGVM NEMETVM, ARGENTORATVM TRIBOCCOTVM, AVGVSTAM RAVRACVM, VINDONISSAM, BRIGANTIVM & CVRIAM RHÆTORVM. indeque MEDIOLANVM INSVBRVM, & GENVAM LIGVRVM. *ſic.*

*DE LEYDEN à NIEV*MEGVE, COLOGNE, MAYENCE, SPIRE STRASBOVRG, AVGST VVINDISLH, BREGENTS, LOIRE, MILAN & GENES.

A Lugduno Batauorum	x	*Lugduno*	2	De Leyden
		Pretorium Agrippine	3	Roomburg
		Matilone	5	vers Ryneburg
Albinianas	xvii	*Albinianis*	2	Alphen
		Nigropullo	5	Suadenburgerdam
		Lauri	12	VVaerder
Traiectum	...	*Fletione*	...	Vtrecht
......	...	*Caſpingio*	18	Amersfort aut prope
......	...	*Grinnibus*	6	Rhenen
......	...	*ad Duodecimum*	18	VVageningen
......	...	*Nouiomagi*	10	Nieumegue
Harenacum	vi	*Arenatio*	6	Arnem
Burginatium	v	*Burginatio*	5	Millingen
Coloniam Traianam	xxx ou i	*Colo Traiana*	40	Kellen
Vetera	xviii	*Veteribus*	13	Santen
		Aſciburgio	14	Aſburg
Calonem	ix ou xviii			Kulf
Geldubam	ix ou			Geldub
Noueſium	v ou xvi	*Noueſio*	16	Nuyſſ
Buruncum	vii ou			VVoringen
Durnomagum	vii ou			Dormage
Coloniam Agrippinam	xi	*Agripina*	11	Coln, Cologne
Bonnam	xvii	*Bonnæ*	8	Bonne
		Rigomagus	9	Rimmagen
Antennacum	ix	*Autunnaco*	9	Andernach
Confluentes	xxiv	*Confluentes*	8	Coblents
Baudobricam		*Bontobrice*	9	Boppart
		Voſaiua	9	Ober VVeſel
Bingium	xii	*Bingium*	12	Bingen
Moguntiacum	xi	*Moguntiaco*	9	Ments, mayence
Bauconicam	xiii	*Bonconica*	11	Oppenheim
Bormetomagum	xiv	*Borgetomagi*	13	VVorms
Nouiomagum	xi	*Nouiomagus*	12	Spier, Spire
Tabernu	xiii	*Tabernis*	11	Rhein Zabern
Saletionem	vii	*Saletionem*	18	Seltz
		Brocomacus	7	Brumpt
Argentoratum		*Argentorate*		Straſbourg

aut sic à Nouiomago	xx	*Nouiomagus*	. . .	*ou ainsi* de Spire
Concordiam	xviii	. . . . . .	. . .	à VVeissenburg
Breucomagum	xx	*Brocomacus*	7	Brumpt
Argentoratum	xviii xxviii	*Argentorate*		Strasbourg
Montem Brisiacum				Brisach
Cambetem		*Cambete*		Kems
aut sic ab Argentorato	xii	*aut Argentorate*	12	*ou ainsi* de Strasbourg
Elcebum	vi	*Helellum*	12	à Schlestat
Argentouariam	xviii	*Argentouaria*	12	Colmar
Stabula	vi			Osmars
Cambetem	xii	*Cambete*	7	Kems
Arialbinum	¦	*Arialbinum*	6	Basle
Augustam Rauracum	xxvii	*Augusta Rauracum*	22	Augst.
Vindonissam	xxiv	*Vindonissa*	. . .	VVindisch
Vitodurum	xxii			Vinterthur
Fines	xx	*ad fines*	21	Pfin
1 *Arborem Felicem*	xx	*Arbor felix*	10	Arbon
2	. . .	*ad Rhenum*	. . .	Rhineck
3 *Brigantiam*	L	*Brigantio*	17	Bregents
		Clunia	18	Ems
		Magia	16	Meyenfelt
Curiam	LX	*Iuria*	32	Chur, Coire
		Lapidaria	17	Splugen
		Cunuaureu	10	Mont de Splugen
Taruesede	xv	*Taruessedo*	20	Taruesede
Clauennam	x	*Clauenna*	18	Chiauenne
Lacum Comacenum	LX			Lac de Riue
Comum	xviii	*Como*	35	Come
Mediolanum	xxii	*Mediolanum*	. . .	Milan
Ticinum		*Ticeno*	. . .	Pauie
Iriam	x	*Iria*	. . .	Voghere
Dertonam	xxxv	*Dertona*	. . .	Tortone
Libarnum	xxxvi	*Libarnum*	26	Betechia ou villa vecchia
Genuam.		*Genua.*		Genoa, Genes.

DESCRIPTION DE L'ITALIE EN GENERAL, ET DE SES PARTIES.

L'Italie comprend tout ce que l'Autheur de la nature a enfermé entre les Alpes & la mer Mediterranée, iusques à la Sicile: & c'est vne presque-Isle, de laquelle la partie qui est la plus proche de la France, & de l'Allemagne estimée hors, le reste est comparé, & reuient fort bien à vne botte, ou plustost à la jambe, & au pied de l'homme; la Toscane faisant le genoüil, la marche d'Ancone le gras de la jambe, la Terre d'Otrante le talon, & l'extremité de la Calabre les orteils: tellement que le derriere de la jambe est baigné par le Golfe de Venise, le deuant par la mer Tirrene, ou de Toscane, & le dessous du pied par la mer Ionienne: le Golfe de Venise, la mer Tirrene, & l'Ionienne estans parties de la mer Mediterranée: celle-cy retenant son ancien nom, l'autre estant aussi appellée mer inferieure, comme la premiere mer Superieure, & Golfe ou mer Adriatique.

Toute l'Italie est veritablement vne des meilleures, & des plus agreables Regions qu'il y ait & dans l'Europe, & par tout le monde: & il faut confesser que ses habitans sont autant ciuilisez, adroits, & d'vn esprit aussi delié qu'il y ait guere dans tout le reste des hommes. Sa latitude est du 37 degré & $\frac{1}{2}$ iusques au 46 $\frac{1}{2}$ sa longitude du 28 $\frac{1}{2}$ iusques au 42 $\frac{1}{2}$. Il s'en faut neantmoins beaucoup qu'elle ne remple tout l'espace qu'il y a entre ces degrez: elle est fort longue, mais aussi pour la plufpart fort estroite, tirant sa longueur suiuant qu'elle s'estend du Nord-Ouest au Sud-Est: nous pouuons faire estat que du grand & petit sainct Bernard dans les Alpes, iusques au cap del Armi, ou de Spartiuento, en passant par Rome, il y a en droite ligne trois cens vingt-cinq lieuës Françoises: tirant sa largeur d'vne mer à l'autre nous la trouuerons bien diuerse; de la Riuiere du Var, ou l'Italie touche à la France, iusques à celle d'Arsa vers l'Esclauonie, en passant par Plaisance, Mantoüe, Padoüe, Aquilée, on y compte pres de deux cens lieuës: de Pise à Rauenne il n'y a que cinquante lieuës: de Ciuita Vecchia ou de Ostie au dessous de Rome iusques à Ancone soixante; de Naples, & Salerne iusques aux emboucheures des Riuieres de Fortore, & Ofanto enuiron trente lieuës; y en ayant entre deux, du cap delle Minerue iusques à Vieste au dessous du mont Gargan cinquante; de Policastro à Bari quarante lieuës: mais la Terre d'Otrante, & l'vne & l'autre Calabre s'estressissent si souuent qu'elles n'ont plus quelquefois que dix, quelquefois que huict lieuës, & quelquefois encor moins.

Tout le pays generalement est temperé, se trouuant pour la plufpart au milieu de la Zone temperée, tire neantmoins quelque peu sur le chaud & le sec: auec ce temperamment son assiette estant au milieu des costes de l'Europe, qui sont sur la mer Mediterranée, il ne fut pas si tost reduit en vne seule souueraineté, que ses habitans recogneurent les aduantages qu'ils auoient sur leurs voisins, qu'ils soubmirent à leur obeïssance; & sur ceste mer, & sur les terres qui en approchent, qu'ils reduirent aussi à la fin sous leur Empire. Empire le plus fameux & le mieux policé, qu'autre qu'il y ait eu dans le monde depuis sa creation, mais retournons à nostre sujet.

L'Italie a esté si particulierement d'escrite, & par les Anciens & par les Modernes, que ce que nous en dirons icy ne sera que pour faciliter la cognoissance de ses Estats & Principautez, que nous donnerons cy-apres: nous la diuiserons doncques en trois grandes parties, que nous appellerons Lombardie, Italie, & Naples. La Lombardie sera ce qui se trouue sur l'vne & l'autre riue du Po, entre les Alpes & l'Appennin. L'Italie, ce qui est d'icy iusqu'au Royaume de Naples; & ce Royaume fera le reste: Quand aux Isles, qui sont pres de l'Italie, nous en toucherons vn mot par apres.

Sous le nom de Lombardie nous entendons tout ce qui est au deçà de la vraye & ancienne Italie: c'est à dire ce qui est entre les Alpes & l'Apennin; entre la mer de Genes & le Golfe de Venise; iusques aux Riuieres de Magra, & Rubicon: & c'est ce que les Anciens ont appellé Gallia Cisalpina, Gaule au deçà des Alpes, & cela s'entend à l'esgard de Rome. Nous la pouuons diuiser en deux parties, non comme les Autheurs ont fait iusqu'à present, en deçà, & delà le Po; mais en haute & basse, suiuant le cours du Po. Dans la haute nous y aurons le Piémont, le Montferrat, l'Estat de Milan, la Riuiere de Genes, les Duchez de Parme, & Plaisance; & autres petites pieces: Dans la basse, l'Estat ou Republique de Venise, la Seigneurie de Trente, les Duchez de Mantoüe, de Modene & Rege, partie de l'Estat du S. Siege, &c. le Piémont tire son nom de ce qu'il est au pied des Alpes; l'Estat de Milan, la Riuiere de Genes, les Duchez de Parme, & Plaisance, tirent leur nom de leurs Villes capitales; le Montferrat de ses collines fertiles qui s'esleuent au delà de la plaine du Piémont: le Piémont appartient au Duc de Sauoye, le Montferrat au Duc de Mantoüe, l'Estat de Milan au Roy d'Espagne, les Duchez de Parme & Plaisance à leur Duc, qui en porte le nom: la Riuiere de Genes à la Seigneurie & Republique de Genes.

Mais entre les terres de tous ces Estats il y a diuerses pieces ou Souuerainetez, qui appartiennent à diuers Princes: dans le Piémont la Principauté de Masseran est à son Prince particulier, & qui ne releue que du S. Siege: les Vallées de Bardonenche, & d'Oulx iusqu'à Suze; celles de Pragellas, de S. Martin, & de Perouse iusques au delà de Pignerol; celles d'Angrogne, & de Lucerne iusques à Bricqueras; celles de Chasteau Daufin, & de Belins iusques au dessous du Chasteau Daufin, appartiennent à la France. Dans l'Estat de Milan la pluspart de ce qui est le plus engagé dans les montagnes appartient aux Suisses, ou aux Grisons: le Canton d'Vri y possede le Val Leuentin; les Cantons d'Vri, Switz, & Vnderuald ensemble, possedent les Balliages de Bellinzone, de Val Breune, & de la Riuiere: & tous les Cantons des Suisses ensemble y possedent les Balliages de Lugan, de Locarne, du Val Magge, & de Mendris: tout cecy estant au dessus du Lac Majeur, & aux enuirons du Lac de Lugan. Les Grisons tiennent les Vallées Galancque, & Misaucine au dessous de Bellinzone, puis le Comté de Clauenne, & la Valtoline au dessus du Lac de Come: la Valtoline seule ayant soixante mille pas de longueur, & receuant vne cinquantaine d'autres petites Vallées. La Seigneurie de Venise possede aussi le terroir de Creme entre les terres de l'Estat de Milan. Dans les Duchez de Parme, & Plaisance il y a les Estats Palauicin, Landi, & autres. Sur la coste ou Riuiere de Genes, Nice & son Comté, qui entre bien auant en terre; encor le Comté de Beuil appartiennent au Duc de Sauoye; Monaco alias Mourges au Roy d'Espagne, Oneglia, ou Oneille & Marro au Duc de Sauoye, Finale au Roy d'Espagne: Vintimille, Albengue, Sauone, Genes, & à vray dire, presque toute la coste appartient à la Seigneurie, & Republique de Genes; le reste n'estant que peu de chose à l'esgard: Pontremoli à la teste du Val de Magra est encor au Roy d'Espagne: dans le Montferrat il y a quelques fiefs de l'Empire, & du Milanois.

Outre ces petites Souuerainetez il y a encor d'autres Principautez, qui sont feudataires des plus grandes: le Seigneur de Raconis, qui a sept bonnes places fermées, le Marquis Euanatozzi, & autres, recognoissent le Duc de Sauoye pour leur Souuerain: le Comte de Beuil, qui auoit vingt places fermées le recognoissoit aussi; le dernier ayant manqué le Duc de Sauoye le fit executer en 1617. & se confisqua tous ses biens. Le Marquis de Marignan, le Comte Borromée, le Marquis Carauaggio & autres, dependent de l'Estat de Milan; les Marquis de Soragna, de Busset, de Cortemaggiore, de Sala, de Colorno, & autres, recognoissent les Ducs de Parme & Plaisance: les Spinola, Doria, Cobellins, & autres, sont de l'Estat de Genes, & possedent encor force biens ailleurs: dans le Montferrat il y a aussi diuers Comtez, Marquisats, &c. qui sont en quelque estime.

Nous auons mis dans la basse Lombardie, l'Estat & Republique de Venise, l'Eueſché & Seigneurie de Trente, les Duchez de Mantoüe, de Modene & Rege, & partie de l'Estat du

S Siege, celuy-cy prend son nom de ce qu'il est sujet au Siege du Souuerain Pontife de l'Eglise Catholique, Apostolique & Romaine : les autres de leurs Villes capitales : Modene & Rege sont à vn Duc, qui en porte le nom, ainsi Mantoüe; Trente à son Euesque, qui en est Seigneur & Spirituel & temporel : la Republique de Venise a pour chef son Duc, qu'elle creée à vie; ses Conseillers & ceux qui manient les affaires du public conioìntement auec ce Duc, sont la Noblesse de la ville, qu'ils appellent Senateurs.

Entre les terres de ceste Republique en Italie le Comté de Goritz, qui touche au Frioul & à l'Istrie, releue des Archiducs d'Austriche; puis Trieste, Duino, S. Seruo, & autres dás l'Istrie appartiennent immediatement à la maison d'Austriche : par tout ailleurs s'il y a quelques Seigneurs particuliers, ils n'ont plus grande authorité sur leurs sujets, & faut qu'ils se contentent d'en receuoir leurs droits, sans en pouuoir demander rien d'auantage. Il y a diuerses Principautez & Seigneuries qui releuent des Euesques de Trente : Paul Gerardin rapporte que les Comte de Tirol, Duc de Mantoüe, Comtes de l'Arc, de Lodron, de Lichtenstein, Barons de Maddruzzi, de Volckenstein, de Wolsperg, de Firmian, de Spaur, de Payrsperg, les Seigneurs de Grest ou Griez, de Bisen, de Thon, d'Artz, de Clez ou Clefz, & autres sont vassaux des Euesques de Trente : pour les Comte de Tirol, & Duc de Mantoüe, ie veux croire que c'est pour quelques fiefs qu'ils possedent dans la Seigneurie de Trente.

Dedans & aux enuirons de l'Estat de Mantoüe, il se trouue diuerses Principautez qui en ont esté destachées : le Comté de la Mirandole en a esté tiré suiuant quelques-vns, autres disent de l'Estat de Modene : cela est bien certain qu'il a quelquefois releué de Mantoüe : aujourd'huy il a son Comte particulier, & qui releue de l'Empire : le Prince de Guastalle, le Seigneur de Nouellara, le Comté de Bozolo, le Marquis de Castillon della Stiuere, le Seigneur d'Asola, & autres encor de la maison des Gonzagues, releuent tous de l'Empire : entre les terres du Duc de Modene il y auoit n'aguere la principauté de Corregio, la Seigneurie de Sassuolo, qui auoient leurs Princes particuliers, l'vne & l'autre sont tombées depuis peu au Duc de Modene : la Republique de Lucques tient aussi Minucian & Castillon dans la Vallée de Carfagnan & entre les terres de Modene. Dans les terres du sainct Siege en Lombardie il se trouuera quelques Seigneuries & Principautez, mais qui n'ont presque point d'authorité sur leurs sujets.

Sous le nom d'Italie nous entendons ce qui se trouue entre les Riuieres de Magra, & Rubicon, iusqu'au Royaume de Naples : nous auons icy deux grands Estats, & quelques autres bien moindres : les premiers sont ceux du S. Siege, & du Grand Duc de Toscane : les autres sont la Republique de Lucques, le Marquisat de Masse, & Carrare, & l'Estat delli Presidij, & la Seigneurie de Plombin, tous en Toscane ; le Duché de Castres, le Comté de Roussillon, le Duché de Braccian, & peut-estre quelques autres dans les terres du S. Siege : le Duché de Castres, & Comté de Roussillon appartiennent au Duc de Parme, & Plaisance : le Duché de Braccian à son Duc ; & ceux-cy releuent du S. Siege, les autres de l'Empire : l'Estat delli Presidij est aujourd'huy au Roy d'Espagne, l'Estat de Lucques est vne Republique, Masse & Carrare ont leur Prince particulier, comme encor Plombin.

Le Grand Duc de Toscane possede la plus grande de beaucoup, & la meilleure partie de toute la Toscane : & outre les anciennes Republiques de Florence, de Pise, & de Siene, qu'il enferme dans ses Estats; il a beaucoup de terres dans le Val de Carfagnan, dans la coste de la Republique de Lucques, & entre les Estats de Genes, Parme, Modene, & de Masse, encore partie de l'Isle d'Elbe. Il n'y a point de Seigneuries de remarque dans ses terres, apres celles que nous auons desia dit, qui sont toutes sur la mer. Dans l'Estat du S. Siege, apres les Seigneuries que nous y auons remarqué, il y en a encor d'autres, mais non dans la mesme estime : l'Estat du S. Siege s'estend d'vne mer à l'autre, & ce qui est en Lombardie est à present contigu à ce qui est icy, le Duché d'Vrbin estant tombé au S. Siege depuis peu.

Le reste de l'Italie est compris sous le Royaume de Naples, qui s'estend depuis les terres du sainct Siege iusques au cap de Sancta Maria di Leuca vers la Grece, & iusqu'au cap dell' Armi pres de la Sicile, estant enfermé de tous costez de la mer, horsmis où il est contigu aux terres du sainct Siege. Ce Royaume est occupé par le Roy d'Espagne, & releue du sainct Siege, contient vn grandissime nombre de Principautez, Duchez, Comtez, Marquisats, & Baronies : mais il y en a peu dont on puisse faire estat, ne pouuans entrer dans l'estime que sont les autres petits Princes de l'Italie, puis qu'ils n'en ont point les mesmes preeminences, ny les mesmes priuileges.

Auparauant que de passer aux Isles, disons encor vn mot touchant les principales montagnes, & Riuieres de l'Italie. Nous n'auons icy que deux montagnes fort considerables; les Alpes & l'Apennin : les Alpes font vn demy cercle, depuis la mer de Genes iusques au Golfe de Venise; destachent l'Italie de la France, & de l'Allemagne, & commençans entre le Comté de Nice, & la Seigneurie de Genes continuent entre la France & la Sauoye d'vn costé, & le Piémont de l'autre; entre le Valais, les Suisses, & les Grisons d'vn costé, & l'Estat de Milan de l'autre; passent entre le Comté de Tirol, & l'Euesché de Trente; puis separent la Seigneurie de Venise de la Carinthie, de la Carniole, & de la Dalmacie, où elles continuent, & font diuerses branches qui ne nous regardent plus : les passages plus cognus dans ces montagnes sont le Col de Teude, entre le Comté de Nice, & le Piémont; le col de l'Argentere entre Nice, & Saluce, ou plustost entre la Prouence, & le Piémont; le mont Geneure entre le Daufiné, & le Piémont; le Mont-Cenis, & le Col du petit sainct Bernard, entre la Sauoye, & le Piémont; le Grand sainct Bernard entre le Valais, & le Piémont; le mont sainct Godard, ou de la Fourche entre le Valais, les Grisons, les Suisses, & l'Estat de Milan; le mont du Breuil entre la Valteline, & Tirol; mont de Cesis entre le Friouli, & la Carinthie; le mont de la Vena entre l'Istrie, & la Carniole.

L'Apennin commence au dessus, & ioignant la coste de Genes sans s'esloigner de la mer; mais si tost qu'il a gagné plus auant dans le pays, il continuë par le milieu iusqu'aux extremitez de l'Italie : il diuise pour la pluspart la Seigneurie de Genes, du Piémont, du Montferrat, de l'Estat de Milan, & de Parme & Plaisance; encor Lucques de Modene; entre dans l'Estat du Grand Duc de Toscane, passe au trauers des Estats du sainct Siege, entre dans le Royaume de Naples, qu'il coupe tousiours par le milieu, iette vne branche qui fait le mont Gargan, alias mont sainct Ange, & approchant du Golfe de Tarante, se diuise comme l'Italie en deux; poussant à gauche l'vne de ses branches iusqu'au cap de sancta Maria di Leuca, & à droite vne autre iusqu'au cap dell' Armi.

Entre les Riuieres de l'Italie le Po, & le Tibre sont les plus considerables; le Tibre plustost à cause de Rome qu'il baigne, qu'à cause de sa grandeur : le Po est vn grand fleuue, il prend sa source au pied du mont Visol, coule au beau milieu de la Lombardie, & porte ses eaux bien auant dans le Golfe de Venise: il trauerse en son commencement le Piémont, puis le Montferrat, l'Estat de Milan, duquel il separe Plaisance & Parme, trauerse le Duché de Mantoüe, d'où entrant dans le Ferrarois, terre du sainct Siege, il se diuise en plusieurs bras & canaux, pour rendre plus facilement ses eaux dans la Mer: il est sujet aux inondations, non tant à cause des Riuieres & Lacqs qu'il reçoit de part & d'autre, bien qu'il y en ait vn grand nombre, comme à cause des neiges, lesquelles fondans quelquefois inopinément, enflent son canal, & le font souuent regorger dans le bas pays du Ferrarois & de Rouigo, &c.

Les Isles de Sicile, Corse, & Sardaigne, sont ordinairement comprises auec l'Italie: la Sicile en est si proche, que les Anciens ont creu qu'elle y auoit esté autrefois attachée; la Corse est esloignée de la coste de Toscane de cinquante mille pas, & de Genes cent mille pas, la Sardaigne n'est que six mille pas au dessous de Corse : la Sicile, & la Sardaigne, sont au Roy d'Espagne, l'Isle de Corse est à la Republique de Genes : la Sicile est la plus grande des trois, & la mieux cognuë, tant pour la bonté de son air, que pour la fertilité de son terroir : elle est si abondante en grains, que les Anciens l'appelloient le grenier des Romains : sa forme est en triangle, dont celuy qui s'approche le plus de l'Italie, s'appelle Far de Messine, celuy qui s'auance vers le Midy, cap Passaro, l'autre qui qui regarde l'Occident, cap Coco : du Far de Messine au cap de Coco, faisant le circuit par dehors il y a deux cens cinquante mille pas, d'icy au cap Passaro pres de deux cens mille pas, du cap Passaro au Far de Messine cent cinquante mille pas. La Sardaigne n'est guere moindre que la Sicile pour la grandeur, elle passe cent cinquante mille pas en longueur, n'en a pas moins de cinquante, & passe quelquefois soixante & quinze mille pas en sa largeur. La Corse est la moindre des trois, elle n'excede presque point cent mille pas de longueur, & cinquante de largeur : le circuit de celle-cy est de trois cens mille pas ou peu moins, celuy de Sardaigne de quatre cens cinquante mille pas, celuy de Sicile de six cens mille pas: la forme de Sardaigne ressemble à la plante du pied de l'homme, Corse à vne ouale; mais venons plus particulierement à la Religion, & aux Estats & Principautez de l'Italie.

RELIGION, ARCHEVESCHEZ, ET EVESCHEZ DE L'ITALIE.

ENCORE que l'Italie soit aujourd'huy sujette à plusieurs & diuers Princes, si est-ce que pour en parler generalement, il ne s'y fait par tout autre exercice que de la Religion Catholique, Apostolique, & Romaine. Tibere eut quelque cognoissance de la vie, & des miracles de Iesus Christ apres sa mort, & tesmoigna au Senat qu'il vouloit que Iesus-Christ fust adoré dans Rome comme Dieu; & quoy que le Senat n'y eust point voulu consentir, parce que leur aduis n'en auoit point esté demandé auparauant, Tibere neantmoins persista en quelque façon dans sa resolution.

Mais sainct Pierre Prince des Apostres, & sainct Paul, ont donné les vrays commencemens de la Foy dans Rome, & l'y ont marqué de leur sang, sous les Empereurs Claude & Neron: Sainct Pierre auoit tenu la Primauté Apostolique cinq ans en Ierusalem, & sept en Antioche: En l'an quarante-cinq apres la naissance de Iesus-Christ, il establit le sainct Siege de l'Eglise Chrestienne & Vniuerselle à Rome, & y fut vingt-quatre ans & plus. Sainct Paul aussi dés l'an cinquante-neuf fust amené de la Iudée à Rome; de sorte que pendant tout le temps que ces deux Apostres y ont esté, ils conuertirent plusieurs personnes au Christianisme. Neron l'an soixante & neuf, les fit tous deux mourir en vn mesme iour, bien qu'en diuerses places, & d'vne diuerse sorte de mort: sainct Pierre par la Croix, & sainct Paul par le glaiue.

A sainct Pierre, Vicaire general de Iesus-Christ au souuerain Pontificat, & chef de l'Eglise Chrestienne & vniuerselle, ont succedé iusques à present les Papes: de la suite desquels de temps en temps, de leur authorité, & de la primauté du sainct Siege, les Historiens, & les Theologiens, en escriront bien mieux que nous; nous nous contenterons de donner icy seulement l'ordre des Archeueschez qu'il y a aujourd'huy en grand nombre dans toute l'Italie: nous commencerons par les terres qui sont sujettes, quand au Temporel, au sainct Siege, & continuant par les terres voisines, nous finirons au Royaume de Naples, & aux Isles voisines.

IN STATU ECCLESIASTICO PROVINCIÆ, *aut* ARCHIEPISCOPATUS *sunt quinque, sub quibus* EPISCOPATUS *in vniuersum septuaginta nouem: in Statu scilicet sexaginta octo, extra Statum vndecim.*	DANS L'ESTAT DU SAINCT SIEGE il y a cinq PROVINCES, ou ARCHEVESCHEZ, sous lesquels sont en tout soixante & dix-neuf EVESCHEZ: sçauoir soixante-huict dás l'Estat, & vnze dehors.
IN PROVINCIA ROMANA	EN LA PROVINCE DE ROME
EPISCOPATUS *sex, qui Cardinalibus Sanctæ Romanæ Ecclesiæ attribuuntur sunt*	Les six EVESCHEZ subjets aux Cardinaux du sainct Siege, sont
Ostiensis,	Ostia,
Portuensis,	Porto,
Sabinensis,	Sauina,
Prænestinus,	Palestina,
Tusculanus,	Frascati,
Albanensis.	Albano.
EPISCOPATUS *autem, qui immediatè summo Pontifici suffragantur sunt*	Les EVESCHEZ qui sont immediatement sujets & suffragans au Souuerain Pontife,
{ *Sutrinus,*	{ Sutri,
{ *Nepesinus,*	{ Nepi,
{ *Ciuitatis Castellanæ,*	{ Citta Castellana,
{ *Hortanus,*	{ Horta,

Viterbienſis,	Viterbo,
Tuſcanenſis,	Tuſcanella,
Centumcellenſis,	Ciuita Vecchia,
Balneoregienſis,	Bagnarea,
Vrbeuetanus,	Oruieto,
Peruſinus,	Perugia,
Tifernatenſis, ſiue C. *di* C*aſt.*	Citta di Caſtello,
Ciuitatis plebis,	Citta di Plebe,
Caſtrenſis,	Caſtro,
Aretinus,	Arezzo,
Spoletinus,	Sploleto,
Nurcienſis,	Norcia,
Interamnenſis,	Terni,
Narnienſis,	Narni,
Amerinus,	Amelia,
Tudertinus,	Todi,
Reatinus,	Rieti,
Fulginas,	Foligni,
Aſſiſienſis,	Aſſiſi,
Tiburtinus,	Tiuoli,
Anagninus,	Anagni,
Verulanus,	Veroli,
Tarracinus,	Terracina,
Setinus,	Sezza,
Siguinus,	Segni,
Alatrinus,	Alatro,
Ferentinus,	Ferentino,
Velitrenſis vnitus Oſtienſi,	Velletri, vni auec Oſtia,
Anconitanus,	Ancona,
Humanenſis,	Humana,
Lauretanus,	Loreto,
Recinenſis,	Recanati,
Aſculanus,	Aſcoli,
Æſinus,	Ieſi,
Auximanus,	Oſmo,
Camerinenſis,	Camerino,
Cornuetenſis,	Corneto,
Monte Flaſconius.	Monte Fiaſcone.
ARCHIEPISCOPATVS VRBINAS, *cuius Epiſcopatus ſuffraganei ſunt*	L'ARCHEVESCHÉ D'VRBIN, duquel les Eueſchez ſuffragans ſont
Leopolitanus,	S. Leo,
Piſaurienſis,	Peſaro,
Callienſis,	Cagli,
Eugubinus,	Eugubio,
Foro Sempronienſis,	Foſſombrone,
Senagallienſis,	Sinigaglia,
* *Fauenſis exemptus.*	* Fano exempt.
ARCHIEPISCOPATVS FIRMANVS, *cuius Epiſcopatus ſuffraganei ſunt*	L'ARCHEVESCHÉ DE FERMO, dont les Eueſchez ſuffragans ſont
Maceratenſis,	Macerata,
Tolentinus,	Tolentino,
Septempedanus, alias San-Seuerinas,	San-Seuerino,
Montis Alti,	Monte Alto,
Ripa Tranſonenſis.	Ripa-tranſone.

ARCHIEPISCOPATVS RAVENNENSIS,
cuius Epiſcopatus ſuffraganei ſunt
Hadrienſis, nunc Rouigenſis,
Comaclenſis,
Fauentinus,
Britinorienſis antea Forlimpopolitanus,
Foroliuienſis,
Cæſenas,
Sarſinenſis,
Ariminenſis,
Foro-cornelienſis, alias Imolenſis,
Ceruienſis ſiue Ficodenſis,
Faneſtrienſis,
* *Ferrarienſis olim Vogentianus.*

ARCHIEPISCOPATVS BONONIENSIS,
cuius ſuffraganei ſunt Epiſcopatus
Parmenſis,
Placentinus,
Rhegienſis,
Mutinenſis,
Carpenſis,
Cremenſis,
Burgi ſancti Donini.

IN STATV MAGNI DVCIS HETRVRIÆ *ſunt* ARCHIEPISCOPATVS *tres ſub quibus* EPISCOPATVS *in vniuerſum viginti & vnus ; quorum tres in Corſica & duo extra Magni Ducis Hetruriæ Statum.*

ARCHIEPISCOPATVS FLORENTINVS
cuius Epiſcopatus ſuffraganei ſunt
Fæſulanus,
Piſtorienſis,
Volaterranus,
Collenſis,
Burgenſis S. Sepulchri,
Ciuitatenſis,
* *Montis Politiani,*
* *Cortonenſis.*

ARCHIEPISCOPATVS SENENSIS,
cuius ſuffraganei Epiſcopatus ſunt
Suanenſis,
Cluſinus,
Groſſetanus,
Maſſenſis,
Populonienſis,
Pientinus ſiue Corſinianenſis,
Ilcinenſis.

ARCHIEPISCOPATVS PISANVS,
cuius ſuffraganei ſunt Epiſcopatus
* *Sarſanenſis,*
* *Lucenſis,*
Liburnenſis.
& in Corſica Inſula, quæ Genuenſibus paret
Adiacenſis,

L'ARCHEVESCHÉ DE RAVENNE,
dont les Eueſchez ſuffragans ſont
Adria aujourd'huy à Rouigo,
Comachio,
Faenza,
Bertinoro autrefois à Forlimpopoli,
Forli,
Ceſena,
Sarſina,
Rimini,
Imola,
Ceruia,
Faneſtria,
* Ferrara autrefois à Buondeno.

L'ARCHEVESCHÉ DE BOVLOGNE,
dont les Eueſchez ſuffragans ſont
Parma,
Piacenza,
Regio,
Modena,
Carpi,
Crema,
Borgo San Donino.

DANS L'ESTAT DV GRAND DVC DE TOSCANE il y a trois ARCHEVESCHEZ, ſous leſquels ſont en tout vingt & vn EVESCHEZ, dont les trois ſont en l'Iſle de Corſe, & deux autres hors le grand Duché de Toſcane.

L'ARCHEVESCHÉ DE FLORENCE,
dont les Eueſchez ſuffragans ſont
Fieſole,
Piſtoia,
Volterra,
Colle,
Borgo S. Sepulchro,
Citta di Sole,
* Monte Pulciano,
* Cortona.

L'ARCHEVESCHÉ DE SIENE,
duquel les Eueſchez ſuffragans ſont
Soana,
Chiuſi,
Groſſeto,
Maſſa,
Piombino,
Pienza,
Monte Alcino.

L'ARCHEVESCHÉ DE PISE,
duquel les Eueſchez ſuffragans ſont
* Sarſana,
* Luca,
Liuorno.
& en l'Iſle de Corſe qui eſt au Genois
Aiazzo,

ARCHIEPISCOPATVS RAVENNENSIS,
cuius Epifcopatus fuffraganei funt
Hadrienfis, nunc Rouigenfis,
Comaclenfis,
Fauentinus,
Britinorienfis antea Forlimpopolitanus,
Foroliuienfis,
Cæfenas,
Sarfinenfis,
Ariminenfis,
Foro-cornelienfis, alias Imolenfis,
Ceruienfis fiue Ficodenfis,
Faneftrienfis,
* *Ferrarienfis olim Vogentianus.*

ARCHIEPISCOPATVS BONONIENSIS,
cuius fuffraganei funt Epifcopatus
Parmenfis,
Placentinus,
Rhegienfis,
Mutinenfis,
Carpenfis,
Cremenfis,
Burgi fancti Donini.

IN STATV MAGNI DVCIS HETRVRIÆ *funt* ARCHIEPISCOPATVS *tres fub quibus* EPISCOPATVS *in vniuerfum viginti & vnus ; quorum tres in Corfica & duo extra Magni Ducis Hetruriæ Statum.*

ARCHIEPISCOPATVS FLORENTINVS
cuius Epifcopatus fuffraganei funt
Fæfulanus,
Piftorienfis,
Volaterranus,
Collenfis,
Burgenfis S. Sepulchri,
Ciuitatenfis,
* *Montis Politiani,*
* *Cortonenfis.*

ARCHIEPISCOPATVS SENENSIS,
cuius fuffraganei Epifcopatus funt
Suanenfis,
Clufinus,
Groffetanus,
Maffenfis,
Populonienfis,
Pientinus fiue Corfinianenfis,
Ilcinenfis.

ARCHIEPISCOPATVS PISANVS,
cuius fuffraganei funt Epifcopatus
* *Sarfanenfis,*
* *Lucenfis,*
Liburnenfis.
& in Corfica Infula, quæ Genuenfibus paret
Adiacenfis,

L'ARCHEVESCHÉ DE RAVENNE,
dont les Euefchez fuffragans font
Adria aujourd'huy à Rouigo,
Comachio,
Faenza,
Bertinoro autrefois à Forlimpopoli,
Forli,
Cefena,
Sarfina,
Rimini,
Imola,
Ceruia,
Faneftria,
* Ferrara autrefois à Buondeno.

L'ARCHEVESCHÉ DE BOVLOGNE,
dont les Euefchez fuffragans font
Parma,
Piacenza,
Regio,
Modena,
Carpi,
Crema,
Borgo San Donino.

DANS L'ESTAT DV GRAND DVC DE TOSCANE il y a trois ARCHEVESCHEZ, fous lefquels font en tout vingt & vn EVESCHEZ, dont les trois font en l'Ifle de Corfe, & deux autres hors le grand Duché de Tofcane.

L'ARCHEVESCHÉ DE FLORENCE,
dont les Euefchez fuffragans font
Fiefole,
Piftoia,
Volterra,
Colle,
Borgo S. Sepulchro,
Citta di Sole,
* Monte Pulciano,
* Cortona.

L'ARCHEVESCHÉ DE SIENE,
duquel les Euefchez fuffragans font
Soana,
Chiufi,
Groffeto,
Maffa,
Piombino,
Pienza,
Monte Alcino.

L'ARCHEVESCHÉ DE PISE,
duquel les Euefchez fuffragans font
* Sarfana,
* Luca,
Liuorno.
& en l'Ifle de Corfe qui eft au Genois
Aiazzo,

Sagonenſis, aut Caluienſis,	Sagona, ou Calui,
Alerienſis.	Aleria diſtrutta.
IN STATV GENVENSI *ſunt* ARCHIEPISCOPATVS *vnus*, EPISCOPI *duodecim, quorum ſex ſub Archiepiſcopatu Genuenſi, & ibidem vnus ex Ducatu Mediolanenſi duo ſub Archiepiſcopatu Mediolanenſi, & tres in Corſica ſub Archiepiſcopatu Piſanenſi.*	DANS LA SEIGNEVRIE DE GENES, il y a vn ARCHEVESCHE', & douze EVESCHEZ, deſquels les ſix ſont ſous l'Archeueſché de Genes (il y en reſpond auſſi vn du Duché de Milan) deux ſous l'Archeueſché de Milan, & trois de l'Iſle de Corſe ſous l'Archeueſché de Piſe.
ARCHIEPISCOPATVS GENVENSIS, *ſub quo ſuffraganei ſunt Epiſcopi*	L'ARCHEVESCHE' DE GENES, duquel les Eueſchez ſuffragans ſont
Albingaunenſis,	Arbenga,
Naulenſis,	Noli,
Bruniacenſis,	Brugnato,
Bobienſis, in Statu Mediol.	Bobio dans l'Eſtat de Milan,
Marianenſis, Accienſis, Nebienſis, } *in Corſica,*	Mariana diſtrutta, Accia, Nebio, } en l'Iſle de Corſe,
* *Sarſanenſis,*	* Sarſana,
Sauonenſis, Intemelienſis, } *ſub Archiep. Milanenſi,*	Sauona, Vintimillia, } ſous l'Archeu. de Milan,
Alerienſis, Sagonenſis, Adiacenſis. } *in Corſica ſub Arch. Piſa.*	Aleria, Sagona, Aiazzo. } en l'Iſle de Corſe, ſous l'Archeueſque de Piſe.
IN STATV MEDIOLANENSI, *ſunt* ARCHIEPISCOPATVS *vnus*, EPISCOPATVS *octo, in ipſo ſtatu, quorum ſeptem ſub Archiepiſcopatu Mediolanenſi, ſub quo & alij nouem ex circumuiciniis.*	DANS L'ESTAT DE MILAN, il y a vn ARCHEVESCHE', huict EVESCHEZ dans cet Eſtat, dõt les ſept ſont ſous l'Archeueſché de Milan, ſous lequel il y en a encor neuf autres Eueſchez des enuirons.
ARCHIEPISCOPATVS MEDIOLANENSIS, *ſub quo ſuffraganei ſunt Epiſcopatus*	L'ARCHEVESCHE' DE MILAN, ſous lequel ſont les Eueſchez ſuffragans
Cremonenſis,	Cremona,
Laudenſis,	Lodi,
Nouarienſis,	Nouarra,
Alexandrinus,	Alexandria della paglia,
Dertonenſis,	Tortona,
Viglebanenſis,	Vigheuano,
* *Ticinenſis alias Papienſis.*	* Pauia.
(Bobienſis ſub Archiep, Genuenſi)	(Bobio eſt ſous l'Archeueſché de Genes)
Bergomenſis, Brixienſis, } *in Dominio Veneto,*	Bergamo, Breſcia, } en la Seigneur. de Veniſe,
Vercellenſis, Aſtenſis, Albenſis, } *in Pedemontio,*	Vercelli, Aſti, Alba, } au Piémont,
Caſalenſis, Aquenſis, } *in Montisferrato,*	Caſale, Acqui, } au Monferrat,
Sauonenſis, Intemelienſis. } *in Statu Genuenſi.*	Sauona, Vintimiglia. } en la Seigneurie de Genes.
IN STATV DVCIS SABAVDIÆ *duo ſunt* ARCHIEPISCOPATVS, *decem* EPISCOPATVS, *Archiepiſcopatuum alter in Sabaudia, alter in Pedemontio.*	DANS L'ESTAT DV DVC DE SAVOYE, il y a deux ARCHEVESCHEZ, dix EVESCHEZ, vn des Archeueſchez eſt en Sauoye, & l'autre en Piémont.
ARCHIEPISCOPATVS TARENTASIENSIS, *in Sabaudia, ſub quo ſuffrag. Epiſcopatus*	L'ARCHEVESCHE' DE TARENTAISE en Sauoye, duquel les Eueſchez ſuffr. ſont
Sedunenſis, in Valeſia,	Sitten, alias Sion, en Valais,

Puteolanus,	Pozzuolo,
Nolanus,	Nola,
Acerranus,	Cerra,
Iſclanus ſiue Ænarienſis in Inſ.	Iſchia iſle,
**Auerſanus cui vniti ſunt,*	*Auerſa auquel ſont vnis
**Cumanus, &*	*Cuma, &
**Atellanus.*	*Atella.
CAPVANVS ARCHIEPISCOPATVS, *cuius ſuffraganei ſunt Epiſcopatus,*	L'ARCHEVESCHÉ de CAPOVE, duquel les Eueſchés ſuffragans ſont,
Teanenſis,	Tiano,
Caluenſis,	Calui,
Caſertanus,	Caſerta,
Calatinus,	Caiazzo,
Calenenſis,	Carinola,
Æſernienſis,	Iſernia,
Sueſſanus,	Seſſa,
Venafranus,	Venafro,
Aquinas,	Aquino,
Caſinenſis,	Monte Caſſino,
Fundanus,	Fondi,
Caietanus cui vniti ſunt,	Gaeta auquel ſont vnis
**Formianus,*	*Mola,
**Minturnenſis,*	*Traietto.
Soranus.	Sora.
SALERNITANVS ARCHIEPISCOPATVS, *cuius ſuffraganei ſunt Epiſcopatus.*	L'ARCHEVESCHÉ de SALERNE, dont les Eueſchés ſuffragans ſont,
Campanienſis vnitus Satrianenſi,	Campagna, vni auec Satriano,
Caputaquenſis,	Capaccio,
Policaſtrenſis,	Policaſtro,
Nuſcenſis,	Nuſco,
Sarnenſis,	Sarno,
Marſicenſis,	Marſico nouo,
Nucerinus,	Nocera de Pagani,
Acernenſis,	Acerno,
**Cauenſis.*	*Caua,
AMALFITANVS ARCHIEPISCOPATVS, *cuius ſuffraganei ſunt Epiſcopatus,*	L'ARCHEVESCHÉ D'AMALFI, dont les Eueſchés ſuffragans ſont,
Letterenſis,	Lettere,
Capritanus, inſ.	Capri, iſle,
Minorenſis,	Minori,
*{ *Scalenſis,*	*{ Scala,
*{ *Rauellenſis.*	*{ Rauello.
SVRRENTINVS ARCHIEPISCOPATVS, *cuius ſuffrag. ſunt Epiſc.*	L'ARCHEVESCHÉ de SORRENTE, dont les Eueſchés ſuffragans ſont,
Viciaquenſis,	Vico,
Maſſenſis,	Maſſa,
Caſtello-Stabienſis.	Caſtel à mare di Stabia.
COMEPSANVS ARCHIEPISCOPATVS, *cuius ſuffraganei ſunt Epiſcopatus,*	L'ARCHEVESCHÉ de CONZA, dont les Eueſchez ſuffragans ſont,
Muranus,	Muro,
Cangianenſis,	Cangiano,
Satrianenſis vnitus Campanienſi,	Satriano vny auec Campagna,
Montis Viridis vnitus Nazareno Archiepiſcopatui qui Barulis reſidet,	Monte Verde vny à l'Archeueſché de Nazareth, qui eſt dans Barletta,
Alcedonienſis,	La Cedogna,

{ *Sancti Angeli de Lombardis,*	{ S. Angelo de Lombardi,
{ *Biſacienſis,*	{ Biſaccia.
Acherontinvs Archiepiscopatvs; *cuius Epiſcopatus ſuffraganei ſunt,*	L'Archevesché de Cirenza, dont les Eueſchés ſuffragans ſont,
Materanus vnitus Archiepiſc.	Matera vny auec l'Archeueſché,
Venuſinus,	Venoſa,
Anglonenſis nunc Turcienſis,	Anglona, aujourd'huy à Turſi,
Potentinus,	Potenza,
Grauinenſis,	Grauina,
Tricaricenſis,	Tricarico,
* *Montis Piloſi,*	*Monte Peloſo,
* *Melphitenſis,*	*Melfi,
**Rapollenſis.*	*Rapolla.
Beneventanvs Archiepiscopatvs, *cuius ſuffraganei ſunt Epiſcopatus,*	L'Archevesché de Benevent, dont les Eueſchés ſuffragans ſont,
Aſculanus,	Aſcoli,
Florentiuolius,	Fiorenzuola,
Teleſinus,	Teleze,
Sanctæ Agathæ,	S. Agatha di Goti,
Montis Marani,	Monte Marano,
{ *Auellinenſis,*	{ Auellino,
{ *Frequentinus,*	{ Fricenti,
Vicanus,	Vico della Baronia,
Arianenſis,	Ariano,
Boianenſis,	Boiano,
Bouinenſis,	Bouino,
Turbulenſis,	Torribolenſe,
Tragonarenſis,	Dragonara,
Volturarenſis,	Volturara,
Larinenſis,	Larina,
Termulenſis,	Termoli,
Leſinenſis,	Leſina,
Guardi Alferienſis,	Guardia Alferes,
* *Triuentinus,*	* Triuento.
Archiepiscopatvs Theatinvs, *cuius ſuffraganei ſunt Epiſcopatus,*	L'Archevesché de Civita di Chieti dont les Eueſchés ſuffragans ſont,
Camplenſis,	Campli,
Ortonienſis,	Ortona à Mare,
{ *Adrienſis,*	{ Atri,
{ *Pinnenſis,*	{ Ciuita di Penna,
{ *Valuenſis,*	{ Valua,
{ *Sulmonenſis,*	{ Sulmona,
Ciuita Calienſis,	Ciuita di Cali alias C. Ducale,
**Theramenſis,*	*Teramo,
**Aquilanus,*	*Aquila,
**Marſicus,*	*Marſi.
Lancianensis Archiepiscopatvs *nullos habet ſuffraganeos Epiſcopatus,*	L'Archevesché de Lanciano n'a point de Suffragans.
Sipontinvs *alias* Montis Gargani Archiepiscopatvs, *qui hodiè dicitur* Arch. Manfredoniensis *&* Montis Sant-Angeli, *cuius ſuffraganeus eſt Epiſcopatus,*	L'Archevesché de Siponto, ou du Mont Gargan, qui s'appelle à preſent Archev. de Monfredonia, & du Mont Saint Ange, duquel les Eueſchés ſuffragans ſont,
Vieſtanus,	Vieſte,
**Trojanus,*	* Troja,
**San-Seuerinus.*	* San-Seuero.

TRANENSIS ARCHIEPISCOPATVS, *cuius ſuffraganei ſunt Epiſcopatus*,
Salpenſis vnitus Archiepiſcopatui,
Vigilienſis,
Andrienſis.

NAZARENVS ARCHIEPISCOPATVS, *qui Barulis reſidet, & vnitus cum Epiſcopatu Montis Viridis nullos habet Suffraganeos.*

BARENSIS ARCHIEPISCOPATVS, *cuius ſuffraganei ſunt Epiſcopatus*,
Canuſinus vnitus Archiep.
Bitontinus,
Iuuenacenſis,
Rubenſis,
Conuerſanus,
Poliniauenſis,
Bitettenſis,
Lauellinenſis,
Mineruinus,
* *Molfittenſis.*
Catharenſis, } *in Dalmatia.*
Budoenſis, }

TARENTINVS ARCHIEPICOPATVS, *cuius ſuffraganei ſunt Epiſcopatus*,
Motulenſis,
Caſtellanetenſis.

BRVNDVNSINVS ARCHIEPISCOPATVS, *cuius ſuffraganei ſunt Epiſcopatus*,
Orienſis,
Oſtunenſis,

HYDRVNTINVS ARCHIEPISCOPATVS, *cuius ſuffraganei ſunt Epiſcopatus*,
Caſtrenſis,
Callipolitanus,
Vgentinus,
Aletinus,
{ *Leucenſis*,
{ *Alexanenſis*,
Nerotinus alias Nardonenſis.

CONSENTINVS ARCHIEPISCOPATVS, *cuius ſuffraganei ſunt Epiſcopatus*,
Mons Altenſis vnitus Archiepiſ.
Martoranenſis,
**San-Marcenſis*,
**Caſſanenſis.*

ROSSANENSIS ARCHIEPISCOPATVS, *cuius nulli ſuffraganei ſunt Epiſcopatus*,
* *Buſinianenſis.*

SAN-SEVERINENSIS ARCHIEPISCOPATVS, *cuius Epiſcopatus ſuffraganei*,
Vmbriaticenſis,
Belicaſtrenſis,
Inſulanus,
{ *Cerentinus*,
{ *Cariatenſis*,
Strongilenſis,

L'ARCHEVESCHÉ DE TRANI, duquel les Eueſchés ſuffragans ſont,
Salpi vni auec l'Archeueſché,
Biſeglia
Andria,

L'ARCHEVESCHÉ DE NAZARETH qui eſt dans Barletta, & vni auec l'Eueſché de Monte Verde, n'a point de ſuffragás.

L'ARCHEVESCHÉ DE BARI, duquel les Eueſchés ſuffragans ſont,
Canoſa vni auec l'Archeueſché,
Bitonto,
Giouenazzo,
Ruuo,
Conuerſano,
Polignano,
Bitetto,
Lauiello,
Moneruino,
*Molfetta,
Cataro, } en la coſte d'Eſclauonie.
Budoa. }

L'ARCHEVESCHÉ DE TARANTO, dont les Eueſchés ſuffragans ſont,
Motula,
Caſtellaneta,

L'ARCHEVESCHÉ DE BRINDISI, dont les Eueſchés ſuffragans ſont,
Oria,
Oſtuni,

L'ARCHEVESCHÉ D'OTRANTO, dont les Eueſchés ſuffragans ſont,
Caſtro,
Gallipoli,
Vgento,
Lecce,
{ Capo di Leuca,
{ Aleſſano,
Nardo.

L'ARCHEVESCHÉ DE CONSENZA, duquel les Eueſchés ſuffragans ſont,
Monte Alto vni auec l'Eueſché,
Martorano,
*San-Marco,
*Caſſano.

L'ARCHEVESCHÉ DE ROSSANO n'a point d'Eueſchés ſuffragans,
*Biſignano.

L'ARCHEVESCHÉ DE SAN-SEVERINA, duquel les Eueſchez ſuffragans ſont,
Vmbriatico,
Belcaſtro,
Iſola,
Cerenza,
Cariati,
Strongoli.

RHEGIENSIS

RHEGIENSIS ARCHIEPISCOPATVS *cujus Epifcopatus fuffraganei funt*
Neocaftrenfis,
Tabernenfis,
Cantazarenfis,
Amantinus,
Tropienfis,
Crotonienfis,
Opedenfis,
Caftella brucenfis,
Hieracienfis alias Locrenfis,
Scyllacenfis,
Nicoterenfis,
Bouenfis,
**Miletenfis*,
**Monte Leonenfis*.

SICILIÆ REGNVM ET INSVLA *tres habet* ARCHIEPISCOPATVS, EPISCOPATVS *vero fex*, *et in vicinis infulis duos*.

PANORMITANVS ARCHIEPISCOPATVS, *cujus Epifcopi fuffraganei*
Mazarenfis,
Agrigentinus,
Melitenfis in infula Melita.

MESSANENSIS ARCHIEPISCOPATVS, *cuius Epifcopi fuffraganei funt*
Cephalædenfis,
Pactenfis,
Liparenfis in Lipara infula.

MONTIS-REGALIS ARCHIEPISCOPATVS, *cui fubfunt Epifcopatus*
Catanenfis,
Syracufanus.

SARDINIÆ REGNVM ET INSVLA, *tres habet* ARCHIEPISCOPATVS, EPISCOPATVS *autem olim plures*, *nunc pauciores*.

CALARITANVS ARCHIEPISCOPATVS, *cujus fuffraganei funt Epifcopatus*
Suellenfis Sufalenfis Archiep. vnitus.
Sulfetanus hodie Ecclefienfis,
Læftanus,

TVRRITANVS ARCHIEPISCOPATVS *hodie* SASSARITANVS, *cujus Epifcopi fuffrag.*
Algarenfis alias Bofenfis,
Faufinenfis alias Emporienfis & Caftri Arragonenfis.

ARBORENSIS ARCHIEPISCOPATVS *cujus nulli funt Epifcopatus fuffraganei nam*
Vfellenfis / *Toralbenfis* / *S Iuftæ* } *vniti funt Archiepifcop*.

CORSICÆ INSVLÆ EPISCOPATVS *funt fex quorum tres fub Archiepifcopatu Genuenfi, tres alios fub Pifano iam dedimus*.

L'ARCHEVESCHÉ DE REGGIO, dont les Evefchez fuffragans font
Nicaftro,
Tauerna,
Catanzaro,
Amantea,
Tropea,
Cotrone,
Oppido,
Caftel à mare della Bruca,
Gieraci,
Squillace,
Nicotera,
Boue,
*Mileto,
*Monte Leone.

L'ISLE ET ROYAVME DE SICILE à trois ARCHEVESCHEZ & fix EVESCHEZ, & dans les Ifles voifines deux,

L'ARCHEVESCHÉ DE PALERME, qui a pour fuffragans les Euefchez de
Mazara,
Gergenti,
Malta, en l'Ifle de Malte.

L'ARCHEVESCHÉ DE MESSINE dont les Euefchez fuffragans font
Cifalu,
Patti,
Lipara en l'Ifle de Lipara.

L'ARCHEVESCHÉ DE MONTREAL, dont les Euefchez fuffragans font
Catana,
Syracofa,

L'ISLE, ET ROYAVME DE SARDAIGNE à trois ARCHEVESCHEZ, n'a plus tant d'Euefchez comme elle a eu par cy-deuant.

L'ARCHEVESCHÉ DE CALARI, a fes fuffragans les Euefchez de
. . . . . vny à l'Archeuefché,
Sulci aujourd'huy Villa de Glefia,
Monte Reale . . .

L'ARCHEVESCHÉ DE TORRE aujourd'huy SASSARI dont les Euefchez fuffrag.
Algieri ou à Bofa,
Terra noua refident à Caftro Aragonefe.

L'ARCHEVESCHÉ D'ORISTAGNI n'a plus de fuffragans: car les Euefchez de
. . . . . . / Tor Alba / S^a Iufta } fõt vnis à l'Archeuefché.

IL Y A SIX EVESCHEZ EN L'ISLE DE CORSE, nous en auons donné trois fous l'Archeuefché de Gennes, & les trois autres fous l'Archeuefché de Pife.

Les Eueſchez qui ſont hors du rang des autres : plus auant ou plus arriere que le rang des autres ſont ou exempts du Metropolitain, ou n'appartiennent point au meſme Eſtat que tous les autres, les exempts ſont auſſi marquez d'vne eſtoile.

ITALIA ex Ptolemæo.

ITALIÆ SITVS.

ITALIA circumſcribitur ab Occidente, aliqua ex parte, Alpibus; inter Adulam montem, & Vari fluuii oſtia: à Septentrione, iterum Alpibus; vbi Alpes Rhæticæ, tum Caruſadius, & Ocra Montes ſunt.

Reliqua Italiæ latera alluuntur Liguſtico mari, et Tyrrheno; aut Adriatico ſinu, & Mari, tum et Ionio.

Littus autem, quod mari Liguſtico imminet, ſic deſcribitur.

poſt Vari fluuij oſtia.
MASSILIENSIVM,
Nicæa Maſſilienſium,
Herculis portus, *Herc. Monoeci p.*
Trophæa Auguſti,
Monœci portus.
LIGVRIÆ, *quæ Græcis* LIGVSTICE *dicitur:*
Albintimilium, Albinimilium
Albigaunum,
Genua,
Entellæ fluuii oſtia,
Tigullia,
Veneris Portus,
Ericis ſinus intima,
Macræ fluuii oſt.
Diuertigium Boacti fluu.
TVSCORVM *autem, qui Græcis* TYRRHENI *ad Tyrrhenum pelagus:*
Luna,
Lunæ promont.
Lucus Feroniæ prom.
Herculis Fanum, *Herc. lib. p.*
Arni flu. oſt.
Poplonia.
Poplonium promont.
Liburnus port.
Trajanus port. *ſuus poſtea locus.*
Telamon promont.
Telamon portus.
Oſſæ flu oſtia,

L'ITALIE tirée de Ptolomée.

SIT DE L'ITALIE.

L'ITALIE eſt fermée vers l'Occidẽt, en partie par les Alpes, depuis le mont Adula iuſques à la riuiere du Var: vers le Septentrion encor des Alpes, où ſont les Alpes Griſonnes : & par les monts du Tirol, & della Vena.

Les autres coſtés de l'Italie ſõt bagnés de la mer de Genes, & mer Tyrrhene : ou par le golphe de Veniſe, & la mer Iouiene

La coſte qui eſt ſur la mer de Genes ſe trouue ainſi:

apres la riuiere du Var.
A ceux de MARSEILLE ſont
Nizza. Nice.
c'eſt le meſme que Monaco
Turbia.
Monaco, ou Mourgues.
De la LIGVRIE, ou RIVIERE DE GENES ſont:
Vintimiglia,
Albenga,
Genoua,
Lauagna fiu.
Seſtri,
Pto Venere,
Golfe de Spezza,
Magra fiume,
Votra als Brugneto fiu.
De la TOSCANE ſur la mer de Toſcane, autrement mer Tyrrhene ſont:
L'Erice,
Capo del Croce, [prom.
vers Lauenza mais il n'y a plus de
c'eſt le meſme que Liuorno,
Arno, fiume,
Populonia diſtrutta,
vers Piombino,
Liuorno, Ligourne,
Ciuita Vecchia, *il doit eſtre cy-apres.*
Telamone,
Telamone vecchio,
Oſa fiu.

Cossae,	Ansedoina,
Grauiscae,	Torre di Corneto.
* *Traianus portus,*	Ciuita Vecchia,
Castrum nouum,	vers S. Marinello,
Pyrgi,	vers Palo
Alsium.	S. Giorgio.
LATINORVM.	En la CAMPAGNE DE ROME &c.
Tiberis fluuij ost.	Teuere fiu.
Ostia,	Ostia,
Antium,	Antio rouiato, prés Capo d'Antio,
Clostra,	vers Fogliana ad mare,
Circaeum prom.	Citta-vecchia sur Mte Circello,
Tarracinae,	Tarracina,
Formiae.	Formie rouin. prés Mola.
CAMPANORVM.	En la TERRE DE LABOVR &c.
Liris fluuij ostia,	Garigliano fiu.
Soessa, lego Sinuessa,	Sous Rocca di Mte Racone,
Vulturnum,	C del Voltorno,
Cumae,	Cuma,
Liternum,	Patria,
Misenum,	Capo di Miseno,
Puteoli,	Pozzuolo,
Neapolis.	Napoli Naples.
PICENTINORVM.	En partie de la PRINCPAVTE' INTERIEVRE
Sarni fluuij ost.	Sarno fiume,
Surentum,	Sorrento,
Mineruae prom.	Capo dell' Minerua,
Salernum.	Salerno.
LVCANORVM.	En l'autre partie de la PRINCIPAVTE, est part. de la BASILICATE.
Silari fluuij ost.	Selo als Silaro fiu.
Paestum,	Pesti,
Velia,	Pisciotta,
Buxentum.	Policastro.
BRVTIORVM.	Toute la COSTE DES DEVX CALABRES sur la Mer Tyrreue,
Laj fluuij ostia,	Laino fiu.
Tempsa,	Torre loppa,
Taurianus Scopulus,	Torre de Gioja,
Hipponiates sinus,	Golfo di St Eufemia,
Scylaeum prom.	Scilla,
Rhegium Iulium,	Regio,
Leucopetra prom.	C. dell Armi.
MAGNAE GRAECIAE *iuxta Adriaticum Pelagus.*	En la coste de CALABRE, BASILICATE, & TARENTE sur la mer Ioniene ou Adriaticq;
Zephyrium prom.	Capo Bursano,
Locri Ciuitas,	Girace,
Locani fluuij ostia.	Proteritate ou Alaro fiume.
In sinu, qui iuxta Scylacium est	Dans le golfe de Squillace,
Scylacium,	Squillace,
Lacinium prom.	Capo delle Colonne.
In Tarentino sinu	Dans le golfe de Tarente
Croton,	Cotrone,
Thurium,	Sibari rouinata,
Metapontium,	Torre di Mar,

Tarentum.

SALENTINORVM.

Iapygium prom. quod & Salentinum.

CALABRIÆ.

In Ionio mari,
Hydrus,
Lupiæ,
Brendesium.

APVLORVM PEVCETIORVM.

Egnatia,
Barium,
Aufidij fluuij ostia.

APVLORVM DAVNIORVM.

Salapiæ,
Sipus,
Apenestæ,
Garganus mons.
In Adriatico autem sinu
Hyrium.

FRENTANORVM.

Phiterni flu. ost.
Buba,
Istonium.

PELIGNORVM.

Sari flu. ost.
Orton.

MARVCINORVM.

Aterni flu. ost.
Matrini flu. ost.

PICENORVM.

Castrum,
Cupra maritima,
Truentini flu. ost.
Potentia,
Numana,
Ancona.

SEMNONVM.

Asij flu. ost.
Sena Gallica,
Fanum Fortunæ,
Pisaurum,
Ariminum.

GALLORVM BOIORVM.

Rubiconis flu. ost.
Rauennæ,
Padi flu. ost.

VENETIÆ.

Atriani flu. ostia.

CARNORVM.

Post Flexum Adriatici sinus
Intimus sinus,
in quo est,
Tilauempti flu. ost.

Tarento.
De la terre d'OTRANTE vers le golfe de Tarente
Torre di S.ta Maria di Leuca.
De la terre d'OTRANTE
sur la mer Ioniene,
Otranto,
Torre di Veneri,
Brindisi.
De la TERRE DE BARI,
Tor di Adanazzo,
Bari,
Ofanto fiume.
De la CAPITANATE,
Salpe,
Siponto,
Vieste,
M.te Gargano.
Dans le golfe de Venise
Rodia.
En partie de l'ABRVZZE citerieure,
Tiferno,
Marozzo,
Guiasto di Amone.
Encore part de l'ABRVZZE CITERIEVRE
Sagro ô Saguine fiu.
Ortona à mare,
En ABRVZZE CITERIEVRE & vlterieure,
Pescare fiume,
La Piomba fiume.
En ABRVZZE VLTERIEVRE & marche d'Ancone,
S. Flauiano prés Guilianuoua,
Torre di Asone fiume,
Tronto fiume,
Potenza prés Porto di Recanati.
Humana rouinata,
Ancona.
En la Duché d'VRBIN &c.
Esino fiume,
Sini gaglia,
Fano,
Pesaro,
Rimino.
En la ROMANDIOLE,
Rubicone als Pisatello fiume,
Rauenna,
Po fiume.
En la Duché de FERRARE, PADOVE, VALENCE, TREVIGI, &c.
Po delle Fornace.
En la terre de FRIVLI &c.
Apres que le golfe de Venise cõmence son destour dans le fond du golfe, il y a
Taiamento fiume,

Natisonis flu. ost.

HISTRIÆ.

Post Flexum intimi Adriatici sinus
Tergestum,
Formionis flu. ost.
Parentium,
Pola,
Nesactum,
Arsia fluuius finis Italiæ.

Ciuitates autem Mediterraneæ sunt,

HISTRIÆ,

Pucinum,
Piquentum,
Aluum.

CARNORVM.

Forum Julium,
Concordia,
Aquileia.

VENETIÆ.

Vicentia,
Belunum,
Acedum,
Opitergium,
Ateste,
Patauium,
Altinum,
Atria.

CENOMANORVM.

Bergomum,
Forum Iutuntorum,
Brixia,
Cremona,
Verona,
Mantua,
Tridentum,
Butrium.

BECHVNORVM f. EVGANEORVM.

Vannia,
Carraca,
Bretina,
Anonium.

INSVBRVM.

Nouaria,
Mediolanium,
Comum,
Ticinum.

SALLASSIORVM.

Augusta Prætoria,
Eporedia.

TAVRINORVM.

Augusta Taurinorum,
Augusta Batienorum,
Jria,
Dertona.

Natisone fiume.

en ISTRIE.

Apres que le fond du golfe de Venise se destourne encor,
Trieste,
Risano fiume,
Parenzo,
Pola,
C. Nouo,
Arsa fiumine fin de l'Italie.

Les villes en terre sont, sçauoir

DE L'ISTRIE,

Duino,
Piquento,
Albona.

DV FRIVLI.

Ciudad de Friuli,
Concordia,
Aquileia,

Des terres de VENISE, PADOVE, VICENCE, &c.
Vicenza,
Belluno,
Asolo,
Oderzo,
Esto,
Padoüa,
Altino,
Adria.

Des T. & S. de MANTOVE, TRENTE, &c.
Bergamo,
Crema,
Brescia,
Cremona,
Verona,
Mantoüa,
Trento,
peut estre Butrio prés Bologne.

Des T. de BERGAME, BRESCE, VALTELINE &c.
Clauenna,
Sarca,
Vvorms,
C. Non suo Anogne fiu.

DV MILANOIS, &c.

Nouara,
Milano,
Como,
Paiua.

DE LA DVCHÉ D'AVOST,

Auosta,
Iurea.

DV PIEDMONT, SALVCES, &c.

Turino,
Saluzzo,
Voghera,
Tortona.

Libicorvm.	dv Vercellois, & de la Lvmelline.
Vercellæ,	Vercelli,
Gaumellum.	Lumello.
In Grais Alpibus	Dans les Alpes de Sauoye
Centronvm.	En la Tarentayse,
Forum Claudij,	Monſtiers en Tarentayſe,
Axima.	S. Iacqu'Eſme.
In Cottijs Alpibus, in Poenis, Penninis	Dans les Alpes du Valais,
Lepontiorvm.	Du Val Leventine, &c.
Oſcella.	Domo d'Oſcella.
Catvrigidorvm.	Dans les Alpes de Davphiné,
Eborodunum.	Embrun.
In Græcis Alpibus	Encor dãs les Alpes de Sauoye & Daufiné.
Segvsianorvm.	Du Comté de Svze & Briançonnois.
Seguſium,	Suze,
Brigantium.	Briançon.
In Alpibus maritimis	Dans les Alpes de Prouence & du Comté de Nice
Nervsiorvm.	Partie de Provence.
Vintium.	Vence.
Svetriorvm.	Part. de Provence.
Salinæ. pro: Sanitium.	Senez. Sabinæ & Saluces.
Vesdiantiorvm.	Du Comté de Nice.
Cemeneleum,	rüinée au deſſus de Nice.
Sanitium ſuus ante a locus.	. . . . il doit eſtre cy-deuant.
Apenini Montes Liguriæ imminent, & ab Alpibus incipiunt, deindeque ad Anconam protenduntur & ad Montem Garganum, deſinituntque ad Leucopettra promontorum.	Le Mont Apẽnin tire ſon cõmencement des Alpes, & cõmençant dans la Coſte de Genes, continue iuſques à Ancone, au Mont S. Ange, & juſques au Cap dell' Armi.
Apeninis igitur ſuppoſita eſt Montibus.	Au pied de l'Apennin eſt donc
Ligvria.	la Seignevrie de Gennes, &c.
Cuius ciuitates Mediterraneæ,	Où ſont les villes en terre ferme
Sabata,	Sauona,
Polentia,	Polenzo,
Aſta,	Aſti,
Alba Pompeia,	Alba,
Libarna.	Mont Oro ou la Preda.
Sub ipſus Montibus ſubiacet Rauenam vſque	Au long de ces Montagnes iuſques à Rauenne.
Gallia Togata,	Partie de Lombardie.
Cuius ciuitates Medit.	Où ſont les villes en terre ferme
Placentia,	Piacenza,
Fidentia,	Borgo S. Donino,
Brixellum,	Briſſello,
Parma,	Parma,
Rhegium Lepidum,	Regio,
Nuceria,	Luzzara,
Tanitum,	Tannedo,
Mutina,	Modena,
Bononia,	Bologna,
Claterna,	Quaderne Rouinata,
Forum Cornelij,	Imola,
Cæſæna,	Ceſena,
Fauentia,	Faenza,

Forum Liuij.	Forli.
TVSCORVM.	De la TOSCANE.
Mediterraneæ ciuitates hæ sunt	Les villes en terre ferme sont
Biracelum,	Verucola,
Fossæ Papirianæ,	Massascincoli,
Bondelia,	Brandeglio, ou C. N. de Carfagnan.
Luca,	Lucca,
Lucus Feroinæ,	Carrara,
Pistoria,	Pistoia,
Florentia,	Fiorenza, Florence,
Pissæ,	Pisa,
Volaterræ, (∴)	Volterra,
Rusellæ,	Roscelle,
Fesulæ,	Fiesole,
Perusia,	Perugia,
Arretium,	Arrezo,
Cortona,	Cortona,
Acula,	Poggio Francoli,
Biturgia,	Contebuchieri,
Manliana, (∴)	S. Quirico,
Vetulonium,	Vetula Roiyan, prés Campaglia,
Sæna,	Sæna,
Suana,	Souana,
Saturniana,	Saturnia,
Eba,	Monte Ipo,
Volci,	Stachilagro, sur Elsa fiume
Clusium, (∴)	Chiesi,
Volsinium,	Bolsena,
Sudernum,	Farnese,
Ferentia,	Valentano,
Vicus Elbij,	Viterbo,
Sutrium,	Sutri,
Tarquinæ,	Targuene, ruïnée au dessus de Corneto,
Blera,	Bieda,
Coricum. idem Locus qui & Cortone.	Cortona,
Forum Claudij,	Bassano,
Nepeta,	Nepi,
Falerium,	Citta Castellana,
Cære.	Ceri.
SEMNONVM.	Du DVCHÉ d'VRBIN.
Mediterraneæ ciuitates	Les villes Mediteranées sont
Suasa,	Souz C. Leone sur le fleuue Cesano, vers Paterno.
Ostra.	
PICENORVM.	De la MARCHE d'ANCONE, &c.
Traiana,	Trajana Rouinata,
Vrba Salouia, Vrsabalouia	Vrbsaglia,
Septempeda,	S. Seuerino,
Cupra montana,	Ripa Transone,
Firmium,	Fermo,
Asculum,	Ascoli,
Adria.	Atri.
OLVMBRORVM.	Du BERVSIN D. d'VRBIN, M. d'ANCONE, &c.
Pitinum,	Macerata,
Tifernum,	S. Angelo in Vado,
Forum Sempronij,	Fossombrone,

Isuium,	Eugubio,
Æsis,	Iesi,
Iusicum,	Fratta,
Perusia,	Perugia,
Sentinum,	Sentina Rouinata,
Æsisium,	Assisio,
Camarinum,	Camerino,
Nuceria,	Nocera.
VILVMBRORVM.	En la DVCHÉ de SPOLETE &c.
Arna,	Ciuitella d'Arno prés Perugia,
Ispelum.	Ispello,
Turde, Tuder,	Todi,
Forum Flaminij,	Ponte Centesimo,
Spoletium,	Spoleto,
Meuania,	Beuagna,
Ameria,	Amelia,
Narnia,	Narni,
Ocriculum.	Otricoli.
SABINORVM.	Partie du DVCHÉ DE SPOLETE.
Nurcia.	Norcia.
ÆQVICVLORVM.	Part. de SABINE, & de CAMPAGNE DE RO.
Obricolum, *pro Ocriculum quod*	Otricoli,
Cliternum, *(dictum &c.*	Entre Vicouaro & Arsioli,
Carsioli.	Arsioli,
MARSORVM.	Part. de l'ABRVZZE VLTERIEVRE,
Æx, *lego Arx.*	Arce en la Terre de Labour,
Alfabucelis	Albi prés du Lac de Celano.
PREGVTIORVM.	Part. de l'ABRVZZE VLTERIEVRE où sont
Beretra,	Nereto ou Cuntella,
Interramnia.	Teramo.
VESTINORVM.	Part. encor de l'ABRVZZE VLTER. où sont
Pinna,	Ciuita de Penna,
Auia,	Aquila,
Amiternum,	Amiterno Rominata,
Angolus.	S. Angelo,
MARRVCINORVM.	Part. de l'ABRVZZE CITERIEVRE & VLTER.
Teatea,	Ciuita de Chieti.
LATINORVM.	De la CAMPAGNE DE ROME.
Mediterraneæ ciuitates sunt	Les villes Mediterranées sont
Vrbs Roma,	Roma,
Tibur,	Tiuoli,
Præneſtum,	Palestina,
Tusculum,	Tuscolani,
Aricia,	L'Ariccia,
Ardea Turni,	Ardea,
Nomentum,	Lamentano,
Treba,	Treui, prés la source Teuerone,
Anagina,	Anagni,
Vempsum,	. . . . . .
Velitræ,	Velletrj,
Lanubium,	Entre S. Lorenzo, & S. Anastasia,
Atina,	Ciuita d'Antina,
Fidenæ,	Castel Iubileo,
Frusinum,	Frosinone,
Ferentinum,	Ferretino,

Priuernum,

Priuernum,	Piperno Vecchio,
Setia,	Sezze,
Aquinum,	Aquino,
Sora,	Sora,
Minturnæ,	Pres Trajetto,
Fundi.	Fondi.
PELIGNORVM.	En la partie de l'ABRVZZE CITERIEVRE.
Corfinium,	vers Pentinia,
Sulmo.	Solmona,
FRENTANORVM.	En partie de l'ABRVZZE VLTERIEVRE.
Anxanum,	Lanciano,
Larinum.	Larina.
CARACENORVM.	Partie de l'ABRVZZE, Co. DE MOLISE.
Aufidena.	Alfidena.
SAMNITVM.	En PRINCIPAVTE' VLTER. Co. DE MOLISE, (&c.
Bouianum,	Boiano,
Æserina,	Iserina,
Sæpinum,	Supino,
Allifa,	Allife,
Tuticum, *lego Æquotuticum*,	C. Vetere ou Basence,
Telisia,	Telese,
Beneuentum,	Beniuento,
Caudium.	dessus Aerola.
CAMPANORVM.	En la TERRE DE LABOVR.
Venafrum,	Venafre,
Teanum,	Tiano,
Suessa,	Sessa,
Cales,	Calui,
Casilinum,	Capua,
Trebula,	Tretola,
Forum Poplij,	T. di Francolisi,
Capua,	vers S. Mauro,
Abella,	Auella,
Atella.	prés Auersa.
PICENTINORVM.	En partie de TERRE DE LABOVR.
Nola,	Nola,
Nuceria.	Nocera,
LVCANORVM.	En partie de PRINCIP. VLT. BASILICATE,
Vlci, *forte Eburi*,	Castelluzzo, f. Euoli, [&c.
Compsa,	Conza,
Potentia,	Potenza,
Blanda,	vers Trecchina,
Grumentum.	Agrometo.
IRPINORVM.	En part. de PRINCIP. VLT. & BASILICATE.
Aquilonia,	Auriglia,
Abellinum,	Auellino,
Æculanum,	Ariano,
Fratuolum.	Rapollo,
APVLORVM DAVNIORVM.	En la CAPITANATA.
Teanum,	Chieuti,
Nuceria Apulorum,	Lucera,
Vibarnum,	T. de Varano,
Arpi,	l'Arpi,
Erdonia,	Ardona,
Canusium.	Canosa.

APVLORVM PEVCETIORVM.	En la TERRE DE BARI, &c.
Venusia,	Venosa,
Celia.	Ceglie entre Bitonto & Bari.
BRVTIORVM.	Dans les DEVX CALABRES sur la mer Tyrrhene
Numistrum,	Nicastro,
Consentia,	Cosenza,
Vio Valentia. *Vibo.*	Mont-Leone.
MAGNÆ GRÆCIÆ.	En CALABRE BASILICATE, & Coste de Tarente sur la mer Iouiene
Petelia,	Cireuza,
Abystrum.	Rosito fortè,
SALENTINORVM.	En la TERRE d'OTRANTE sur le Golfe de Tarante,
Rhudiæ,	Ruia,
Neritum,	Nardo,
Aletium,	Leccie,
Bauota, *Baußta.*	Parabita,
Vxentum,	Vgento,
Veretum.	Alessano.
CALABRIÆ.	En la TERRE d'OTRANTO vers la mer Ioniene.
Turni,	Sternatia,
Vretum.	Oria.
Italiæ adjacent in Ligustico mari INSVLÆ.	De l'Italie sont procréez en la mer de Genes les ISLES.
Gorgonis,	Gorgona,
Æthala, *Eadem quæ et Ilua,*	. . . c'est la mesme que Elua,
Capraria,	Capraia,
Ilua,	Elua,
In Tyrrheno autem mari,	Dans la mer Tyrrhene.
Planasia,	Pianosa pres Elua,
Pontia,	Ponza,
Pandatoria,	S. Maria,
Parthenope, *Sirenusarum una.*	. . . elle est des Isles du C. dele Minerue.
Prochyta,	Procita,
Pithecusa,	Ischia,
Caprea,	Capri,
Sirenusæ ins.	Isles desertes par dessous du C. dele Minerue.
In Jonio autem mari insulæ quinque	Dans le Golfe de Venise il y a cinq Isles
Diomedeæ.	De Tremiti.

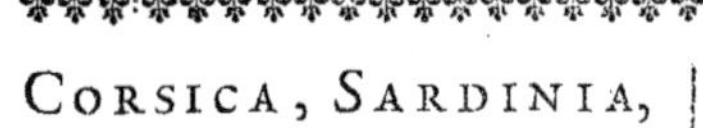

Corsica, Sardinia, & Sicilia Insulæ ex Ptolemæo.

CORSICÆ Inſ. Situs.

Nſula Cyrnus, quæ & Corsica *appellatur, cingitur ab occaſu, et Septentrione mari Liguſtico:*

Ab ortu Tyrrheno mari, et à Meridie pelago, quod inter ipſam, atque Sardiniam interiacet.

Ejus litus à medio lateris Septentrionalis ſic deſcribitur.

Valerij fluu. oſtia.
Tilox promont.
Cæſiæ litus.

Occidentalis lateris deſcriptio.

Attij prom.
Caſalus ſinus.
Viriballum prom.
Circidij flu. oſt.
Rhoetius mons,
Rhium prom.
Vrcinium vrbs,
Arenoſum litus,
Locræ fluu. oſt.
Pauca ciuit.
Ticarij flu. oſt.
Titanis port.
Fiſera vrbs,
Pitani flu. oſt.
Marianum prom. et vrbs.

Meridionalis lateris deſcriptio

Palla vrbs,
Syracuſanus port.
Rubra vrbs,
Graniacum prom.
Aliſta vrbs,
Philonij port.

Orientalis lateris deſcriptio

Hieri alias Sacri fluuij oſtia,
Aleria col.
Rhotani flu. oſtia,
Dianæ portus,
Tutela Ara,
Tuolæ flu. oſt.
Mariana vrbs,
Vagum prom.
Mantinum vrb.

Les Isles de Corce, Sardaigne, & Sicile ſuiuant Ptolomée.

Sit de l'Isle de Corse.

'Iſle de Corse eſt battue au Nort, & à l'Ovveſt de la mer Liguſtique, alias mer de Genes.

A l'Orient par la mer Tyrrhene, & au Midy par la mer ou foſſe, qui eſt entre cette Iſle & celle de Sardaigne.

Sa coſte en commençant du milieu de ſon coſté, qui eſt au Nort, eſt ainſi:

Fuminale fl.
Punta della Canella, [Laciuolo,
coſte d'entre Punt. d. Canella & P. d.

Deſcription du coſté Occidental

Punta di Laciuollo,
Golfo di Coſari,
Capo Giubaro,
Lerippe fl.
Capi Roſſi,
Capo di Ferro,
Adiazzo,
vers Bauorio fiume,
Prunelle fiume,
Ad Porto Polo,
Bozzo fiume,
Tozzani,
ad Porto di Ficari,
. . . ad Tozzani,
Bonifacio ville & cap.

Deſcription de la coſte Meridionale

ad Golfo di Manza,
Porto Nuouo,
Porto Vecchio,
Capo de S. Cypriano,
Fauono.
Tor. di Solenzara,

Deſcription du coſté Oriental

Albateſſo fiume,
Aleria diſtrutta,
Tauignano fiume,
Stagno di Diana,
Torre Paduella,
Golo fiume,
Mariana diſtrutta,
Punta del Arco,
Baſtia,

Clunium vrb.
Septentrionalis lateris desciptio.
Sacrum prom.
Centurinum vrb.
Canelata vrb.
Tenent insulam Populi ad Occidentem.
CERVINI,
TARRABENI,
TITIANI,
BLATONI,
ad Sept. VANACINI,
CILIMBESII,
LICNENI,
MACRENI,

OPENI,
SYMBRI,
COVMASENI,

et ad Merid. SVBASANI,

Ciuitates Mediterraneæ sunt hæ
Rhopicum,
Cersunum,
Palanta,
Lurinum,
Aluca,
Osincum,
Sermitium,
Talcinum,
Venicium,
Cenestum,
Opinum,
Mora,
Matissa,
Albiana.

Brigaglia au dessus du Lac Chirulino.
Description de la Coste Septentrionale.
Capo Corso,
Centuri,
Fiorenza aupres Capo Canella.
Les peuples qui sont dans l'Isle sont
vers BALAGNA,
vers VICO pres Sagona,
vers TOZZANI ou ADIAZZO,
vers Bozzo fiu. ad Golfo di Talano,
vers CAPO CORSO hodie Cap Corsini,
vers BASTRA & NEBBIO Rouinata,
Plus en dedans ad fl. LAGONE,
vers ACCIA rouinata & MARIANA vrbs MORIANI.
vers OPINO pres Acria distrutta,
entre ALERIA distrutta & Albatesca fi.
entre ALBATESCA fiu. & Porto Vechio, ou de COASINA.
entre Porto Vecchio & Bonifacio, ou de VEGGIAM,
Les villes en terre ferme sont
Ostricone,
Nebio alias Resoli,
où est Balagna,
Loriani in Valle Rustia,
Calui sur la mer,
Niolo,
Ginerca ou Sagona,
Talcini,
Venaco,
Antisano,
Opino,
Cauro,
Mazzana,
C. di S. Petro.

SARDINIÆ Insulæ Situs.

SARDINIA *Insula circumdatur ab Oriente, Tyrrheno Pelago; à Meridie, Africo; ab occasu, Sardoo; à Septentrionibus mari, quod ipsam, & Cyrnum interluit.*

Litora ab Occidentali latere, sic se habent:

Gorditanum prom.
Tillium vrbs.
Nymphæus port.
Hermæum prom.
Termi flu. ost. Temi,
Coracodes port.
Tarræ vrbs,
Thyrsi flu. ost.
Vsellis vrbs,

SIT DE L'ISLE DE SARDAIGNE

L'ISLE DE SARDAIGNE est bagnée à l'Orient par la mer Tyrrhene, au Midy par la mer d'Afrique, au Couchant de la mer de Sardaigne, & au Septentrion du destroit vers l'Isle de Corse.

Le costé vers le couchant se comporte ainsi:

Cap. di Monte Falcone alias C. Gordiano,
Argentera,
Monte Giraro ou Porticiuolo,
Capo della Cacca,
Fleuue de Sassari,
Golfo d'Algeri,
Tramaca,
Tirus fiu. à Bosa,
Oristagni,

Sacri fluuij ostia,	Sacer fluu.
Osæa vrbs,	Oseo,
Sardopatoris fanum,	Capo della Frasea,
Neapolis,	Tor Alba,
Pachia prom.	Argentera prom.
Meridionalis lateris descriptio,	Description de la coste Meridionale,
Pupulum vrb.	.....
Solci port.	sous Villa Glesia,
Chersonesus,	ad Punta dell'Alga,
Bioea port.	Porto Bota,
Herculis port.	Chia,
Nora vrbs,	Forte S. Michele Monte Santo,
Cunium charium prom.	Cortelazzo ou Capo palo.
Orientalis lateris descriptio,	Description de la coste Orientale,
Caralis vrb. & prom.	Calori alias Cagliari,
Caralitanus sinus,	Golfo di Calori,
Susalei villa,	S. Pietro,
Sæpri fluuij ostia,	Sepus fiu.
Supicius port.	Sous C. de Chiara,
Cedri fluuij ostia,	Cedro fiume,
Feronia vrb.	S. Ma Nauaresa,
Olbia vrb.	Orose,
Olbianus port.	C. Desen,
Columbarium prom.	Capa de Sarda,
Areti prom.	Capo dell'Orso.
Septentrionalis lateris descriptio,	Description de la coste Septentrionale,
Errebantium prom.	La Testa,
Plubium vrb.	S. Reparata,
Iuliola vrb.	C. Doria,
Tibula vrb.	C. Aragonese,
Turris Bissonis vrb.	ad Porto Torre.
Septentrionalia insulæ tenent,	La partie Septentrionale est occupée par les peuples,
TIBVLATII,	vers C. ARAGONESE,
CORSII,	ad CAPO LVGODORI,
sub quibus CORACENSII,	vers ALGERI,
CARINSII,	vers OROSE,
CVNVSITANI,	vers GOCIANO,
SOLCITANI,	vers BOSA,
LVQVIDONESII,	vers ORANI & LONEL,
ÆSARONENSES,	vers OSCARI,
CORNENSII, *qui* ÆCHILENSII,	vers SONI,
RVACENSII,	vers BARBAIRA BERVI,
CELSITANI, *pro.* VSELLITANI,	vers ORISTAGNI,
CORPICENSII, *pro* CORTIC.	vers CHIERTIDANO,
SCAPITANI,	vers SARABOS,
SICVLENSII,	vers CALORI,
NEAPOLITÆ,	vers TOR ALBA,
VALENTINI,	parte VALENCIA,
Et Merid. SOLCITANI, *& Noretani,*	vers VILLA de GLESIA & S. MICHIELE Mte Santo,
Ciuitates Mediterraneæ sunt,	les villes en terre sont,
Ericinum,	Oscari ou Ocier,
Eraum,	Badusso,
Gurulis vetus,	Pertigi & Tempi,
Bosa,	Bosa citta,
Macopsisa.	Moana.

sub quibus Manomeni montes,
Gurulis noua,
Saralapis,
Cornus,
Aquæ Hypsitanæ,
Aquæ Lesitanæ,
Lesa,
Aquæ Neapolitanæ;
Valeria vrb.
Insulæ verò circa Sardiniam sunt,
Phintoni,
Ilua, ad Italiam pert.
Nymphæa,
Herculis,
Diabate,
Hieracum.i.accipitum Ins.
Plumbea,
Ficaria,
Erimæa ins.

Monte Acuto,
Sassari,
Orani,
Soni,
Solarosa,
sous Monte Reale,
Monte Reale,
Babilonis,
S. Barbara.
Les Isles aux enuirôs de la Sardaigne sôt,
Isola de Fiatone,
...... elle est de l'Italie,
Isola Rossa,
Zauara ou Asinara,
Faluga,
Is. de S. Pietro,
prés Isle de S. Pietro,
Iso. de S. Antioco,
Isole de Tauolato,

SICILIÆ INSVLÆ SITVS.

SICILIA ambitur ab Occasu, & Septentrione, mari Tyrrheno; à Meridie, Africano; ab Oriente, Hadriatico pelago.
Eius litora hanc habent circumscriptionem à Septentrione, & ab Occasu:
Pelorum prom.
Falacrium prom.
Mylæ,
Heliconis fluuij ostia,
Tyndarium,
Timethi flu. ost.
Agathyrium,
Alontium, (..)
Chydæ flu. ost.
Calacta,
Alæsa,
Alete,
Monali flu. ost.
Cephaloedis,
Himeræ flu. ost.
Thermæ Himeræ vrb.
Olulis, *Solûs*
Eleutheri flu. ost.
Panormus,
Cetæria, *pro Hyccara,*
Bathis flu. ost.
Emporium Segestanum,
Ægitharsi prom.
Drepanum,
Meridionalis lateris descriptio in Africo pelago,
Lilybæum ciuit. & prom.
Mazaræ flu. ost.

SIT DE LA SICILE ISLE.

La SICILE est enuironnée à l'Ouest, & au Nort par la mer Tyrrhene, au Midy par celle d'Afrique, à l'Est par la mer Adriatique.
Ses costes se descriuent ainsi au Nort & à l'Ouest,
Cap. de Faro de Messina,
Rasocalmo,
Milazzo,
Oliuerio fiu.
Tindaro,
Naso fiu.
prés C. d'Orlando,
S. Marco,
Rosmarino,
Caronia,
Pittineo,
Tosa,
Tosa fiume,
Cefaledi,
Thermini fiu.
Termini,
Solanto,
Bajaria fiu.
Palermo,
Muro di Carine,
Iato fiume,
Segestano,
Capo S. Vito,
Trapano.
Description de la coste Meridionale sur la mer d'Afrique,
Marsalla & Capo Coco,
Masara,

Acithij flu. ost.	Arena fiume,
Selinuntis flu. ost.	Maduno fiume,
Hypsæ flu. ost.	Belice fiume,
Pintia,	vis à vis de Terra de la Pulici,
Sossij flu. ost.	Carabi fiume,
Isburi flu. ost.	Calatabellotta fiume,
Heraclea,	Heraclea rouinata,
Acragantinum emporium,	Emporio d'Agrigento,
Himeræ flu. ost.	Salso fiume,
Ipori flu. ost.	Nanfria fiu.
Bucra prom.	prés Camarans,
Caucana portus,	Caucona stat,
Motychani flu. ost.	Siclo fiume,
Odyssia prom.	P. Saline.
Orientalis lateris descriptio in Adriatico mari,	Description de la coste Orientale sur la mer Adriatique,
Pachynus prom.	Capo Passaro,
Phœnicus port.	Falconara,
Orini flu. ost.	Miranda fiu.
Longum prom.	Punta Laguina,
Syracusæ,	Syracusa,
Chersonesus,	L'Isla de Mangisi,
Alabi flu. ost.	Marcellino fiume,
Taurus prom. (∵)	La Bruca,
Pantachi flu. ost.	Porcari,
Simæthi flu. ost.	Iaretta fiu.
Catana,	Catania,
Tauromenium,	Taormina,
Argennum prom.	Cap. di S. Alessio,
Messana in freto.	Messina.
Montes in Sicilia memorabiles sunt,	Les Mõtagnes plus celebres de l'Isle sõt,
Ætna,	Mont Gibel ou Mont Ætna,
Cratas.	Rocca Stritti M. [sont
Tenent autem Insulæ Septentrionalia,	Les Peuples ou Païs de l'Isle vers le Nort
MESSENII.	VALLE di DEMONA,
media,	au milieu,
ORBITÆ,	De PALERME à ENNA,
& CATANÆI.	aux enuirons de ÆTNA M.
Meridionalis,	vers le Midy,
SEGESTANI,	VAL di MAZARA,
& SYRACVSII.	VALLE di NOTO.
Ciuitates Mediterraneæ sunt hæ,	Les villes Mediteranées sont
Capitium,	Capitio,
Abacæna,	Tripio,
Emichara, Imich.	Traina, ou Citadella di Machari
Tissa,	Randazo,
Aleta,	Tosa Ca.
Centuripæ, (∵)	Centorbi,
Dymæthus, lego Sym.	Rajalbuto,
Ætnæ,	S. Nicolo de Arenis,
Agurium,	Argirone,
Herbita,	Casale sub Nicosia,
Sergentium,	Cittadella,
Hydra, Lydia lego Hybla heræa,	Ragusa,
Leontium,	Leontini,

Erbessus,	de Grotte,
Neetum,	Noto,
Menæ,	Mineo,
Patiorus,	Politio,
Asserus,	Assoro,
Enna,	Enna,
Megara,	Lambetra roui.
Petra,	Petraglia,
Hybla,	Paterno,
Engyum,	Gangij veichio,
Coryrga,	Guterra,
Cacyrum,	Cassaro,
Acreæ,	S. Maria d'Arcia,
Macella,	Calata Busamar,
Schera,	Coriglione,
Triocla,	Santa Maria à monte Virginio Roui,
Agragas,	Agrigento,
Motuca,	Modica,
Segesta,	C. à Mare,
Legum,	Moyharta,
Entella,	Entella rouin.
Ancrina,	Platanella,
Phthinthia,	Pres Alicata,
Gella Gela,	Terra nuoua,
Camarina,	Camarana,
Elorus,	Muri veci Raccari au bas de la R
Ina,	Saccolino, [Atellaro,
Electhium.	C. Veterano.
Insulæ iuxta Siciliam hæ sunt	Les Isles aux enuirons de la Sicile, sont
Didyme.	Didime ouero de Saline,
Icesia,	Panaria,
Ericodes,	Ericusa,
Phœnicodes,	Fenicusa ò Palmaria,
Vulcani, quæ & Hiera	Vulcano ò Hiera,
Lipara ins. & ciuit.	Lipara,
Enonymos,	Pare Ratto,
Strongyle,	Stromboli,
Vstica ins. et ciuit.	Vstica,
Osteodes,	...... la mesme que Vstica f.
Phorbantia,	Leuanzo,
Ægusa,	Fauognana,
Hiera alias Sacra Ins.	Maretima L
Paconia,	Le Asinelli,
Æoli insula. eadem quæ Lipara.	Lipara.

ITALIA EX ITINERARIIS ROMANIS DESCRIPTA: ex ANTONINO scil. & ITINER. TABVLA.

AB ANTIPOLI GENVAM, PISAS, ROMAM, NEAPOLIM, RHEGIVM, *indeque* TARENTVM, BRVNDVSIVM, ANCONAM, RAVENNAM, AQVILEIAM, POLAM, *&* THARSATICAM, *quæ iam extra* ITALIAM *est: per loca maritima quantum ex Itinerariis colligere potis fuit.*

L'ITALIE DESCRITE SVIVANT LES ITINERAIRES sçauoir d'ANTONIN, & de la TABLE ITINERAIRE.

D'ANTIBE à GENES, PISE, ROME, NAPLES, REGGE, puis TARENTE, BRINDES, ANCONE, RAVENNE, AQVILEE, la POVLE & FIVME, qui est déja hors l'ITALIE, & ce suiuant les costes tant qu'il s'est peu recueillir des Itiner. Rom.

Ex ANTONINO.		Ex ITINERARIA TABVLA.		
Ab Antipoli	x	*Antipoli*	10	d'Antibe à
Varum flu.	vi	*Varum*	6	Varo fiume
Cemeneleum	ix	*Gemenello*	9	*dessus Nice*,
Alpem Summam	vi	*in Alpe Maritima*	9	Turbia,
HVC VSQVE GALLIA				
AB HINC ITALIA				
Lumonem	x			Monton,
Albentimilium	xvi	*Albentimillo*	16.	Vintimiglia,
Costam Ballene	xvi	*Costa Bellene*	...	S. Remo,
Lucum Bormani	xv	*Luco Boranni*	15	Diano ou Oneglia,
Albingaunum	viii	*Albingauno*	29	Albenga,
Pullopicem	xii			Loan ou Pietra,
Vada Sabatia	...	*1 Vadis Sabates*	9	Vai,
....	...	*3 Vico Virginis*	10	Varragio,
....	...	*2 Alba Docilia*	12	Albisola,
....	...	*ad Naualia*	7	Noli forte Sauona,
....	...	*4 Hasta*	13	Sestri de Ponente,
....	...	*5 ad Figlinas*	27	....
Genuam	xii	*6 Genua*	7	Genoa,
		Ricina	15	Recco,
Delphinos	xxi			Porto Fino,
		ad Solaria	6	Lauagna,
Tegulatam	xii			Sestri de Leuante,
		ad Monilia	13	Moneglia,
Bodetiam	xxvii			Framula ou Bonasola,
		in Alpe Pennina	2	....
Boaceas	xii	*Boron*	...	Brugneto ou Biassa,
Lunam	xii	*Lunæ*	10	l'Erice,
		ad Taberna frigida	12	Carrara & Massa,
Papyriana	xi	*Fossis Papirianis*	15	Massasciucoli,
Pisas	xiii	*Pisis*	...	Pisa,
		Turrita	16	....
ad Herculem	xviii	*Piscinas*	8	Liuorno,
		ad Fines	13	vers Campiglia,
		Velinis	10	vers Castagnero,
Vada Volaterrana	xxv	*Vadis Volateris*	10	Vada,
Populonium	xii	*Populonio*	12	Populonia distr.
Manliana	ix	*Maniliana*	9	Scarlino,

Salebronem	xii	*Saleborna*	12	Buriana,
Lacum Aprilem	xxii			Lago Bernardo,
		Ombro fl.	9	Ombrone,
		Hasta	8	Culechio,
		Telamone	4	Telamone Vecchio,
		Albinia fl.	9	Albegna,
Cossam	xxv	*Cosa*	*co* ...	Ansedonia,
		Succosa	2	Caparbio,
		ad Nouas	3	prés Pescia fiume,
		Armenita fl.	4	Fiore fiume,
Forum Aureli	xiv	*Foro Aureli*	3	Monte Alto,
Martam	x	*Marta fl.*	2	Marta fiume,
		Tabellaria	5	....
		Grauisca	...	T. di Cornetto,
Centum cellas	viii *ou* v	*Centum cellis*	4	Ciuita Vecchia,
Castrum nouum	viii	*Castro nouo*	9	prés S. Marinello,
		Aquas Apollinaris	...	prés S. Seuera,
		Punicum	6	prés T. Flauia,
Pyrgos	xii	*Pyrgos*	10	prés Palo,
ad Turres	iv			Porna,
Alsium	ix	*Alsium*	9	S. Giorgo, [linelli.
Fregenas	ix			prés Liuella ou Campo Sa-
in Portum	xviii	....	...	Porto,
Romam	xvi	*Roma*	16	Roma,
Ostiam	x	*Hostis*	16	Ostia,
Laurentum	xvi	*Laurento*	6	entre Paterno & Lorenzo,
Lauinium	...	*Lauinium*	17	entre S.Lorenzo& S.Anast.
....	...	*Antium*	7	Antio Rouinato,
....	...	*Astura*	9	Astura,
....	...	*Clostris*	3	ad Lago di Crupolaccio,
....	...	*ad Tures Albas*	19	T. de Paula,
....	...	*Circeios*	4	Monte Circello,
....	...	*ad Turres*	11	Tor di Leuola,
Teracinam	xiii *ou* xvi	*Terracina*	13	Tarracina,
Fundos	xiii	*Fundis*	...	Fondi,
Formias	ix	*Formis*	9	prés Mola,
Miturnas	ix	*Menturnis*	9	Trajetto,
Sinuessam	xxiv	*Sinuessam*	7	S. M. Dragone,
		Saso fl.	12	Saone fiume,
		Vulturno	12	Volturno,
Liternum	vi	*Literno*	6	Patria,
Cumas	iii	*Cumas*	...	Cuma,
Baias	...	....	...	Baia,
Puteolos	x	*Puteolis*	...	Pozzuolo,
Neapolim	...	*Neapoli*	11	Napoli, [cino,
		Herclanium	6	Tor del Greco ou T. l'An-
		Oplontis	3	Tor de Rouigliliano,
		Stabios	...	C. à Mare di Stabia,
		Surrento	...	Sorrento,
		Templ Mineruę	...	Capo dell' Mineruę,
in medio Falerno. Salerno	..	*Salerno*	...	Salerno,
ad Tanarim. ad Silarū	xxiv	....	...	Selo ou Silaro fiume,
ad Calorem. ad Tanarū	xxv	....	...	Athene sur Negro,
in Marcelliane	xxi	....	...	Marsico Velere,
Cæsariana	...	*Cesarina fortè*	7	C. Saracino ou Ceruara,

		Blanda	16	vers Trechina,
		Lauinium	8	Laino fiume,
		Cerelis	40	Cirella,
		Clampeia	10	Amantea,
		Tempsa	17	Torre Lopa ou Nocera,
		Tanno fl.	11	Amato fiume,
Vibonem	xviii	*Vibona Balentia*	23	Monte Leone,
Nicoteram	xxiv			Nicotera,
		Tauriana	12	Tor di S. Gioia,
ad Mallias	xiv	*Arciade*	12	Melicucca,
		Scyle	17	Sciglio,
Columnam	...	....	...	Catona,
Rhegium	xx	*Regio*	5	Regio,
		Leucopetra	...	Cap dell' Armi,
Decastadium	xxii	....	...	Pentidatilo,
Hipporum	xxiv	....	...	Bona,
Altanum	xx	....	...	Lo Bianeo,
Subsicinum	xxiv	....	...	Girace,
Succeianum	xx	....	...	Grottaria,
		Caulon	...	Cast Vettere,
Cocinthum	xxii	....	...	Cast Stilo,
		Anibali	...	Ancinale,
Scyllacium	xxii	*Scilatio*	...	Squillace,
Tacina	xxiiii	....	...	Tacina fiume,
		Lacinium	40	Capo della Colone,
		Crontona	...	Cotrone,
Meto	xxxii			Rocca di Neto,
		Petelia	38	Cirenza,
Paternum	xxvii			Pietra Paula,
Roscianum	xii			Rossano,
Thurios	xx	*Turis*	...	Sibari rouinata,
ad Vicensinum	xxiv			Rosito,
		Semnum	4	Sino,
Heracleam	...	*Heraclea*	25	Pelicare,
....	...	*Turiostu*	...	Tor de Lato,
Tarentum	...	*Tarento*	20	Taranto,
....	...	*Manduris*	29	Casale nuouo,
....	...	*Neretum*	10	Nardo,
....	...	*Baletium*	10	Parabita,
....	...	*Vhintum*	10	Vgento,
....	...	*Veretum*	12	Alessano,
....	...	*Castra Minerua*	8	Castro,
Hydruntum	xxv	*Ydrunte*	25	Otranto,
Lupias	xxv	*Luppia*	15	Tor di Veneri,
		Balentium	10	prés Tor Santo Genuaro,
		Fl. Pastum		....
Brindisium	xviii	*Brindisi*	28	Brindisi,
Speluncas	xxi	*Speluncas*	21	Ostuni,
Egnatiam	xvi	*Gnatie*	9	Tor di Adanazzo,
		Dertum	9	Tor dell' Orta,
Turres	xxi	*Turris Cesaris*	20	Tor del Rapagnone,
Barium	xiii	*Barium*	9	Bari,
		Natiolum	6	Giouenazzo,
Respam	xxiii			Molfetta,
		Turenum	9	Trani,
		Bardulos	6	Barletta,

Aufidum amnem	xl	*Aufinũ alias Aufidus fl.*	12	Ofanto,
Salinas	xv	*Salinis*	12	Tor della Petra,
		Auxano	9	entre Rioli & Lago Salſo,
Sipontum	xxx	*Siponto*	25	Siponto,
Pontem Longum	xxx	*Ergitium*	18	S. Seuiero,
Corneli	xvvi	*Teneapulo*	12	Chicuti,
Arenum	xiv	*Larinum*	23	Larina,
Vſcoſium	xv			Monte Negro,
Hiſtonium	xxv	*Iſtonium*	12	Guaſto di Amone,
		Pallanum	4	Caſale,
		Annum	3	prés Paglietra,
Anxanum	xiii	*Anxano*	11	Lanciano,
1 Ortonam	xi	*1 Ortona*	16	1 Ortona à Mare,
3 Angulum	x	*2 Oſtia Eterni*	5	2 Peſcara,
2 Aternũ alias Oſtia Aterni	[x			3 Ciuita S. Angelo,
		Salinas	6	Salino fiume,
		Pinna	7	Ciuita di Penna,
4 Hadriam	xv	*4 Macrinum*	18	4 Atri,
Caſtrum nouum	xii	*Caſtro nouo*	...	Guilia nuoua ou S. Flauiano,
Caſtrũ Truentinum	xxiiii	*Caſtro Trentino*	12	Porto d'Aſcoli,
		Cupra Maritima	12	Torre,
Caſtellũ Firmanũ	xx *ou* xii	*Caſtello Firmani*	2	Porto Fermano,
		Tunna	...	Tenna fiume,
		Fluſor	6	Chiento fiume,
		Sacrata	...	T. di Monte Santo,
Potentiam	x	*Polentia*	5	Porto di Riccanati,
		Miſco fe.	9	Muſone,
Numanam	viii	*Numana*	12	Humana rouinata,
Anconam	xvi	*Ancone*	14	Ancona,
vltra Anconam	viii	*Seſtias*	8	vers Paterno,
ad Æſim	xii	*Filumeni*	12	Rocca di Fiumeſino,
Senogalliam	...	*Sena Galli*	...	Sinigaglia,
		ad Pirum	8	Baſtia ſur Ceſano fiume,
		Metaurum flu.	2	Metro fiume,
Fanum Fortunæ	viii	*Fano Fortunæ*	8	Fano,
Piſaurum	xxiiii	*Piſauro*	23	Peſaro,
Ariminum	xxxiii	*Arimino*	11	Rimino,
		Rubico	3	Rubicone alias Piſatello,
		ad Nouas	11	Porto Ceſenatico,
		Sabis	11	Sauio,
Rauennam	...	*Rauenna*	6	Rauenna,
		Butrio	6	vers Sauerna,
		Auguſta	12	Auguſta,
		ad Padum	...	Pó di Volana,
		Sacis	4	Capo di Goro,
		Neronia	...	....
		Corniculani	6	Mezzogoro,
		Radriani	6	Ariano,
Septem Maria	...	*Septem Maria*	6	ad C. di Piuro,
		Foſſis	18	Foſſone,
		Ebrone	6	Brentéla,
		Mino Meduaco	6	Brenta,
		Maio Meduaco	3	Brenta Magra,
		ad Portum	16	vers Margara,
Altinum	xxxi	*Altino*	30	Altino rouinata,
Concordiam	xxxi	*Concordia*	30	Concordia,

Aquileiam

Aquileiam	xii	*Aquileia*	...	Aquileia,
Fontem Timaui	xii	*Fonte Timaui*	14	Fonti de Timauo,
Tergeste	xxviii	*Tergeste*	48	Trieste,
Ningum	xviii			Vmago,
Parentium	xxxi	*Parentio*	30	Parenzo,
Polam	...	*Pola*	6	Pola,
....	...		8	Medelino,
....	...	*Arsia fl*	12	Arsa,
....	...	*Aluona*	20	Albona,
Tharsaticum		*Tarsatica*		Fiume sur Tersia fl.

A VADIS SABATIS AVGVSTAM, TAVRINORVM & AVGVSTAM PRÆTORIAM. *sic,* — DE VAI A TVRIN, & AOSTA ou AOVST. ainsi,

à Vadis Sabatijs	xii	*Vadis Sabates*	12	de Vai,
Cannalicum	x	*Calanico*	20	à Calisano,
Crixiam	xx	*Crixia*	22	R. di Cairo,
Aquas	...	*Aquis Tatelis*	10	Acqui,
....	...	*Alba Pompeia*	...	Alba,
....	...	*Polentia*	35	Polenzo,
Taurinos	...	*Augusta Taurinorum*	...	Turino,
Eporediam	xxi	*Exporedia*	21	Iurea,
Vitricium	xxv	*Vtricio*	28	Verreze,
Augustam Prætoriam		*Augusta Pretoria.*		Auosta.

AB AVGVSTA PRÆTORIA MEDIOLANVM, TRIDENTVM AQVILEIAM, & TARSATICAM. *sic* — DE AOVST A MILAN, TRENTE AQVILEE, & FIVME. ainsi,

ab Augusta Pratoria	xxv	*Augusta Pretoria*	28	d'Auosta,
Vitricium	xxi	*Vtricio*	21	à Verreze,
Eporediam	xxxiii	*Eporedia*	33	Iurea,
Vercellas	xvi	*Vergellis*	...	Vercelli,
Nouariam	xxxiii	....	...	Nouara,
Mediolanum	xxxiii	*Mediolanum*	...	Milano,
Bergomum	xviii	*Bergomum*	30	Bergamo,
		Leuciris	35	R. d'Oglio,
Brixiam	xxii	*Brixia*	32	Brescia,
Simionem	xxxiii			C. Sermone,
		Ariolica	13	Peschera,
Veronam	xxxvi	*Verona*	18	Verona,
		Vennum	24	la Chiusa ou Garda,
ad Palatium	xxiv			Alla,
		Sarnis	20	Seraual,
Tridentum	xxiv	*Tridente*	...	Trento,
Ausugum	xxx	....	...	Castel Viman,
Feltrinum	xxviii	....	...	Feltri,
ad Cepæsias	xxviii	....	...	Ceneda,
Opitergum	...	*Opittergio*	40	Oderzo,
Concordiam	xxxi	*Concordia*	30	Concordia,
Aquileiam	xii	*Aquileia*	...	Aquileia,
Fontem Timaui	xii	*Fonte Timaui*	...	Fonti de Timauo,
Auesicam	xviii	....	...	Trieste Vecchio,
ad Malum	xvii	....	...	Poppecchio,
ad Titulos	xvii	....	...	Lanischie,
Tharsaticum.		*Tarsatica.*		Fiume ad Thersia.

A VERONA PATAVIVM, & AQVILEIAM. — DE VERONE A PADOVE, & AQVILEE,

à Verona	xxxiii	*Verona*	33	de Verona,

Vicetiam	xxvii	*Vicentia*	22	à Vicenza
Patauium	xxxii	*Patauis*	30	Padoüa
Altinum	xxxi	*Altino*	30	Altino
Concordiam	xxxi	*Concordia*	30	Concordia
Aquileiam.		*Aquileia.*		Aquileia.

A Patavio Mutinam. *fic,* — De Padove a Modene.

à Patauio	xxv	*Patauis*		de Padoüa
1 *Atefte*	xx	....	...	1 à Efte
2 *Anneianum*	xviii	....	...	2 Legnano
4 *Vicum Varianum*	xx	....	...	3 Finale
3 *Vicum Serninum*	xxiii	....	...	4 Sermido
Mutinam.		*Mutina.*		Modena.

A Verona Mutinam. *fic,* — De Verone a Modene. ainfi,

à Verona	xxx	*Verona*	33	de Verona
Hoftiliam	xxv	*Hoftilia*	...	a Oftiglia
Colicariam	xxv	....	...	Concordia ou Mirandola
Mutinam.		*Mutina.*		Modena.

Ab Augusta Taurinorum Ticinum, Cremonam, Mantuam, Ravennam. *fic,* — De Turin a Pavie, Cremone Mantove & Ravenne. ainfi,

A Taurinis	xxi ou xxiii	*Augufta Taurinorum*	...	de Turino
Quadratas	xvi	....	...	à Salugia
Rigomagum	xii	....	...	Trino
Carbantiam	xii	....	...	
Cottias	xxiii	*Cutias*	12	Cozzo
Laumellum	xxii	*Laumellum*	21	Lumello
Ticinum	xxiii	*Ticeno*	...	Pauia
Laudem	...	*Laude Pompeia*	22	Lodi
....	...	*Acerras*	12	Ghierra ou Picighitone
Cremonam	...	*Cremona*	22	Cremona
....	...	*De Loriaco*	...	Caneto
....	...	*Mantua*	...	Mantoüa
Hoftiliam		*Hoftilia*	...	Oftiglia
....	...	*& per Padum*	...	par le Po
Rauennam.		*Rauennam.*		Rauenna.

A Mediolano Cremonam, & Regium Lepidi. *fic,* — De Milan a Cremone & Regge. ainfi,

à Mediolano	xvi	*Mediolanum*	16	de Milano
Laudem	...	*Laude Pompera*	22	à Lodi
....	...	*Acerras*	13	Ghierra ou Picighitone
Cremonam	xxx	*Cremona*	...	Cremona
Brixellum	xL	....	...	Briffello
Regium.		*Lepido regio.*		Regio.

A Laude	xxiv	*Laude Pompeia*	20	de Lodi
Placentiam.		*Placentia.*		à Piacenza.

à Ticino	...	*Ticeno*	...	de Pauia
....	...	*Lambrum*	...	à Lambro
....	...	*Quadrata*	7	il Corte
....	...	*ad Padum*	20	le Po

Placentiam.		*Placentia.*		Piacenza.
à Vercellis	xxv	*Vergellis*	13	de Vercelli
		Cutias		à Cozzo
Laumellum.		*Laumellum.*		Lumello.

Ab Augusta Taurinorum Dertonam, Placentiam, Parmam, Mutinam, Bononiam, Faventiam, & Ariminum. *sic,* — De Turin a Tortone, Plaisange, Parme, Modene, Boulogne, Faence, & Rimini. ainsi,

à Taurinis	...	*Augusta Taurinorum*	35	de Turino
....	...	*Polentia*	16	à Polenzo
....	...	*Hasta*	22	Asta
....	...	*Foro Fului*	...	Valenza
Dertonam	x	*Dertona*	...	Tortona
Iriam	xvi	*Iria* [*magꝰ*	16	Voghera
Camilomagum	xxv	*Cameliomagꝰ Comeli-*	...	Cigognolo
Placentiam	xv	*Placentiam*	15	Piacenza
Florentiam	x	*Florentia*	10	Fiorenzuola
Fidentiam	xv	*Fidentia*	15	Borgo S. Donino
Parmam	ix	*Parna*	2	Parma
Tannetum	x	*Tannetum*	11	Tannedo
Regium	xvii	*Lepido regio*	17	Regio
Mutinam	xxv	*Mutina*	8	Modena
		Foro Gallorum	17	Castel Franco
Bononiam	x	*Bononia*	4	Bologna
		Iscx fl	6	Idice fl
Claternam	xiii	*Claterna*	7	Quaderna rouin
		Silarum	7	Silaro
Forum Corneli	x	*Foro Corneli*	6	Imola
		Sinnum	3	Sena
Fauentiam	x	*Fauentia*	10	Faenza
Forum Liui	xiii	*Foro Liui*	7	Forli
		Foro populi	7	Forlimpopoli
Cesenam	xx	*Curua Cesena*	8	Cesena
		ad Confluentes	12	Gambettola
Ariminum.		*Arimino.*		Rimini

Ab Aquis Statiellis Dertosam, indéq; Genuam. *sic,* — D'Acqui a Tortose, & Genes. ainsi,

Ab Aquis	xxviii	*Aquis Tatelis*	27	d'Acqui
Dertonam	xxxv	*Dertona*	...	à Tortona
Libarnum	xxxvi	*Libarnum*	26	Mte Oro ou la Preda
Genuam.		*Genua.*		Genoa.
A Parma	c.	Parna	...	de Parma
Lucam	xii	*Luca*	...	à Luca
Pisas.		*Pisis.*		Pisa.

A Portu Lunæ Lucam, & Florentiam. *sic,* — De l'Erice a Lucques, & Florence.

à Luna	xxxiii	*à Lunæ*	16	de l'Erice [Santa
		Foro Clodi	...	à Farnocchia pres Pietra
Lucam	xxv	*Luca*	12	Luca
		ad Martis	8	Pescia
Pistorium	xxv	*Pistoris*	6	Pistoia

		Hellana	9	La Magra ou Monte Marlo
		ad Solaria	9	Segna
Florentiam.		*Florentia Tuscorum.*		Fiorenza

A PISIS FLORENTIAM, FAVENTIAM, & RAVENNAM. *sic*, — DE PISE A FLORENCE, FAIENCE, & RAVENNE. ainsi,

à Pisis	...	*Pisis*	9	de Pisa
....	...	*Valuata*	17	à Ponte à Era
....	...	*In Portu*	4	Empoli
....	...	*Arnum fl*	...	Arno fiu
Florentiam	xx	*Florentia Tuscorum*	...	Fiorenza
Anneianum	xxv	....	...	Monte Asinaia
in Castellum	xxv	....	...	Fortezza
Fauentiam	...	*Fauentia*	...	Faenza
Rauennam.		*Rauenna.*		Rauenna.

A FLORENTIA CLVSIVM, & ROMAM. *sic*, — DE FLORENCE A CHIVSI, & ROME. ainsi,

à Florentia	xxv	*Florentia Tuscorum*	...	de Fiorenza
		ad Aquileia	14	à Poggio Francoli
Fines sue Casas Cæsarianas	xxv	*Bituriha*	...	Conte bichieri ou S. Giouanni
		Umbro fl	...	Ambra
Aretium	xxv	*Adretio*	24	Arezzo
ad Statuas	xii	*ad Nouas*	9	Monte Pulciano
Clusium	xxx	*Clusio*	8	Chiusi
		Pallia fl	...	Paglia fiu
Vulsinios	xxviii	*Volsinis*	9	Bolsena
		Aquas Passaris	11	Monte Fiascone
Forum Cassi	xi	*Foro Cassi*	4	Viterbo
		Vico Matrini	...	pres lago di Vico
Sutrium	xii	*Sutrio*	12	Sutri
Baccanas	xxi	*ad Nouas*	9	Bacano
		Careias	9	Bacanello
		ad Sextum	...	Borghetto
		Via Coldia	3	ad Ponte Molle
Romam.		*Roma.*		Roma

A BITVRGIA CLVSIVM alio Itinere. *sic*,

		Bituriha	...	de Contebicheri
		Umbro fl	10	à Ambra
		ad Joglandem	12	Ciuitella
		ad Græcos	9	Foiano
		ad Nouas	9	Monte Pulnano
		Clusium	...	Chiusi
à VADIS Volaterranis	..	*Vadis Volateris*	...	de Vada
		Aquas Volaternas.		à Bagni al morbo pres Mte Cerberi

A POPVLONIO SENAM IVLIAM, & CLVSIVM. *sic*,

à Populonio	xii	*Populonio*	12	de Populonia distruct
Manliana	...	*Maniliana*	7	à Scarlino
....	...	*Aquæ Populaniæ*	33	Massa
....	...	*ad Sextum*	16	Monte Ilcino
....	...	*Sena Iulia*	6	Siena
....	...	*Vmbro fl*	16	Ombrone
....	...	*ad Mensulas*	18	Bonconuento

....	...	*Manliana*	8	S. Quirico
ad Statuas	xii	*ad Nouas*	9	Monte Pulciano
Clusium.		*Clusio.*		Chiusi.

A COSA TARQVINIOS, indeq; ROMAM.				DE L'ANSEDONIA A CORNETTO & A ROME.
à Cosa	xv	*Cosa*	co	de l'Ansedonia
....	...	*Succosa*	8	à Tre Coste
....	...	*Saturnia pro Statonia*	18	Castro
....	...	*Materno*	12	Marta
....	...	*Tuscana*	...	Toscanella
....	...	*Marta*	9	Marta fl
....	...	*Olera*	...	Bieda
Tarquinios	xii	*Tarquinis*	12	Cornetto aut propè
Aquas Apollinares	xix	*Aquas Apollinaris*	8	T. Flauia ou Cernetere
		Bæbiana	...	Bettachia au Bucceia
Care	xv			Ceri
		Lorio	12	S. Apollinare
Romam.		*Roma.*		Roma.

als A MARTA per FORVM CLODI ROMAM.				DV FL MARTA A ROME par BASSANO.
		Marta	9	de Marta
		Olera	16	à Bieda
Forum Clodi	xxxii	*Foro Clodo*	co	Bassano
		Sabate	8	Treuigliano
		ad Nouas	18	Baccano
		ad Sextum	6	Borghetto
Romam.		*Roma.*		Roma

A CLVSIO PERVGIAM, indeq; ROMAM, *sic,*				DE CHIVSI A PEROVSE, & A ROME. ainsi.
à Clusio	...	*Clusio*	...	de Chiusi
....	...	*Pirusio*	14	à Perugia
....	...	*Vetona*	...	Bettona
....	...	*Tuder*	6	Todi
....	...	*Ameria*	9	Amelia
....	...	*Castello Amerino*	12	Orta
....	...	*Faleros*	5	Citta Castellana
....	...	*Nepe*	9	Nepi
....	...	*Veios*	6	Scrofano
....	...	*ad Sextum*	6	Borghetto
Romam.		*Roma.*		Roma

A ROMA SPOLETVM, indeq; FANVM FORTVNÆ. *sic,*				DE ROME A SPOLETE & A FANO. ainsi,
à Roma	xxiv	*Roma*	3	de Roma
		ad Pontem Julij	6	à Ponte Molle
		ad Rubras	11	Borghetto
Rostratam villam	xxv	*ad Vicesimum*	...	Ciuitella
		Aqua viua	...	
Ocriculos	xii	....	7	Otricoli
Narniam	viii	....	6	Narni
Interamnium	xviii	*Interamnio*	11	Terni
		Adtine recine	2	vers Strettura
		Fano Fugitiui	5	vers T. di Cola

Spoletium	xxvii	*Soleto*	. . .	Spoleto
Forum Flaminii	. . .	*Foro Flamini*	12	Ponte Centefimo
Nuceriam	. . .	*Nuceria Camellaria*	15	Nocera
Heluillum	xxiii	*Haluillo*	10	Sigello
		ad Enfem	7	P. Ricciuole
Callem vicum	xviii	*ad Calem*	9	Cagli [lata
		ad Intercifa	12	Entre M^te^ Falcone &Pieter
Forum Semproni	xvi	*Foro Semproni*	16	Foffombrone
Fanum Fortunæ.		*Fano Fortunæ*		Fano

A Calli vico	viii	ad Calem	. . .	De Cagli
ad Pyrum	xviii	. . . .	. . .	à Pergola
Senogalliam.		*Sena Galli.*		Singaglia.

A Nuceria Anconam. *fic,* — De Nocera a Ancone.

à Nuceria	viii	*Nucerio Camellaria*	. . .	de Nocera [ainfi,
Dubios	viii	. . . .	. . .	à Capo d'Acqua
Prolaquem	xv	. . . .	. . .	Pioraco
Septempedam	ix	. . . .	. . .	S. Seuerino
Tream	xviii	. . . .	. . .	Traiana Roin.
Auximum	xii	*Aufimo*	12	Ofmo
Anconam.		*Ancone.*		Ancona.

A Septempeda Firmum Picenum, & Asculum Picen. *fic,* — De S. Severino a Fermo, & Ascoli. ainfi,

à Septempeda	xii	. . . .	. . .	de S. Seuerino
Urbem Saluiam	xviii	*Vrbs Saluia*	12	à Vrbfaglia
. . . .	. . .	. . . .	. . .	S. Giufto
Firmum Picenum	xxiv	*Firmo Viceno*	. . .	Fermo
		Surpicano	9	Monte Rebiuno
		ad Aquas	10	Monte Alto
Afclum.		*Afclo piceno.*		Afcoli.

A Roma Reate, & Asculum Picenum. *fic,* — De Rome a Rieti, & Ascoli. ainfi,

à Roma	xviii	*Roma*	. . .	de Rome
		Fidenis	14	à C Giubileo
Eretum	xiv	*Ereto*	14	Monte Rotondo
Vicum nouum	xvi	*ad Nouas*	16	Abb. di Farfa
Reate	xviii	*Reate*	9	Rieti
Cutilias	vi	*Aquæ Cutiliæ*	7	Citta Ducale
Interocrium	xvi	*Interocrio*	12	Interdoco
		Foroecri	4	pres Terzone
Falacrinum	ix	*Falacrinis*	16	Ciuita Reale
Vicum Badies	x	. . . .	. . .	Acumulo
ad Centefimum	xii	*ad Martis*	7	Matera
Afclum.		*Afclo Piceno.*		Afcoli.

Ab Interocrio Prifernum, indeq; Amiternum. *fic,* — D'Interdoco a Fano, & Amiterno.

ab Interocrio	. . .	*Interocrio*	10	d'Interdoco
. . . .	. . .	*Fifternas*	3	à Caftiglione
. . . .	. . .	*Erulos*	7	Ciuitella
. . . .	. . .	*Pitinnm*	12	Poio Cancale
. . . .	. . .	*Prifiernum*	12	Fano
. . . .	. . .	*Amiternum.*		Amiterno roin.

AB VRBE ROMA ALBAM FVCENTVM, & AMITERNVM. *sic,*				DE ROME A ALBI, & AMITERNO. ainsi,
à Roma	xx	*Roma*	14	de Roma
		Nomento	9	à la Mentana
Tibur	xxii	*Tibori*	8	Tiuoli
		Varie	5	Vicouaro
		Lamnas	10	....
Carseolos	xxv	*Carsulis*	6	Arsoli
		in Monte Grani	5	vers Rocca di Mezzo
		in Monte Carbo nario	5	vers Rocca Cantarano
		Vignas	7	Austa.
		Sublatio	...	Subiaco
		Marrubio	13	Morrea
Albam Fucentiam	...	*Alba*	18	Albi
....	...	*Frustemas*	5	Ciuita Tomassa
....	...	*Aueia*	...	l'Aquila
....	...	*Amiterno.*		Amiterno.

AB VRBE ROMA CARSEOLOS alio Itinere, indeq; CORFINIVM, TEATE MARRVCINORVM, & OSTIA ATERNI.				DE ROMA A ARSOLI, PENTINIA, CIVITA DI CHIETI, & PESCARA.
à Roma	xii	*Roma*	12	de Roma
Gabios	xi	*Gabios*	11	à la Colonna
Præneste	...	*Preneste*	11	Palestrina
....	...	*Treblis*	15	Treui
Carseolos	xxv	*Carsulis*	...	Arsoli
Albam Fucentiam	xxiii	*Alba*	...	Albi
		Sublatio	...	Subiaco
		Marrubio	6	Morrea
Cerfinnam	xvii	*Cirfenna*	5	Venete
		Mons Imeus	...	Coll Ariuele
		Statule	7	C Diberi
Corfinium	xi	*Corfinio*	7	Pentinia
inter promium	xvii	*Inter primum*	5	Solfanara
Teate Marucinum	viii	*Tea Nomarruci*	12	Cunta di Chietti
Aternum als Ost Aterni.		*Ostia Eterni.*		Pescara.

A CORFINIO ÆQVOTVTICVM, & BARIVM. *sic,*				DE PENTINIA A C. VETERE & BARI. ainsi,
à Corfinio	viii	*Corfinio*	7	de Pentinia
Sulmonem	xxiv	*Sul-mone*	7	a Solmona
		Iouis Larene	25	R del Rase
Aufidenam	xxviii	*Aufidena*	9	Alfidena
Æserniam	xviii	*Eserna*	...	Isernia
Bouianum	xvi	*Babiano*	12	Boiano
Super Tamari flu	xxii	....	...	sur Tamaro fiu
Æquotuticum	xviii	*Aequo tutico*	12	C. Vetere ou Basence
		Foro nouo	...	C. Franco
Eeas	xviii	....	20	Troia
		Furfane	18	Castelluzzo de Schiani
Erdonias	xxvi	*Erdonia*	12	Ardona
		ad Pirum	12	vers lo Quarto
Canusium	xxiii			Canosa
		Rudas	12	Andria
Rubos	xi	*Rubos*	14	Ruuo
Budruntum	xii	*Butuntos*	...	Bitonto
Barium.		*Barium.*		Bari.

A Teano Apulorum Bouianum, & Beneventum. *sic,*				De Chieuti a Boiano & Bevento. ainsi,
....	...	*Teneapulo*	8	de Chieuti
....	...	*Geronum*	9	à Tragonara [Macchia
....	...	*ad Pyrum*	...	entre Monte Ritondo &
....	...	*Canales*	11	Campo Basso
Bouianum	...	*Babiano*	12	Boiano
....	...	*Sepinum*	12	Supino
....	...	*Sirpium*	18	vers Campo Latrone
Beneventtum.		*Benebento.*		Beneuento.
Ab Aufidena, aut	...	Aufidena aut	...	de Alfidena ou
Æsernia.	...	Esernie	...	de Isernia
....	...	....	...	à Molise [Ritondo.
....	...	*ad Pyrum.*	...	entre Macchia & Monte

A Beneveto Sipontum. *sic,*				De Benevento Siponto. ainsi,
à Beneuento	xxi	*Benibento*	10	de Beneuento
		Foro nouo	12	à S. Iorio della Molinara
Æquotuticum	xviii	*Æquatutico*	18	C. Vetere ou Basence
Eeas	...	*Acras*	...	Troia
....	...	*Nucerie Apule*	...	Lucera
....	...	*Prætorium Lauerianum*	9	vers T. de Vaccarello
....	...	*Arpos*	21	l'Arpi
		Siponto.		Siponto.

Ab Vrbe Roma Compitum Anagninum. *sic,*				De Rome a Montellanoco. ainsi,
à Roma	xv	*Roma*	15	de Roma
ad Quintanas	x	*ad Quintanas*	3	à Molara
		ad Statuas	7	....
ad Pictas	xv	*ad Pactas*	5	Ciuitella
		ad Birium	10	Paliano
Compitum.		*Compito Anagnino.*		Montellanoco.
aut sic A Roma	x	Roma	10	de Roma
ad Decimum	vi	....	...	à T. à Mezza via
ad Roboraria	xvii	....	...	R. di Papa
ad Pictas	xv	*ad Pactas*	5	Ciuitella
		ad Birium	10	Paliano
Compitum.		*Compito Anagnino.*		Montellanoco.

A Compito Anagnino Teanum Sidicinum, Capuam, & Beneventum. *sic,*				De Montellanoco a Tiano, Lapone, & Benevent. ainsi,
A Compito	viii	*Compito Anagnino*	9	de Montellanoco
Ferentinum	vii	*Ferentinum*	7	Ferentino
Frusinonem	xiv			Frusinone
Fregellanum	iii			Ceperano
Frabrateriam	viii	*Febraterie*	4	Faluaterra
		Melfel	4	Mele als Melfa fl
Aquinum	vii	*Aquino*	9	Aquino
Casinum	xviii	*Casinum*	8	Monte Casino
		ad Flexum	9	Concuruzo
Teanum	...	*Teano Sidicino*	3	Tiano

....

....	...	*Cale*	7	Calui
....	...	*Casilino*	3	Capua
Capuam	xxi	*Capuæ*	6	vers S. Mauro
....	...	*Calatie*	6	Cajazzo
		ad Nouas	9	pres Fagnaro
Caudium	xi	*Caudio*	11	au dessus de Aerola
Beneuentum.		*Benebento.*		Beniuento.

A PRÆNESTE	xxiv	*Preneste*	...	de Palestrina
sub Anagniam	vii	....	...	à soubs Anagni
Frusinonem.		....	...	Frusinone.

AB VRBE ROMA TERRACINAM. *sic,* — DE ROME A TARRACINE. ainsi,

A Roma	xvi	*Roma*	10	de Roma
		Bobellas	5	à entre Seluetto & Molini
Ariciam	xvii	*Aricia*	...	Ariccia
		Sub Lanubio	...	Ciuita Lauinia
Tres Tabernas	xviii	*Tres Tabernas*	10	le Castella
		....	...	....
Appi forum	xviii	....	...	vers S. Donato
Terracinam.		*Terracina.*		Tarracina.

A MINTVRNIS TEANVM SIDICINVM, & BENEVENTVM. — DE TRAIETTO A TIANO, & BENEVENT. ainsi,

à Minturnis	xviii	*Menturnis*	...	de Trajetto
		....	...	à Sessa
Teanum	xvii	*Teano Sidicino*	...	Tiano
		....	...	S. Felice
Alifas	xxv	*Adlefas*	...	Alifi
		....	...	Puglianello
Telesiam	xviii	*Telesie*	...	Telese
		....	...	S. M. Strada
Beneuentum.		*Benebento.*		Beniuento.

AB ÆSERNIA ALIFAS, indeq; BENEVENTVM. *sic,* — DE ISERNIA A ALIFI, & BENEVENT. ainsi,

ab Æsernia	...	*Esernie*	8	d'Isernia
....	...	*Clitturno*	...	à Ciurlano
....	...	*Ebutiana*	9	R. Vecchia
Alifas	...	*Adlefas*	6	Alifi
....	...	*Sepinum*	12	Supino
....	...	*Sirpium*	18	Campo Latrone.
Beneuentum.		*Benebento.*		Beniuento.

A SINVESSA CAPVAM, indeq; NEAPOLIM. *sic,* — DE S. MARIA DRAGONE A CAPOVE & NAPLES. ainsi,

à Sinuessa	xxv	*Sinuessa*	...	de S. Maria Dragone
		ad Ponte Campano	3	à Cepario
		Vrbanis	3	S. Andrea
		ad Nonum	6	Brezze
		Casilino	3	Capua
Capuam	...	*Capuae*	9	vers S. Mauro
....	...	*Atella*	9	pres Auersa
Neapolim.		*Neapoli.*		Napoli.

A Capva Nvceriam, & Salernvm. *ſic*,				De Capove à Nocere, &, Salerne. ainſi
à Capua	xxi	*Capuae*	9	de vers S. Mauro
		Sueſſula	9	à Seſſola
Nolam	xvi	*Nola*	5	Nola
		ad Teglanum	9	Ottajano
Nuceriā Conſtantiam	. . .	*Nuceria*	8	Nocera
. . . .	. . .	*Saternum.*		Salerno.
A Nvceria *Neapolim*	xxxvii			De Nocera à Naples.
		Nvceria *Stabios.*	12	de Nocera à Caſtel à Mare di Stabia.
à Nvceria	. . .	Nvceria	12	de Nocera
. . . .	. . .	*Pompeios*	3	à Scafata
. . . .	. . .	*Oplontis*	3	T. de Rouigliliano
. . . .	. . .	*Stabios.*		C. à Mare di Stabia.
. . . .	. . .	Stabiis	3	de C. à Mare di Stabia
. . . .	. . .	*Pompeios.*		à Scafata.
à Benevento	. . .	Benevento	16	de Beniuenro
. . . .	. . .	*Abellino*	12	à Auellino
. . . .	. . .	*Icentie*	12	Caſtelluzo ou
. . . .	. . .	*Salerno.*		Salerno
A Salerno Potentiam. *ſic*,				De Salerne a Potenza. ainſi,
. . . .	. . .	*Salerno*	12	de Salerno [glio
. . . .	. . .	*Icentie*	9	à Caſtelluzzo ou Bathipa-
. . . .	. . .	*Silarum fl*	9	Sele flu. vers Preſciano
. . . .	. . .	*Nares*	9	entre Seluanera & Bucino
. . . .	. . .	*Acerronia*	. . .	Vietri
. . . .	. . .	*Mons Balabo*	. . .	Serra alta
Potentiam.		*Potentia.*		Potenza.
A Benevento Venvsiam, Tarentvm, & Brvndvsivm. *ſic*,				De Benevent a Venoza, Tarente & Brindes. ainſi,
à Beneuento	xxv	*Benebento*	4	de Beniuento
		Nueriola	6	à
		Calor fl	5	Calore fl vers Apice
.		. . . .	. . .	. . . .
Æclanum	xxi	*Eclano*	16	Ariano ou Fricento
Sub Romulam	xxii	*Sub Romula*	11	Treuico ou Andretta
		Aquilonia	6	Auriglia
Pontem Aufidi	xviii	*Ponte Anfidi*	18	P. de Oglio ſur Oſanto
Venuſiam	xx	*Venuſie*	35	Venoſa
Siluium ad Siluianum	xiii	*Silutum*	25	Sauigliano
Bleram	xiv			La Specchia
Sublupatia	xiii	*Sublubatia*	. . .	le Saluelle
Canales	xx	. . . .	. . .	Foggie de Verrupolo ou
Tarentum	xL	*Tarento*	10	Taranto [Fogie di Sarolo

		Mesochoro	10	Grottaglia
		Urbius	8	Orio
		Scanuium	15	Misagne ou Misciano
Brindisium.		*Brindisi*		Brindisi.

A Butunto Egnatiam. *sic,* — De Bitonto a T. di Adanazzo. ainsi,

à Budrunto	...	*Butuntos*	9	de Bitonto
....		*Celia*	9	à Ceglie
Ernestum	xv	*Ehetum*	...	vers Conuersano
		Norue	8	S. Pietro
		ad Veneris	8	Grotta S. Iaco
Egnatiam.		*Gnatie.*		T. di Adanazzo

à Bario	xxii	Barium	...	de Bari
Ernestum.		*Ehetum.*		à vers Conuersano.

à Sublupatia	...	Sublubatia.	20	de le Saluelle
....	...	*Norue*	8	à S. Pietro
....	...	*ad Veneris*	8	Grotta S. Iaco
Egnatiam.		*Gnatie.*		T. di Adanazzo.

A Venusia Heracleam. *sic,* — De Venosa a Pelicaro. ainsi,

A Venusia	xxii	*Venusie*	...	de Venosa
ad Pinum	xxxii	....	...	à Oppido
Ypinum	xL	....	...	
Celianum	xxviii	*Cosilianum*	...	Stigliano
Heracleam		*Heraclea*		Pelicaro.

A Silvio Potentiam Grumentum, Nerulos, Cosentiam, Vibonem, Valentiam. *sic* — De Savillan a Agrometo, Rotonda, Cosence, Monte Leone. ainsi,

à Siluio	...	*Silutum*	16	de Sauigliano
....	...	*Pisandes*	24	à Basentello fl
....	...	*Lucos*	12	vers Fonte d'Oglio
Potentiam	xxiv	*Potentia*	15	Potenza
Acidios	xxviii	*Anxia*	18	Anzi
Grumentum	xxvii	*Grumentum*	...	Agrometo pres Tursi
Semunclam	xxvi	....	...	Franca villa
Nerulos	xvi ou xiv	*Nerulos*	28	vers Rotonda
Snmmuranum	xxi			Murano
		Interamnio	8	Alto monte
Caprasas	xxi ou xxviii	*Caprasia*	26	Tursia
		Crater fl	18	vers Bisignano
Cosentiam	xviii	*Consentia*		Cosenza
ad fl Sabbatum	xviii			Sauuto f
ad Turres	xxi			Torre Amato.
Vibonem				
		aut sic à Consentia	20	ou de Colenza
		Tempsa	...	à T. Loppa
ad fl Angitulam	...	*Aquæ Angæ*	8	Acque delle fico ou Angitola f.
....	...	*Annicia*		
Vibonem.		*Vibona Valentia.*		Monte Leone

A Vibone Valentia Scillacium. — de Monte Leone à Squillace.

		Vibona Valentia	25	
		Scilatio.		

CORSICA SARDINIA, ET SICILIA INSVLÆ EX Itinerariis Romanis deſcriptæ.

EX ANTONINO. *EX ITINERARIA Tabula.*

LES ISLES DE CORSE, SARDAIGNE ET SICILE TIREES DES ITINERAIRES ROMAINS. Sçauoir, *D'ANTONIN, & de la Table ITINERAIRE.*

ITER CORSICÆ. A MARIANA PLALAS. M. P. CXXV. *ſic*

CHEMIN DE CORSE, depuis MARIANA deſtruite juſques à BONIFACIO 125. M. P. ainſi,

Antonin	M. P.	Tabula		
à Mariana	XL	*Marianis*	. . .	de Mariana diſtrutta
Aleriam	XXX	. . . .	. . .	à Aleria diſtrutta
Præſidum	XXX	. . . .	. . .	Torre ad Stagno de Palo
Portum Fauoni	XXV	. . . .	. . .	Fauono
Plalas		. . . .	. . .	Bonifacio ou ad Golfo di Manza.

ITER SARDINÆ A PORTV TIBVLIS CARALIM. M. P. CCLII. *ſic,*

CHEMIN DE SARDAIGNE DV CH. ARAGONESE A CALORI. 252 M. P. ainſi.

Antonin	M. P.	Tabula		
A Portu Tibulis	xviii	. . . .	. . .	de C. Aragoneſe
Turublum Minorem	xv	. . . .	. . .	à entre Pertigi & Tempi
Elephantariam	xii	. . . .	. . .	Faueria
Longones	xxxviii	. . . .	. . .	Terra nuoua
Olbiam	xv	. . . .	. . .	Oroſe
Coclaria	xii	. . . .	. . .	pres Gerouai
Portum Luguidonis	xv	. . . .	. . .	Locarai
Fanum Cariſi	xv	. . . .	. . .	vers Meana vbi Fani
Vineolas	xxxv	. . . .	. . .	Gociano
Sulcos	xxiv	. . . .	. . .	Sorgano
Porticenſes	xx	. . . .	. . .	S[a] Maria Nauareſa
Sarcopos	xx	. . . .	. . .	Sarabos
Ferraria	xiii	. . . .	. . .	Sinai ou Mara
Caralim		*Caralis.*		Cagliari als Calori.

ALIO ITINERE AB OLBIA CARALIM. M. P. CLXXIII. *ſic,*

D' OROSE A CALARI, par autre chemin 173. M. P. ainſi,

Antonin	M. P.	Tabula		
Ab Olbia	XL	. . . .	. . .	d' Oroſe
Caput Thyrſi	XLVI	. . . .	. . .	à Baduſſo
Sorabile	LXV	. . . .	. . .	Orani
Bioram	XLII	. . . .	. . .	Nori
Caralim.		*Caralis.*		Calori.

A TIBVLIS CARALIM. M. P. CCXXXIII. *ſic,*

DV C. ARAGONESE A CALARI 233. M. P. ainſi,

Antonin	M. P.	Tabula		
à Tibulis	XXV	. . . .	. . .	de C. Aragoneſe
1 *Gemellas*	XXV	. . . .	. . .	à 1 Romagno
5 *Lugdonec*	XXIV	. . . .	. . .	5 Lonel
2 *Haſa*	XXIV	. . . .	. . .	2 Saſſari
3 *Molaria*	XII	. . . .	. . .	3 Mores
4 *ad Medias*	XV	. . . .	. . .	4 Macomer
6 *Forum Traiani*	XVI	. . . .	. . .	6 Villa nuoua
Othoca	XXXVI	. . . .	. . .	Oriſtagni

Aquas

Aquas Neapolitanas	xxxvi	....	...	Babilonis
Caralim.		*Caralis.*		Calori.

A Portu Tibulis. M. P. xvi. | du Castel Aragonese
Olbiam. | à Orose.

A Tibulis Sulcos. M. P. cclx. *sic,* | De C. Aragonese a Villa de Glesia 260. M. P.

à Tibulis	xxii	....	...	de C. Aragonese
Vineolas	xxiv	....	...	vers Pertigi
Erucium	xxii	....	...	Ocier
ad Herculem	xviii	....	...	....
ad Turrem	xvii	*Turribus*		Porto Torre
Noram	xvi	*Nura*		Nura
Carbiam	xxv	....	...	Algeri
Bosam	xviii	....	...	Bosa
Cornos	xvi	....	...	Soni
Tharros	xii	....	...	Tramaca
Othoca	xviii	*Uttea*		Orillagni
Neapolim	xxx	*Neapoli*		Tor Alba
Metalla	xxx	....	...	vers Gospini
Sulcos.		*Sulci.*		Villa de Glesia.

A Sulcis Noram. M. P. lxviii. *sic,* | De Villa de Glesia a Nori 68. M. P. ainsi,

à Sulcis	xxxiii	*Sulci*		de Villa de Glesia
Tegulam	xxxv	....	...	à Samasa
Noram.		....	...	Nori

A Carali	xxxii	*Caralis*		de Calori
Noram.		....	...	à Nori.

ITER SICILIÆ.

A MESSANA PANORMUM, & LILYBÆUM, indeq; Agrigentum, Syracusas, Catanam, & Messenam. hoc est totius Insulæ circuitus. *sic,*

CHEMIN DE SICILE, DE MESSINE

a Palerme, Marsalla, Agrigente, Siracuse, Catane & Messine qui est le circuit de l'Isle, ainsi,

EX ANTONINO.		*Ex Jtineraira Tabula.*		
A Messana	xxxvi	*Messana*	36	de Messina
Tyndaridem	xxix	*Tindario*	29	à Tindaro
Agathyrnum	xx	*Agatinno*	12	C. d'Orlando
Solus apre	xviii			C. S. Marce
Calactam	xxvi	*Calacte*	12	Caronia
Alesam	xxviii	*Halesa*	18	Pittineo
Cephalædim	xxiv	*Cephalecto*	24	Cefaledi
Thermas	xii	*Thermis*	...	Termini
Soluntum	xii	*Solunto*	12	Solanto
Panhormum	xvi	*Panorino*	36	Palermo
Hiccara	viii			Muro di Carine
Parthenicum	xii			Palimita
ad Aquas Segestanas sive Pintianas	xiv xvi	*Segesta*	13	Segestano
Drepanum	xviii	*Drepanis*	18	Trapano

L

Lilybæum	xii	*Lilybæo*	45	Marfalla
Mazaram	x			Mazara
ad Fl. Lauarium	xxiv			Arena fiu.
ad Aquas	xii	*ad Aquas Labobes*	40	Sacca
Allaua	xii			Callatabellota fiu.
Cena	xviii			Fiume delle Canne
Agrigentum	xviii	*Agrigento*	44	Agrigento
Dædalium	v			ad Salfo fiume
Plintis	xviii			pres Alicata
Chalis	viii			Terra nuoua
Caluifianis	xii	*Calufiana*	24	Dirillo fiu.
Mefopotamo	xxiv			Camarana
Hereo fine Cymba	xx			Rajencino
Apolline	xxxii			Porto Paloro
Syracufis	xLiv	*Siracufis*	44	Siracufa
Catanam	ix	. . . .	. . .	Catania
Acym	xxiv	. . . .	. . .	Aci
Tauromenium Naxon	xv	. . . .	. . .	Taormina
Tamariciũ fiue Palmas	xx	. . . .	. . .	pree Ali & Nifi fiu.
Meffanam.		*Meffana.*		Meffina.

ALIO ITINERE A PANORMO LILYBÆVM, AGRIGENTVM, SYRACVSAS, & CATANAM. *fic,* — DE PALERME A MARSALLA, AGRIGENTO, SIRACVSE, & CATANE. ainfi,

à Panhormo	xxxvi	*Panorino*	36	de Palermo
Segeftam	xiii	*Segefta*	13	à C. a Mare
Drepanum	xviii	*Depanis*	18	Trapano
Lylibæum	xLiv	*Lilybæo*	45	Marfalla
Aquas Larodes	xL	*Aquas Labodes*	40	Sacca
Agrigentum	xL	*Agrigento*	44	Agrigento
Caluifiana	xxiv	*Caluifiana*	24	Dirillo
Hybia	xviii	*Nyble*	18	Ragufa
Acras	xxiv	*Agris*	24	S. Maria d'Acria
Syracufas	xLiv	*Siracufis*	44	Siracufa
Catanam.		. . . .	. . .	Catania.

ALIO ITINERE A PANORMO LILYBÆVM. *fic,* — DE PALERME A MARSALLA autrement. ainfi

à Panhormo	xviii	*Panorino*	. . .	de Palermo
Hiccara	xxiv	. . . .	. . .	à Muro di Carine
Longaricum	xxiv	. . . .	. . .	vers Barbara
ad Oliuam	xxiv	. . . .	. . .	vers Calatafimi
Lilybæum.		*Lilybeo.*		Marfalla

A PANORMO AGRIGENTVM, indeq; CATANAM: *fic* — DE PALERME A AGRIGENTO, & de la A CATANE. ainfi,

à Panhormo	xxiv	*Panorino*	. . .	de Palermo
Pyrama	xxiv	. . . .	. . .	à Cattanio
Petrinas	iv	. . . .	. . .	Petraglia
Comicianas	xxiv	. . . .	. . .	Cannicatini
Phtianas	ix	. . . .	. . .	Fauarotta
Agrigentum	xxviii	*Agrigento*	. . .	Agrigento
Petilianas	xxvii	. . . .	. . .	Calataffiueta
Selam fiue Sophianas als Philofophianas	xxi	. . . .	. . .	Platio Vechio

Capitonianas	xxiv	....	...	Policonia
Catanam.		....		Catania
alias				
ab Agrigento	xiii	*Agrigento*	...	ou d'Agrigento
Sosconianas	xii	....	...	à
Philosophianas	xxi	....	...	Plato Vechio
Capitonianas	xxiv	....	...	Policonia
Catanam.				Catania.

A THERMIS HIMERENSIBVS CATANAM. *sic,*				DE TERMINI A CATANE. ainsi
à Thermis	Lii	*Thermis*	...	Termini
Ennam	iii ... xiii	*Enna*	18	Enna
Agurium	xii	*Agurio*	12	Argirone
Centuripas	xii	*Centurippa*	12	Centorbi
Ætnam	xii	*Æthna*		S. Nicola de Arenis
Catanam.		....		Catania.

DESCRIPTION DE L'ALLEMAGNE
EN GENERAL, ET SES PRINCIPALES PATRIES.

'EST l'opinion commune de pluſieurs Eſcriuains modernes, que l'Allemagne à preſent eſt la meſme Region que celle, que les anciens ont cognu ſous le nom de Grande Germanie: mais l'eſtenduë, & la continence de cette Grande Germanie ſe trouue bien differente chez les anciens Autheurs. Ptolomée & la pluſpart d'entr'eux ne l'a deſcriuent qu'entre le Rhyn, la Viſtule, le Danube, & la Mer Baltique: Pline & quelques autres y adiouſtent vers le Septentrion toutes les parties Septentrionales de l'Europe iuſques à la mer Gelée, & vers l'Orient l'eſtendent iuſques au Boryſtene, & au deſſus du pont Euxin. Aujourd'huy le nom d'Allemagne ne comprend communement que la Grande Germanie de Ptolomée, encor que ſous l'Empire d'Allemagne on y entende pluſieurs terres au delà du Rhyn dans l'ancienne Gaule, & pluſieurs autres au delà du Danube vers l'Italie, qui ne ſont point de la Grande Germanie.

Mais ſans eſplucher plus particulierement la difference de la Grande Germanie d'auec l'Allemagne d'aujourd'huy, ny de la difference qu'il y a entre la Grande Germanie de Ptolomée, & celle de Pline; encor de ce que nous entendons ſous le nom ou ſous l'Empire d'Allemagne : contentons nous de dire que le nom & l'Empire d'Allemagne eſtimé vne meſme choſe, comprennent preſque deux fois autant que la Grande Germanie de Ptolomée, & ne contiennent d'ailleurs que la quatriéme partie de la Grande Germanie de Pline ; où il ſe trouue à preſent, outre l'Allemagne, encor les Royaumes de Dannemarc, Noruege, Suede, & generalement tout ce qui appartient au Roy de Pologne. Et nonobſtant cette difference d'entre la continence de la Grande Germanie de Pline, & celle de l'Allemagne d'apreſent, quelques-vns n'ont laiſſé de dire que l'Allemagne eſtoit quatre fois grande comme la France: Veu que ſi elle eſt plus grande, c'eſt de ſi peu que cela ne merite d'en faire eſtat.

L'Empire de l'Allemagne s'eſtend aujourd'huy de la France iuſques en Pologne, & Hongrie; & de l'Italie iuſques au Dannemarcq. Ses limites ſont au Nord, la mer d'Allemagne, le Dannemarcq & la mer Baltique; au Sud les Alpes à l'encontre de l'Italie: à l'Eſt vne ligne imaginaire priſe entre la Pomeranie, & la Pruſſe, & continuant entre la Sileſie & la Pologne, entre Auſtriche & la Hongrie, iuſques au Golfe de Veniſe, où l'Italie eſt ſeparée de l'Eſclauonie. A l'Oueſt encor vne autre ligne imaginaire tirée entre la France, & l'Allemagne.

Dans cette continence nous trouuons depuis l'embouſcheure de l'Elbe iuſques à Danzick en Pruſſe qui eſt au Roy de Pologne cent cinquante lieuës Françoiſes, de Calais en France iuſques à Croſſen en Sileſie, & ſur les frontieres de Pologne deux cens vingt lieuës, de Nancy en Lorraine iuſques à Preſbourg en Hongrie deux cens lieuës, de Geneue en Suiſſe iuſques à Siſſeg en Croacie encor deux cens lieuës : & toutes ces diſtances ſont priſes en ligne droite, & de l'Occident en Orient. Du Midy au Septentrion les diſtances ſont encor le plus ſouuent de deux cens lieuës, & quelquefois vingt-cinq lieuës plus, quelquefois moins: De ſorte que l'Allemagne eſt preſque quarrée, & les quatre coſtez ont peu plus ou peu moins de deux cens lieuës Françoiſes.

Dans l'Allemagne ainſi priſe, nous y eſtimons non ſeulement les dix Cercles, ou Prouinces generales de l'Empire ; mais auſſi le Royaume de Boheme, & les Prouinces de Sileſie, Morauie & Luſace, qui en dependent: Et cependant des dix Cercles, comme nous ferons voir cy-apres celuy de Bourgongne, qui comprend la Franche Comté, & les dix-ſept Prouinces des Pays-bas ; tant ce qui en appartient au Roy d'Eſpagne, qu'aux Eſtats de Hollande, n'aſſiſtent plus aux Diettes, c'eſt à dire aux Aſſemblées generales de l'Empire: Dans le Cercle du Rhyn les Suiſſes & leurs Alliez, le Duché de Lorraine,

Lorraine, & bonne partie de l'Alsace; encor dans le Cercle de Souabe les Grisons, & ce qui tombe dans les Suisses, ny assistent plus aussi: de sorte que des dix Cercles, ie fais estat qu'il y en a aujourd'huy la valeur de deux entierement hors de l'Empire d'Allemagne.

D'autre costé vne partie du Royaume de Hongrie est depuis long temps, entre les mains des Empereurs, ou de ceux de la maison d'Austriche, qui leur sont les plus proches, bien que ce ne soit que par Eslection: cecy estimé de l'Allemagne ne remplasse guere moins que la valeur des deux Cercles, que nous auons mis hors de l'Empire. Vne partie aussi de la Prusse appartient au Marquis de Brandebourg, qui est Prince & Electeur de l'Empire: mais il ne la tient qu'à foy & hommage du Roy de Pologne: c'est pourquoy il me semble que nous ne pouuons estimer cette partie de la Prusse, ny mesme celle de la Hongrie, en Allemagne; les Estats de ces quartiers n'ayans rien de commun & ne dependans en quelque façon que ce soit de l'Empire.

On dispute mesme si la Boheme est de l'Allemagne ou non, & ce Royaume veritablement est dans l'enclos de la Grande Germanie de Ptolomée: ses Ducs, puis ses Roys ont esté quelquefois tributaires, & ont quelquefois releué des Empereurs de l'Allemagne, ou du moins ont toûjours eu auec eux vne bonne correspondance, ou plustost vne fort estroitte alliance & confederation, & se sont appellés depuis long temps Electeurs de l'Empire: mais aussi les Estats de ce Royaume n'ont rien de commun auec ceux de l'Empire: la langue des Bohemiens est Esclauonne, leurs coustumes leurs loix, &c. sont differentes de celles de l'Empire; leurs Roys ont tout pouuoir sur leurs subjets, ny plus ny moins que les Roys de Dannemarc, de Suede, de Pologne, & autres sur les leurs, & ne respondent de leurs actions qu'à Dieu seul. Ce que reconnoissant Ferdinand premier pour lors Roy des Romains, les Estats de l'Allemagne estans assemblez à VVormes l'an mil cinq cens quarante-cinq, & demandans que la Boheme releuant de l'Empire, fust comprise aux charges & contributions comme les autres membres de l'Empire, il differa d'y respondre iusques aux Diettes prochaines qui furent tenuës à Ausbourg l'an mil cinq cens quarante-huict, là où il declara que le Royaume de Boheme estoit non seulement exempt de toutes les charges & contributions qui se leuoient dans l'Empire, mais aussi que ce Royaume estoit distinct & separé de l'Empire de l'Allemagne, comme ses peuples & ses coustumes estoient differentes de celles des Allemans, quoy que c'en soit, nous l'auons déja compris dans l'Allemagne & en toucherons quelque chose en general auec les autres parties de cét Empire que nous descriuerons comme elles ont esté cy-deuant, non comme elles sont à present.

La Continence de l'Empire de l'Allemagne se doit reduire en neuf grandes parties, qui sont la Saxe, la VVestphalie, les Pays-Bas, les Prouinces du Rhin, la Souabe, la Franconie, la Bauiere, l'Austriche & la Boheme.

La Saxe s'estend de la mer d'Allemagne iusqu'en Pologne & en Prusse; & de la Franconie, & Boheme iusques en Dannemarcq, & à la mer Baltique: comprend le Duché de Saxe, & tout ce que les Electeurs, & Ducs de Saxe possedent en propre; le Marquisat de Brandebourg le Duché de Pomeranie, les Duchez de Brunsuik de Lunebourg, de Lavvembourg, de Meckelenbourg, & de Holstem ou Holsace; puis l'Archeuesché de Magdebourg, Euesché d'Halberstat, Archeuesché de Breme, Eueschés de Ferden, d'Hiddelshein, &c. Cette Saxe est la plus grande partie des neuf que nous auons donné: aussi l'Allemagne se diuisant en dix Cercles, celle cy en fait deux, & qui sont encor des plus grands; & on appelle haute Saxe ce qui est vers la Boheme, la Pologne, & la Prusse; Basse ce qui est au bas de l'Elbe, & vers le Dannemarcq.

Le nom de VVestphalie en general comprend la pluspart de ce qui est entre le VVeser & le Rhin, depuis la Franconie iusques à la mer d'Allemagne; & au delà du Rhin, tient encor diuerses terres entre-meslées dans les Pays-bas; ce qui me fait croire que partie des Pays-Bas ont esté de la VVestphalie. Ce nom est Saxon, & suiuant l'opinion de quelques vns signifie Region Occidentale, parce qu'en effect elle est à l'Occident de la Saxe, dont elle a esté quelquefois partie. On met en cette VVestphalie les Eueschés de Munster, de Paderbon, d'Osnabourg, de Minde; & au delà du Rhin ceux de Lyege, puis de Vtrecht, & Cambray aujourd'huy Archeueschés, de plus entre le VVefer, & le Rhin font le Duché particulierement appellé de VVeftphalie, les Comtés d'Embde autrement de la Frife Orientale, d'Oldenbourg, d'Hoye, de Benthem, de Lippe, de la Marche, & autres; deffus & au delà du Rhin font les Duchés de Cleues, de Iuliers, de Berg ou Mons, &c.

Les Pays-Bas font là où le Rhin, la Meufe, & l'Efcault tombent dans la mer d'Allemagne, vis à vis de l'Angleterre; & entre Calais & Embde qui eft à l'emboucheure de l'Ems. On y compte dix-fept Prouinces, fçauoir Brabant, Limbourg, Luxembourg, & Gueldre Duchés; Flandres, Artois, Haynaut, Hollande, Zelande, Namur, & Zutphen Comtés; Anuers Marquifat, & les Seigneuries de Frife Occidentale, Malines, Vtrecht, Ouer-Iffel. I. Outre-Iffel & Groeningue. Tout ce pays n'eft pas grand, mais fort peuplé; Il s'y trouue plus de deux cens villes fermées, & plus de fix mille parroiffes: Le Roy d'Efpagne en tient vne partie, les Eftats de Hollande l'autre; & ceux-cy pour la plufpart font deffus ou entre le Rhin & l'Ems plus fur la mer; le Roy d'Efpagne entre la France & la Meufe plus dans les terres. Les vns & les autres ne reconnoiffent l'Empire qu'entant que leurs affaires les y portent. Le Roy d'Efpagne eft toûjours dans vne eftroite alliance auec la maifon d'Auftriche (d'où il tire fon origine) en Allemagne, & en bonne correfpondance auec les Catholiques; les Eftats d'Hollande auec les Proteftans.

Entre les Prouinces du Rhin nous entendons les Archeuefchés de Mayence, de Treves, & de Cologne, le Palatinat du Rhyn, le Duché de Lorraine, l'Alface, la Bourgongne Comté, les Suiffes, & grand nombre d'autres petites parties: Tout cecy eft depuis les Alpes iufques au Pays Bas, entre le Rhin pour la plufpart & la France: mais les deux tiers & plus de ces quartiers ne dependent plus de l'Empire: Les Suiffes ne reconnoiffent point l'Empereur pour leur fouuerain, ny le Roy d'Efpagne pour le Comté de Bourgongne, encor moins le Roy de France pour la Lorraine, & pour l'Alface dont il tient aujourd'huy vne bonne partie.

La Souabe eft de l'autre cofté du Rhin, occupe mefme l'vne & l'autre riue de ce fleuue, depuis fa fource iufques au deffous du lac de Conftance & de Schafthoufe: d'où toûjours à droite du Rhin elle s'aduance fur le Neckar pres de là où il tombe dans le Rhin; & fur le Danube, iufqu'à ce qu'elle rencontre la Franconie, & la Bauiere. Les Grifons & partie des Suiffes, qui fe trouuent dans cette Souabe ne reconnoiffent plus l'Empire, le refte & qui s'eftime communement fous le nom de Souabe eft de l'Empire: Ses principales pieces font le Duché de VVirtemberg, les Marquifat de Burgaut & de Bade, l'Euefché de Conftance, & celuy d'Aufbourg. Le Comté de Furftenberg, l'Abbaye de Kemptem au Campdon, & vn grand nombre d'autres Seigneurs Ecclefiftiques & Seculiers, ou Laicqs.

La Franconie eft iuftement au milieu de l'Allemagne, en touche toutes les parties hors-mis les Pays-Bas, & l'Auftriche. On la peut diuifer en trois principales pieces, fçauoir la Franconie particulierement ainfi dite, la Heffe & la VVeterauie. La VVeterauie à diuers Comtés, & autres Seigneuries Seculieres; la Heffe tient les deux Landgrauiats de Heffe Caffel, & de Heffe Marpurg; Les Abbayes de Fulde, & de Hirsfeld, le Comté de VValdeck & autres: La Frãconie eft occupée pour la plufpart des Euefchés de VVurtsbourg, de Bamberg, & Aichftet; & partie par les terres de l'Archeuefché de Mayence, par la Seigneurie de Nurenberg, par les Marquifats de Onfpach, & Cullembach; par les Comtés de VVertheim, de Rhineck, & autres.

La Bauiere eft à droite, & à gauche du Danube, depuis la Souabe iufques à l'Auftriche; & depuis le Comté de Tirol iufques à la Francouie, & la Boheme. Ses principales pieces font le Duché, & le Palatinat de Bauiere, qui emportent de beaucoup la plus grande, & la meilleure partie de Bauiere, & appartiennent aujourd'huy au Duc, & Electeur de Bauiere feul. Les autres pieces font l'Archeuefché de Saltfbourg, qui eft des plus riches de l'Allemagne, l'Euefché de Paffau, la Preuofté de Berchtolfgaden, le Langrauiat de Leuchtenberg, & quelques autres bien moindres. On doit mettre ce me femble le Comté de Tirol auec la Bauiere, pluftoft qu'auec l'Auftriche, bien que ce Comté foit à la maifon d'Auftriche, c'eft neantmoins vne branche diftincte de celle qu'y poffede à prefent l'Archiduché d'Auftriche, les Duchés de Stirie, &c. Et ce pays est entre la Bauiere & l'Italie estant contigu à l'vne & à l'autre par vn grand espace, là où il semble estre entierement destaché des terres de l'Austriche, où ny touche que bien peu.

Sous le nom d'Austriche nous entendons l'Archiduché d'Austriche, les Duchés de Stirie, de Carinthie, & de Carniole, le Marquisat des Vindes, & le Comté de Cilley Tous ces quartiers ensemble sont entre la Bauiere & le Comté de Tirol d'vn costé, & la Hongrie de l'autre ; entre l'Italie & le Golfe de Venise vers le Midy, & la Boheme & la Morauie vers le Septentrion.

Le Royaume de Boheme comprend les Prouinces de Silesie, Morauie, & Lusace outre la Boheme. La Lusace ioint à la Saxe, la Silesie à la Pologne, la Morauie à l'Austriche, & la Boheme à la Bauiere & Franconie. La Boheme seule porte titre de Royaume, & les autres Prouinces ny sont vnies qu'à certaines conditions : La Silesie est Duché, la Morauie & la Lusace sont Marquisats. La Boheme contient dans son estenduë particuliere quinze petites Prouinces, ou plustost quartiers ; ausquels encor on adiouste le Comté de Glats, & les terroirs de Loket, & de Heb alias Egra, qui seroit en tout dix-huict. La Silesie diuisée en haute & basse contient seize Principautez, qu'ils appellent communement encor Duchés ; la Morauie à trois principaux quartiers, la Lusace deux : Voila ce qui est des principales parties de l'Allemagne, & nous en donnerons les villes capitales au discours des Estats & Principautés de l'Empire cy-apres.

Les plus grandes riuieres de l'Allemagne sont le Danube, le Rhin, l'Elbe, & l'Oder. Le Danube n'a que sa plus haute partie en Allemagne, le reste est dans l'Empire des Turcs. Il a son commencement en Souabe, qu'il diuise en deux ; puis la Bauiere, & l'Austriche, entre en Hongrie d'où il baigne les terres du Turc. Les anciens ont separé la Grande Germanie de la Vindelicie ou Basse Rhetie, du Noricum, & de la Panonnie par le cours de cette Riuiere. Le Rhyn prend sa source dans les Grisons, separe les Suisses & l'Alsace de la Souabe, entre dans le Palatinat du Rhin, bagne les terres des Electeurs & Archeuesques de Mayence, Treves, & Cologne ; entre dans les Pays-Bas, où diuisé en plusieurs bras, il se perd dans la mer. Ce fleuue est entre l'ancienne Gaule & la Grande Germanie. L'Elbe commence dans la Boheme, & auparauant que d'en sortir reçoit toutes les riuieres qui y naissent; de la Boheme il trauerse la haute, puis la basse Saxe, où il se perd dans la mer d'Allemagne pres du Dannemarcq. L'Oder descend des montagnes d'entre la Hongrie & Silesie, baigne entieremét toute la longueur de cette Prouince, coupe le Marquisat de Brandebourg, puis la Pomeranie en deux, & entre plusieurs Isles tombe dans la mer Baltique. Nous ne mettons point dans nostre Allemagne la riuiere de Vistule, son cours est entierement dans la Pologne, & dans la Prusse, bien que sa source soit dans la Silesie.

Entre les autres riuieres de l'Allemagne, nous pouuons encor faire estat du Lech & de l'Inn, qui tombent dans le Danube; celuy-cy dans l'Eueſché de Passau, l'autre entre la Souabe & la Bauiere. Encor de la Draue & de la Saue, qui viennent de la Carinthie & de la Carniole, & rendent leurs eaux au Danube dans la basse Hongrie. Le Rhin reçoit aussi le Necre alias Neckar, qui luy vient de Souabe ; le Mein qui de Franconie, la Moselle qui de Lorraine & Treves, la Meuse qui venant d'entre la France & la Lorraine, trauerse diuerses terres au Pays-Bas, & emporte l'vn des bras du Rhyn à la mer. Le VVeser entre l'Elbe & le Rhyn: L'Ems entre le VVeser & le Rhyn: L'Escault entre le Rhyn & la France, & autres sont encor en quelque estime.

L'Allemagne a aussi diuerses montagnes & forests, entre les montagnes les Alpes qui la separent d'auec l'Italie; les monts Hercyniens qui enferment toute la Boheme, ceux d'Abnoba ou VVeldtperg qui sont à la source du Danube, & qui s'allongét entre le Necre & le Rhin; le Ramelberg alias Ramemont entre Brunsvvik & Saxe, le Fichtelberg duquel quatre riuieres prennent leurs sources, & descendent l'Egre vers l'Orient dans la Boheme, la Sale vers le Septentrion & dans la Saxe, le Mein vers l'Occident & dans la Franconie, le Naue vers le Midy & dans la Bauiere. Encor les Monts de Vauge entre la Lorraine & l'Alsace, de Iura entre la Bourgogne Comté, & les Suisses sont les mieux cognus.

La forest Hercinienne suiuant les anciens comprenoit toutes les forests de la Grande Germanie, elle reçoit aujourd'huy diuers noms, selon que ses pieces sont destachées les vnes des autres. Aux enuirons des Mons d'Abnoba, elle s'appelle Schvvarts VValdt. i. Forest Noire: entre le Rhyn & la Franconie Ottenvvald, & le Speshart, vers Brunsvvick la Hartz, entre la Franconie & Turinge, Thuringer-VValdt; aux enuirons de Boheme Behemer VValdt: ainsi ailleurs.

Mais c'est assez pour le General: Venons aux distinctions qui sont les plus considerables pour auoir la cognoissance de l'Allemagne, nous les ferós voir par la distribution des Archeueschés & Eueschés, par la continence des Cercles, qui sont comme Gouuernemens generaux, & par les Estats & Principautés particulieres de l'Empire.

ARCHEVESCHE'S, EVESCHE'S, ET RELIGION DE L'ALLEMAGNE.

'ALLEMAGNE a demeuré pour la plufpart dans le Paganifme iufques enuiron l'an fept cens. Il eft bien vray que des auparauant la foy y auoit efté prefchée en diuers endroicts, mais ce n'a efté qu'en ce temps là que le Chriftianifme y a paru.

Or les Euefques de Mayence prefque feuls auoient le foin de la conuerfion de ce peuple. Sainct Boniface d'Euefque ayant efté fait le premier Archeuefque de Mayence y inftitua diuers Euefchés: Et y en a qui difent que Salzbourg, Ratifbonne, & Frifingue ont efté ordonnés tout de nouueau par luy: les autres tiennent & auec plus de raifon, qu'ils n'ont efté reftablis que par ledit fainct Boniface, ayans eu leurs commencemens long temps auparauant.

En effect pour dire quelque chofe des commencemens de la Religion en Allemagne, il nous falloit confiderer que ce pays aujourd'huy, outre la Grande & ancienne Germanie, comprend beaucoup de terres, & au deça du Rhin dans l'ancienne Gaule; & entre le Danude & l'Italie, où eftoient anciennement la Rhetie, & le Noricum: & la Religion a efté bien pluftoft annoncée dans tous ces quartiers là, que dans la Grande Germanie, qui eft entierement comprife entre le Rhin, le Danube, & la Viftule riuieres & la mer Baltique.

Mayence, Treves, Cologne & Befançon, &c. qui font dans l'ancienne Gaule, ont eu leurs Euefques dés le temps des Apoftres. Sainct Linus qui a efté du depuis Pape fuft enuoyé par Sainct Pierre de Rome à Befançon pour y annoncer la foy: Sainct Euchaire fuft auffi enuoyé de Rome à Treves, & mourut des l'an foixante fix apres Iefus Chrift né: Sainct Crefcent difciple de Sainct Paul, fuft à Mayence des l'an quatre-vingt: Sainct Materne à Cologne des l'an quatre-vingt dix-neuf.

De l'autre cofté entre le Danube & Italie, Lorch a eu fon premier Euefque Sainct Laurent enuoyé de Rome par Sainct Pierre, & ce Diocefe a efté du depuis vny auec celuy de Paffau enuiron l'an fept cens: Ratifbonne a receu les commencemens de la Foy par Sainct Marc compagnon de Sainct Paul, & par Lucius de Cyrene fils de Simon de Cyrene. Augfbourg encor par Sainct Lucius enuiron l'an cent quatre-vingts dix, & S. Denis de Crete fon Euefque auec plufieurs autres Chreftiens y ont efté martyrifez fous Diocletian: Saltfbourg auoit en trois cens foixante & feize pour Euefque. Sainct Maxime, que les Gots & Huns firent mourir en croix, lors qu'ils coururent & pillerent tous ces quartiers en allant porter la guerre en Italie. Frifingue a eu Sainct Corbinian Euefque des enuirron l'an fept cens douze.

Mais dans l'ancienne & vraye Germanie, Sainct Boniface a efté le premier, qui y a erigé de nouueaux Euefchés. Aichftet l'an fept cens quarante-cinq, & VVurtzbourg l'an fept cens cinquante & vn. Peu apres Charlemagne ayant vaincu les Saxons à diuerfes fois fift auffi baftir plufieurs Eglifes; donna aux vnes des Euefchés, aux autres des Abbayes. Ofnabourg fut faite Euefché des l'an fept cens foixante & feize; Ofteruick, Minde, Ferden & encor comme ie crois Elrzen, & Styden l'an fept cens quatre-vingts, Munfter l'an fept cens quatre-vingts cinq, Hambourg & Breme l'an fept cens quatre vingt huict, Paderbon l'an fept cés quatre-vingt quatorze: du depuis Ofteruick fuft transferé à Sallingftede des l'an fept cens quatre vingt quatre, & de là à Halberftad l'an huict cens dix-neuf fous Louïs le Pieux. Eltzen fut transferé à Hildesheim l'an huict cens quatorze par le mefme; Hambourg & Breme ont efté vnis en huict cens cinquante, Styden fuft transferé à VValerfleben, & du depuis encor à Magdebourg l'an neuf cens quarante. Saltzbourg auffi fut erigé en Archeuefché en huict cens vingt & vn par Louïs le Pieux. Apres Charlemagne & fes enfans fous Henry l'Oyfeleur Mifne & Merfbourg furent erigés en Euefchés l'an neuf cens cinquante & huict, Brandebourg, & Hauelbourg l'an neuf cens quarante-fix, Magdebourg fuft fait Archeuefché en neuf cens foixante & fept fous Otton le Grand ; ainfi d'autres ont efté inftitués de temps en temps.

Aujourd'huy toute l'Allemagne fe trouue repartie en fept Archeuefchés ; Mayence, Treves & Cologne, du cofté de la France ; Saltzbourg en Bauiere ; Magdebourg, Breme, & Prague en la vraye, & ancienne Germanie. Quelques vns y adjouftent Befançon, & Cambray, qui font encor du cofté de la France ; celuy cy dans les Pays Bas, celuy là dans la Franche Comté.

Voicy l'ordre de ces Archeuefchés, & de leurs Euefchés Suffragans.

MOGVNTINVS ARCHIEPISCOPVS Sancti Romani Imperij Princeps, & Elector ; & in Germania Archicancellarius : Huius Suffraganei funt Epifcopi
VVormacienfis,
Spirenfis,
Argentinenfis,
Herbipolitanus,
Eiftadenfis,
Verdenfis,
Curienfis,
Hildeshemienfis,
Paderbornenfis,
Conftantienfis,
Halberftadienfis,
Auguftanus,
exemptus eft Bambergenfis.

L'ARCHEVESQVE DE MAYENCE *Prince & Electeur de l'Empire et Archichancelier en Allemagne, fes Euefques Suffragans font*
VVorms,
Spire,
Strafbourg,
VVurtzbourg,
Aichftet,
Ferden,
Coire,
Hildesheim,
Paderborne,
Conftance,
Halberftadt,
Augfbourg,
Bamberg eft exempt.

COLONIENSIS ARCHIEPISCOPVS Sancti Romani Imperij Princeps, & Elector, & in Italia Archicancellarius ; cujus Suffraganei funt Epifcopi
Leodienfis,
Monafterienfis,
Mindenfis,
Ofnabrugenfis.

L'ARCHEVESQVE DE COLOGNE *Prince et Electeur de l'Empire, et Archichancelier en Italie, duquel les Euefques Suffragans font*
Lyege,
Munfter,
Minde,
Ofnabourg.

TREVIRENSIS ARCHIEPISCOPVS. Sancti Romani Imperij Princeps, & Elector, & in Gallia Archicancellarius ; cujus Suffraganei funt Epifcopi
Metenfis,
Tullenfis,
Virdunenfis.

L'ARCHEVESQVE DE TREVES *Prince & Electeur de l'Empire, & Archichancelier dans la Gaule ; dont les Euefques Suffragans font*
Metz,
Toul,
Verdun.

MAGDEBVRGENSIS ARCHIEPISCOPVS Germaniæ Primas & Imperij Princeps : hujus Suffraganei fūt Epifcopi
Mifnenfis,
Merfeburgenfis,
Nauburgenfis,
Brandeburgenfis,
Hauelburgenfis.

L'ARCHEVESQVE DE MAGDEBOVRG *Primat de Germanie, & Prince de l'Empire ; d'iceluy les Euefq. Suffragans font*
Mifne,
Merfbourg,
Naumbourg,
Brandebourg,
Hauelbourg.

SALISBVRGENSIS ARCHIEPISCOPVS Imperii Princeps, & Sanctæ fedis Apoftolicæ per Germaniam legatus, cujus Epifcopi Suffraganei
Frifingenfis,

L'ARCHEVESQVE DE SALTZBOVRG *Prince de l'Empire et Legat né du Sainct Siege en Allemagne, duquel les Euefques Suffragans font*
Frifingue,

Ratisbonensis,	Ratisbone,
Passauiensis,	Passavv,
Brixinensis,	Brixen,
Gurcensis,	Gurcz,
Lauentinensis,	Lauenmonde,
Seckouiensis,	Seckou,
Chiemensis,	Chiemse,
exempti { *Viennensis, Neostadiensis, Labacensis.*	sont exempts, { Vienne, Neustad, Laubach.

BREMENSIS ARCHIEPISCOPVS Imperij Princeps, cujus Suffraganei sunt Episcopi	*L'ARCHEVESQVE DE BREME Prince de l'Empire, ses Euesques Suffragans sont*
Lubecensis,	*Lubeck,*
Raceburgensis,	*Razebourg,*
Suerinensis.	*Schouerin.*

PRAGENSIS ARCHIEPISCOPVS in Regno Bohemiæ, cujus Suffraganei sunt Episcopi	*L'ARCHEVESQVE DE PRAGVE dans le Royaume de Boheme, dont les Euesques Suffragans sont*
Litomissensis in Bohemia,	Litomissel en Boheme,
Olomucensis in Morauia.	Olmutz en Morauie.

Non seulement les Archeuesques de Mayence, Treves, Cologne, Magdebourg, Saltzbourg & Breme sont Princes de l'Empire, mais aussi tous leurs Euesques Suffragans; puis encor les Archeuesques de Besançon & Cambray; & non leurs Suffragans, si ce n'est Basle: les Euesques de Gurcz, Lauemonde, Seckau, & Chiemse qui ont esté fondez, & qui sont sous l'Archeuesque de Saltzbourg ne sont point Princes de l'Empire, bien que dans les terres de l'Empire, non encor celuy de Neustad en Austriche: d'ailleurs les Euesques de Syon dans le Vallais, de Geneue dans les Suisses, qui sont sous l'Archeuesque de Vienne en France; & l'Euesque de Trente en Italie, sont Princes de l'Empire: ceux de Lebus au Marquisat de Brandebourg, de Camin en Pomeranie, & de Breslau en Silesie ne le sont point, bien que dans les terres de l'Empire; & sont sujets à l'Archeuesque de Gnesne en Pologne.

Mais & il ne sera pas hors de raison que nous donnions encor icy les Archeueschés de Besançon & de Cambray, voire mesme ceux de Malines & Vtrecht, auec leurs Suffragans qui sont dans les Pays-Bas.

VISONTINENSIS ARCHIEPISCOPATVS, cujus Suffraganei sũt Episcopat.	*L'ARCHEVESCHÉ DE BESANCON, duquel les Eueschés Suffragans sont*
Basiliensis,	*Basle,*
Lausannensis,	*Losanne,*
Bellaicensis.	*Bellay.*

Cambray estoit encor n'agueres Eueschè, & mesme dans tous les Pays-Bas il n'y auoit que quatre Eueschés; sçauoir de Cambray, Arras, Tournay, & Vtrecht. Philippe deuxiéme Roy d'Espagne, & Seigneur des Pays-Bas, y obtint l'an mil cinq cẽs cinquante-neuf, du Pape Paul IIII. l'Erection de trois Archeueschés, & de quinze Eueschés, qui sont

MACHLINIENSIS ARCHIEPISCOPATVS, cujus Suffraganei sũt Episcopat.	*L'ARCHEVESQVE DE MALINES, duquel les Eueschés Suffragans sont*
Antuerpiensis,	Anuers
Brugensis,	Brugges,
Gandensis Gaudauensis,	Gand
Iprensis,	Ipres,
Ruremundensis,	Ruremonde,

Buſcodunenſis.	Boſleduc.
CAMERACENSIS ARCHIEPISCOPATVS, cujus Suffraganei ſunt Epiſc.	*L'ARCHEVESCHE' DE CAMBRAY duquel les Eueſchés Suffragans ſont*
Atrebatenſis,	Arras,
Tornacenſis,	Tournay,
Audomarenſis,	S. Omer,
Namurcenſis.	Namur.
VLTRAIECTINVS ARCHIEPISCOPATVS, cujus Suffraganei ſunt Epiſcop.	*L'ARCHEVESCHE' D'VTRECHT, duquel les Eueſchés Suffragans ſont*
Dauentrienſis,	Dauenter,
Groningenſis,	Groningue,
Harlemenſis,	Harlem,
Leouardienſis,	Lieuuarden,
Midelburgenſis.	Mildebourg.

Les Archeueſchés de Malines, & Cambray, & leurs Eueſchés Suffragans ſont dans les terres ſubjettes au Roy d'Eſpagne, & tous Catholiques, fors & excepté Boſle-Duc: celuy-cy, l'Archeueſché d'Vtrecht, & les Eueſchés qui en dependoient ſont dans les Eſtats de Hollande, qui ont quitté pour la pluſpart la Religion Catholique, Apoſtolique & Romaine, & n'en veulent ſouffrir publiquement l'exercice: de ſorte qu'il n'y a plus d'Eueſques.

Les Dioceſes de Beſançon, & de Bellay ſont Catholiques: ceux de Baſle & Lauſanne ſont fort meſlés de Catholiques, & de Religionaires ou pretendus Reformez, l'Eueſque de Baſle reſide ordinairement à Porentruy, Baſle eſtant entre les mains des Religionaires. L'Eueſque de Lauſanne reſide à Fribourg en Suiſſe, Lauſanne eſtant entre les mains des Religionnaires ou Heretiques.

Ainſi les Eueſchés de Trente en Italie, & de Syon dans le Valais ſont Catholiques: celuy de Geneue eſt fort meſlé, ſon Eueſque reſide ordinairement dans Annecy en Sauoye, Geneue eſtant aux pretendus Reformés; les Eueſchés de Lebus au Marquiſat de Brandebourg, de Camin dans la Pomeranie, ſont entre les mains des Princes Proteſtans Lutheriens.

L'Archeueſché de Prague en Boheme, & les Eueſchés de Breſlau en Sileſie & Olmuts en Morauie, ſont entre les mains des Catholiques, bien que dans leurs Dioceſes il y ait vne grande diuerſité de Religions.

Des ſix autres Archeueſchés de l'Allemagne, & de tous leurs Eueſchés Suffragans Magdebourg, & Breme Archeueſchés, & les Eueſchés qui en dependent ſont tous entre les mains des Proteſtans Lutheriens, Mayence, Treves, Cologne & Saltzbourg Archeueſchés, & generalement tous leurs Eueſchés Suffragans ſont entre les mains des Catholiques, bien que partie de leurs Dioceſes ſoient fort infectés de diuerſes ſectes.

En Allemagne donques outre la Religion Catholique, Apoſtolique & Romaine il y a diuerſes ſectes; dont les principales ſont la Lutherienne, & la Caluiniſte. Le Palatin du Rhin eſtoit le protecteur, & le plus puiſſant des Princes Caluiniſtes, apres luy le Langraue de Heſſe Caſſel. De la Lutherienne le Duc de Saxe eſt le protecteur & le plus puiſſant. Les Empereurs & tous ceux qui ſont de la maiſon d'Auſtriche en Allemagne, les Ducs de Bauiere; les Archeueſques, & Eueſques Catholiques ont puiſſamment defendu la Religion Catholique Apoſtolique & Romaine depuis quelques années.

Mais de la puiſſance de ces Eccleſiaſtiques nous en diſons quelque choſe dans le diſcours des Principautés de l'Allemagne.

DIVISION

DIVISION DE L'ALLEMAGNE PAR CERCLES, ET DE leur continence.

L'ALLEMAGNE fust diuisée en six Cercles sous Maximilian premier, les Estats de l'Empire se tenans à Ausbourg l'an mil cinq cens; ces Cercles furent la Franconie, la Bauiere, la Souabe, la Saxe, la VVestphalie, & le Rhin. Tous les Princes Ecclesiastiques, & Seculiers; les Comtes, Barons & les Villes de l'Empire furent descrites dans les vns, ou les autres de ces six Cercles. A Cologne en mil cinq cens douze, & sous le mesme Empereur, il en fust adjousté quatre autres aux six premiers; Sçauoir de l'Austriche, de la Bourgogne, les Pays-bas y compris, des Electeurs qui sont sur le Rhin, & de la Saxe; qui fut diuisée en haute & basse, de sorte qu'il y eust deslors iusques à dix Cercles; ce qui fut confirmé par Charles V. à VVorms en mil cinq cens vingt & vn, & encor à Nuremberg en mil cinq cens vingt-deux, & ce du consentement de tous les Estats de l'Empire, & ce nombre s'est obserué iusqu'à present.

L'establissement de ces Cercles est afin que les Estats & Principautés, qui sont dans l'estenduë de chacun d'iceux, se puissent plus facilement assembler, vne ou plusieurs fois tous les ans, suiuant que les affaires le requierent: & dans ces Assemblées on y traitte de l'execution des Ordonnances de l'Empire, des personnes que l'on doit nommer & enuoyer à la Chambre Imperiale de Spire: de la bonté ou non valeur des monnoyes (parce que tous les Princes Ecclesiastiques & Seculiers, Comtes & Barons, & Villes de l'Empire ayant pouuoir de battre monnoye d'or ou d'argent, &c. il s'y commet souuent de l'abus) des contributions qui se doiuent leuer pour les affaires generales de l'Empire. Que si la guerre est ouuerte, chaque Cercle eslit de son corps vn chef ou gouuerneur general, luy donne quelque Conseillers, & leue des contributions particulieres dans ses Estats pour se maintenir; & si la guerre vient de dehors l'Empire, & que l'vn de ces Cercles se sente trop foible, il appelle à son ayde les Cercles voisins, qui sont sujets de luy donner main forte, & repousser ensemble leur ennemy commun.

L'ordre & le rang de ces Cercles a esté quelquefois changé: aujourd'huy celuy d'Austriche tient le premier rang, celuy de Bourgongne le second, des Electeurs sur le Rhin le troisiéme, puis ceux de la haute Saxe, de Franconie, de Bauiere, de Souabe, du Rhin, de la VVestphalie, & de la basse Saxe. Voicy doncques leur rang & leur continence suiuant ce que nous auons peu recueillir de diuers memoires.

GERMANICI IMPERII DIVISIO in Circulos decem.	*DIVISION DE L'EMPIRE* D'ALLEMAGNE *en dix Cercles.*
AVSTRIACVS CIRCVLVS, cujus partes præcipuæ sunt Austriæ Archiducatus, Stiriæ, Carinthiæ, & Carniolæ Ducatus, Tyrolensis Comitatus, Vindorum, & Burgauiæ Marchionatus, &c. in eo sunt	*LE CERCLE D'AVSTRICHE, dont les principales parties sont, L'Archiduché d'Austriche, les Duchés de Stirie, Carinthie, Carniole, Comté de Tirol, Marquisats des Vindes & de Burgau, &c. dans ce Cercle sont*
Tridentinus, Brixiensis, Viennensis, ** *Gurcensis,* ** *Steckauiensis,* ** *Lauantinus,* ** *Labaciensis.* } *Episcopi*	Les Euesques de { Trente, Brixen, Vienne, Gurce, Steckau, Lauenmonde, Laubach.

* *Baiuliuus Austriæ.*

* *Hardecij.*
* *VVolkensteinij,*
* *Losensteinij,*
* *Rogendorphij.*
} *Comites*

Le Baillif d'Austriche.

Les Comtés de { Hardeck, Folkenstein, Losenstein, Rogendorff.

BVRGVNDICVS CIRCVLVS, cujus partes præcipuæ sunt Burgundiæ Comitatus; Brabantiæ, Lutzenburgi, Geldriæ, Limburgi Ducatus; Flandriæ, Hannoniæ, Hollandiæ, &c. Comitatus; Mechliniæ, Vltrajecti, &c. Dominia, &c. in eo sunt

* *Nassouiensis in Breda,*
* *Egmondani in Jselstein,*
* *Hornenses,*
* *Bergenses.*
} *Comites*

** *Antuerpia,*
** *Dauentria,*
** *Campinia,*
** *Suollum, &c.*
} *vrbes*

LE CERCLE DE BOVRGOGNE, dont les principales parties sont Le Comté de Bourgogne; les Duchés de Brabant, Lutzenbourg, Gueldres, Limbourg; Comtés de Flandres, Haynaut, Hollande, &c. Seigneuries de Malines, Vtrecht, &c. dans ce Cercle sont

Les Comtes de { Nassau à Breda, Egmond à Iselstein, Horn, Berg.

Les villes de { Anuers, Deuenter, Campen, Souol, &c.

QVATVOR ELECTORVM RHENI CIRCVLVS, in quo

Moguntinus,
Treuirensis,
Coloniensis,
} *Archiepiscopi*

Palatinus Rheni,
Principes Comites Pal. Rheni,
Principes et Comites Arenbergij,

Prumiensis
Stabulensis
} *Abbates*

Nassouiensis en Beilstein
* *Nouenarij,*
* *Rifferchidensis,*
Salmensis,
Jsembergij inferioris.
} *Comites*

LE CERCLE DES QVATRE ESLECTEVRS DV RHIN dans lequel sont

Les Archeuesques de { Mayence, Treues, Cologne,

Le Palatin du Rhin,
Les Comtes Pal. alias Rhyngraues,
Les Princes & Comtes de Arenberg,

Les Abbés de { Pruim, Stauelo.

Les Comtes de { Nassau en Beilstein, Nevvenar, Reifferscheid, Salme, Isenberg le bas.

SAXONIÆ SVPERIORIS CIRCVLVS, in quo præcipuæ partes Ducatus Saxoniæ, Marchionatus Misniæ, Landgrauiatus Thuringiæ, Marchionatus Brandeburgicus, Ducatus Pomerania, &c. in eo circulo

Elector et Dux Saxoniæ,
Elector et Marchio Brandeburgicus,
Principes & Duces Saxoniæ,
Princip. et Marchiones Brand.

* *Misnensis,*
* *Mersoburgensis,*
* *Naumburgensis,*
* *Branbeburgensis,*
* *Hauelbergensis,*
* *Lebusiensis,*
* *Caminensis.*
} *Episcopi*

LE CERCLE DE LA HAVTE SAXE, dans lequel les principales parties sont Le Duché de Saxe, Marquisat de Misne, Landgrauiat de Thuringe, Marquisat de Brandebourg, Duché de Pomeranie, &c. de ce Cercle sont

L'Electeur & Duc de Saxe,
L'Electeur & Marquis de Brãdebourg,
Les Princes & Ducs de Saxe,
Les Princes & Marq. de Brandebourg.

Les Euesques de { Misne, Mersbourg, Naumbourg, Brandebourg, Hauelberg, Lebus, Camin.

* *Duces Pomeraniæ,*
Principes Anhaltini.
Quedlimburgensis, Gernrodensis, } *Abbatissæ*
* *Burgrauij Misnenses.*
VValkenriedensis, * *Salfeldensis.* } *Abbates*
Schvvartzenburgensis, Mansfeldensis, Stolbergensis, * *Honsteinensis,* * *Rappinensis, Barbiensis, Gleichenensis.* } *Comites*
Reussij in Gera, &c. Schonburgij in Glaucka, &c. Skenkij à Tautenberg, * *Biernenses,* * *VVidenfelsij.* } *Barones*
* *Gedanum,* * *Elbinga, &c.* } *Ciuitates*

FRANCONICVS CIRCVLVS,
qui Franconiam continet, in eo
Herbipolitanus, Bambergensis, Aichstadiensis. } *Episcopi*
Magister Ordinis Teutonici,
Burgrauij Norimbergenses;
* *Princ. & Comites Hennebergenses;*
Præpositus Eluangensis,
* *S^ti Ægidij Norimbergensis* * *Hailbrunensis.* } *Abbates*
Castellensis, * *Rhineccij,* * *VVertheimenses, Hohenloij, Schvvartzenburgij, Erbacenses,* } *Coimtes*
* *Richelspergij, Sckenckij Limpurgici.* } *Barones*
Onspacenses, Cullembacenses, Barrutenses. } *Marchiones*
Duces Coburgenses.
Norimberga, Rotenburgum, VVeneshemium, Schvveinfurtum, VVeissenburgum in Norico. } *Ciuitates*

BAVARICVS CIRCVLVS,
cujus præcipuæ sunt partes
Bauariæ Ducatus, & Bauariæ Palatinatus in quibus
Saltzburgensis Archiep.

Les Ducs de Pomeranie,
Les Princes d'Anhalt.
Abbesses de { Quedelimbourg, Gerenrode.
Les Burgraues de Misne.
Abbés de { Falkenriet, Salfeld.
Comtés de { Schouartzenbourg, Mansfeld, Stolberg, Hohenstein, Rappin, Barby, Gleichen.
Barons de { Reussen en Gera, &c. Sconburg en Glaucka, &c. Schencke à Tautenberg, Biernebau, VVildenfels.
Cités de { Dantzick, Elbingue, &c.

LE CERCLE DE FRANCONIE
tient la Franconie où il y a
Les Euesques de { VVurtzbourg, Bamberg, Aichstet.
Le Gr. M^re de l'Ordre Teutonique
Les Burgraues de Nuremberg,
Les Pr. & Comtes de Henneberg,
Preuost de Elvvang.
Les Abbez de { St Gilles de Nuremberg, Haibron.
Les Comtes de { Castel, Rheineck, VVertheim, Hohenloe, ou Holach, Schouartzenbourg, Erpach.
Les Barons de { Reichelsperg, Schencke de Limpurg.
Les Marquis de { Onspach, Cullembach, Barreit.
Les Ducs de Cobourg.
Les villes de { Nuremberg, Rotébourg sur Tauber R. VVeinsheim, Schvveinfurt, VVeissenbourg au Pal. de [Bau.

LE CERCLE DE BAVIERE,
dont les principales parties sont
Le Duché & le Palatinat de Bauiere, où sont
L'Archeuesque de Stalzbourg,

Passauiensis, Ratisbonensis, Frisingensis. } *Episcopatus*

Dux, hodieque Elector & Palatinus Bauariæ.

Landgrauij Leuchtenbergenses.

Præpositus Berghtolgadensis.

** VValdsaxensis, * Rodanus, Cæsareimensis, Sti Æmerani Ratisbonẽsis.* } *Abbates*

Monast. superis. Ratisp., Mon. inferioris Ratispon. } *Abbatissæ*

*Ortenburgenses, * Hartzenses alias Hagæ,* } *Comites*

** Stauffenses in Erenfels, Tegenbergenses, * Ober Hultzbergenses, Maxalreinij.* } *Barones*

*Ratisbona, ** Freistadensis.* } *Ciuitates*

Les Eueschés de { Passau, Ratisbonne, Frisingue.

Le Duc, & aujourd'huy Electeur, & Palatin de Bauiere.

Les Landgraues de Leuchtenberg.

Le Preuost de Bergtholgaden.

Les Abbés de { VVallaxen, Roda, Kaisersheim ou Keisheĩ, St Aymerã de Ratisbone.

Les Abbesses { Du haut Monst. de Ratis., Du Bas Monst. de Ratisb.

Les Comtes de { Ortenbourg, Hartz ou Hage.

Les Barons de { Stauffen en Ernefels, Degenberg, Hault Hultzberg, Meichselreim.

Les Cités de { Ratisbone, Freistat.

SVEVICVS CIRCVLVS,

in qua Sueuia, &c. vbi

*Augustanus, Constantiensis, * Curiensis.* } *Episcopi*

Dux VVirtenbergensis,

Marchiones Badenses.

*Campodunensis, Reichenauiensis, * Sti Galli, Augustanus, Salmansvveilensis, VVeingartensis, VVeissenouiensis, * Sti Blasij, * Sti Petri, (in silua Hercynia), * Maulbrunensis, * Schaffhusanus, * Steimensis ad Rhenum, Petershusanus Constantiæ, * Creutzlingensis, * Fabariensis, * St Ioannis Durotaliensis, Schussenritensis, Rockenburgensis, Ochsenhusanus, * Kaumingsbrumensis, Marchtalensis, Elchingensis, * Jsnensis, Munckerodensis, Aurspergensis, * Vrsinensis:* } *Abbates*

LE CERCLE DE SOVABE,

qui comprend la Souabe, &c. où sont

Les Eueschés de { Ausbourg, Constance, Coire.

Le Duc de VVirtenberg,

Les Marquis de Bade.

Les Abbés de { Camdon, Kempten, Reichenovv, St Gall, Ausbourg, Salmansvveiller, VVeingarten, VVeissenovv, St Blaise, St Pierre, (en Schvvartz-VValt ou F. Noire), Mailbron, Schaffhouse, Steim sur le Rhein, Petershusen à Constance, Kreutzlingen, Pfeffers, St Iean en Duretal, Schussenriedt, Rockenbourg, Ochsenhausen, Kauningsbrun, Marchtal, Elchinguen, Ysne, Munchrod, Aursperg, Vrsein Yrsée,

Gengenbacensis,

Gengenbacensis,	*Abbates*	Les Abbés de	Gengenbach,
* *Brackenritensis,*			Brackenriet als Schultern,
* *Disserentinus.*			Disserentis.
Lindauiensis,	*Abbatissæ*	Les Abbesses de	Lindau,
Rothmunsteriensis,			Rottenmunster,
Bathoniẽsis als. Bucchauiẽsis,			Bucchau,
Heppacensis,			Eppach,
Guttencellensis,			Guttenzeel,
Barthanus alias Beintensis,			Barthause ou Beund,
Magister Equitum; siue Commendator Prouincialis Alsatiæ, & Burgundiæ.		Le Maistre des Cheualiers ou plustost le Commandeur Prouincial de l'Alsace & Bourgogne.	
Bajulinus Alsatiæ & Burgundiæ.		Le Baillif d'Alsace & Bourgogne,	
* *Præpositus VVerthusanus.*		Le Preuost de VVerthusen.	
Helsfensteinij,	*Comites*	Les Côtes de	Helfenstein,
Ottingenses,			Ottingue,
Luffenses,			Lauffen,
* *VVerdenbergenses,*			VVerdenberg,
Zolleriani,			Zollern,
Furstenbergij,			Furstenberg,
Monsfortij,			Montfort,
Ebersteinij,			Eberstein,
Sultzenses,			Sults,
Zimmeriani,			Zimmeren,
Tengij,			Tengen,
Truccesij VValtẽburgenses,			Truxez à VValtenbourg,
GerolZecenses,			Gerolzeck,
Tubingenses,			Tubingen,
* *Kirchbergenses,*			Kirchberg,
Falkensteinij.			Falkensteim.
* *Fronsbergenses,*	*Barones*	Les Barons	Fronsberg,
* *Stauffenses,*			Stauffen,
* *Romuffeldenses,*			Romesfeld,
Graueneccij,			Graueneck,
Bauingartenses,			Baungarten,
Fuggeri,			Fugger, Foulckres,
* *Freibergij,*			Freiberg,
Konigseck.			Konisseck.
Societas Nobilium Clupperi Sancti Georgij,		Les Nobles du Bouclier de S. Georges,	
Nobilitas Hegauiæ.		La Noblesse du Hegou.	
Augusta,	*Ciuitates*	Les Villes	Ausbourg,
Kaufburnensis,			Kaufbeurne,
Vlma,			Vlme,
Memminga,			Memmingue,
Biberacum,			Biberach,
Campodunum,			Campdon,
Isna,			Isne,
Leukirca,			Leukirche,
VVangia,			VVangen,
Lindauia,			Lindau,
Buccornia,			Bucchorne,
Vberlinga,			Vberlingue,
Constantia,			Constance,

Pfullendorfium,
* *S. Galli,*
* *Schaffhusium,*
Reutlinga,
Eslinga,
Gemunda,
VVeila,
Hailbruna,
VVimpfenum,
Halla Sueuica,
Dunckelspilia,
Bopfingium,
Gengium,
Aelenum,
Norlinga,
Donauerda,
* *Bucchauia,*
Offenburgum,
Gengenbacium,
Cella ni Hammespacio,
Rotulium.
} *Ciuitates*

Les Villes {
Pfullendorf,
S. Gall,
Schasfhouse,
Reutlingue,
Esslingue,
Guemonde,
VVeile,
Hailbron,
VVeimpfen,
Halle en Souabe,
Donckespiel,
Bopfingen,
Gengen,
Aelen,
Nordlingue,
Donavverd,
Buckau,
Offenbourg,
Gengenbach,
Zeel in Hammersbach,
Rotvveil.

RHENI SVPERIORIS CIRCVLVS, in quo Heluetia, Alsatia, Lotharingia, &c. in quibus

Vesontinus Archiepiscopus.
VVormaciensis,
Spirensis,
Argentinensis,
Basileensis,
* *VVallensis alias Sitensis,*
* *Geneuensis,*
* *Lausannensis,*
* *Metensis,*
Tullensis,
Virdunensis.
} *Episcopi*

LE CERCLE DV HAVT RHIN, dans lequel sont les Suisses, l'Alsace, la Lorraine, etc. où sont

L'Archeuesque de Besançon.

Les Euesques de {
VVorms,
Spire,
Strasbourg,
Basle,
Syon en Vallais,
Geneue,
Losanne,
Mets,
Toul,
Verdun.

Magister Ordinis Equitum Hierosolimitanorum Beati Joannis.
Comites Palatini Rheni in spanheim,
Landgrauij Hassiæ,
Duces Bipontini,
Duces Simmerenses, &c.
* *Duces Lotharingiæ,*
* *D Sabaudiæ,*
} *Duces*
* *Princeps Slauiensis Chalim*
Fuldensis,
Hirsfeldensis,
Monaste. in Gregorianavalle,
Murbacensis,
* *Gkriemensis.*
} *Abbates*
* *Kauffingenses Abbatissa.*
Præpositus { *VVeissenburgensis,*
Prepos. { *Oddenheimij.*

Le Maistre de l'Ordre des Cheualiers de Sainct Iean de Hierusalem.
Les Côtes Palatins du Rhin à Spanheim,
Les Landgraues de Hesse,

Les Ducs de {
Deux Ponts ou Zuibruck,
Simmeren, &c.
Lorraine,
Sauoye.

Le Prince de Chalon.

Abbés de {
Fulde,
Hirfeld,
Munster en Gregoriental,
Murbach,
Phriem.

Abbesse de Kaufingen.

Les Preuosts de {
VVeissenbourg,
Oldenheim.

Nassouienses en Sarbruck,
Comites Rheni,
Falkensteinij,
* *Bitschij,*
Hanouienses Lichtebergenses,
Salmij,
* *VVilrgrauij,*
Isenburgij,
* *Stolpergij,*
RapoltZkirckenses,
* *Konigstenij, & Eppsteinij,*
* *VVesterburgij,*
* *VVeisbadenses,*
* *VVitgenstenij,*
* *Iltzstenij,*
VValdecij,
Solmenses. } *Comites*

* *Kreichingij*
* *Morsburgij,*
* *Beffortenses,*
* *Rapolstenij,*
* *Seckingij,*
* *Plessij,*
Falkenstenij ou Fleckstein. } *Barones*

Collegia Nobilium in arcibus Geilhausena, & Friberga.

* *Basilea*
Keiserperga,
Turkhemium,
Monaster. in Gregoriana valle,
* *Mulhusa in Alsatia,*
Ober Ehenheim,
Colmaria,
Roshemium,
Argentina,
Landauia,
Hagenoia,
VVeissenburgum,
Spira,
Schlestadium,
VVormacia,
Francofurtum ad Mœnum,
Frideberga VVetterauiæ,
* *Gelnhausena,*
VVetzlarium VVelterauiæ,
* *Geneua,*
* *Lausanna,*
* *Metis,*
* *Tullum,*
* *Verdunum,*
* *Kausmans Sarbrucka.* } *Urbes*

Les Côtes {
Nassau en Sarbruck,
Les Côtes du Rhin ou Ringraues,
Falkenstein,
Bbitsch,
Hanau Lichtenberg,
Salms,
VVilrgraue,
Isenbourg.
Stolperg,
Rapoltzkirch,
Konigstein, & Epstein,
VVesterbourg,
VVeisbade,
VVigenstein,
Iltzstein,
VValdeck,
Solms.

Les Barons de {
Creange,
Morsbourg,
Beffort,
Rappolstein,
Seckingen,
Plessen,
Falkenstein.

L'Assẽblée de la Noblesse és Chasteaux de Geilhausen, & Fridberg.

Les Villes de {
Basle,
Keiserperg,
Turckeim,
Munster en Gregoriethal,
Mulhausen en Alsace,
Ober Ehenheim,
Colmar,
Rosheim,
Strasbourg,
Landau,
Haguenau,
VVeissenbourg,
Spire.
Schlestat,
VVorms,
Francfort sur le Mein,
Frideberg en Vveterauie,
Gelenhausen,
VVetzlar en VVetterauie,
Geneue,
Losanne,
Mets,
Toul,
Verdun,
Kaufmans Sarbruck.

VVESTPHALICVS CIRCVLVS, vbi VVeſtphaliæ, Iuliaci, Cliuiæ, &c. Ducatus ; Embdæ, Oldenburgi, &c. Comitatus; in ijs

Paderbornenſis, Leodienſis, Vltrajectinus, Monaſterienſis, Oſnabrugenſis, Cameracenſis, Mindenſis, } *Epiſcopi*

Duces Cliuenſes, Comites Marchiæ, Rauenſpergij, Rauenſtenij.

Duces Iuliacenſes, Bergenſes, Comites Rauenſpergij.

Corbeienſis, VVerdenſis, } *Abbates*

Eſſenſis, Heruerdenſis, } *Abbatiſſæ*

*Embdanus, Seinenſis, * Manderſchidenſis, VVidenſis, Benthemianus, Oldenburgici, Schaumburgici, Iſenburgenſis, Lippenſes, * Hoyenſes.* } *Comites*

*Aquis-granum, Cameracum, * Duiſburgum, * Lemgouia, Hervverdena, ** Suiſatium, * Brackelia, * VVarburgum, Tormundia, Colonia,* } *Ciuitates*

LE CERCLE DE VVESTPHALIE, où ſont les Duchés de VVeſtphalie. De Iuliers, de Cleues, &c. Comtés d'Embde, d'Oldenbourg, &c. où ſont

Les Eueſques de { Paderborne, Lyege, Vtrecht, Munſter, Oſnabourg, Cambray, Minde,

Les ducs de Cleues, Comtes de la Marche, de Rauenſperg, & de Rauenſtein.

Les Ducs de Iuliers, de Berg ou Mons, Comtes de Rauenſperg.

Les Abbés de { Coruey, VVerden ou Ferden en la Marck,

Les Abbeſſes de { Eſſen, Heruerden,

Les Comtes de { Embde ou Oſt Frieſlãd, Sain, Manderſcheide, VVied, Benthein, Oldenbourg, Schaumburg, Iſenbourg, Lippe, Hoye.

Les Villes { Aix la Chapelle, Cambray, Duiſbourg, Lemgou, Herfort, Soeſt, Brackel, VVarbourg, Dormonde, Cologne.

SAXONIÆ INFERIORIS CIRCVLVS cujus partes ſunt Ducatus Brunſuicenſis, Luneburgicus, Lauenburgicus, Megapolitanus, Holſatiæ, &c. in ijs ſunt

Magdeburgenſis, Bremenſis. } *Archiepiſcop.*

*Hildesheimenſis, * Halberſtadienſis, Lubeccenſis, * Raceburgenſis, * Svverinenſis * Sleſuicenſis, VVerdenſis.* } *Epiſcopi*

LE CERCLE DE LA BASSE SAXE, dont les principales parties ſont les Duchés de Brunſuick, Lunebourg, Lauembourg, Meckelenbourg, Holſace, &c. dans ce Cercle ſont

Les Archeueſques de { Magdebourg, Breme

Les Eueſques { Hildesheim, Halberſtat, Lubek, Razebourg, Schvverin, Sleſvvick, Ferden.

Rex

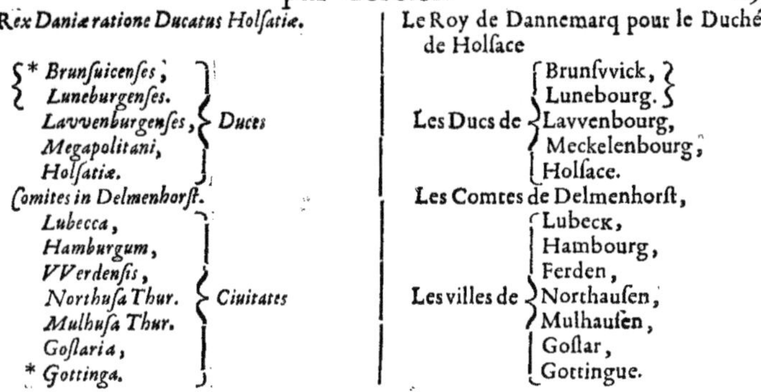

Rex Daniæ ratione Ducatus Holſatiæ.	Le Roy de Dannemarq pour le Duché de Holſace
Duces { * *Brunſuicenſes,* *Luneburgenſes.* *Lavvenburgenſes,* *Megapolitani,* *Holſatiæ.* }	Les Ducs de { Brunſvvick, Lunebourg. Lavvenbourg, Meckelenbourg, Holſace. }
Comites in Delmenhorſt.	Les Comtes de Delmenhorſt,
Ciuitates { *Lubecca,* *Hamburgum,* *VVerdenſis,* *Northuſa Thur.* *Mulhuſa Thur.* *Goſlaria,* * *Gottinga.* }	Les villes de { Lubeck, Hambourg, Ferden, Northauſen, Mulhauſen, Goſlar, Gottingue. }

Le Cercle d'Auſtriche contient les terres hereditaires de la maiſon d'Auſtriche en Allemagne, qui eſt ce que les Empereurs Frideric III. & Maximilien I. tenoient en propre. Le Cercle de Bourgogne comprend tout ce que la maiſon de Bourgogne a porté en la maiſon d'Auſtriche, & qui eſt à preſent entre les mains du Roy d'Eſpagne, ou des Eſtats de Hollande. Le troiſiéme Cercle pour la pluſpart conſiſte des terres, qui ſont aux quatre Electeurs du Rhin : ſçauoir aux Archeueſques de Mayence, de Treves & de Cologne, & au Palatin du Rhin. Le quatriéme conſiſte des terres, qui ſont auſſi pour la pluſpart aux Electeurs de Saxe, & de Brandebourg. Le Cercle de Franconie eſt à pluſieurs, & diuers Princes ; celuy de Bauiere eſt au Duc, Electeur, & Palatin de Bauiere, & à quelques Eccleſiaſtiques.

Les quatre derniers Cercles embraſſent vn grand nombre de Principautés & qui ſont à diuers ſeigneurs. Mais vne bonne partie de tous ces Eſtats, Principautés & Seigneuries, que nous auons donné dans les Cercles. n'aſſiſtent plus aux Diettes de l'Empire : Dans le Cercle d'Auſtriche, ie ne trouue que les Eueſques de Trente, & de Brixen, qui y ayent aſſiſté depuis long temps ; quelquefois encor celuy de Vienne, & rien de tout le reſte. Dans le Cercle de Bourgogne il n'y a plus rien du tout, qui comparoiſſe aux Diettes. De ceux de Souabe & du Rhin ce qui eſt dans les Griſons, dans les Suiſſes, & leurs alliés, ny aſſiſtent plus des y a long temps, & ce qui eſt dans l'Alſace pour la pluſpart & la Lorraine, &c. ny aſſiſte plus depuis peu. Dans les autres Cercles, ie trouue auſſi nombre d'Eueſchés, Principautés, Comtés, & villes qui ny comparoiſſent plus. Les Eueſchés eſtans la pluſpart entre les mains des Princes Proteſtans, & en partie vnis à leur domaine. Les Principautés & Comtés ayans leurs familles eſteintes, cóme nous auons veu celles des Ducs de Pomeranie, & autres finir de noſtre temps: Les villes eſtans engagées, ou eſtant tombées ſous la puiſſance de quelque Prince particulier: c'eſt pourquoy nous auons remarqué par tout d'vne eſtoille, ce que nous auons recogneu, n'auons plus aſſiſté aux Diettes de l'Empire depuis quelque temps le reſte eſt ce qui y aſſiſtoit encor n'aguere : car de l'ordre qui y eſt à preſent nous n'eſperons le pouuoir donner preciſement que la guerre ne ſoit finie en Allemagne.

ESTATS ET PRINCIPAVTE'S DE L'ALLEMAGNE.

Es Principautés de l'Allemagne sont en tres-grand nombre: elles se peuuent reduire, & se doiuent considerer en cinq diuers corps : qui sont la maison d'Austriche, les Electeurs de l'Empire, les Princes Ecclesiastiques, les Princes Seculiers, & les Communautés des villes.

La Maison d'Austriche possede à present enuiron le tiers de tout ce que nous estimons sous le nom, & sous l'Empire d'Allemagne: des deux autres tiers les Electeurs ensemble en possedent presque vn tiers: les Princes Ecclesiastiques, les Princes Seculiers, & les Communautés des villes tiennent le reste, & à peu pres les vns autant comme les autres.

MAISON D'AVSTRICHE.

LEs Estats que la maison d'Austriche possede en Allemagne sont de trois sortes, il y en a qui leur sont hereditaires de quelques centaines d'années, d'autres qu'ils pretendent leur estre hereditaires, & d'autres où ils se maintiennent depuis long temps par Election.

Les Estats hereditaires sont ; l'Archiduché d'Austriche, les Duchés de Stirie, de Carinthie, de Carniole, le Comte de Cilley, le Marquisat de Vindes, le Comté de Tirol. Le Comté de Feldkirch, &c. En Souabe le Marquisat de Burgavv, le Comté de Hohemberg, le Landgrauiat de Hegovv, partie de la Forest Noire, le Gouuernement de Ortnau, &c. En Alsace le Landgrauiat de la haute Alsace, le Comté de Ferrette en Suntgovv, partie du Brisgovv, & quelques autres fiefs.

De l'Austriche la ville capitale est Vienne sur le Danube, residence ordinaire des Empereurs : Si quelquefois on diuise l'Austriche en haute & basse, on place Vienne dans la basse, Lints dans la haute. Dans le Duché de Stirie, que l'on diuise encore en haute & basse, Gracz residence ordinaire des Archiducs d'Austriche est en la basse ; Pruck am der Muer, ou Pont sur la Meure dans la haute. Ainsi en Carinthie S. Vit est capitale de la basse, & Villach de la haute. Dans la Carniole il y a Laubach : Cilley dans le Comté de Cilley : Rudolfs VVerd dans la Marche de Vindes. Dans le Comté de Tirol Inspruck : Feldkirk vers le lac de Constance dans son Comté : en Suabe Burgavv est capitale de son Marquisat, Horb sur le Neckar du Comté de Hohemberg, Blommefelt du Langrauiat de Hegovv. Rinfelden de la Forest Noire, & du Gouuernement de Ortnavv. En Alsace Ensisheim est capitale du haut Landgrauiat, le Chasteau de Ferrette ou la ville d'Altkilch du Comté de Ferrette, Fribourg & Brisach du Brisgovv.

Et pour le gouuernement de ces pays il y a deux Parlemens : l'vn à Vienne pour l'Austriche, Stirie, Carinthie, Carniole, Cilley & quelques autres terres en Italie : l'autre à Inspruck pour le Comté de Tyrol, pour Feldkirck, pour ce qui est en Suabe, en Suntgovv, en Brisgovv, & en Alsace.

Le Royaume de Boheme est aussi à present entre les mains de la Maison d'Austriche: & il y a vne grande difficulté entre les Escriuains, si ce Royaume est electif, ou hereditaire. Quoy que c'en soit la force des armes la remis de nostre temps à la maison d'Austriche. Ce Royaume outre la Boheme comprend le Duché de Silesie, le Marquisat de Morauie, celuy de Lusace, & le Comté de Glatz.

La Boheme, & la Silesie sont composées chacunes de quinze petites Prouinces ou Duchés, & ainsi les autres. De la Boheme la ville capitale est Prague quelquefois residence des Empereurs, De la Silesie Breslavv, De la Morauie Olmuts, De la Lusace

Bautzen; & Glats du Comté de Glats. L'vn des Electorats de l'Empire est annexé à ce Royaume. Mais toute la Lusace est engagée au Duc de Saxe.

La maison d'Austriche possede encor depuis long temps, bien que ce ne soit que par Election, l'administration de l'Empire, & le Royaume de Hongrie. Ce Royaume n'est point veritablement de l'Allemagne, mais il est si proche & tellement contigu aux terres de la maison d'Austriche, & il y a si long temps que l'Election s'est conseruée en cette maison, qu'il nous est necessaire d'en faire icy quelque estat: outre ce qui s'entend communement sous le nom de Hongrie, il contient encor l'Esclauonie, la Croacie, & la Dalmacie. Il est vray que de toutes ces parties le Turc en occupe du moins la moitié, & là où le Pays doit estre le meilleur.

Presbourg capitale de la haute Hongrie, est à l'Austriche; Bude capitale de la basse & autrefois de tout le Royaume, au Turc: Copranitz de la haute Esclauonie à l'Austriche, Possega de la basse au Turc: Sisaken en Croacie à l'Austriche, VVihith au Turc; Zeng de la Dalmacie à l'Austriche, Nouigrad au Turc.

L'administration de l'Empire a esté donné plusieurs & diuerses fois à la maison d'Austriche depuis trois cens cinquante & tant d'ans. Rodolphe Comte de Hapsbourg en Suisse fut esleu Empereur des Romains l'an 1273. & de luy est sorty la maison d'Austriche, qui iusques à present a fourny à l'Allemagne douze ou treize Empereurs: Si bien que depuis deux cens ans la maison d'Austriche a toûjours continué cette administration sans interruption & sans que d'autres y eussent peu entrer tant ils se sont dextrement comportés auec les Princes de l'Empire.

Or les droicts des Empereurs sont tresbeaux: il y a beaucoup d'affaires dans l'Empire dont ils peuuent disposer absolument, & d'autres lesquelles estant resoluës par les Diettes de l'Empire, sont en la pleine & entiere disposition des Empereurs. Dans l'Empire donques il a la nomination d'vn grand nombre de benefices; crée pour Princes, Ducs, Comtes, Marquis, &c. de l'Empire ceux qu'il veut: confere l'inuestiture des fiefs de l'Empire, peut de nouueau eriger ou permet de pouuoir eriger des Academies, bastir ou permet de bastir des villes auec estape & autres priuileges: establit des postes où il iuge estre necessaire, legitime les bastards, donne grace aux coulpables, rend aagés ceux qui sont encor en bas aage, mesmes les Princes de l'Empire, &c. & à la faueur de tels droicts Rodolphe de Habsbourg estant Empereur aduança fort ses enfans, & ses enfans de mesme aduancerent les leurs. De sorte que presque tout ce que la maison d'Austriche possede en Allemagne, cela leur est venu par ce moyen.

ELECTEVRS DE L'EMPIRE.

Apres l'Empereur il n'y a point de dignité dans l'Empire plus grande que celle des Electeurs: car outre le pouuoir qu'ils ont d'eslire, & nommer les Empereurs, ils ont aussi des droicts tres-grands dans leurs terres, voire & pour le general de l'Empire, les Empereurs mesme en beaucoup d'affaires ne peuuent rien sans eux, & en quelques vnes peuuent beaucoup sous l'Empereur. Ces Electeurs sont au nombre de sept, trois Ecclesiastiques & quatre seculiers: Sçauoir les Archeuesques de Mayence, de Treves & de Cologne: le Roy de Boheme, le Palatin du Rhin, le Duc de Saxe, & le Marquis de Brandebourg au lieu du Palatin du Rhin, le Duc de Bauiere y a esté mis de nostre temps, & celuy de Boheme est entre les mains de la maison d'Austriche.

L'Archeuesque & Electeur de Mayence possede en Allemagne plusieurs terres, mais fort destachées les vnes des autres. La ville de Mayence est à luy seul, puis le Rhingavv pays au long du Rhin où est Ernfelt. Il possede aussi vers la Hesse, Omenebourg: deuers la Franconie, Orbe, &c. Entre la Franconie & le Palatinat du Rhin, Miltenbourg Sa residence ordinaire est à Aschaffenbourg située presque au milieu de ce que nous auons dit. Il tient encor dans la Hesse la ville de Fritzlar, & au de là de la Hesse le pays d'Eichfeld où est Dudderstat: il auoit dans la Thuringe la ville de Erfort auec quelques dependances, qu'il a quitté au Duc de Saxe, ayant esté recompensé d'autres terres dans le Palatinat du Rhin.

L'Archeuesque & Electeur de Treves possede en Allemagne l'Archeuesché &

Seigneurie de Treves, & de plus l'Euesché de Spire, & la Preuosté de VVissembourg. Treves est la capitale de son Archeuesché, duquel dependent aussi Coblents ou Conflans sur le Rhin, & le Fort d'Hermenstein auec quelques autres places au delà du Rhin & d'autres meslées dans la Lorraine, dans le Palatinat du Rhin, &c. de l'Euesché de Spire dependent la ville de Spire, & le Fort Philisbourg basty au dessus d'Vdenheim au delà du Rhin. Dans la Preuosté de Vissembourg, il n'y a que la ville de VVissembourg. La residence ordinaire de cét Archeuesque est à VVitlich, non loin de Treves.

L'Archeuesque & Electeur de Cologne possede en Allemagne l'Archeuesché de Cologne, où est la ville de Cologne, puis les Eueschés de Lyege, de Munster, de Paderborn, d'Hidelsheim, & la Preuosté de Stablo où sont les villes de Lyege dans les Pays-Bas, Munster & Paderborne dans la VVestphalie, Hidelsheim dans le Duché de Brunsvvik, Stablo vers le Luxembourg, & à cause de l'Euesché de Munster le Duché de VVestphalie luy appartient où est la ville Arensberg. Sa residence ordinaire est à Bonne dans les terres de Cologne.

Quand au Royaume & Electorat de Boheme, nous en auons parlé entre les terres que tient la maison d'Austriche.

L'Electeur & Palatin du Rhin parauant que d'estre appellé à la Couronne de Boheme, possedoit en Allemagne le Palatinat du Rhin, le Palatinat de Bauiere, & auoit la sur-intendance sur toutes les villes Imperiales de l'Alsace. La principale ville du Palatinat du Rhin est Heidelberg sur le Neckar, où cét Electeur faisoit ordinairement sa residence, Amberg est la principale du Palatinat de Bauiere, & pour le gouuernement des villes Imperiales de l'Alsace, celuy qui estoit estably de la part du Palatin faisoit sa residence à Haguenau.

De cette maison ou famille sont les Ducs de Zuueibruck ou des deux Ponts, de Simmeren, de Lautereck, de Birkenfelt & autres.

Mais le Duc de Bauiere a obtenu cét Electorat auec le Palatinat de Bauiere. De sorte qu'à present il est vn des plus puissans Princes de l'Empire. Nous auons dit que Amberg est la capitale du Palatinat de Bauiere. Dans le Duché de Bauiere Munchen ou Munick capitale est la residence ordinaire du Duc: que si la Bauiere est diuisée en haute & basse, Munic sera estimée dans la haute, & Landshout dans la basse: Donavvert, & Ratisbone villes Imperiales, sont en quelque façon engagées au Duc de Bauiere.

De la maison de Bauiere sont aujourd'huy l'Archeuesque & Electeur de Cologne, l'Archeuesque de Saltzbourg, l'Euesque de Minde & Osnabourg, le Palatin de Neubourg, & autres.

L'Electeur & Duc de Saxe tient en Allemagne le Duché de Saxe où est la ville de VVirtenberg, le Marquisat de Misne où sont Leipsick ville capitale du pays, Dresde residence ordinaire de l'Electeur, & Torgavv où les assemblées se tiennent: possede le Landgrauiat de Turinge où sont Erford, Iena, &c. tient la Voitlande où est Svvickau & partie du Côté de Henneberg, où est Schleusingen. Il a aussi par engagemẽt la Lusace qui depend du Royaume de Boheme: Cette Lusace se diuise en haute & basse, Bautzen est capitale de la haute, Luben de la basse, & encor depuis peu l'Archeuesché de Magdebourg luy a esté donné ou engagé.

De la maison de Saxe sont les Ducs d'Altembourg, de VVeimar, de Cobourg, d'Isenach & autres.

L'Electeur & Marquis de Brandebourg tient en Allemagne le Marquisat de Brandebourg, & pres de ce Marquisat il tient la ville & Duché de Cotbus en Lusace, & celle de Crossen aussi Duché en Silesie. Il tient encor le Duché de Cleues, les Comtés de la Marche, de Rauenspeng & de Rauenstein. Hors de l'Allemagne il possede la iuste moitié de la Prusse qu'il tient à foy & hommage du Roy de Pologne. Le Marquisat de Brandebourg se diuise communement en plusieurs parties, mais plus generalement en deux, en ancienne & nouuelle marche. La ville de Brandebourg est capitale de l'ancienne, & Francfort sur l'Oder de la nouuelle Marche. La demeure du Marquis est neantmoins dans Berlin. La ville de Cleues est capitale du Duché de Cleues: Ham du Comté de la Marche: Herfort du Comté de Rauensperg, & Coninxberg ou Royalmont de la Prusse.

De

De la maiſon de Brandebourg ſont les Marquis de Culembach ou de Barreitz, celuy d'Onſpach, de Ieggendorf en la haute Sileſie & autres. L'Archeueſque de Magdebourg & Eueſque d'Alberſtat au commencement de la guerre de Suede eſtoit auſſi de la maiſon de Brandebourg.

Entre ces Electeurs les Eccleſiaſtiques ſont éleus & nommés par les Colleges de Chanoines de leurs Egliſes Cathedrales. Les Seculiers ou Laics ſont hereditaires, ſi ce n'eſt celuy de Boheme dont quelques vns diſputent. L'Empire vacant, les Electeurs de Saxe & le Palatin ou Duc de Bauiere ſont Vicaires de l'Empire; celuy cy pour les Prouinces du Rhin, de la Franconie & Svvabe; celuy là pour la Saxe, pour la VVeſtphalie, &c. & pendant l'interregne ils rendent la Iuſtice dans l'Empire, nomment aux benefices Eccleſiaſtiques, iouïſſent du reuenu, reçoiuent à foy & hommage les vaſſaux, donnent l'inueſtiture des fiefs: ſi ce n'eſt des Duchés, Principautés & autres Seigneuries dont la foy & hommage eſt reſeruée ſpecialement à l'Empereur, ou au Roy des Romains.

PRINCES ECCLESIASTIQVES.

LEs Eccleſiaſtiques en Allemagne ſont vn corps bien puiſſant & qui le ſeroit encor d'aduantage s'ils fuſſent tous demeurés dans leur premier ordre, & dans leur premiere Religion: mais maintenant il y a quelques Archeueſchés & Eueſchés deſtachés de l'Empire, & d'autres qui ſont entre les mains de ceux de la Confeſſion d'Auſbourg, la pluſpart neantmoins eſtans encor de la Religion Catholique, Apoſtolique & Romaine, nous ne laiſſerons de donner vn denombrement entier des Archeueſchés eſtimés d'Allemagne, & de leurs Eueſchés Suffragans: & remarquerons d'vne eſtoille ceux qui aſſiſtoient encor aux Diettes de l'Empire, il y a quelques années: remarquequerons auſſi d'vn P ceux qui ſont ordinairement entre les mains des Proteſtans & d'vne † ce qui eſt aux Catholiques.

Or l'Allemagne comprent ſept Archeueſchés, ſçauoir Mayence, Treves, & Cologne, puis Magdebourg, Breme, Saltzbourg & Prague. Quelques-vns y adjouſtent Beſançon, & Cambray; qui ſont deuers la France. Celuy-cy dans le Pays-Bas, celuy-là dans la Franche-Comté.

† L'Archeueſque de Mayence Prince & Electeur de l'Empire, & Archi-Chancelier de l'Allemagne à ſa ville metropolitaine Mayence au concours du Rhin & du Mein. Ses Eueſques Suffragans ſont

† * Ferden	entre l'Archeueſché de Breme & le Duché de Lunebourg.
† * Hildesheim	entre les terres du Duché de Brunſvvick.
† * Halberſtad	entre l'Eueſché d'Hildesheim & l'Archeueſché de Magdebourg.
† * Paderborne	entre le Duché de VVeſtphalie & le Duché de Brunſvvick.
† * VVorms	entre les terres du Palatinat du Rhin.
† * VVirtzbourg	auquel le Duché de Franconie eſt annexé en Franconie.
† * Bamberg	encor en Franconie mais exépt de la Iuriſdiction du metropolitain.
† * Spire	entre le Palatinat du Rhin & l'Alſace.
† * Aichſtet	entre la Franconie & la Bauiere.
† * Straſbourg	en la baſſe Alſace & auquel le Landgrauiat de la baſſe Alſace eſt annexé.
† * Augſbourg	entre la Souabe & la Bauiere.
† * Conſtance	ſur le Rhin & deuers les Suiſſes.
† * Coire	dans les Griſons.

† L'Archeueſque de Treves eſt Prince & Electeur de l'Empire, & Archi-Chancelier dans les Gaules. Sa ville Metropolitaine Treves eſt ſur la Moſelle: Ses Eueſques Suffragans ſont tous en Lorraine, Sçauoir

† * Metz	en la Duché de Lorraine
† * Toul	
† * Verdun	

† L'Archeueſque de Cologne Prince & Electeur de l'Empire à ſa ville Metropolitaine Cologne ſur le Rhin. Il eſt auſſi Archi-Chancelier en Italie, & ſes Eueſques Suffragans ſont

† * Osnabourg
† * Minde — dans le Cercle de VVestphalie.
† * Munster
† * Lyege — entre les terres du Pays-Bas.

P * L'Archeuesque de Magdebourg Prince de l'Empire, & Primat de Germanie à sa ville Metropolitaine Magdebourg sur la R. d'Elbe, entre le Duché de Saxe, & le Duché de Brunsvvick. Et ses Suffragans sont

P Havelberg
P Brandebourg — dans le Marquisat de Brandebourg.
P Morsebourg
P Naumbourg — dans le Landgrauiat de Thuringe — entre les terres de l'Electeur de Saxe.
P Misne — au Marquisat de Misne

P * L'Archeuesché de Breme Prince de l'Empire à sa ville Metropolitaine Breme sur la Riuiere de VVeser. Ses Suffragans sont

P † Lubeck
P Razebourg — entre le Duché de Holsace & le Duché de Meckelebourg.
P Schouerin — dans le Duché de Meckelebourg.

† L'Archeuesque de Saltzbourg Prince de l'Empire & Legat né du Sainct Siege en l'Allemagne à sa ville Metropolitaine Saltzbourg, entre les terres hereditaires de la maison d'Austriche, & le Duché de Bauiere. Ses Euesques Suffragans sont

† * Frisingue — dans le Duché de Bauiere.
† * Ratisbone — sur le Danube entre le Duché & le Palatinat de Bauiere.
† * Passau — à la rencontre du Danube, & de l'Inn, entre la Bauiere & l'Austriche.
† Chiemse — entre le Duché de Bauiere & l'Archeuesché de Saltzbourg.
† * Brixen — dans le Comté de Tirol
† Gurcz
† Lauemonde — en la Duché de Carinthie
† Seckou — en la Duché de Stirie
† ces trois sont exempts: Vienne, Neustat — en l'Archiduché d'Austriche
† Laubach — en la Duché de Carniole
(Brixen … Laubach) — dans les terres hereditaires de l'Austriche.

† L'Archeuesque de Prague dans le Royaume de Boheme n'est pas Prince de l'Empire ny les Euesques ses Suffragans: On le doit neantmoins estimer dans l'Allemagne, puis que le Royaume de Boheme y est compris, & que mesme son Roy est vn des Electeurs de l'Empire. Sa ville Metropolitaine Prague a esté souuent le sejour des Empereurs tant que la paix a esté asseurée dans le pays. Elle est sur la riuiere de Moulde peu au dessus de là où elle tombe dans l'Elbe. Ses Euesques Suffragans sont

Litomissel — dans le Royaume de Boheme.
† Olmutz — dans le Marquisat de Morauie.

De sorte que les Archeuesques de Mayence, de Treves, de Cologne, de Magdebourg, de Breme, & de Saltzbourg, & tous leurs Euesques Suffragans sont Princes de l'Empire (horsmis les Euesques de Gurcz, Lauemonde, Seckovv & Chiemse, que les Archeuesques de Saltzbourg ont fondé.) Puis encor les Archeuesques de Cambray,* & de Besançon, mais non leurs Suffragans, si ce n'est l'Euesque de Basle. * En Italie l'Euesque de Trente * est aussi Prince de l'Empire. Comme encor les Euesques de Syon dans le VVallais, de Geneue dans les Suisses. Et quand aux Euesques de Lebus au Marquisat de Brandebourg, de Camin dans le Duché de Pomeranie, & Breslau en Silesie, ils sont sous l'Archeuesché de Guesne en Pologne, bien que situés dans les terres de l'Empire.

Tous les Archeueschés & Eueschés de l'Allemagne sont fort riches: & ny en a point dans toute la Chrestienté, qui ayent de si beaux droicts, & de si grandes Iurisdictions temporelles. Ie trouue que l'Archeuesché de Magdebourg a dans sa Seigneurie temporelle (Magdebourg non comprise) vingt-huict villes, dont Hall en Saxe, & Bourg sur Elbe sont les meilleures, & les plus grandes. L'Euesché de Paderborn en a vingt-quatre. L'Euefché de Metz, le fujet duquel nous a donné tant de mef-intelligence auec le dernier Duc de Lorraine, en a plus de douze. Celuy de Cologne dix-fept villes, & autant ou plus de beaux bourgs. Celuy de Liege à vingt-quatre villes dans fon temporel. Celuy de Munfter n'en a gueres moins, ainfi les autres en ont plus ou moins: entre lefquels les Euefques de VVirtzbourg, & de Bamberg font eftimés des plus riches, comme encor l'Archeuefque de Saltzbourg, & à caufe d'vne grande Iurifdiction temporelle qu'il a, & à caufe des mines qui fe trouuent dans fes terres.

Auec les Euefques on peut ioindre les Abbés, Grands Maiftres d'Ordre, Preuoftés & autres dignités d'Eglife, qui nous confommeroient trop de temps d'en donner le denombrement. Entre les Abbés celuy de Fulde eft le premier & le plus riche. Puis celuy de Hirsfeld & autres. Le Grand Maiftre de l'Ordre Teutonique à fa refidence à Mergethein ou Margedon fur la riuiere Tauber en Franconie, & poffede plufieurs fiefs en diuers endroits de l'Empire. Les Preuofts de Elvvang & de Berghtholfgaden font auffi en eftime & autres.

PRINCES SECVLIERS OV LAICS.

APres les Ecclefiaftiques nous auons fait eftat des Princes Seculiers ou Laïcs, & ceux-cy font auffi en grand nombre, nous les pouuons diftinguer en deux parties, & mettre dans la premiere ceux que nous appellons Princes : & dans l'autre partie, les Comtes & Barons de l'Empire

Dans la premiere fans faire eftat des Electeurs Seculiers, & de leurs familles, dont nous auons déja traitté. Nous auons les Ducs de Lunebourg, de Brunfuick, de Pomeranie, de VVirtenberg, de Holftein ou Holface, de Iuliers, de Meckelebourg, de Saxe Lavvenbourg : Les Marquis de Bade, les Landgraues de Heffe, de Darmftat, de Leuchtemberg, les Princes d'Anhalt & les Comtes d'Arenfberg. Ie ny mets point les Ducs de Sauoye, & de Lorraine, les terres de celuy-cy eftant à prefent à la France, & l'autre n'ayant rien contribué ny affifté aux affaires de l'Empire depuis long temps. mais d'ailleurs il y faut mettre le Roy de Dannemarcq qui tient le Duché d'Holface conjoinctement auec le Duc, & quelques autres terres voifines.

Le Roy de Dannemarq donques poffede en Allemagne le Duché de Holface conjointement auec le Duc de Holface, & la capitale ville du pays eft Sigeberg, mais la plus forte eft Gluckftad, place moderne qu'il a fait baftir au bas de l'Elbe: & au moyen de laquelle il tire de grandes contributions, & molefte fort ceux de Hambourg. Il tient auffi en fa protection le Comté de Oldenbourg, & l'vn de fes enfans tient l'Archeuefché de Breme, la refidence defdits Archeuefques eftant à Bremerford.

Les Ducs de Lunebourg & de Brunfvvick defcendent d'vne mefme tige, & poffedent ces deux Duchés, dont les villes capitales portent le mefme nom. VVolfenbutel eft la refidence du Duc de Brunfvvik. Celle du Duc de Lunebourg & l'vne & l'autre place font bien fortes. Mais les Ducs de Lunebourg font plufieurs branches, dont la principale outre le Duché de Lunebourg poffede encor celuy de Grubenhagen, où eft Eimbecke, puis les Comtés de Diepholt & de Hoye où eft Nyembourg place forte fur le VVefer. Les autres Ducs de Lunebourg poffedent & demeurent les vns à Harbourg, les autres à Danneberg, Comté où eft la fortereffe de Domits fur l'Elbe. Lunebourg & Brunfvvick font villes Imperiales & Hanfiatiques.

Le Duc de Pomeranie ne tenoit en Allemagne que le Duché feul de Pomeranie, mais qui eft fort grand, & s'eftend au long de la Mer Baltique en la longueur de prefques cent lieuës Françoifes ayant en fa largeur le plus fouuét dix à douze lieuës, & quelquefois feulement cinq ou fix, quelquefois auffi iufques à vingt-cinq lieuës. Il y a plufieurs belles villes fur la cofte, la plufpart de la Hanfe Tentonique, mais Stetin eft la plus grande, & la plus riche de toutes fur l'Oder; & où eftoit la refidence du Duc. Toute la Pomeranie eft aujourd'huy prefque entierement entre les mains des Suedois, qui pretendent Bugiflaus dernier Duc de la Pomeranie eftant mort fans hoirs mafles, que ce pays leur doit demeurer en fequeftre iufques à ce qu'ils foient rembourfés des frais faits depuis que lon commence la guerre d'Allemagne: le Marquis de Brandebourg deuoit heriter ce Duché & en a eu l'inuestiture.

Le Duché de Meckelebourg est entre la Pomeranie,& la Holsace: Les villes capitales du pays sont Svverin & Gustravv, qui portent aussi titres de Principautés. Dans le mesme pays & sur la Mer Baltique sont Rostock, & VVismar villes Hansiatiques.

Le Duché de Saxe Lavvenbourg est entre les Duchés de Holsace, de Lunebourg, & de Mecklebourg. Sa principale place est Lauuenbourg dessus la riuiere d'Elbe.

La Principauté d'Anhalt est entre le Duché de Saxe & l'Archeuesché de Magdebourg: La residence des Princes est à Dessavv. Et entre les terres de cette Principauté sont comprises le Comté de Ascaigne où est Ascherleben, & les Seigneuries de Bernbourg, & de Zerbst.

Le Palatin de Neubourg possede le Palatinat de Neubourg, qui est en Bauiere. Les Duchés de Iuliers & de Berg ou de Mons,& les Comtés de Rauensperg & de Rauestim. Iuliers est la ville capitale, & la plus forte de son Duché. Dusseldorp dans le Duché de Mons en est la capitale & residence des Ducs. Sigeberg la mesme à vn Chasteau bien fort d'assiette. Le Duché de Iuliers est entre les Pays Bas,& l Archeuesché de Cologne. Le Duché de Mons est vis à vis de cét Archeuesché,& de l'autre costé du Rhin. Rauensberg est entre les Eueschés de Munster,& de Minden Rauenstein entre le Brabant & le Duché de Gueldres.

Le Comté de Arensberg est entre les Archeueschés de Treves, de Cologne, & le Duché de Iuliers. L'Empereur Maximilien II. leur donna place entre les Principautés de l'Empire, n'estant auparauant qu'entre les Comtés.

Le Landgraue de Hesse possedoit ce Lādgrauiat, où sont Cassel & Sigenheim, Cassel estant sa residence. Et c'est pourquoy on le nommoit d'ordinaire le Langraue de Hesse Cassel. Le Comté de VValdeck estoit aussi en sa protection. Ce Prince dés le commencement de la guerre de Suede se declara pour la liberté de l'Allemagne contre l'Empereur: & s'est si bien defendu dans son pays, lors qu'il y a esté attaqué, & a porté si puissamment ses armes dans les pays de ses voisins, que le plus souuent il a tiré des contributions de quatre fois autant de pays comme le sien est grand. Il est decedé depuis peu dans Lire en la Frise Orientale.

Le Landgraue de Darmstat autrement de Hesse Marpurg possede Darmstat entre l'Archeuesché de Mayence & le Palatinat du Rhin: encor Marpurg & autres places dans la Hesse, & sur le Rhin la ville de Sainct Govver, &c.

Le Landgraue de Leuchtemberg est dans le Palatinat de Bauiere, où est Leuchtenberg. Sa residence est à Pfreint non loing de Amberg capitale dudit Palatinat. Le Chasteau de Hals entre les terres de l'Euesché de Passau est encor de ses appartenances.

Le Duc de VVirtemberg tient le Duché de VVirtemberg, le Cōté de Montbelliard & le Comté de Horbourg. VVirtemberg est en Souabe beau Duché grand & riche, la capitale ville est Cantstat & la residence des Ducs à Statgard. Montbelliard est entre la Lorraine, la Franche Comté, l'Alsace, & l'Euesché de Basle. Montbelliard sa ville capitalle à vne bonne Citadelle. Ce Comté est à vn des puisnés de la maison de VVirtemberg, & sous la protection de France. Horbourg est en la haute Alsace pres Colmar.

Le Marquisat de Bade est entre le Duché de VVirtemberg, & le Rhin. Il y a les villes de Bade & Durlach, residence des Marquis. Pfortzheim est pourtant la capitale du pays. Besighaim dans le Duché de VVirtemberg, Altenstaig qui est en partie au Comte de Eberstain, & Loor vers le Brisgovv sont encor de ses appartenances.

Et voila ce qui est des Princes de l'Empire, apres lesquels on y met vn grand nombre de Comtes & de Barons. Entre les Comtes, nous pourions bien dire quelque chose de ce qui appartient à ceux de Barbey, de Benthein, d'Erpac, d'Eberstein, d'Eisenbourg, de Furstenbourg, de Hanavv, de Helfenstein, de Hohenloe ou Hollac, de Lippe, de Mansfeld, de Montfort, de Nassau, d'Oldenbourg, d'Ost Frise, de Salm, de Schaumbourg, de Schvvartzembourg, de Solms, de Stolberg, de Sultz, de VValdeck, de VVerthain, & d'autres. Et entre les Barons nous pourrons faire estat que les Fuggers, Foulcqueres sont les plus riches, mais le temps & le peu d'espace que nous auons icy nous fait venir aux villes.

VILLES

VILLES DE L'EMPIRE.

IL y a vn grandissime nombre de villes dans l'Empire, mais ayant esgard seulement à celles, qui ont beaucoup de priuileges, & immunités au dessus des autres : nous en ferons de trois sortes, qui seront les villes Imperiales, les villes Hansiatiques, & les villes libres.

Les villes Imperiales sont celles qui ont sceance aux Diettes de l'Empire, & qui fournissent aux contributions, qui y sont resoluës. Les villes Hansiatiques sont celles, qui pour la liberté du commerce dans la mer Baltique, & ailleurs se sont associées & liguées ensemble.

Les villes libres sont celles, lesquelles bien qu'elles n'ayent point seance aux Diettes de l'Empire, & bien qu'elles ne soient point du corps des villes Hansiatiques, elles ont neantmoins beaucoup de liberté en l'Election de leurs Magistrats, en l'administration de la Iustice, &c.

Les villes Imperiales estoient au nombre de quatre-vingts trois il y a cent ans. Du depuis les Empereurs en ont engagé quelques-vnes aux Princes de l'Empire, qui ne permettent plus que ces villes enuoyent aux Diettes. Auparauant les guerres dernieres il ne se trouuoit plus de ces villes que soixante-cinq, y en ayant eu dix-huict des premieres alienées, mais & des à present il y en a encor bon nombre qui difficilement retourneront à l'Empire. Nous donnerons le denombrement de toutes ces villes en general, & sans auoir esgard à leur ordre nous les asseerons seulement en deux bancs, qu'ils appellent du Rhin, & de Souabe, & toûjours en descendant du Septentrion vers le Midy, afin de faciliter la recherche de leur assiette. Nous remarquerons aussi d'vne estoille celles qui sont allienées, & qui n'assistent plus aux Diettes de l'Empire depuis quelques années. Pour celles qui le sont de nouueau, nous attenderons à la fin de cette guerre, pour en auoir vne plus particuliere cognoissance.

Les villes Imperiales sur le banc du Rhin, sont

Lubeck, Hambourg } en la Duché d'Holsace
* Dantzick, * Elbingue } en la Prusse Royale
VVerden en l'Euesché de VVerden
Herfort au Comté de Rauensberg
* Lemgovv au Comté de Lippe
* Brakel, * VVarbourg } en l'Euesché de Paderborne
Goslare, * Gottingue } au Duché de Brunsuick
Northausen, Mulhausen } au Langrauiat de Turinge
* Duysbourg au Duché de Cleues
Dortmonde au Côté de la Marche
Cologne en l'Archeuef. de Cologne
Aix la Chapelle au D. de Iuliers
VVetzflar au Lágra. de Hesse Marp.
Fridberg, * Gelenhausen, Fráfort sur le Mein } entre les terres de Mayéce

Cambray au Pays-Bas.
* Metz, * Toul, * Verdun } au Duché de Lorraine
* Kaufmans Sarbruc pres la Lorraine
VVorms au Palatinat du Rhin.
Spire, VVissébourg, Landavv } en l'Euesché de Spire
Haguenau, Strasbourg, Rosheim, Ober Ehenheim } en la basse Alsace.
Schlestat, Kaisersberg, Turkheim, Colmar, Munster en Gregorienthal } en la haute Alsace
* Mulhausen en Sungou
* Basle en Suisse
* Besançon en la Franche Comté.

Les villes Imperiales ſur le banc de Souabe ſont;

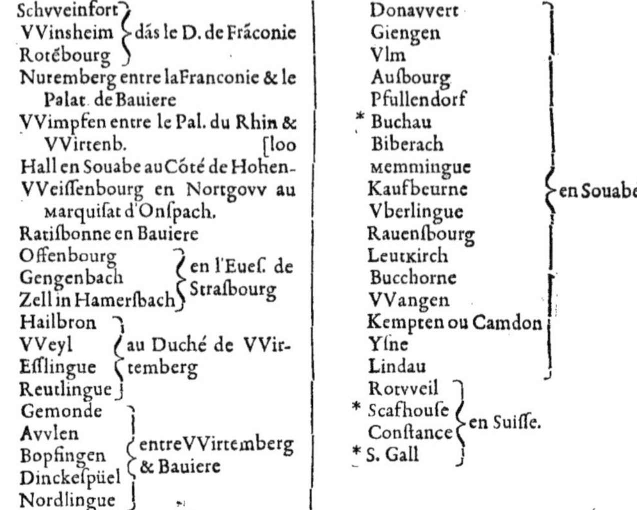

Schvveinfort, VVinsheim, Rotébourg } dãs le D. de Frãconie
Nuremberg entre la Franconie & le Palat. de Bauiere
VVimpfen entre le Pal. du Rhin & VVirtenb.
Hall en Souabe au Côté de Hohenloo
VVeiſſenbourg en Nortgovv au Marquiſat d'Onſpach.
Ratiſbonne en Bauiere
Offenbourg, Gengenbach, Zell in Hamerſbach } en l'Eueſ. de Straſbourg
Hailbron, VVeyl, Eſſlingue, Reutlingue } au Duché de VVirtemberg
Gemonde, Avvlen, Bopfingen, Dinckeſpüel, Nordlingue } entre VVirtemberg & Bauiere

Donavvert, Giengen, Vlm, Auſbourg, Pfullendorf, * Buchau, Biberach, Memmingue, Kaufbeurne, Vberlingue, Rauenſbourg, Leutkirch, Bucchorne, VVangen, Kempten ou Camdon, Yſne, Lindau } en Souabe
Rotvveil, * Scafhouſe, Conſtance, * S. Gall } en Suiſſe.

Les villes Anſiatiques ſont pour la plus grand part dans l'Empire. Leur ligue ou ſocieté n'eſt que pour la liberté de leur commerce; pour la defenſe duquel elles ont ſouuent pris les armes, ſe ſont gaillardement defenduës, & heureuſement ſecouru les vnes les autres. On les range en quatre Prouinces, ſçauoir de Lubeck, de Danzick, de Brunſuick, & de Cologne.

Sous la Prouince de Lubeck ſont,
Lubeck, Hambourg } en la Duché d'Holſace
Roſtock, VViſmar } au Duché de Mekelebourg
Stralſonde au D. de Pomeranie
Lunebourg au D. de Lunebourg
Et ces ſix villes s'appellent Vandaliques, & elles ſeules reglent vne partie des affaires de la Hanſe Teutonique.

De la meſme Prouince ſont encor
Stettin, Anclam, Gripſvvalde, Colberg, Golnovv, Stargarde } en Pomeranie.

En la Prouince de Danzick ſont
Danzick, Culm, Thorn, Elbinque, Branſberg } en la Pruſſe Royale au Roy de Pologne
Coninxberg } en la Pruſſe Ducale au Marq. de Brandeb.
Riga, Pernavv, Reuel, Derpt. } en Liuonie

Sous la Prouince de Brunſuick ſont
Brunſuick, Goſlar, Eimbecke, Gottingue, Hannoüer } en la D. de Brunſuick
Magdebourg en l'Arch. de Magdeb.
Hamelen, Hiddlesheim } en l'Eueſché de Hiddlesheim.
Breme, Boxtehude, Stade } en l'Archeueſ. de Breme.

Dans la Prouince de Cologne ſont
Cologne en l'Archeueſc. de Cologne
VVeſel, Emmerick, Duyſbourg } Au Duché de Cleues.

Vnna Hamme Zoest Tormonde ou Dormonde	au Comté de la Marche.	Nieumlgue Zutphen Ruremonde Arnhem Venloo Thiel Bommel Hardervvick	au Duché de Gueldr.
Munster en l'Eueſché de Munster			
Lippeſtade au Comté de Lippe.			
Paderborn VVarbourg	en l'Eueſché de Paderborn		
Bilefeld Harford	au Comté de Rauenſberg	Deuenter Campen Zuuol	en la P. d'Ouer-Iſſel
Lemgovv au Comté de Lemgovv ou de Lippe.			
Oſnabourg	en l'Eueſc. de Oſnabourg	Groeninge Bolsvvert Staueren	en Friſe.
Minde	en l'Eueſché de Minde		

De ſorte que le corps de la Hanſe Teutonique ou des villes Hanſiatiques, n'eſt que de ſoixante-quatre villes.

Et il y en a preſque encor autant, qui leur ſont alliées & qui ont bonne correſpondance auec elles, & leſquelles meſmes contribuent ſouuent ce qui eſt neceſſaire pour la defenſe de leur ligue & ſocieté.

Quand aux villes libres, comme Mayence, Treues, Liege, Erfort, Anuers & autres il y en a encor vn grand nombre, mais c'eſt aſſez dit pour le preſent & des villes & des Principautés de l'Empire en Allemagne: & nous donnerons quelque iour vn traicté plus ample de l'Allemagne.

GERMANIÆ MAGNÆ DESCRIPTIO ex Ptolomæo.

GERMANIÆ MAGNÆ SITVS.

GERMANIÆ latus Occidentale Rhenus terminat, Septentrionale Germanicus Oceanus : Cuius descriptio sic se habet :
post Rheni fluuij ostia,
Manarmanis portus, alias Marm.
Vidri fluuij ostia,
Amasii fl. ostia,
Visurgis flu. ost.
Albis flu. ostia.
CIMBRICA CHERSONESVS, *quæ post Albim maximè in Septentrionem extenditur.*
post Cimbricam Chersonesum,
Chalusi flu. ostia,
Sueui flu. ostia,
Viadi flu. ostia, leg. Viadri
Vistulæ flu. ostia.
Meridianum latus terminatur Danubio, à fluuij capite Narabonem flu vsque.
Recipit autem Danubius vnum, atque alterum fluuium à Septentrione; Oenum fluuium à Meridie, iterumque tertium fluuium à Septentrione, antequã Narabo à meridie in eum fluat.
Orientale Germ latus Sarmatici montes, & Vistula fluuius terminant.
Montes autẽ per Germaniam notissimi sunt
Sarmatici montes,
et qui supra Danubij caput,
et Aunoba Mons,
Melibocus M.
sub quibus Semana sylua,
Asciburgius Mons.
Sudeti montes,
sub quibus Gabreta sylua.
et inter Gabretã syluã, & Sarmatarũ M.
Hercynia sylua.
Tenent autem Germaniam, quæ circa Rhenũ flu. est, populi
BVSACTERI MINORES, BRVCT
SYCAMBRI,
SVEVI LANGOBARDI,
TINGRI, *lege* TENCTERI

DESCRIPTION DE L'ALLEMAGNE tirée de Ptolomée.

SITVATION DE L'ALLEMAGNE.

LE Rhin ferme la partie Occidentale de l'Allemagne, la Mer d'Allemagne ferme la partie Septentrionale. Ainsi
apres t' Vlie derniere emboucheure du [Rhin
Staueren
Vecht flu.
Ems flu.
VVeser flu.
Elbe fl. [&c.
LA PRESQV'ISLE DE IVTLAND, HOLSACE, qui s'allonge fort au Nort au delà del'Elbe fl.
apres cette presqu'Isle
VVarnovv fl.
Oder flu. dont l'emboucheure est Svvin c'est le mesme
Vissel fl.
La Part. meridion. est bornée par le Danube depuis sa source iusques à la Riu. de Rab.
Le Danube reçoit du costé du Nort deux Riui. puis du costé du Midy la Riuiere d'Inn, & encores du Nort vne troisiéme Riu. auant que le Rab qui vient du Midy entre au Danube.
Les Monts de Crapack & la Riu. Vissel ferment la partie Orientale de l'Allemagne.
Les Montag. de l'Allem. bien cognuës sont
Le Mont Crapack
& ceux qui sont à la source du Danube
& les Mons de la Forest noire
Les Monts d'entre Turinge & Brũsuick
sous lesquels est la forest de Harts
Montagnes de Pologne
Fichtelberg & Risẽberg M. de Boheme
puis la forest de Turinge Doringervvalt
& entre la F. de Turinge & le mont Crapack
La forest Herciniene ou de Boheme.
L'Allemagne vers le Rhin est tenuë par les peuples, ou pays sçauoir,
Partie de L'EVESCHÉ DE MVNSTER,
Duché de VVESTPHALIE,
Archeueſché de MAGDEBOVRG, &
BRANDEBOVRG Marq. en partie,
Duché de BERG ou d Mons,

Igriones, *leg.* Ivhones
Intvergi, *leg.* Latobrigi
Vargiones, *leg.* Vangiones.
Caritni,
Vispi, *lege* Vsipii
& Helvetiorvm Eremvs.
Partem vero quæ ad Oceanum est, habitant à Rheno vsque ad Amisium fl.
Frisii,
post hos ad Visurgim vsque fluuium
Cavchi minores,
& ad Albim vsque fluuium
Cavchi Maiores:
deinde supra dorsũ Cimbricæ Chersonesus
Saxones.
ipsam autem Chersonesum supra Saxones ab occasu tenent
Sigvlones,
postea Sabalingii,
Cobandi,
Chali,
tum Occid. Phvndvsii,
Orient Charvdes,
omnium autem maximè Septentrionales
Cimbri
Post Saxones vero à Chaluso, flu ad Sueuum vsque fluuium tenent
Pharodeni, Svardones
posteaq; Sideni
Rvticlii.
Interiores autem & Mediteraneæ gentes maximæ sunt
Svevi Angili,
Svevi Semnones,

& Bvgvntæ.
Minores autem
Bvsacteri maiores,
Chæmæ,
Angrivarii,
Lancobardi,

Dvlgvmnii, Dvlgibini
Tevtonarii,
Virvni,
Tevtones, Nvithones
Avarpi,
Ælvæones,
Lingæ,
Longi Omani,
Longi Didvni
Calvcones,
Chervsci,

Camavi,

VVetteravie,
Brisgovv,
Le Palatinat dv Rhin, & Mayence,
Duché de VVirtenberg,
Comte de Zvtphen & la Velvve,
entre VVirtenberg & les Svisses.
La Partie qui est sur l'Ocean est tenuë depuis le Rhin iusques à l'Ems R. par
VVestfrise, & Groeninge,
apres quoy iusques à la Riu. du VVeser sõt
Embden, & Oldenbovrg Comtez
& iusques à l'Elb. R.
L'Arch. de Breme, & Euesc. de Ferden
& à l'entrée de la presqu'Isle de Iutland
Holsace alias Holstein.
au dessus de Holstein la presqu'Isle de Iutland est tenuë par
Le Duché de Slesvvick,
& où sont Hadersleve, & Ripen,
Kolding, VVell, & Rinkoping,
Arhvsen, & Horsen,
VViborch, Tye, Morse;
Alborch,
& le plus au Nort de tout
VVensyssel.
apres le Duché d'Holstein entre la Riu. VVarnovv & l'Oder sont
la Pomeranie en part. où est Stralsonde:
Pomer. en p. où sont Camin & Stargart
Pome. en p. où sõt Colberg Rugévvalde.
Plus auant dans le Pays & au milieu des des terres sont
le Duché de Mecklebovrg,
Saxe, Misne, Tvringe, Anhalt,
Mansfeld: [de Pologne
Partie Orient de Brandebovrg, & part.
Les autres peuples sont
L'Eueſché de Mvnster, [apres,
ce sont les mesmes que Chamavi cy-
Euesché d'Osenbovrg,
Marquisat de Brandebovrg iusques à l'Oder & Arch. de Magdebourg
Ravensperg & Lemgov Co.
. . . . . .
Meklenbovrg en part. où est VVaren,
Pomeranie en part. où est Stetin,
Brandeb Marq en part. où est Rappin.
Pologne en part. où est Gnesne.
Havte & Basse Lvsace,
Pologne en part. où sõt Vladislavv &c.
Pologne en part. où est Sandomirz,
Duché de Saxe, Anhalt &c.
Brvnsvvick Duché, & Euesc. d'Hildesheim, [Hoye, &c.
Euesché de Minden, Co. de Diepholt,

BONOCHÆMÆ,		Part. de SILESIE ou sót Sagan, Lignitz, &c.
BATEINI,		Part. de SILESIE ou est Breslau,
CORCONTI,		Part. de SILESIE où sont Oppelen, & Ratiborn:
LVTI *qui* BVRI,		La plus haute part. de SILESIE, & OZVVIECIM & ZATOR en Pologne.
SIDONES,		Les quartiers de LETOMERITZ, & BOLESLAVV en Boheme.
COGNI,		Les quart. de KONIGINGRETZ, & CHRVDIM en Boheme:
VISBVRGII,		Les qua. de CZASLAVV, & BECHIM en Boh:
CASVARI,	CHASSVARII	Euesché de PADERDORN,
NERTEREANES,		Abbaye de FVLDE, Com. de HENNEBERG,
DANDVTI,		VOITLAND,
TVRONI,		FRANCONIE en partie,
MARVINGI		Basse SILESIE,
CHATTÆ,		Landgrauiat de HESSE, & Co. de VVALDECK.
TVBANTI,		Le quart. de TVVENT, en OVER-ISSEL,
TEVRIOCHÆMÆ,		Les quart. de SATZ, ELNBOGEN, & PILSEN en Boheme.
VARISTI,	NARISCI	Palatinat de BAVIERE
CVRIONES,		
CHÆTVORI,		Le quartier de PRACHENTZ en Boheme,
PARMÆCAMPI,		Part. du Palat. de BAVIERE vers l'Austr.
MARCOMANI,		Tout le ROYAVME DE BOHEME,
SVDENI,		Part. de la HAVTE AVSTRICHE vers Boh.
ADRABÆCAMPI,		Par. de la BASSE AVSTRICHE vers Morau.
QVADI,		Le Marquisat de MORAVIE,
Luna sylua,		Forest entre la Morauie & Hongrie,
BÆMI *gens magna,*		LES BOHEMIENS
TERACATRIÆ,		Partie de la HAVTE HONGRIE où est Presbourg,
RACATÆ.		Partie de la HAVTE HONGRIE où est Nevveus, & Filleck.

Ciuitates verò in Germania in climate magis Septentrionali sunt hæ — Les villes de l'Allemagne dans le climat le plus exposé au Nort sont celles-cy

Phleum,	*Fleuum*	en Vlieland Ruynée
Siatutanda,		Stade,
Tecelia,		Teckelenbourg,
Phabiramum,		Breme,
Treua,		Lubeck sur Traue fl.
Lephana,		Lavvembourg,
Lirimiris,		Segeberg en Holsace,
Marionis,		Hambourg,
Marionis altera,		VVismar ou Mecklebourg ruinée,
Cœnoënum,		Rostock,
Astuia,		Schvverim, Svverin
Alisus,		Gustrovv, ou Loitz
Laciburgum,		Ludvveisbourg,
Bunitium,		VVineta,
Virunum,		VVaren,
Viritium,		Piritz,
Rhugium,		Rugenvvald,
Scurgum,		Dantzick ou Stargard pres Dantzick,
Ascaucalis.		Kalis en Brandeb.

In climate, quod sub hoc est ciuitates hæ sunt:

Asciburgium,
Naualia,
Mediolanium,
Teuderium,
Bogadium,
Stereontium,
Amasia,
Munitium,
Tuliphurdum,
Ascalingium,
Tulisurgium,
Pheugarum,
Canduum,
Trophæa Drusi,
Luppia,
Mesuium,
Argelia,
Calægia,
Lupfurdum,
Susudata,
Colancorum,
Lugidunum,
Stragona,
Limiosaleum,
Budorigum,
Leucaristus,
Arsonium,
Calisia,
Setidaua.

In climate, quod sub iis est ciuitates hæ sunt:

Alisum,
Budoris,
Mattiacum,
Artaunum,
Nuæsium,
Melocabus,
Grauionarium,
Locoritum,
Segodunum,
Deuona,
Bergium,
Menosgada,
Bicurgium,
Marobudum,
Redintuinum,
Nomisterium,
Meliodunum,
Casurgis,
Streuinta,
Hegetmasia,
Budorgis,
Eburum,

Dans le climat qui est sous celuy-cy, sont les villes:

Aschaffenbourg,
Deuenter,
Meppel,
Tudder de là le Rhyn,
Boeckum vers Dortmunde,
t' Seeremberg,
Embde,
Munster,
Ferden, ou Leuvvoerden
Lingen, ou Lemgovv
Harstelle,
Fuld,
Cassel,
Drakensted pres Magdeb. ou Brunsvvick
Lippe
Magdebourg,
Erfort,
Kale sur Sala R.
Lipsig,
Stettin,
Coln vis à vis de Berlin,
Luken,
Torgavv,
Lignitz
Breslavv,
Oppelen,
Zator,
Kalisch,
Gnesne, ou VVladislavv

Dans le troisiéme climat qui est sous les deux premieres, il y a les villes

Essen, ou Els pres Paderborne,
Buriach,
Marpurg,
Ortenberg,
Nienhuff sur Ems,
Smalkaden,
Greuental,
Lor,
Siegberg,
VVirtzbourg,
Bamberg,
Culembach,
Berga en Thuringe,
Prague,
Rutine,
Meissen,
Snaim,
Caurzim,
Trzebitsch,
Hohemauth,
Budvveis,
Olmutz,

Arsicua,

Arsicua,
Parienna,
Setuia,
Carrodunum,
Asanca.
In reliquo verò, & penes Danubium ciuitates hæ:
Tarodunum,
Aræ Flauiæ,
Riusiaua,
Alcimoenis,
Canticebis,
Bibacum,
Brodentia,
Setuacatum,
Vsbium,
Abilunum,
Phurgisatis,
Coridorgis,
Medoslanium,
Philecia,
Rhobodunum,
Anduetium,
Celemantia,
Singone,
Anabum,

Hradisch, ou Czersk en Pol.
Parn,
Sochovv entre Crakovv & Sendomirz,
Crakovv,
Sandecz.
Dans le dernier, & approchant du Danube sont les villes:
Dornstet,
Aurach,
Rosenfeld
Vlm,
Cantstat,
Boppfingen,
Rotembourg,
Aichstet,
Egra, Heb en Boheme,
Amberg,
Furtt. en Bauiere,
Rui. pres Croczendorff,
Niclasbourg,
Filleck,
Brinn,
Presbourg,
Kalmintz,
Goding, ou Sandomirz en Pol,
Neuueus en Hongrie.

RHÆTIA, VINDELICIA, ET NORICVM, ex Ptolemæo.

RHÆTIÆ SITVS.

RHÆTIÆ (sub cujus nomine ipsa etiam Vindelicia intelligi debet) Occidentale latus terminatur Adula monte, & linea, quæ Rheni Danubijque fontes interest: Septentrionale latus Danubio, Orientale Æno, Meridionale Alpibus terminatur.

Habitant autem magis Septentrionalia Rhætiæ
BRIXANTÆ. *lego* BRIGANTII
Australia vero
SVANITÆ, *lego* SARVNETES
& RIGVSCÆ.
quæ autem inter hæc sunt
CALVCONES,
et VENNONES.
Ciuitates vero eorum sub ipso Danubio.

LES GRISONS, LE TIROL, SVABE BAVIERE, AVSTRICHE, Carinthie, &c. suiuant Ptolomée.

SITVATION DES GRISONS ET TIROL.

LA partie Occidentale de la RHETIE (sous le nom de laquele i'entends les Grisons, le Tirol & la Suabe deça le Danube) se borne par le mont Adula, & par vne ligne entre les bornes du Rhyn & du Danube: la partie vers le Nort se borne du Danube, l'Orientale de l'Inn, la Meridionale des Alpes.

Les peuples plus Septentrionnaux d'entre les Grisons, & de la Co. de Tirol sont
Ceux de BREGENS, &c.
Les plus Meridionaux
Ceux de SARGANS, &c.
& de la VAL-TELLINE.
ceux du milieu sont
de FELDKIRCKE, PLVDENTZ, &c.
& de L'ENGADINE.
Les Citez, qui sont pres du Danube

Bragodurum,
Dracuiua,
Viana
Phaniana. *Phæbiana*
& iuxta caput Rheni fluuij
Tafgatium,
Brigantium.
poft has Vicus,
Ebodurum,
Drufomagus,
Ectodurum.

Beyern, ces quatre places
Biberach, doiuent eftre de la
Memmingen, Souabe cy-apres
Babenhaufen.
& pres de la fource du Rhyn
Tauetfch,
Bregentz.
& puis Coire, Chur
Bormio, VVorms
Ponte Drud,
Tirol.

VINDELICIA.

Quæ magis Septentrionalia funt Vindeliciæ tenent
RVNICATÆ, *leg.* VIRVCINAT
fub quibus LEVNI,
CONSVANTÆ,
deinde BENLAVNI,
BREVNI,
et iuxta flu. Lycum
LICATII.
Ciuitates autem in Vindelicia funt
Artobriga,
Boiodurum,
Augufta Vindelicorum,
Carrodunum, *Parradunum*
Abudiacum,
Medullum,
Inutrium.

LA SOVABE entre les Alpes & le Danube.
Ce qui eft le plus au Nort de cette partie de la Souabe eft occupé par les peuples:
d'entre l'Ifer, & le Danube vers Regenfb.
d'entre l'Inn, & l'Ifer vers Landshut:
d'entre l'Inn, & le Lech vers les Alpes.
partie de SOVABE vers le Danube & Ifer,
part. de SOVABE vers le lac de Conftance,
& pres de la Riu. de Lech font
Ceux d'AVSBOVRG.
Les villes de cette Souabe font
Artz, vers Salzbourg ces deux villes
Inftar, font du Noricum
Augfbourg,
Partenkirch,
Fueffen,
Maefperg,
Spitall ou Ortemburg. du Nor.

NORICI SITVS.

Noricum terminatur ab occafu Æno, à Septentrione Danubio flu. ab Oriente Cetio monte, et à Meridie Caruanca.
Occidentalia regionis tenent.
SEVACES,
ALAVNI,
AMBISONTII.
Orientalia autem
NORICI,
AMBIDRANI,

& AMBILICI.
Ciuitates in Norico funt
Aredate,
Claudiuium,
Gauanodurum,
Gefodunum,
Badacum,
Aguntum,
Vacorium,
Pædicum,
Virunum,

SITVATION de l'Arch. de SALTZBOVRG AVSTRICHE en partie, Carinthie, &c.
Ce pays eft borné à l'Occident par la R. d'Inn, au Septétrion par le Danube à l'Or. par le Mót Schneberg, au Midy des Alpes.
Les parties plus Occidétales fon tenues par
L'AVSTRICHE au deffus de l'Ens,
L'Archeuefché de SALRZBOVRG,
La HAVTE CARINTHIE.
Les parties plus Occidentales par
La BASSE AVSTRIC. iufques pres Viéne,
Les MONTAGNES de L'AVSTRICHE & CARINTHIE.
La BASSE CARINTHIE.
Les villes de ce pays font
Pachlarn fur Erlaph,
Claufa ruinée,
Saltzbourg,
Lentz,
Pamburg,
Doblach,
Veingran ou Friecz,
Draburg,
VVolkmarck,

Teurnia,	Klein Tarvvis,
Jdunum,	Inniken,
Sianticum,	Crainburg,
Celia.	Cilley.
Et inter Jtaliam, & Noricum	& entre ce pays, & l'Italie
Iulium Carnicum.	Diuiling alias Zuglio.

VINDELICIA, NORICVM, & RHÆTIA. ex ITINERARIIS ROMANIS ANTONINI, ſcil, & TABVLÆ ITINERARIÆ ROMANÆ.

LA SOVABE, LA BAVIERE ET HAVTE AVSTRIGHE, LES GRISONS, LE TIROL, & Pays circonuoiſins, tirez des Itineraires Romains: Sçauoir D'ANTONIN, & de la Table Itineraire Romaine.

ITER A VINDONISSA REGINVM, indeque BOIODVRVM, ET VINDOBONAM, ſic,

DE VVINDISCH A RATISBONNE, PASSAV, ET VIENNE. ainſi,

Ex ANTONINO.		*Ex Tabula Itineraria.*		
à Vindoniſſa	...	*Vindoniſſa*	M.P.M.	de VVindiſch
......	...	*Tenedone*	14	à Dengen Teingen
......	...	*Juliomago*	11	Duttling
......	...	*Brigobanne*	14	Beyern
......	...	*Aris Flauis*	14	Aurach ou Scheer
......	...	*Samulocenis*	22	Vlm
......	...	*Grinario*	...	Knoringen
......	...	*Clarenna*	22	Rain
......	...	*ad Lunam*	20	Neuburg
......	...	*Aquileia*	18	Ingolſtat
......	...	*Opie*	7	Vboburg
......	...	*Septemiaci*	7	vers Munchs Munſter
......	...	*Loſodica*	11	Sickling
......	...	*Medianis*	8	VVending
......	...	*Jciniaco*	7	Ytzing
......	...	*Biricianis*	18	Bereſée
......	...	*Vetonianis*	12	OEting
......	...	*Germanico*	9	Helmanſperg
......	...	*Celeuſo*	3	Kelheim
Abuſinam	xx	*Aruſena*	22	Abensberg
Reginum	xxiv.	*Regino*	28	Regenſpurg, Ratisbonne
Auguſtas	xx			Auburg
		Soruioduro	27	Straubing
		Petrenſibus	18	Oſterhonen
Quintanas	xx			Kintzen
Boiodurum	xx	*Caſtellum Bolodurum*	...	Paſſau ou Inſtat
Stanacum	xviii	......	...	Nanſpach
Jouiacum	xxvii	......	...	Dilling
Ouilabim	xvi	*Ouilia*	14	VVels
Lauriacum	xx	*Blaboriciaco*	13	Lorch
		Elegio	23	Erla cloſter

Lacum Felicis	xxvi			VValsée
		ad Ponte Isis	8	Ips
Arlape	xx	*Arelate*	7	Pachlarn sur Erlaph
		Namare	16	Schompuhl
		Trigisamo	8	Trasmaur
		Piro torto	8	Puxendorf
2 *Cetium*	xxx *ou* xxiv	*Comagenis*	7	Czeilsmaur
1 *Comagenas*	xxiv	*Citium*	6	Sittenberg ou Neuburg
Vindobonam.		*Vindobona.*		VVien, Vienne.

ITER A VINDONISSA CAMBODVNVM, AVGVSTAM VINDELICORVM, indeque REGINVM. *sic,*

CHEMIN DE VVINDISCH A KEMPTEN, AVSBOVRG, & RATISBONNE.

à Vindonissa	xxiv	*Vindonissa*	. . .	de VVindisch [*ainsi,*
Vitodurum	xxii			à VVinterthur
Fines	xx	*ad fines*	21	Pfin
Arborem felicem *	xx	*1 Arbor felix*	10	1 Arbon
		3 Brigantio	9	2 Rhineck
Brigantiam	xxiv	*2 ad Renum*	15	3 Bregentz
Nemauiam	xv	*4 Vemania*	23	4 Isne
Campidonum	xiv			Kempten
		Viaca	20	Memmingen
Celium montem	xvi			Kelmuntz
Guntiam	xxii			Guntzberh
Augustam Vind.	xx	*Augusta Vindel*	12	Augspurg, Ausbourg
		Pomone	40	Potmes
Summontorium	xvi			Schroben hausen
		ad Lunam	. . .	Neuburg
Vallatum	xviii	. . . . . .	. . .	Geisenfelt
Abusinam	xx	*Arusena*	22	Abensperg
Reginum.		*Regino.*		Regenspurg, Ratisbonne.

ALIO ITINERE A CAMBODVNO AVGVSTAM VINDELICORVM. *sic,*

DE KEMPTEN A AVSBOVRG par vn autre chemin. ainsi,

à Campiduno	xxxv	*Camboduno*	18	de Kempten
		Nauore	24	à Kausbeurn ou pres
Rostrum Nemauiæ	xxv			Mindelheim
		Rapis	18	pres Turckheim
Augustam Vindelicorum.		*Augusta Vindelirorum.*		Augspurg, Ausbourg.

A MEDIOLANO CVRIAM RHÆTORVM, CAMBODVNVM, ISVNISCAM, & CASTRA BATAVA. *sic,*

DE MILAN A COIRE KEMPTEN MVNICK *et* PASSAV.

à Mediolano	xviii	*Mediolanum*	35	De Milan
Comum	LX	*Como*	18	à Come
Lacum Comacenum	x			Lac de Riue
Clauennam	xv	*Clauenna*	20	Chiauenne
Taruesede	LX	*Teruessedo*	10	Taruesede
		Cunuaureu	17	Splugerberg
		Lapidaria	32	Splugen
Curiam	L	*Juria*	16	Chur ou Coire
		Magia	18	Meyenfeld
		Cluma	17	Ems
Brigantiam	xiv *ou* xxiv	*Brigantio*	15	Bregentz

Nemauiam

Nemauiam	xv	*Vemaniam*	...	Yſne
Campidonum	...	*1 Camboduno*	20	1 Kempten, Campdon
......	...	*3 Eſcone*	18	3 Schonga
AbuZacum	...	*2 Abodiaco*	13	2 Fueſſen
......	...	*4 Vruſa* *	12	4 Beurburg
......	...	*Bratananio*	12	Schofflarn
Iſiniſca	xx	*Iſuniſca*	20	Munchen, Munick
Ponte Oeni	xLiv	*ad Enum*	...	Roſehaim ou VVaſſerburg
Turum	Lxiv	......	...	Muldorf
Iouiſuram	xLii	......	...	Iulbach
ad Caſtra.		......	...	Paſſau.

A MEDIOLANO CVRIAM, ALIO ITINERE. *ſic,* — *DE MILAN A COIRE, autrement,*

à Mediolano	xix	*Mediolanum*	35	de Milan
Comum	xv	*Como*	...	à Come
Summum Lacum	xx	......	60	Sammolico
Murum	xv	......	...	Caſtel mur
Tinnetionem	xx	......	...	Tenedone
Curiam.		*Curiam.*		Chur, Coire.

ITER AB AVGVSTA VINDELICORVM VELDIDENAM ET TRIDENTVM. *ſic,* — *CHEM. DE AVSBOVRG A VVILTEN, ET TRENTE.*

ab Auguſta Vind.	xxxvi	*Auguſta Vindelic*	...	de Auſpurg
		ad Nouas	...	à Landſperg
AbuZacum	xxx	*Auodiaco*	...	Fueſſen
		Coueliacas	20	Cockel
Parthanum	xxx	*Tarteno*	11	Partenkirck
		Scarbia	19	vers Mittenvvald
Veldidenam	xxxvi	*Vetoniana*	18	VVilten,
		Matreio	20	Matray
Vipitenum	xxxii	*Vepiteno*	39	Sterzingen
Sublabionem	xxiv	*Sublabione*	13	Brixen
		Ponte Druſi	40	Ponte Drud
Endidas	...			Egna
Tridentum.		*Tridento.*		Trento, Trente.

ITER A VELDIDENA IVLIVM CARNICVM, & AQVILEIAM. *ſic,* — *DE VVILTEN A DIVILIN, & AQVILEE. ainſi,*

à Veldidena	xxxvi	*Vetoniana*	18	de VVilten,
		Matreio	20	à Matray
Vipitenum	xxxiii	*Vepiteno*	...	Sterzingen
Sebatum	xxiii	......	...	Suneberg
Littamum	xxiii	......	...	Lutach
Aguntum	xviii	......	...	Doblach ou Innichen
Loncium	xxii	......	...	Liencz
Juliam Carnicorum	xxx	......	...	Zuglio ou Diuilin
ad Tricenſimum	xxx	......	...	Torcento
Aquileiam.		*Aquileia.*		Aquilegia.

ITER A VELDIDENA PONTEM OENI, IVVAVVM, OVILABIM, ET LAVRIACVM. *ſic,* — *DE VVILTEN A ROSENHAIM, SALTZBOVRG, VVELS & LORCH.*

à Veldidena	xxvi	*Vetoniana*	...	de VVilten
Maſtiacum	xxvi	......	...	à Inſpruck ou Hall

Albiancum	xxxviii	......	...	Kuffstain
Pontem Oeni	xviii	*ad Enum*	13	Rosenheim
Bidaium	xxxiii	*Bedaio*	16	VVelden
		Artobrige	16	Artz
Jouauim	xxviii	*Juuauo*	13	Saltsburh
		Turnantone	14	Talgœvv ou VVartenfels
Jouiacum	xxxii	*Laciacis*	18	Luzsberg
		Tergolape	14	Veck la pruck
Ouilabim	xvi	*Ouilia*	13	VVels
Lauriacum.		*Blaboriaco.*		Lorch.

AB AVGVSTA VINDELICORVM PONTEM OENI, — DE AVSBOVRG A ROSENHEIM.

à Augusta Vindel.	xxvii	*Augusta Vindelicum*	...	de Augspurg [Amber
Ambre	xxxii	......	...	à Pruck ou Furstenfeld sur
Jsinisca	xx	*Jsunisca*	20	Munchen, Munick
Pontem Oeni.		*ad Enum.*		Rosenheim.

AB ABODIACO PONTEM OENI. sic, — DE FVESSEN A ROSENHEIM

ab AbuZaco	xxx	*Auodiaco*	...	de Fuessen
		Coueliacas	20	à Cockel
Parthanum	xx	*Tarteno*	...	Partenkirck
Pontes Tersenios	XL	......	...	Diessen
Ambre	xxxii	......	...	Pruck sur Amber
Jsiniscam	xx	*Jsunisca*	20	Munchen, Munic
Pontem Oeni		*ad Enum.*		Rosenheĩ ou VVasserburg.

ITER AB OVILABI VIRVNVM, & CELEIAM. sic, — DE VVELS A VOLCKMARCK & CILLEY. ainsi,

ab Ouilabi	xx	*Ouilia*	11	de VVels
		Vetonianis	11	à Steyr
Tutationem	xx	*Tutastione*	12	vers Hussndorf
		Ernolatia	8	......
Gabromagum	xxx	*Gabromagi*	15	Spital ou Enspruck
		Stiriate	15	Steyr im stoder
Sabatincam	xviii	*Surontio*	10	Schlaming
		Tartursanis	9	Lamerding
Monate	xxx	*Viscellis*	...	Vers S. Iohan
		ad Pontem	14	Strasburg
Candalicas	xx	*Noreia*	12	pres S. Veit
		Matucaio	13	Rheyneck
Virunum		*Varuno*	23	VVolkmarck
		Luenna	20	Sulzpach
		Colatione	16	Presperg ou Saneck
		Vpellis	13	S. Peter
Celeiam.		*Celeia.*		Cilley.

ITER A IVVAVO VIRVNVM. sic — DE SALTZBVRG A VVOLKmarck.

A Iouaui	...	*Iuauo*	14	de Saltzbourg
......	...	*Cuculle*	17	à Kuckel
......	...	*Vocario*	17	Vaugram ou Friecz
......	...	*Ani*	16	Empach
......	...	*in Alpe*	14	Dolach

tirer d'Antonini

	Ad Tinuria —	16	Spital ou Ottenburg
	Graviaci — —	14	Villach
	Tarnesici — —	14	Drasing
	Beliandro — —	13	Antenstein
	Matucaio — —	14	Schynek
	Varuno		Volckmarck

Iter ab Aquileia Virunum sic — Schemin d'Aquileia a Volckmarck

		Aquileia — —	35	d'Aquileia a Aquileia
ab Aquileia	xxx			a Billa
Viam Belloium	xxxv	ad Silanos — —		ponte de S. Mauro
		— — — — —		Tolmino
Larice	xxvii	— — — —		Vainburg
Santicum	xxx			Lek
		Tatinuati — —	9	Zuny Soleg
		Solora — —	11	Volckmarck
Virunum		Varuno		

Iter ab Aquileia Celeiam Inde usque Poetovionem — Schemin d'Aquileia a Cilly et Pettau

ab Aquileia	xxxvi	Aquileia	35	d'Aquileia
		ponte Sonti		a Gradiska
Fluvium Frigidum	xxvi	Fl. Frigido — —	15	Vipao
		In alpe Julia	5	M. Anoa
Longaticum	xxvi	Longatico — —	6	Loug
		Nauporto	12	Ober Laubach
Emona — —	xxv	Emona — —	9	Laubach
		Sano	11	Sauerb
		ad publicanos —	6	Tresspotstorg
Adrante	xxiv	Adrante	37	Trattvoia
Celeiam	xxvi	Celeia	19	Cilley
Vagiodunum		Vogoniona	18	Feistritz
Poetovionem		Zitanione		Pettau

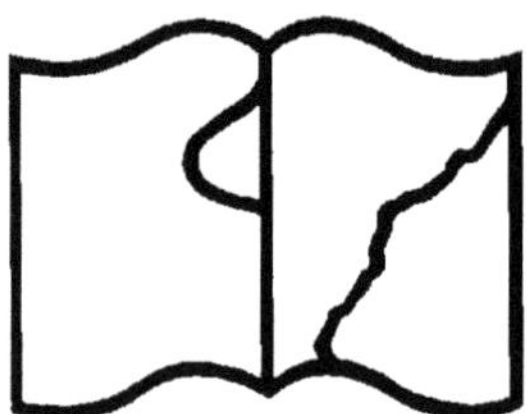

www.ingramcontent.com/pod-product-compliance
Ingram Content Group UK Ltd.
Pitfield, Milton Keynes, MK11 3LW, UK
UKHW021209140726
13695UKWH00002B/426

9 782016 172506